Von der Hierarchie zur Egalität in den Zivilrechtskodifikationen des 19. Jahrhunderts vor dem BGB

Rechtshistorische Reihe

Band 460

Zur Qualitätssicherung und Peer Review der vorliegenden Publikation

Die Qualität der in dieser Reihe erscheinenden Arbeiten wird vor der Publikation durch den einen Herausgeber der Reihe geprüft.

Notes on the quality assurance and peer review of this publication

Prior to publication, the quality of the work published in this series is reviewed by one of the editors of the series.

Daniel Hupe

Von der Hierarchie zur Egalität in den Zivilrechtskodifikationen des 19. Jahrhunderts vor dem BGB

PL ACADEMIC RESEARCH

Bibliografische Information der Deutschen Nationalbibliothek
Die Deutsche Nationalbibliothek verzeichnet diese Publikation in der Deutschen Nationalbibliografie; detaillierte bibliografische Daten sind im Internet über http://dnb.d-nb.de abrufbar.

Zugl.: Kiel, Univ., Diss., 2015

Die vorliegende Arbeit wurde von
Prof. Dr. Werner Schubert
zur Aufnahme in die Reihe empfohlen.

Umschlagabbildung:
Justitia. Allegorie der Gerechtigkeit.
Druck aus dem 17. Jahrhundert.

Gedruckt auf alterungsbeständigem,
säurefreiem Papier.

D 8
ISSN 0344-290X
ISBN 978-3-631-66532-9 (Print)
E-ISBN 978-3-653-05865-9 (E-Book)
DOI 10.3726/978-3-653-05865-9

PL Academic Research ist ein Imprint der Peter Lang GmbH.

Peter Lang – Frankfurt am Main · Bern · Bruxelles · New York ·
Oxford · Warszawa · Wien

Diese Publikation wurde begutachtet.

www.peterlang.com

Inhaltsverzeichnis

Abkürzungsverzeichnis

ABGB	Österreichisches Allgemeines Bürgerliches Gesetzbuch
AcP	Archiv für die civilistische Praxis
ADB	Allgemeine Deutsche Biographie
ADWO	Allgemeine Deutsche Wechselordnung
Abt.	Abteilung
ADHGB	Allgemeines Deutsches Handelsgesetzbuch
ALR	Allgemeines Landrecht für die preußischen Staaten
Art.	Artikel
BadLR	Badisches Landrecht
BayE	Entwurf eines bürgerlichen Gesetzbuchs für das Königreich Bayern
Bd.	Band
BGB	Bürgerliches Gesetzbuch
bzw.	beziehungsweise
Cc	Code civil
CMBC	Codex Maximilianeus Bavaricus Civilis
dies.	dieselbe
ders.	derselbe
et al.	und andere
evtl.	eventuell
f.	folgende
ff.	fortfolgende
Fn.	Fußnote
FS	Festschrift
geb.	geboren
gest.	gestorben
GG	Grundgesetz für die Bundesrepublik Deutschland

HessE	Entwurf eines bürgerlichen Gesetzbuchs für das Großherzogtum Hessen
Hg.	Herausgeber
HKK	Historisch-kritischer Kommentar zum BGB
HRG	Handwörterbuch zur deutschen Rechtsgeschichte
HStA	Hauptstaatsarchiv
i. H. v.	in Höhe von
i. V. m.	in Verbindung mit
Kap.	Kapitel
m. w. N.	mit weiteren Nachweisen
NDB	Neue Deutsche Biographie
No.	Nummer
Nr.	Nummer
PGB	Privatrechtliches Gesetzbuch für den Kanton Zürich
Prot.	Protokoll
S.	Seite
sächsBGB	Bürgerliches Gesetzbuch für das Königreich Sachsen
Sig.	Signatur
Sp.	Spalte
StA	Staatsarchiv
Tit.	Titel
u.	und
u. a.	und andere
z. B.	zum Beispiel
ZRG GA	Zeitschrift für Rechtsgeschichte Germanistische Abteilung
ZSR	Zeitschrift für schweizerisches Recht

Vorwort

Die vorliegende Untersuchung wurde im Wintersemester 2014/2015 von der Rechtswissenschaftlichen Fakultät der Christian-Albrechts-Universität zu Kiel als Dissertation angenommen.

Ich danke meinem Doktorvater Herrn Prof. Dr. Frank L. Schäfer, der es mir ermöglichte, diese Dissertationsarbeit neben der Tätigkeit als wissenschaftlicher Mitarbeiter am Lehrstuhl für Bürgerliches Recht, Europäische und Deutsche Rechtsgeschichte und Historische Rechtsvergleichung an der Christian-Albrechts-Universität zu Kiel in der Zeit von 2011 bis 2014 zu erstellen. Anstoß zu dieser Arbeit gab das von Prof. Dr. Frank L. Schäfer und Prof. Dr. Christian Hattenhauer (Ruprecht-Karls-Universität Heidelberg) betreute DfG-Projekt zur „Edition der Materialien zum Sächsischen BGB 1863/1865".

Ich bedanke mich bei meinem Doktorvater für die freundliche und hilfsbereite Betreuung über den gesamten Dissertationszeitraum und die in diesem Zusammenhang erfolgten Doktorandenseminare, die durch ihre Themenvielfalt und die erfolgten Diskussionen Denkanstöße mit sich brachten.

Der zunächst abstrakt klingende Titel „Von der Hierarchie zur Egalität in den Zivilrechtskodifikationen des 19. Jahrhunderts vor dem BGB" stellte sich für mich im Laufe der Arbeit als ein sehr vielschichtiges und äußerst interessantes Thema dar. Die gefundenen rechtlichen, aber auch die politischen, wirtschaftlichen und auch gesellschaftlichen Entwicklungsstränge konnten mich im Laufe der Arbeit des Öfteren durch ihre Aktualität und ihre Verbindung in die Gegenwart überraschen.

Ich danke darüber hinaus meiner Familie und meinen Freunden, die mir mit Rat und Tat und vor allem mit ihrer Freundschaft zur Seite standen. Mein ganz besonderer Dank gilt in diesem Zuge meiner Partnerin (Kristina Fischer), die mir mit konstruktiven Diskussionen und hilfreichen Anmerkungen rund um die Uhr zur Seite stand. Ihre Liebe, ihr Zuspruch und ihre ausnahmslose Unterstützung hat mich über Höhen und Tiefen dieser teils nervenaufreibenden Zeit getragen, wodurch mir mehr geholfen wurde, als ich es durch diese Dankeszeilen auszudrücken vermag.

A. Einleitung

Der juristische Werdegang von der Hierarchie zur zivilrechtlichen Gleichheit in den europäischen Kodifikationen[1] des 19. Jahrhunderts unter Beachtung der damals vorherrschenden politischen und gesellschaftlichen Gegebenheiten stellt den Gegenstand dieser Arbeit dar. Insbesondere stellt sich die Frage, ob eine zivilrechtliche Gleichheit für sich genommen ausreicht, um Wirkung zu erlangen, oder ob es dazu nicht vielmehr einer verfassungsrechtlich verankerten Gleichheit bedarf. Sofern letzteres der Fall ist, stellt sich weiterhin die Frage nach dem Sinn einer Kodifikation ohne eine Verfassung und deren Verhältnis zueinander. Können die Zivilrechtskodifikationen des 19. Jahrhunderts wirklich als Ausgangspunkt der zivilrechtlichen Gleichheit betrachtet werden? Dies soll anhand ausgewählter Kodifikationen untersucht werden.

Dass die Betrachtung der zivilrechtlichen Gleichheit nicht lediglich von historischem Wert, sondern nach wie vor ein relevantes Thema ist, zeigt sich am Beispiel der aktuellen gesellschaftspolitischen Diskussion um eine „Frauenquote" in den Vorstandsebenen großer Konzerne oder anhand der sich nach wie vor wandelnden Rollenbilder der Geschlechter und Familienleitbilder.[2]

Spätestens mit der Einführung des verfassungsrechtlichen Gleichheitssatzes in Art. 3 Abs. 2 des Grundgesetzes der Bundesrepublik Deutschland liegt nun ein breites Einverständnis über das „ob" einer allgemeinen Gleichheit vor. Lediglich die nähere Ausgestaltung und damit das „wie" bedarf hin und wieder einer Veränderung.[3]

---

1 Kodifikation wird im weiteren Verlauf weit verstanden, als eine materiell umfassende, abschließende, systematische, abstrakte und rationelle Regelung eines gesamten Rechtsgebiets in einem Gesetzbuch; siehe zum weiten Begriffsverständnis *Barbara Dölemeyer*, Art. Kodifikation, in: Der neue Pauly/Enzyklopädie der Antike, Bd. 14, 2000, Sp. 1003–1009; ebenso *Jörn Eckert*, Art. Allgemeines Landrecht (Preußen), in: HRG, Bd. 1, 2004, Sp. 155–162; einen enger gefassten Kodifikationsbegriff verfolgt dagegen HKK/*Rückert*, vor § 1 Rn. 16–25.

2 Zum Wandel des Rollenverständnisses und der Familienleitbilder siehe die aktuelle Studie der Konrad-Adenauer-Stiftung vom 30. Juni 2014, Christine Henry-Huthmacher (Hg.), Familienleitbilder in Deutschland. Ihre Wirkung auf Familiengründung und Familienentwicklung, S. 6 u. 13–15, zu finden unter http://www.kas.de/wf/de/33.38060/ (Stand Mai 2015).

3 Sofern sich §§ noch geltender Gesetze nicht auf die aktuelle Fassung beziehen, wird dies durch die Beifügung einer Jahreszahl kenntlich gemacht.

Zum Ende des 18. beziehungsweise zu Beginn des 19. Jahrhunderts war die Gesetzgebung in Europa noch sehr weit von einer zivilrechtlichen Gleichheit entfernt. Dieser lag ein stark ausgeprägtes Ständesystem mit verschiedensten Arten von Privilegien für den Adel und Einschränkungen für das einfache Volk zu Grunde.[4] Darüber hinaus gab es unzählige Territorialgesetze, so dass auch von dieser Seite nicht von einer flächendeckenden Gleichheit gesprochen werden konnte.[5]

Ausgehend von dieser Differenzierung kam es nicht nur in Deutschland, sondern auf dem gesamten europäischen Kontinent zu einem gesellschaftlichen und gesellschaftspolitischen Wandel.[6] Dieser Wandel nahm nach weit vertretener Ansicht mit der französischen Revolution von 1789 seinen Anfang[7] und erreichte, zumindest in Deutschland, mit der Revolution von 1848/49 seinen Höhepunkt.[8] Die Bürger verlangten mehr Gerechtigkeit und Einflussnahme in ihren Staaten.[9] Ebenso verlangten sie eine verstärkte Teilhabe am Wirtschaftswachstum, um der steigenden Armut[10] und der drohenden Verelendung[11] entkommen zu können.

---

4 *Heinrich Mitteis/Heinz Lieberich,* Deutsche Rechtsgeschichte. Ein Studienbuch, Juristische Kurz-Lehrbücher, 1992, S. 210–226; anschaulich *Hans Hattenhauer/Günther Bernert,* Allgemeines Landrecht für die Preußischen Staaten von 1794, 1996, S. 12 f.

5 *Hattenhauer/Bernert,* Allgemeines Landrecht für die Preußischen Staaten von 1794, S. 13.

6 *Mitteis/Lieberich,* Deutsche Rechtsgeschichte, S. 427; *Hans Schlosser,* Kodifikationen im Umfeld des Preußischen Allgemeinen Landrechts. Der französische Code civil (1804) und das Österreichische Allgemeine Bürgerliche Gesetzbuch (1811), in: Detlef Merten (Hg.), Kodifikation gestern und heute. Zum 200. Geburtstag des Allgemeinen Landrechts für die Preußischen Staaten. Vorträge und Diskussionsbeiträge der 62. Staatswissenschaftlichen Fortbildungstagung 1994 der Hochschule für Verwaltungswissenschaften Speyer, 1995, S. 63 (63–67).

7 Die französische Revolution 1789 als Beginn einer europäischen Bewegung, aber auch Kulminationspunkt einer eigenen Entwicklung, letzteres bei *Martin Göhring,* Die Frage der Feudalität in Frankreich vor und in der großen Revolution, 1934, S. 137.

8 *Hans Hattenhauer,* Zwischen Hierarchie und Demokratie. Eine Einführung in die geistesgeschichtlichen Grundlagen des geltenden deutschen Rechts, Lehrbücher und Grundrisse, 1971, S. 1 f. u. 105 f.

9 *Heinz Mohnhaupt,* Untersuchungen zum Verhältnis Privileg und Kodifikation im 18. und 19. Jahrhundert, in: Ius Commune, 5 (1975), S. 71 (72).

10 *Anke Breitenborn,* Randgruppen im Allgemeinen Landrecht für die Preußischen Staaten von 1794, Quellen und Forschungen zur brandenburgischen und preußischen Geschichte, 1994, S. 38–54.

11 *Uwe-Jens Heuer,* Allgemeines Landrecht und Klassenkampf. Die Auseinandersetzungen um die Prinzipien des Allgemeinen Landrechts Ende des 18. Jahrhunderts als

Gerade das Wirtschaftswachstum führte dazu, dass das bis dahin in Teilen geltende rezipierte römische Recht, der Usus modernus pandectarum, an seine Grenzen stieß. Eine auf die damaligen Verhältnisse angepasste Gesetzessammlung fehlte und konnte auch durch eine Anpassung des vorliegenden Rechts nicht mehr hergestellt werden.[12] Verschiedenste Kodifikationsbestrebungen erhielten dadurch neuen Antrieb[13] und letztlich auch eine breite Unterstützung im Bürgertum.[14]

Der Weg dahin führt durch einzelne Kapitel ausgewählter Kodifikationen des 19. Jahrhunderts, die vergleichend daraufhin zu untersuchen sind, inwiefern dort bereits eine zivilrechtliche Gleichheit gesetzlich fixiert war und wie diese gegebenenfalls ausgestaltet war.

Als Ausgangspunkt und Kontrast dafür dient das preußische Allgemeine Landrecht von 1794.[15] Um die Entwicklungstendenzen insbesondere im ALR vollständig betrachten zu können, kann der Blick hierbei nicht vor den umfassenden Reformen zu Beginn des 19. Jahrhunderts und auch nicht vor den Versuchen einer Gesetzesrevision des ALR im Zeitraum von 1825–1848 verschlossen werden. Letztere ist somit zwingend in die Untersuchung einzubeziehen. Aufgrund dessen wird das ALR trotz seines in Kraft tretens im 18. Jahrhundert in den hier untersuchten Zeitraum des 19. Jahrhunderts einbezogen.

Ausdruck der Krise des Feudalsystems in Preußen, 1960, S. 188 f.; *Hattenhauer*, Zwischen Hierarchie und Demokratie, S. 131; *Shepard B. Clough*, Retardierende Faktoren im französischen Wirtschaftswachstum am Ende des *Ancien Régime* und während der Revolutionszeit und der Napoleonischen Ara, in: Eberhard Schmitt (Hg.), Die Französische Revolution, 1976, S. 181 (188 f).

12 *Barbara Dölemeyer*, Kodifikation Deutschland in: Helmut Coing (Hg.), Handbuch der Quellen und Literatur der neueren europäischen Privatrechtsgeschichte, Bd. III/2, 1982, S. 1547 f.; *Helmut Coing*, Rechtsvergleichung als Grundlage von Gesetzgebung im 19. Jahrhundert, in: Ius Commune, 7 (1978), S. 160 (161); zur Entwicklung der Wirtschaft siehe auch *Hans-Ulrich Wehler*, Von der Reformära bis zur industriellen und politischen „Deutschen Doppelrevolution" 1815–1845/49, Deutsche Gesellschaftsgeschichte, Bd. 2, 1987, S. 54–94; ähnliche Zustände herrschten in der Schweiz, siehe dazu *Arthur Bauhofer*, Entstehung und Bedeutung des zürcherischen privatrechtlichen Gesetzbuches von 1853–55, in: ZSR, 46 (1927), S. 1 (3–8).

13 *Joseph Unger*, Der revidirte Entwurf eines bürgerlichen Gesetzbuchs für das Königreich Sachsen, 1861, S. 124 f.; *Christian Ahcin*, Zur Entstehung des Bürgerlichen Gesetzbuchs für das Königreich Sachsen von 1863/65, 1996, S. 99.

14 *Hattenhauer*, Zwischen Hierarchie und Demokratie, S. 21 f.

15 Das Publikationspatent vom 1. Juni 1794 abgedruckt bei *Hattenhauer/Bernert*, Allgemeines Landrecht für die Preußischen Staaten von 1794, S. 48–56.

Zur vergleichenden Betrachtung wird der französische Code civil von 1804[16] herangezogen, der beispielsweise mittelbar über das Badische Landrecht[17] als deutsche Version des Code civil, beziehungsweise auch unmittelbar im linksrheinischen und bergischen Rheinland, in der Provinz Rheinhessen und auch im heute zu Schleswig-Holstein gehörenden Kreis Herzogtum Lauenburg auf deutschem Boden Geltung erhalten sollte.

Ebenfalls wird das Österreichische Allgemeine Gesetzbuch von 1811/12[18] sowie für die deutschsprachigen Teile der Schweiz das Privatrechtliche Gesetzbuch für den Kanton Zürich von 1854–1856[19] einbezogen. Letzteres fand insbesondere durch den prominenten Bearbeiter Johann Caspar Bluntschli weit über die Schweizer Grenzen hinaus Beachtung in der Rechtswissenschaft.

Das im Jahre 1881/83 ebenfalls in der Schweiz verkündete Obligationenrecht wird aufgrund der zeitlichen Überschneidung mit dem Entstehungsprozess des BGB von 1900 aus dieser Untersuchung ausgeklammert.

Dagegen sollen die Unterschiede in der Ausgestaltung der Gleichheit im bayerischen und hessischen Entwurf zu einem Zivilgesetzbuch von 1861–1864 beziehungsweise 1842–1853 untersucht werden. Gerade auf dem Gebiet des späteren Deutschen Reichs stellen diese Zivilrechtsentwürfe eine für die vergleichende Betrachtung maßgebende und entscheidende Rechtsquelle des 19. Jahrhunderts dar. Ein ganz besonderes Augenmerk soll auf das Bürgerliche Gesetzbuch für das Königreich Sachsen von 1863/65[20] gelegt werden, da dieses Gesetz das einzige kodifizierte Zivilgesetzbuch darstellt, das auf bundesdeutschem Boden noch vor der Reichsgründung 1871 und dem darauf folgenden gesamtdeutschen BGB von 1900 tatsächlich in Kraft getreten ist. Obwohl das sächsische BGB nur knapp 40 Jahre von 1865–1899[21] galt, ist es für die weitere Geschichte unseres heutigen

16 Veröffentlicht und in Kraft getreten am 21.03.1804; zur Entstehungsgeschichte *Ernst Holthöfer*, Frankreich, in: Coing (Hg.), Handbuch der Quellen, Bd. III/1, 1982, S. 883–892.

17 Das Badische Landrecht wurde 1809 verkündet und ist am 01.01.1810 in Kraft getreten.

18 Das Gesetz wurde 1811 verkündet und ist am 01.01.1812 in Kraft getreten.

19 Das Gesetz trat in mehreren Teilen in Kraft; der erste Teil das Personen- und Familienrecht betreffend am 31.03.1854; der zweite Teil, das Sachenrecht betreffend am 19.04.1854; der dritte Teil, das Obligationenrecht betreffend am 16.04.1855; der letzte Teil, das Erbrecht betreffend am 31.01.1856; zur Entstehungsgeschichte *Dölemeyer*, Kodifikation in den deutschsprachigen Kantonen, in: Coing (Hg.), Handbuch der Quellen, Bd. III/2, S. 1939–1947.

20 Verkündet 1863 und in Kraft getreten am 01.03.1865.

21 *Helmut Coing*, Epochen der Rechtsgeschichte in Deutschland, 1971, S. 88.

BGB von nicht zu verachtendem Wert. Es stellt vielmehr den Grundstein oder auch eine Generalprobe unseres heutigen BGB dar.[22]

Inwieweit mit der Einführung des sächsischen BGB „das ganze Gebäude unserer bisherigen Gesetzgebung niedergerissen und in einem neuen Styl (sic!) wieder aufgebaut“[23] werden sollte und ob der sächsische Entwurf den anderen Gesetzen tatsächlich überlegen war[24], wird nachfolgend dargestellt. Zu guter Letzt wird ein Ausblick auf die ab der Mitte des 19. Jahrhunderts auftretenden sozialen und wirtschaftlichen Veränderungen gegeben sowie die Ausstrahlungswirkung der betrachteten Zivilkodifikationen auf das gesamtdeutsche BGB von 1900 untersucht.

22 *Franz*, Privatrechtsgeschichte der Neuzeit unter besonderer Berücksichtigung der deutschen Entwicklung, 1967, S. 276.

23 *Hans Beschorner*, Ein Votum aus dem Stande der Sächsischen Rechtanwälte über den neuen Entwurf des bürgerlichen Gesetzbuchs für das Königreich Sachsen, in: AcP, 37 (1854), S. 180 (180, 182).

24 Sächs. HStA Dresden, Bestand 11021, Nr. 759, Acten der Commission zu Revision des Entwurfs eines bürgerlichen Gesetzbuchs für das Königreich Sachsen, deren Organistation, Constituirung, Communication und Vortragserstattungen etc. betr., 1856, S. [9v].

B. Die Entwicklung der Gleichheit

Unter Hierarchie wird im heutigen Sprachgebrauch eine Rangordnung beziehungsweise Rangfolge verstanden.[25] Hierarchie in Bezug auf eine Gesellschaftsform deutet auf eine Rangordnung einzelner Klassen oder auch Stufen hin, den sogenannten Ständen. Als Stand wird im Allgemeinen eine abgrenzbare soziale Gruppe verstanden, die in ein bestimmtes gesellschaftliches Gesamtsystem unter immanenter Bezeichnung ihres Platzes eingebettet ist.[26] Dabei werden jeder Stufe bestimmte Rechte, Vorteile beziehungsweise Nachteile zugesprochen. In der Regel ist diese gesellschaftliche Rangfolge so ausgestaltet, dass sich die Zahl der Teilhaber der einzelnen Klassen umgekehrt proportional zu der Anzahl, beziehungsweise der Reichweite der Privilegien, verhalten. Auf der höchsten Ebene dieser Hierarchie herrschen demnach die meisten Vorteile, die Zahl der daran teilhabenden Individuen ist jedoch im Verhältnis gesehen am geringsten. Dieses Gesellschaftsmodell war bis zum Ende des ancien régime[27] vorherrschend. Die gesamte Gesellschaft war strikt in verschiedene Klassen oder auch Stände gegliedert.[28]

Egalität beziehungsweise Gleichheit dagegen ist die „Übereinstimmung einer Mehrzahl von Gegenständen, Personen oder Sachverhalten in einem bestimmten Merkmal, bei Verschiedenheit in anderen Merkmalen“[29]. Bezieht man diesen Begriff auf eine Gesellschaftsform, so stehen dabei alle Mitglieder dieser Gesellschaft auf der gleichen Stufe. Sie alle haben demnach in Bezug auf das übereinstimmende Merkmal die gleichen Rechte, seien es Vorzüge oder auch Nachteile.

---

25 In Abgrenzung zur ursprünglichen, historischen Bedeutung des Wortes siehe *Veit Rosenberger*, Art. Hierarchie, in: Der neue Pauly, Bd. 5, 1998, Sp. 534–535; knapp zur heutigen Bedeutung des Wortes siehe Duden Online, Art. Hierarchie, www.duden.de (Stand Mai 2015).

26 *Lothar Gall*, Von der ständischen zur bürgerlichen Gesellschaft, Enzyklopädie deutscher Geschichte, 2012, S. 4 f.; zur Entwicklung des Ständewesens siehe auch *A. Laufs/ A. Eichener*, Art. Stände, Ständewesen, in: HRG, Bd. 4, 1990, Sp. 1901–1910.

27 Das ancien régime als monarchisch-feudale und absolutistische Regierungsform in der Zeit von etwa 1650–1800, so bei *Gerhard Köbler*, Art. ancien régime, in: Lexikon der europäischen Rechtsgeschichte, 1997, S. 20; zum ancien régime in Frankreich siehe auch *Andreas Deutsch*, Art. Frankreich (Neuzeit), in: HRG, Bd. 1, 2008, Sp. 1690–1692.

28 Im weiteren Verlauf wird ausführlicher auf die damaligen Stände eingegangen. Siehe dazu weiter unten B. I.

29 *Otto Dann*, Art. Gleichheit, in: Geschichtliche Grundbegriffe/historisches Lexikon zur politisch-sozialen Sprache in Deutschland, Bd. 2, 2004, S. 997.

Als verdeutlichendes Beispiel können hier die gleichen Rechte zwischen Mann und Frau genannt werden, die ohne Rücksicht auf das Alter, die Herkunft oder die grundlegenden biologischen Unterschiede zwischen den Geschlechtern bestehen.

Auch wenn der Begriff der Gleichheit bereits ein sehr alter ist, so setzte die Entwicklung des Verständnisses der Gleichheit als ein im bürgerlichen Recht herrschender Grundsatz erst relativ spät ein.[30] Im Zuge der französischen Revolution und dem daraufhin entstandenen Code civil ist der Begriff des Rechts eines freien und gleichen Bürgers erstmals in der Zivilgesetzgebung verwendet worden.[31]

Ziel dieser neu eingeführten Gleichheit sollte es sein, jedem Bürger eines Staates unabhängig von seiner Herkunft, seinem Stand, des Geschlechts und der Religion die gleichen Rechte zu geben. Der Weg sollte von einer ständischen zu einer bürgerlichen Gesellschaft führen.[32]

Dieser Verlauf lässt sich in den Zivilrechtskodifikationen des 19. Jahrhunderts exemplarisch anhand einiger prägnanter Gesichtspunkte, sowohl gesellschaftlicher, politischer, als auch wirtschaftlicher Art darstellen. Darunter fällt die Abschaffung der Ständegesellschaft als solche und die daraus resultierende Entstehung der staatsbürgerlichen Gleichheit. Ebenso zu nennen sind der Abbau des Patriarchats in der Familie und insbesondere in der Ehe, sowie das Ende der Bevormundung der Kinder. Auch lässt sich dies anhand des Abbaus diverser Verkehrshindernisse, resultierend wiederum aus der patriarchalen Ständegesellschaft, wie zum Beispiel der Ausweitung der Geschäftsfähigkeit der Frau, der Bodenmobilisierung, der freien Verkehrsfähigkeit von Grund und Boden und der Abschaffung von Formvorschriften im Rechtsverkehr erkennen. Als weitere Punkte können noch handelsrechtliche Veränderungen genannt werden. Darunter fallen zum Beispiel die mit der Steigerung der Wirtschaftsleistung zusammenhängende Gründung von Banken und Aktiengesellschaften, die Gründung einer Zollunion und zu guter Letzt noch die Arbeiten an einem Allgemeinen Deutschen Handelsgesetzbuch.

Diese Punkte lassen sich einzeln betrachten, gleichzeitig aber im Zuge der Auseinandersetzung mit der zivilrechtlichen Gleichheit analysieren. Insbesondere die

---

30 Zur Begriffsentwicklung der Gleichheit siehe *Barbara Frenz*, Art. Gleichheit, in: HRG, Bd. 2, 2012, Sp. 398–402; siehe auch *Otto Dann*, Art. Gleichheit, in: Geschichtliche Grundbegriffe, Bd. 2, 2004, S. 997–1046.

31 *Wieacker*, Privatrechtsgeschichte, S. 274; zum Begriffsgebrauch der Gleichheit im 18. u. 19. Jahrhundert siehe auch *Otto Dann*, Art. Gleichheit, in: Geschichtliche Grundbegriffe, Bd. 2, 2004, S. 1006–1016.

32 Ein Abriss über die Entwicklung und zum Verständnis der Ständegesellschaft siehe *A. Laufs/A. Eichener*, Art. Stände, Ständewesen, in: HRG, Bd. 4, 1990, Sp. 1900–1910.

gesellschaftlichen und wirtschaftlichen Folgen der oben genannten Punkte stellen eine nicht zu verachtende Grundlage für die Anerkennung einer egalitär aufgebauten Gesellschaft in der Bevölkerung des jeweiligen Landes dar.[33]

Es bleibt zu untersuchen, ob diese markanten Eckpunkte bloß vereinzelt, territorial begrenzt oder aber in allen hier zu betrachtenden Kodifikationen des 19. Jahrhunderts wiederzufinden sind.

Dabei ist zweierlei zu berücksichtigen: Es stellt sich zunächst die Frage, ob die genannte Gleichheit überhaupt Einzug in die einzelnen zivilrechtlichen Kodifikationen gefunden hat. Sofern dies nicht der Fall ist, wird zu prüfen sein, ob es andere Gesetze gibt, auf die verwiesen wird, oder aber eine irgendwie geartete Gleichheit bewusst aus den Gesetzbüchern der damaligen Zeit ferngehalten wurde.

Insbesondere gilt es den Blick auch auf die zum Teil vorhandenen Verfassungen zu werfen. Dabei wird auf das Verhältnis zwischen Verfassung und Zivilkodifikation einzugehen sein und infolgedessen auf die Frage, inwiefern eine Zivilrechtskodifikation lediglich Verfassungsrecht umsetzt oder aber selbst an der Spitze des gesellschaftlichen Wandels steht. In diesem Zusammenhang wird ebenfalls zu erörtern sein, ob eine zivilrechtliche Gleichheit auch dann vollumfänglich entstehen kann, wenn eine egalitär aufgebaute Verfassung als deren Grundlage fehlt.

I. Abschaffung der Ständegesellschaft und Entstehung der staatsbürgerlichen Gleichheit

1. Ständegesellschaft im Umbruch? – Ausgangslage zum Ende des 18. Jahrhunderts

Wie in der Einleitung bereits dargestellt, war die Gesellschaft zum Ende des 18. und zu Beginn des 19. Jahrhunderts durch ein starres Ständesystem geprägt. Über alle hier betrachteten Rechtskreise hinweg gab es eine herrschende Bevölkerungsschicht, den Adel, eine Bürgerschicht und mehr oder weniger abhängige Bauern.

Auch wenn zum Ende des 18. Jahrhunderts die Überzeugung vorherrschend war, dass ein Staat zwingend ständisch gegliedert sein musste, wurde der Ruf nach der Abschaffung dieser Strukturen und der Abschaffung der Abhängigkeit der unteren Bevölkerungsschichten in weiten Teilen Europas immer lauter.[34]

---

33 *Hattenhauer*, Zwischen Hierarchie und Demokratie, S. 28–33.

34 „Vollkommene Gleichheit des Standes lässt sich nur im Stande der Natur und gewissermaßen auch noch in der bürgerlichen Gesellschaft gedenken. Mit dem Wesen des Staates aber ist sie unvereinbar. Dieser kann nicht ohne Ordnung und Gehorsam stehen

Die Grundidee war die Herstellung der Rechtsgleichheit[35] durch eine Reform von Staat, Wirtschaft und der gesamten Gesellschaft durch eine aufgeklärte Staatsgewalt.[36]

2. Die Ständegesellschaft in der frühen Gesetzgebung des 19. Jahrhunderts

a. Die Ständegesellschaft und das ALR von 1794 – ein Spiegelbild des ancien régime?

Das ALR steht als erste Gesetzessammlung des Aufklärungszeitalters chronologisch am Beginn der nachfolgenden Betrachtung.[37] Das preußische Allgemeine Landrecht ist nach einer 14 Jahre dauernden Entstehungszeit[38] im Jahre 1794 in Kraft getreten. Es sollte die in Preußen vorherrschenden Partikulargesetze zusammenfassen, vereinheitlichen und ein größeres Maß an Rechtssicherheit schaffen.[39] Am Ende dieses Projekts stand ein Gesetzeswerk mit annähernd 20.000 Paragraphen, welches die Belange des Staates und der Bürger allumfassend in einer sehr verständlichen Weise regeln sollte.[40] Das ALR beinhaltete neben der von uns heute im Zivilrecht zu findenden Materie auch das Strafrecht sowie das öffentliche Recht.[41] Die nachfolgende Betrachtung beschränkt sich hauptsächlich auf die zivilrechtlichen Normen, wobei vereinzelt auch auf Vorschriften des Strafrechts

---

[…] Gleichheit der Menschen im Staat ist also eine bloße Chimäre und Ungleichheit derselben in Rücksicht ihres Standes notwendig!“ bzw. „Wo Staat ist, da giebt (sic!) es ferner Herrscher und Beherrschte, also Ungleichheit der Menschen“, so noch zu lesen in *Friedrich Georg August Schmidt,* Fortgesetzte Beiträge zur Geschichte des Adels und Kenntnis der gegenwärtigen Verfassung derselben in Teutschland, 1795, S. 21 u. 26.

35 HKK/*Joachim Rückert,* vor § 1, Rn. 39–40.

36 *Gall,* Von der ständischen zur bürgerlichen Gesellschaft, S. 12–17.

37 Siehe zum hier verwendeten weiten Kodifikationsbegriff oben Fn. 1.

38 Überblick dazu bei *Hattenhauer/Bernert,* Allgemeines Landrecht für die Preußischen Staaten von 1794, Einführung, S. 10–16; *Breitenborn,* Randgruppen im ALR, S. 60.

39 *Heuer,* Allgemeines Landrecht und Klassenkampf. Die Auseinandersetzungen um die Prinzipien des Allgemeinen Landrechts Ende des 18. Jahrhunderts als Ausdruck der Krise des Feudalsystems in Preußen, S. 109 f.; ebenso *Dölemeyer,* Kodifikation Deutschland, in: Coing (Hg.), Handbuch der Quellen, Bd. III/2, S. 1427; zu den Zielen der Gesetzgebung siehe auch *Bernd Mertens,* Gesetzgebungskunst im Zeitalter der Kodifikationen, 2004, S. 17–33.

40 *Hattenhauer,* Zwischen Hierarchie und Demokratie, S. 65.

41 *Heinz Mohnhaupt,* Privilegien und „gemeines Wohl“ im ALR sowie deren Behandlung durch Theorie und Praxis im 19. Jahrhundert, in: Ius commune, 75 (1995), S. 105 (105).

und des öffentlichen Rechts zu verweisen sein wird, da diese in einem engen Zusammenhang zum Thema dieser Arbeit stehen. Die zivilrechtlichen Vorschriften bauen schließlich auf der dem öffentlichen Recht zuzuordnenden gesellschaftlichen Gliederung auf, sodass sich zivilrechtliche und öffentlich-rechtliche Vorschriften gegenseitig bedingen. Besonders deutlich wird dies am Standesrecht der Bürger, welches nach heutigem Verständnis ausschließlich dem öffentlichen Recht zuzuordnen wäre. Darüber hinaus fand eine strikte Trennung in Zivilrecht, Strafrecht und öffentliches Recht, wie wir sie in den heutigen Gesetzgebungen finden, noch nicht statt.

Zu untersuchen bleibt, ob neben dieser Vereinheitlichung des Rechts auch der Geist der französischen Revolution, die einige Jahre vor in Kraft treten des ALR stattgefunden hatte, mit seinen Forderungen und Erwartungen, Einzug in diese Kodifikation gefunden hat. Hier könnte die negative Haltung der Preußen dem Begriff der Gleichheit gegenüber von nicht zu verachtendem Einfluss gewesen sein. In Preußen stand man dem Begriff der Gleichheit aufgrund der in Frankreich stattgefundenen Revolution und dem dort propagierten sehr weiten Verständnis des Begriffs negativ gegenüber und verband damit Fremde, Gewalt, Aufruhr und Zerstörung.[42]

Das Bild, welches mit dem Preußischen ALR grundsätzlich verbunden wird, ist ein ständisch geprägtes, welches die alten Strukturen des Adels mit dessen Privilegien weiterhin festigte.[43] Die Privilegien der einzelnen Stände müssten sich demnach im ALR wiederfinden lassen. Die ersten Paragraphen der Einleitung, sowie insbesondere auch die des ersten Abschnitts im ersten Teil, lassen keine Differenzierung der Bevölkerung nach Ständen hervortreten. Der erste Teil des ALR beschreibt vielmehr das damals vorherrschende Menschenbild, völlig unabhängig von der Stellung des Einzelnen im Staat.[44]

---

42 *Otto Dann*, Art. Gleichheit, in: Geschichtliche Grundbegriffe, S. 1018 f.; ebenso *Otto Dann*, Gleichheit und Gleichberechtigung. Das Gleichheitspostulat in der alteuropäischen Tradition und in Deutschland bis zum ausgehenden 19. Jahrhundert, S. 144–148; siehe auch *Claudia Schöler*, Deutsche Rechtseinheit. Partikulare und nationale Gesetzgebung (1780–1866), S. 66–73.

43 *Thomas Finkenauer*, Vom Allgemeinen Gesetzbuch zum Allgemeinen Landrecht – preußische Gesetzgebung in der Krise, in: ZRG GA, 113 (1996), S. 40 (47).

44 *Hattenhauer/Bernert*, Allgemeines Landrecht für die Preußischen Staaten von 1794, S. 19; *Andreas Schwennicke*, Die Entstehung der Einleitung des Preußischen Allgemeinen Landrechts von 1794, 1993, S. 218.

In der Einleitung[45] des ALR heißt es sogleich, dass „die Gesetze des Staats […] alle Mitglieder desselben, ohne Unterschied des Standes, Ranges und Geschlechts“[46] und der Religion[47] verbinden. Betrachtet man diesen Satz isoliert von den übrigen Vorschriften, so lässt sich zweierlei daraus folgern: Zum einen deutet diese Norm an, dass dem ALR die aufgezählten Unterschiede durchaus bekannt waren, zum anderen aber gerade diese Unterschiede keinen Einfluss auf die Verbindlichkeit des ALR gegenüber dem Einzelnen haben sollten.

Dieser für damalige Verhältnisse modern anmutende Satz trägt eine Form des uns heute aus Art. 3 I GG bekannten Satzes der „Gleichheit vor dem Gesetz“ in sich.[48] Er besagt, dass alle Menschen unabhängig von den angeführten Unterscheidungsmerkmalen dem Recht unterworfen sind. Es bestand somit eine formale Rechtsbindung aller Mitglieder des Preußischen Staates, an welcher sich die weitere Betrachtung messen lassen muss. Darzustellen bleibt allerdings, ob es im ALR neben der Gleichheit vor dem Gesetz auch eine Gleichheit im Gesetz, also die unterschiedslose Geltung des Rechts für Jedermann, gegeben hat.

Dies lässt sich bereits mit Blick auf den Wortlaut in ALR II 1 §§ 30 f. beantworten, denn dort heißt es weit weniger allgemein, dass „Mannespersonen von Adel […] mit Weibspersonen aus dem Bauer- oder geringerem Bürgerstande keine Ehe zur rechten Hand schließen“ können.

Daraus folgt wiederum, dass es im ALR verschiedene Personengruppen, sprich Stände, gibt und dass zwischen diesen Gruppen starre Grenzen bestehen, die selbst durch eine Eheschließung nicht aufgeweicht werden sollten. Ausnahmen

---

45 Die Vorschriften des ALR werden soweit nicht besonders hervorgehoben, zitiert nach: Allgemeines Landrecht für die Preußischen Staaten von 1794. Mit einer Einführung von Hans Hattenhauer und einer Bibliographie von Günther Bernert, 3. Auflage 1996; siehe dazu auch § 22 der Einleitung.

46 Siehe auch *Peter Krause,* Carl Gottlieb Svarez, Gesammelte Schriften – Entwurf eines allgemeinen Gesetzbuchs; Band 1, 1996, S. 17; siehe auch ALR, Einleitung, §§ 1, 34, 40–42, 80, *Wilhelm Bornemann,* Systematische Darstellung des Preussischen Civilrechts. Mit Benutzung der Materialien des Allgemeinen Landrechts, Band 1, … enthaltend die geschichtliche Einleitung, die Fundamentallehren des Preußischen Rechts und die Lehre vom Besitz, Berlin, 1842, S. 46.

47 *Bornemann,* Systematische Darstellung des Preussischen Civilrechts, Band 1, … enthaltend die geschichtliche Einleitung, die Fundamentallehren des Preußischen Rechts und die Lehre vom Besitz, Berlin, 1842, S. 46.

48 *Gerd Kleinheyer,* Aspekte der Gleichheit in den Aufklärungskodifikationen und den Konstitutionen des Vormärz, in: Der Staat, Zeitschrift für Staatslehre, öffentliches Recht und Verfassungsgeschichte, Beiheft 4 – Von der ständischen Gesellschaft zur bürgerlichen Gesellschaft: Tagung der Vereinigung für Verfassungsgeschichte, 1980, S. 7 (7–17).

diesbezüglich sind nur unter weiteren Voraussetzungen infolge Dispensation[49], der Entbindung von dieser Regelung durch das Landes-Justiz-Kollegium, möglich. Begründet wurde dieses Ehehindernis zwischen den Ständen damit, dass dem preußischen Staat besonders daran gelegen sei, dass unter „seinem Adel wirklich edle, großmütige und ehrliebende Gesinnungen und Gefühle soviel als möglich erhalten und fortgepflanzt werden"[50] sollen und sich eine Vermischung nachteilig auswirken würde.

Diese bestehenden Grenzen werden zugleich in den Überschriften zum zweiten Teil siebter bis neunter Titel des ALR deutlich. Diese Titel geben nachfolgend die in der preußischen Gesellschaft vorhandenen Stände wieder. Anzumerken ist, dass es sich dabei nicht um die herkömmliche Differenzierung zwischen Bauern-, Adelsstand und Geistlichkeit, sprich in Nährstand, Wehrstand und Lehrstand[51] handelt.[52] Vielmehr wird in den Überschriften und den darunterfallenden Vorschriften – beginnend mit dem niedrigsten Stand – vom Bauernstande[53], vom Bürgerstande[54] und vom Adelsstande[55] gesprochen. Die Geistlichkeit stellt in der preußischen Gesellschaft keinen eigenen Stand mehr dar. Im weiteren Verlauf des

---

49 Siehe dazu ALR II 1 §§ 32 ff.

50 *Hermann Conrad/Gerd Kleinheyer*, Carl Gottlieb Svarez, Vorträge über Recht und Staat, Wissenschaftliche Abhandlungen der Arbeitsgemeinschaft für Forschung des Landes Nordrhein-Westfalen, 1960, S. 320–321.

51 *Gerd Kleinheyer*, Das herkömmliche Verständnis der Stände und die kodifikatorische Regelung des Ständerechts im Preußischen Allgemeinen Landrecht von 1794, in: Günter Birtsch/Dietmar Willoweit (Hg.), Reformabsolutismus und ständische Gesellschaft, Forschungen zur brandenburgischen und preussischen, Beiheft 3, 1998, S. 273 (273).

52 Anschaulich zur Definition der ständischen Gesellschaft siehe *Gall*, Von der ständischen zur bürgerlichen Gesellschaft, S. 54–61; zur Ständetrias siehe auch *A. Laufs/A. Eichener*, Art. Stände, Ständewesen, in: HRG, Bd. 4, 1990, Sp. 1903–1905.

53 ALR II 7 – Dem Bauernstand gehören gemäß ALR II 7 § 1 alle Bewohner des platten Landes an, sofern sie nicht durch eine adlige Geburt, ein angenommenes Amt oder besondere Rechte einem anderen Stand zuzuweisen sind.

54 ALR II 8 – Dem Bürgerstande gehörten gemäß ALR II 8 § 1 alle Einwohner einer Stadt an, die nicht dem Adel oder dem Bauernstande zuzurechnen waren.

55 ALR II 9 – Diesem Stand konnte man gemäß ALR II 9 §§ 2 ff. entweder durch Geburt, wobei der Adelsstand des Vaters zwingend vorausgesetzt wurde und eine vollgültige Ehe der Eltern erforderlich war oder durch landesherrliche Verleihung angehören; zur Spitze der Ständepyramide siehe auch *Hattenhauer/Bernert*, Allgemeines Landrecht für die Preußischen Staaten von 1794, S. 12; zu Beginn des 19. Jahrhunderts betrug der Anteil des Adels an der Gesamtbevölkerung max. 0,5 %, näheres dazu bei *Wehler*, Von der Reformära bis zur industriellen und politischen „Deutschen Doppelrevolution" 1815–1845/49, S. 146, 149.

ALR weist lediglich ein eigenständiger Titel „von den Rechten und Pflichten der Kirchen und geistlichen Gesellschaften“ auf eine besondere Stellung derselben hin.[56] Trotz dieser Modifikation der klassischen Ständeordnung wird im ALR und dort insbesondere im zweiten Teil das traditionelle Verständnis eines Ständestaates widergespiegelt.[57]

In den über 3000 nachfolgenden Paragraphen des ALR wird das Verhältnis der einzelnen Stände im Staat bis in die kleinsten Details geregelt.[58] Interessant hierbei ist der scheinbar enorme Regelungsbedarf des Bürgerstandes. Dieser Regelungsumfang darf jedoch nicht darüber hinwegtäuschen, dass das Leben in den Städten im 19. Jahrhundert erst allmählich attraktiver wurde. Bis dahin galt der Bauernstand und somit die einfache Landbevölkerung als zahlenmäßig größter Stand.[59] Dies lässt sich besonders gut am Anteil der in der Landwirtschaft tätigen Bevölkerung verdeutlichen, der im Jahre 1815 noch bei 72 % lag. Die Industrialisierung führte dann jedoch rasch dazu, dass der Anteil in der Landwirtschaft tätigen Bevölkerung sank – am Beispiel Sachsens auf nur noch 25 %.[60] Dies zeigt, dass sich die Bevölkerungsanteile erst im Zuge der Industrialisierung allmählich in Richtung einer neuen Arbeiterklasse verschoben haben.[61]

Die Vielfältigkeit und die Komplexität der Regelungen des Bürgerstandes lassen auf die Vielschichtigkeit dieser aufkommenden „neuen“ Lebensart schließen. Der stärker werdende Warenverkehr und die zunehmende Vermarktung der eigenen Arbeitskraft ließen immer stärker differenzierende Regelungen nötig werden. Adelsstand und Bauernstand waren dagegen vergleichsweise kurz geregelt, was allerdings auch auf auslegungsbedürftige Grundbegriffe wie Untertänigkeit, Gutsherrschaft usw. zurückzuführen ist. Diese Begriffe umfassten eine Vielzahl von historisch gewachsenen Rechten und Pflichten, die ohne weitere

56 Siehe auch ALR II 11.

57 *Hattenhauer/Bernert,* Allgemeines Landrecht für die Preußischen Staaten von 1794, S. 23.

58 Auf die Rechte und Pflichten des Bauernstandes entfallen im ALR 548 Paragraphen, auf die des Bürgerstandes 2464 Paragraphen und auf die des Adelsstandes noch einmal 100 Paragraphen.

59 *Bert Altena, et al.,* Gesellschaftsgeschichte der Neuzeit 1750–1989, 2009, S. 29.

60 Siehe dazu *Wehler,* Von der Reformära bis zur industriellen und politischen „Deutschen Doppelrevolution“ 1815–1845/49, S. 14 u. 27; ebenso *Wolfgang Zorn, et al.,* Das 19. und 20. Jahrhundert, Handbuch der deutschen Wirtschafts- und Sozialgeschichte, Bd. 2, 1976, S. 13.

61 Zum Fehlen einer abgrenzbaren Arbeiterklasse am Beispiel des Code civil siehe auch *Gustav Boehmer,* Der Einfluss des Code civil auf die Rechtsentwicklung in Deutschland, in: AcP, 151 (1951), S. 289 (293).

gesetzliche Ausgestaltung für die betroffenen Parteien verständlich waren. Jegliche gesetzliche Regelung schien diese auslegungsbedürftigen Begriffe darüber hinaus unnötig einzuschränken.

Im ALR werden zum einen die jeweiligen Rechte und Pflichten des Einzelnen im Verhältnis zum Staat und zum anderen das Verhältnis der einzelnen Personen untereinander ausführlich dargestellt. Die Regelungsdichte, die detaillierte Beschreibung der Stände und die jeweiligen Aufgabenbereiche im Staat lassen einen hervorragenden Rückschluss auf die damals vorherrschende Gesellschaftsstruktur zu, auf die im Nachfolgenden näher eingegangen wird.

Anzumerken bleibt bereits an dieser Stelle, dass sich eine solche ständische Gliederung der Gesellschaft in den anderen zu betrachtenden Kodifikationen nicht finden lässt. Dies ist ein Merkmal, das einzig dem ALR zu Grunde liegt. Ein unmittelbarer Vergleich mit den anderen Kodifikationen lässt sich auf dieser Ebene somit nicht anstellen. Hieran wird bereits deutlich, dass das ALR eher dem 18. als dem aufgeklärten 19. Jahrhundert zuzuordnen ist.

aa. Auswirkungen der Ständegesellschaft auf diverse Lebensbereiche

Die eben genannten Stände zeugen von althergebrachten Vorstellungen über den Aufbau eines Staates und die Beziehungen seiner Einwohner zueinander. Eine Liberalisierung im Sinne der französischen Revolution, wonach alle Menschen gleich zu achten seien, hat bei genauer Betrachtung der ursprünglichen Fassung des ALR keine Rolle gespielt. Das Ständesystem wurde vielmehr in eine neue Gesetzesform gegossen und dadurch sogar noch gefestigt.[62] Dieser Zustand wird auch in den ALR I 1 §§ 6, 7 deutlich. Dort heißt es zunächst in § 6 unmissverständlich, dass „Personen, welchen, vermöge ihrer Geburt [...] gleiche Rechte beygelegt (sic!) sind, [...] zusammen einen Stand aus[machen].“ Und weiter in § 7: „Die Mitglieder eines jeden Standes haben, als solche, einzeln betrachtet, gewisse Rechte und Pflichten.“ Der bereits angesprochene Grundsatz der Gleichheit vor dem Gesetz bezieht sich somit lediglich auf eine Betrachtung innerhalb der einzelnen, gesetzlich vorgegebenen Stände. Eine Gleichheit aller Menschen untereinander ist von den Gesetzgebern des ALR demnach überhaupt nicht vorgesehen gewesen. Die hier vorliegende Gleichheit wird ausschließlich von einem absolutistischen Zug im Sinne einer Gleichheit vor dem Herrscher geprägt. Die eben aufgezeigte Differenzierung nach einzelnen Ständen zieht sich wie ein roter

---

62 Zur sozialen Ungleichheit und deren Ausprägung siehe auch bei *Hans-Ulrich Wehler*, Vom Feudalismus des Alten Reiches bis zur defensiven Modernisierung der Reformära 1700–1815, Deutsche Gesellschaftsgeschichte, Bd. 1, 1989, S. 140–177.

Faden durch das gesamte Gesetzbuch hindurch, sodass sich Auswirkungen in beinahe allen Lebensbereichen wiederfinden lassen.[63]

i. Freiheit im Allgemeinen und im Besonderen

Die Mitglieder der einzelnen Stände waren keineswegs gleichermaßen frei. Neben der Untertänigkeit an sich und den daraus resultierenden Dienstpflichten ließen sich sogar an den jeweiligen Stand gebundene Berufsfelder finden, die allesamt Beschränkungen der persönlichen Freiheit darstellten.

So lag die grundlegende Aufgabe des Bauernstandes im Betrieb des Ackerbaus und der Landwirtschaft.[64] Der Betrieb eines Gewerbes war dem Bauernstande ohne staatliche Erlaubnis komplett versagt.[65] Die Landbewohner waren, wie auch in ALR II 7 §§ 87 ff. deutlich wird, ihrem Gutsherrn untertan. Dieser Stand hatte neben dem Ackerbau die Aufgabe, den höheren Ständen zu dienen.[66] Dies wird ebenfalls daran sichtbar, dass die Personen des Bauernstandes zu Hand- und Spanndiensten, zum Beispiel der Arbeit auf den Äckern der Gutsherren, verpflichtet waren.[67] Des Weiteren bestand aufgrund der Schollengebundenheit die Pflicht, den Gutsherrn vor dauerhaftem Verlassen des Hofes um Erlaubnis zu fragen.[68] Der Bauernstand war demnach in seiner persönlichen Freizügigkeit sehr stark beschränkt. Eine weitere gravierende Einschränkung der persönlichen Freiheit findet sich im Eherecht. Für die Ehe zweier Gutsuntertanen war stets die Einwilligung der Gutsherren erforderlich.[69] Diese Einwilligung durfte zwar

---

63 *Heuer,* Allgemeines Landrecht und Klassenkampf. Die Auseinandersetzungen um die Prinzipien des Allgemeinen Landrechts Ende des 18. Jahrhunderts als Ausdruck der Krise des Feudalsystems in Preußen, S. 58 f.

64 Siehe ALR II 7 § 1.

65 Siehe ALR II 7 § 2.

66 Anschaulich auch *Franz Demmer,* Das Gesinderecht im Allgemeinem Landrecht für die Preußischen Staaten von 1794 und in der Gesindeordnung für sämtliche Provinzen der Preußischen Monarchie von 1810, 1968, S. 10–16.

67 Siehe dazu insbesondere ALR II 7 § 13.

68 Siehe ALR II 7 §§ 150 ff.; unter Schollenpflichtigkeit wird die Bindung einer natürlichen Person an ein bestimmtes Grundstück verstanden, welches sie nicht ohne Einwilligung des Obereigentümers dauerhaft verlassen darf. Die Schollenpflichtigkeit der Gutsuntertanen stellte eine sehr starke Einschränkung der persönlichen Fortbewegungsfreiheit dar. Siehe dazu auch Art. Scholle, in: Deutsches Rechtswörterbuch / Wörterbuch der älteren deutschen Rechtssprache, Bd. 12, Heft 7/8, 2012, Sp. 1071–1072.

69 Das Einwilligungserfordernis des Gutsherrn findet sich in ALR II 1 § 73 i. V. m. ALR II 7 §§ 161 ff.

nicht ohne ausreichenden Grund versagt werden, doch allein die Möglichkeit, Einfluss nehmen zu können, spiegelt das Machtgefälle vom Adel bis hin zum Bauernstand sehr gut wider. Diese Vorschriften erinnern aufgrund ihrer ähnlichen Struktur stark an die im ALR grundsätzlich abgeschaffte Leibeigenschaft.[70] Der untertänige Bauer war in zweifacher Hinsicht von dem Gutsherrn abhängig und auf dessen Gunst angewiesen. Zum einen war diese Abhängigkeit rein finanzieller Art, nämlich durch die Vergütung seiner Arbeit, zum anderen, im Falle des Einwilligungserfordernisses in eine Ehe oder in die Freizügigkeit, jedoch ganz privater Natur.[71] Das nach wie vor bestehende Machtgefälle zwischen den einzelnen Ständen und die dadurch begründeten Abhängigkeiten sind an dieser Stelle noch sehr gut im ALR zu erkennen.

Der Bürgerstand dagegen war in seiner Lebensweise ungleich freier. Die Besonderheiten des Bürgerstandes lagen in der Erlangung des Bürgerrechtes, dem damit einhergehenden Leben in den Städten und der Erlaubnis Handel zu treiben beziehungsweise einem Gewerbe nachzugehen.[72] Demzufolge ließen sich diesem Stand eine große Zahl von Personen zuordnen, wie zum Beispiel die Handwerker, Fabrikanten, Kaufleute, Mäkler, Reeder, Schiffer und Befrachter, Fuhrleute, Posten und Postbediente und auch Gastwirte. Die möglichen Berufsgruppen waren demnach sehr vielfältig ausgestaltet. Insbesondere durch die Industrialisierung entwickelten sich neue Berufsfelder, die dem Bürgerstand zugeordnet wurden. Diesem Stand waren unter anderem das Bürgerrecht[73], der Zunftzwang[74] und die damit zusammenhängenden Rechte und Pflichten als Einschränkung ihrer persönlichen Freiheit auferlegt. Die Stadtbürger waren mit Ausnahme von einigen öffentlichen Stadtämtern und gewissen Notdiensten zu keinerlei unentgeltlichen Aufgaben und Diensten verpflichtet.[75] Auch bestanden keine weitergehenden Beschränkungen im Eherecht.

Das Berufsbild des Adels war ebenfalls recht deutlich umschrieben. Dem Adel lag gemäß ALR II 9 § 1 „als dem ersten Stande im Staat […], nach seiner

---

70 Siehe auch ALR II 7 § 148; zur Entwicklung der Frondienste im Überblick siehe *Bernd Schildt*, Art. Frondienst, in: HRG, Bd. 1, 2008, Sp. 1859–1862; siehe dazu auch *Ernst Rudolf Huber*, Reform und Restauration. 1789 bis 1830, Deutsche Verfassungsgeschichte / seit 1789, Bd. 1, S. 184–191.

71 Auf die Gutsuntertänigkeit und die in diesem Zusammenhang stehende Bauernbefreiung wird im weiteren Verlauf der Arbeit näher eingegangen, siehe B. I. 2. b.

72 Siehe dazu ALR II 8 §§ 2, 13 u. 19 bzw. ALR II 8 § 86.

73 Siehe auch ALR II 8 §§ 13 ff.

74 Siehe auch ALR II 8 §§ 179 ff., 224 ff.

75 ALR II 8 §§ 29 ff.

Bestimmung, die Vertheidigung (sic!) des Staats, so wie die Unterstützung der äußern Würde, und innern Verfassung desselben, hauptsächlich ob."

Durch diesen Wortlaut war zugleich die berufliche Ausrichtung des Adels in Richtung auf den Militär- und den Staatsdienst vorgegeben, ja geradezu begrenzt. So durften Adlige in der Regel auch kein Gewerbe treiben.[76] Dies führte letztlich auch dazu, dass ein Großteil der höheren aber auch der niederen Staatsstellen für Personen adliger Herkunft „reserviert" waren.[77] Eine Nähe der Staatsbeamten zum Adel wird auch anhand des sehr ähnlichen Wortlauts der Aufgabenbeschreibung von Staatsbeamten und Militärpersonen deutlich. So zählten die Unterhaltung und Förderung der Sicherheit, der guten Ordnung und des Wohlstands des Staates zu ihren Aufgaben.[78] Weitere Auswirkungen zeigen sich auch in Bereichen des gesellschaftlichen Lebens: So war es einzig dem Adel vorbehalten, einen adligen Namen oder auch Wappen zu tragen, sich des Besitzes eines adligen Gutes oder des Jagdrechts zu bedienen.[79] Ebenso galten einzig für den Adel umfangreiche steuerrechtliche Vergünstigungen.[80]

ii. Familienrecht insbesondere Eherecht und Unterhaltsrecht

Besonders deutlich wird die skizzierte Trennung der Stände anhand des bereits erwähnten Ehehindernisses zwischen den einzelnen Ständen.[81] Dieses Ehehindernis wurde in der Praxis jedoch nach und nach aufgeweicht, was an der steigenden Zahl von Mischehen zwischen Adel und Bürgerstand sichtbar wird. Erklären lässt sich dies mit dem Umstand, dass in Zeiten des Wirtschaftswachstums und

---

76 Siehe ALR II 9 § 76.

77 Eine durchaus kritische Auseinandersetzung *von Ramdohr*, Ueber das Verhältniß des anerkannten Geburtsadels deutscher monarchischer Staaten zu den übrigen Klassen ihrer Bürger, in Rücksicht auf die ersten Staatsbedienungen, in: Berlinische Monatschrift, 17 (1791), S. 124 (124–174), bzw. S. 250 (250–284); siehe dazu auch *Hartmut Kaeble*, Französisches und deutsches Bürgertum 1870–1914, in: Jürgen Kocka (Hg.), Bürgertum im 19. Jahrhundert / Deutschland im europäischen Vergleich, Bd. 1, 1995, S. 113 (113).

78 Die nähere Aufgabenbeschreibung der Staatsbediensteten ist zu finden in ALR II 10 § 1.

79 Die Vorrechte des Adels finden sich in ALR II 9 §§ 16 u. 34 ff.

80 Auf grundlegende Änderungen bzgl. der Steuerfreiheit des Adels wird unter B. I. 2. b. bb. iii. eingegangen.

81 ALR II 1 § 30; zur Entstehung dieser Regelung, welche die Ehen künftig ausschließen, die „zum Despect und mercklichen Nachtheil (sic!) Unsers getreuen Adels" gereichen, siehe *Stephan Buchholz*, Standesungleichheit als Ehehindernis, in: Aspekte europäischer Rechtsgeschichte. Festgabe für Helmut Coing zum 70. Geburtstag, Ius commune: Sonderhefte, Texte und Monographien, 17 (1982), S. 29 (32 u. 35) m. w. N.

der beginnenden Industrialisierung das Vermögen vieler Bürgerfamilien enorm anwuchs und dasjenige von adligen Familien oftmals überstieg. Die bereits angesprochene Dispensation stellte somit eine interessante Möglichkeit dar, durch die Verheiratung der eigenen adligen Kinder mit dem Nachwuchs reicher Kaufmannsfamilien den Wohlstand der adligen Familie zu sichern beziehungsweise sogar weiter auszubauen.[82] Neben der finanziellen Aufwertung des adligen Teils brachte eine solche Ehe der bürgerlichen Seite eine Aufwertung des gesellschaftlichen Ansehens durch die Erhebung in den Adelsstand mit sich. So kam es, dass in Preußen bis zu 25 % der akademischen Beamten mit Töchtern von adligen Kollegen verheiratet waren.[83]

Diese Ehebeschränkung stellte aus Sicht der unteren Stände einen gravierenden Nachteil dar, da ein Aufstieg in einen höheren Stand und somit die finanzielle und gesellschaftliche Besserstellung selbst durch eine Ehe in der Regel nicht möglich war. Aus Sicht des Adels stellte diese Beschränkung dagegen eine positive Regelung dar, weil das Familienvermögen so auf lange Sicht in adliger Hand gesichert werden konnte. Neben der bereits erwähnten Dispensation gab es darüber hinaus für den Adel die Möglichkeit, dieses Ehehindernis mittels einer sogenannten Ehe zur linken Hand zu umgehen.[84] Bei diesem Institut stellte ein Standesunterschied der Ehepartner ebenfalls kein Ehehindernis dar, sodass der adlige Teil ohne weiteres eine Frau niederen Standes heiraten konnte.[85] Besonderheiten dieser Ehe ergaben sich dabei allerdings im Unterhaltsrecht. Grundsätzlich war der Unterhalt in standesgemäßer Höhe zu zahlen und sollte der Frau und den evtl. vorhandenen Kindern ein Leben ermöglichen, wie es in vergleichbaren Kreisen üblich war.[86] Bei der Ehe zur linken Hand wurde die Frau dagegen nicht wie sonst üblich in den Stand des Mannes gehoben, sondern verblieb in ihrem Stand.[87] Die Ehefrau konnte demnach nur einen ihrem

---

82 Näheres dazu bei *Wehler*, Von der Reformära bis zur industriellen und politischen „Deutschen Doppelrevolution" 1815–1845/49, S. 153 f.

83 *Wehler*, Von der Reformära bis zur industriellen und politischen „Deutschen Doppelrevolution" 1815–1845/49, S. 154.

84 Siehe dazu ALR II 1 §§ 835 ff.; Auch morganatische Ehe genannt; zusammenfassend siehe *W. Leiser*, Art Morganatische Ehe, in: HRG, Bd. 3, 1984, Sp. 676–677; *Otto Stobbe/ Heinrich Otto Lehmann*, Familienrecht, Handbuch des deutschen Privatrechts, Bd. 4, 1900, S. 45.

85 Siehe ALR II 1 §§ 843 ff.

86 Zum standesgemäßen Unterhalt siehe ALR II 1 § 185.

87 Siehe ALR II 1 § 873.

Stand entsprechenden Unterhalt fordern.[88] Auch waren das Schenkungs- und das Erbrecht bei dieser Art der Ehe zum Nachteil der nicht adligen Frau modifiziert.[89] Die Rechte der Ehefrau zur linken Hand waren somit in finanzieller Hinsicht stark eingeschränkt. Neben einer geringeren Vermögens-belastung für den adeligen Mann, brachte dieses Institut allerdings auch eine rechtliche Aufwertung und gesellschaftliche Besserstellung der ebenbürtigen Ehe mit sich. Obwohl dieses Institut für den Adel viele Vorzüge brachte, hatte es in der Praxis kaum Relevanz.[90] Es zeigt sich hieran allerdings gut, welche Ziele und Motive die Redaktoren des ALR mit dessen Aufnahme verfolgten. Aus Angst des Adels um das eigene Vermögen, insbesondere vor ehelichen Unterhaltsansprüchen der Ehefrau, sowie der drohenden finanziellen Belastung bei Trennung und den zu tragenden Kosten für evtl. geborene Kinder, ging die Zahl der Eheschließungen unter adligen Männern stark zurück.[91] Folge dieser Entwicklung war ein Anstieg[92] der Kinderlosigkeit des Adels und eine damit verbundene negative Bevölkerungs-entwicklung.[93] Darüber hinaus sollte dem durch stagnierende Löhne und den steigenden Lebenshaltungskosten[94] verarmten Adel gedient sein. Der adlige Mann konnte dadurch in den Vorzug einer Eheschließung und

88 Siehe dazu ALR II 1 § 880.

89 Siehe dazu ALR II 1 §§ 893 ff., so galten gemäß ALR II 1 §§ 896 ff. Juwelen und Kostbarkeiten im Zweifel als nur geliehen. Zum fehlenden Erbrecht der Frau siehe die Regelungen in ALR II 1 §§ 909, 914.

90 *Stobbe/Lehmann,* Familienrecht, S. 56 f. Fn. 6 mit Verweis auf Koch „das Institut ist todt (sic!) geboren"; ebenso *Reinhart Koselleck,* Preußen zwischen Reform und Revolution. Allgemeines Landrecht, Verwaltung und soziale Bewegung von 1791 bis 1848, 1989, S. 113, der diesem Institut lediglich drei überlieferte Fälle zuordnet.

91 Die Unterhaltskosten konnten beträchtlich sein, da der Mann seiner Ehefrau ein ihrem Stande (der Stand der Ehefrau entsprach in der Regel dem Stand des Ehemannes) entsprechendes Leben ermöglichen musste, ALR II 1 § 185. Dies war für vermögenslose oder wenig wohlhabende Adlige, die z. B. im unteren Staatsdienst tätig waren, nicht zu bewerkstelligen. Ein anschaulicher Vergleich zur Einkommenssituation der Beamten, hier zwischen der Höhe der jährlichen Studienkosten i. H. v. 400 T. und dem Gehalt eines Oberlehrers i. H. v. 700–800 T., ist zu finden bei *Wehler,* Von der Reformära bis zur industriellen und politischen „Deutschen Doppelrevolution" 1815–1845/49, S. 515. Eine ebenbürtige Ehe kam für diese Personen in der Regel nicht in Frage, so auch der Gedanke hinter ALR II 1 § 838.

92 *Krause,* Carl Gottlieb Svarez, Gesammelte Schriften, Entwurf eines allgemeinen Gesetzbuches, Band 1, 1996, S. 137.

93 Siehe zu dieser Entwicklung auch *Reinhard Mestwerdt,* Das Sozialbild der Ehe im Spiegel von Gesetzgebung und Rechtsprechung der letzten 150 Jahre, 1961, S. 50 f.

94 *Koselleck,* Preußen zwischen Reform und Revolution, S. 113.

Familiengründung kommen, musste aber keineswegs befürchten aufgrund der Unterhaltsansprüche in den finanziellen Ruin getrieben zu werden.

Trotzdem lehnten einige Mitglieder der Gesetzgebungskommission die Ehe zur linken Hand ab, da diese zu einer Gleichmacherei der Stände und zu „schrecklichen" Missständen führen könnte.[95] Dessen ungeachtet wurde dieses Institut ins ALR aufgenommen. Allerdings mit der Einschränkung, dass diese Ehe erst nach unmittelbarer Bestätigung durch den Landesherrn wirksam werden sollte, ALR II 1 § 836.[96]

iii. Adoptionsrechtliche Unterschiede

Gravierende Unterschiede zwischen den Ständen zeigen sich auch beim Recht der Adoption. Eine Adoption ist nach den Vorschriften in ALR II 2 10 zwar sowohl durch adlige als auch durch nicht adlige Familien erlaubt, die Rechtsfolgen einer Annahme an Kindes statt waren allerdings unterschiedlich. War das anzunehmende Kind aus einem unteren Stand und die annehmende Familie adelig, so sollte das Kind die Vorrechte des Adels nur durch landesherrliche Begnadigung erhalten.[97] Im umgekehrten Fall, in dem die Familie des angenommenen Kindes adelig und die annehmende Familie aus einfachem Stande war, sollte das angenommene Kind sowohl seine Rechte als auch den adligen Familiennamen nicht verlieren.[98] Diese Regelung diente dazu, die besonderen adligen Rechte auch nach einer Adoption in bürgerliche Verhältnisse beizubehalten. Außerdem galt es gemäß ALR II 2 § 713 vor einer Verdunkelung gerade dieser adligen Rechte zu schützen.

Auch an dieser Stelle kommt erneut zum Vorschein, dass die Redaktoren des ALR darum bemüht waren, den Adel bis in die kleinsten Details vor jeglichen Nachteilen infolge von Standesvermischungen zu bewahren. Sollte die angestrebte strikte Trennung der Stände in Einzelfällen nicht einzuhalten sein, so wurde zumindest versucht, die ursprüngliche Standeszugehörigkeit weiterhin nach außen sichtbar zu machen.

95 *Finkenauer*, Vom Allgemeinen Gesetzbuch zum Allgemeinen Landrecht – preußische Gesetzgebung in der Krise, in: ZRG GA, 113 (1996), S. 40 (136) m. w. N.

96 Siehe dazu auch *Andreas Schwennicke,* Der Einfluß der Landstände auf die Regelungen des Preußischen Allgemeinen Landrechts von 1794, in: Günter Birtsch/Dietmar Willoweit (Hg.), Reformabsolutismus und ständische Gesellschaft, Forschungen zur brandenburgischen und preussischen Geschichte, Beiheft 3, 1998, S. 113 (125).

97 Siehe dazu ALR II 2 § 684.

98 Siehe dazu ALR II 2 §§ 682, 685.

iv. Ehescheidungsgründe

Neben den genannten Unterschieden in Bezug auf die Eingehung einer Ehe stellte das ALR auch Differenzierungen bei der Ehescheidung bereit. So waren die Ehescheidungsgründe je nach Stand unterschiedlich geregelt. Dabei sei zunächst die Trennung der Ehe wegen Beschimpfungen und Tätlichkeiten zu nennen. Eine Ehe im unteren Stand konnte aufgrund einer mündlichen Beleidigung, Drohung oder geringer Tätlichkeit nicht geschieden werden. Dahingegen konnte im mittleren und höheren Stande unter gewissen Voraussetzungen eine Scheidung in Folge von Beleidigungen durchaus in Betracht kommen.[99] Eine Ehe zur linken Hand konnte auf Wunsch des Mannes ebenfalls bei geringsten Vergehen geschieden werden.[100] Begründet wurde letztere Differenzierung der Scheidungsgründe damit, dass im niederen Stand grundsätzlich ein anderer Umgangston herrsche.[101]

v. Strafrechtliche Auswirkungen in Abhängigkeit vom Stand

Die standesabhängige Ausgestaltung der Scheidungsgründe findet sich ebenfalls in weiten Teilen des Strafrechts wieder.[102] Die Strafe für ein Vergehen oder Verbrechen konnte in Abhängigkeit des Standes unterschiedlich ausfallen. Dabei wurde die Strafe höher, je weiter oben sich der Betroffene in der Ständepyramide befand.[103] Begründet wurde diese ungleiche Behandlung mit dem unterschiedlichen Empfinden der einzelnen Sanktion. Darüber hinaus spielten auch andere gesellschaftliche und wirtschaftliche Faktoren eine Rolle. So fehlten den unteren Klassen schlichtweg die finanziellen Mittel zur Entrichtung einer Geldstrafe.[104] Eine empfindliche Geldstrafe oder ein Arrest für einen Adligen wog demnach

---

99 Diese unterschiedliche Behandlung der Scheidungsgründe ist in ALR II 1 §§ 701, 702 zu finden.

100 Zu den Scheidungserfordernissen der Ehe zur linken Hand siehe ALR II 1 § 932.

101 *Krause*, Carl Gottlieb Svarez, Gesammelte Schriften, Entwurf eines allgemeinen Gesetzbuches, Band 1, 1996, Fußnote auf S. 148.

102 So zum Beispiel in ALR II 20 §§ 610 f.; siehe dazu auch *Heuer*, Allgemeines Landrecht und Klassenkampf. Die Auseinandersetzungen um die Prinzipien des Allgemeinen Landrechts Ende des 18. Jahrhunderts als Ausdruck der Krise des Feudalsystems in Preußen, S. 135.

103 Exemplarisch sei hier die standesabhängige Strafe der Beleidigung genannt, ALR II 20 §§ 607–609: Bauern traf Strafarbeit oder Gefängnis bis maximal drei Tage; Adelige dagegen Gefängnis von vierzehn Tagen bis vier Wochen oder Festungsarrest bis drei Monate; siehe auch *Koselleck*, Preußen zwischen Reform und Revolution, S. 96.

104 *Kleinheyer*, Aspekte der Gleichheit, in: Der Staat, Zeitschrift für Staatslehre, öffentliches Recht und Verfassungsgeschichte, Beiheft 4, Von der ständischen Gesellschaft zur bürgerlichen Gesellschaft, 1980, S. 7 (14–15).

genauso schwer wie der Aufenthalt im Arbeitslager für einen Bauern. Zur Verurteilung musste der Richter also neben dem tatsächlichen Sachverhalt auch den Stand, die Herkunft und den Beruf des zu Bestrafenden in die Urteilsfindung einbeziehen.[105]

bb. Einfluss der Gesetzgebungskommission auf die Ausgestaltung der Gleichheit

Bereits nach einem kurzen Blick auf die Beteiligten der Gesetzgebungskommission erscheint die Beibehaltung des ständischen Systems im ALR geradezu selbstverständlich. Die Teilnehmer der Kommission gehörten fast ausschließlich den gehobenen Gesellschaftsschichten, sprich dem Adel und dem Bürgerstande, an.[106] Zu den wichtigsten Mitgliedern der Gesetzgebungskommission zählten unter anderem Johann Heinrich Casimir Graf von Carmer[107] als Vertreter des Adels sowie Carl Gottlieb Svarez[108] und Ernst Ferdinand Klein[109] als Söhne angesehener und erfolgreicher bürgerlicher Familien.[110] Dennoch wurde die Beibehaltung der Bevorrechtigung einzelner Klassen oder gar einzelner Personen zum Teil sehr

---

105 *Koselleck,* Preußen zwischen Reform und Revolution, S. 96 f.

106 *Schwennicke,* Der Einfluß der Landstände auf die Regelungen des Preußischen Allgemeinen Landrechts von 1794, in: Günter Birtsch/Dietmar Willoweit (Hg.), Reformabsolutismus und ständische Gesellschaft, Forschungen zur brandenburgischen und preussischen Geschichte, Beiheft 3, 1998, S. 113 (114), m. w. N.

107 Johann Heinrich Casimir Graf von Carmer lebte vom 29.12.1720 bis zum 23.05.1801; näheres zur Person siehe bei *Erich Döhring,* „Carmer, Johann Heinrich Casimir von, Freiherr von, Graf von", in: NDB, 3 (1957), S. 150 [Onlinefassung]; URL: http://www.deutsche-biographie.de/pnd116456590.html (Stand Mai 2015).

108 Carl Gottlieb Svarez (auch Karl geschrieben) wurde am 27.02.1746 geboren und ist am 14.05.1798 gestorben; eine sehr ausführliche Darstellung seiner Person ist zu finden bei *Joseph Eduard Wessely,* „Svarez, Karl Gottlieb", in: ADB, 37 (1894), S. 247–256 [Onlinefassung]; URL: http://www.deutsche-biographie.de/pnd118757997.html?anchor=adb (Stand Mai 2015).

109 Ernst Ferdinand Klein ist am 03.09.1744 zur Welt gekommen und verstarb am 18.03.1810; näheres zu seiner Person siehe bei *Gerd Kleinheyer,* „Klein, Ernst Ferdinand", in: NDB, 11 (1977), S. 734–735 [Onlinefassung]; URL: http://www.deutsche-biographie.de/pnd116211148.html (Stand Mai 2015).

110 Allgemein zu den naturrechtlichen Kodifikationen des 19. Jahrhunderts *Wieacker,* Privatrechtsgeschichte, S. 197–216; *Hattenhauer/Bernert,* Allgemeines Landrecht für die Preußischen Staaten von 1794, Einleitung, S. 4; Ein Überblick über die an der Kodifikation beteiligten Personen ist zu finden bei *Hattenhauer/Bernert,* Allgemeines Landrecht für die Preußischen Staaten von 1794, S. 4–7; sowie *Breitenborn,* Randgruppen im ALR, S. 63–71.

skeptisch betrachtet.[111] So stand zum Beispiel Klein trotz seiner gehobenen gesellschaftlichen Stellung dem Ständesystem eher kritisch gegenüber.[112] Dies lässt sich wohl damit erklären, dass den Beteiligten der Gesetzgebungskommission die zeitgleich stattfindende revolutionäre Entwicklung in Frankreich nicht unbekannt geblieben sein konnte. Die Gefahr einer Revolution durch das Volk und deren Auswirkungen wurde von diesen erkannt und durchaus ernst genommen.[113] Letztlich stand der Adel aber einer egalitären und somit für die damalige Zeit modernen Gesetzgebung, wie sie in Frankreich einige Jahre später erscheinen sollte, ablehnend gegenüber.[114] Die Diskussion darüber, wie eine Gesellschaft idealerweise gegliedert sein sollte, wurde bereits im Voraus in bestimmte Bahnen gelenkt. So war die Beibehaltung der ständischen Gesellschaft durch den Regenten als Ziel der Gesetzgebung vorgegeben. Die „[...] Achtung für die Gerechtsame der verschiedenen Classen (sic!) desselben, [...] sind der Charakter dieses Plans".[115] Die größtenteils adlig geprägte Gesetzgebungskommission setzte das von Seiten des Regenten gegebene Ziel, eine weitreichende Verankerung der ständischen Vorrechte im ALR zu gewährleisten, sehr deutlich um.

cc. Zusammenfassung

Im ALR sollte der Adel strikt gegen eine Vermischung mit den unteren Ständen geschützt werden. Erreicht wurde diese Trennung durch eine durchgängige ständische Gliederung des preußischen Staates. Jeder Einwohner gehörte einem der drei genannten Stände an und hatte dementsprechende Rechte, Pflichten und auch gesetzlich fixierte Aufgaben im Staatssystem. Wie gezeigt, ging mit der ständisch geprägten Gesellschaft eine strikte Trennung der einzelnen Berufsfelder einher.[116] Dies geschah wie beschrieben zum einen zur Sicherung

---

111 *Bornemann*, Systematische Darstellung des Preussischen Civilrechts, Band 1, ... enthaltend die geschichtliche Einleitung, die Fundamentallehren des Preußischen Rechts und die Lehre vom Besitz, 1842, S. 70.

112 *Günter Birtsch*, Zur sozialen und politischen Rolle des deutschen, vornehmlich preußischen Adels am Ende des 18. Jahrhundert, in: Kurt Kluxen/Rudolf Vierhaus (Hg.), Der Adel vor der Revolution. Zur sozialen und politischen Funktion des Adels im vorrevolutionären Europa, 1971, S. 77 (85).

113 *Gerd Kleinheyer*, Staat und Bürger im Recht. Die Vorträge des Carl Gottlieb Svarez vor dem preußischen Kronprinzen (1791–92), 1959, S. 51 f.

114 *Hattenhauer/Bernert*, Allgemeines Landrecht für die Preußischen Staaten von 1794, S. 12 f.

115 *Johann Heinrich Casimir von Carmer*, Entwurf eines allgemeinen Gesetzbuchs für die Preußischen Staaten, 2. Theil, 1787, Vorerinnerungen, S. 4 f.

116 Siehe dazu B. I. 2. a. aa. i.

der vielfältigen adligen Privilegien und zum anderen aus Angst vor finanziellen Belastungen.

Die exemplarische Darstellung einiger dieser markanten Ständeunterschiede zeigt sehr deutlich, dass dem damaligen Gesetzgeber sehr daran gelegen war, die bisher vorhandene Differenzierung zwischen den Ständen auch im ALR aufrecht zu erhalten. Den Redaktoren des ALR gelang dies durch die eindeutige Besserstellung der Adligen insbesondere im Familienrecht in Bezug auf Unterhaltszahlungen für Frau und Kind. So wurden die finanzielle Situation, die bevorzugte Stellung des Adels in Staat und Gesellschaft sowie diverse Privilegien des Adels, wie das exklusive Tragen des adligen Namens und der Insignien, auch für die weitere Zukunft gesichert.

b. Die Ständegesellschaft versus Gleichheit aller Menschen

aa. Gleichheit als verfassungsrechtlich verankerte Garantie?

In Preußen bestand das ständische Gesellschaftsbild auch nach in Kraft treten des ALR von 1794 fort. Im Vergleich dazu nahm die Gleichheitsbewegung in Frankreich einen grundlegend anderen Verlauf an. Die Bewegung erreichte mit der französischen Revolution von 1789 ihren vorläufigen Höhepunkt. Die Forderung nach einer auf der Gleichheit aller Menschen gegründeten Verfassung als Grundlage des Staates wurde mit der Verkündung der Menschenrechte am 26. August 1789[117] beziehungsweise mit der Verfassung vom 03. September 1791[118] und somit noch vor dem Code civil erfüllt.[119] In der französischen Verfassung wurde in der Einleitung festgehalten, dass alle Menschen von Natur aus und vor dem Gesetz gleich sind. Die ständisch geprägte Gesellschaft, in der die Menschen unterschiedlichen Ständen angehörten und in Folge dessen unterschiedliche Rechte besaßen, wurde verfassungsrechtlich abgeschafft. In Frankreich steht die Verfassung an der Spitze der Entstehung einer Gleichheit, wohingegen alle

117 Die Erklärung der Menschenrechte ist abgedruckt bei *Stéphanie Caporal/Horst Dippel*, Documents constitutionnels de la France, de la Corse et de Monaco 1789–1848, Constitutions of the world from the late 18th century to the middle of the 19th century / sources on the rise of modern constitutionalism = Verfassungen der Welt vom späten 18. Jahrhundert bis Mitte des 19. Jahrhunderts / Quellen zur Herausbildung des modernen Konstitutionalismus, 2010, S. 29–32.

118 Die Verfassung der französischen Republik ist abgedruckt bei *Caporal/Dippel*, Documents constitutionnels de la France, de la Corse et de Monaco 1789–1848, S. 35–59.

119 Ein kurzer Überblick über die Entstehung der französischen Verfassung ist zu finden bei *Peter Claus Hartmann*, Französische Verfassungsgeschichte der Neuzeit (1450–2002). Ein Überblick, 2003, S. 58–64.

weiteren Gesetze bloß darauf aufbauten und sich auf die verfassungsmäßig verankerte Gleichheit berufen konnten.[120] Die später folgenden Gesetzbücher sollten als Konsequenz aus der Revolution hervorgehen und deren Vorstellungen von Freiheit und Gleichheit in das jeweilige Rechtsgebiet integrieren. „Ziel der französischen Revolution war die Stärkung des Staates, die hauptsächlich durch die Ausschaltung anderer politischer Kräfte erzielt werden sollte."[121] Mit dem Niedergang des ancien régime und der vollständigen Beseitigung der zahllosen Prärogativen der Aristokratie und der Privilegien des Klerus wurde der benötigte Aktionsraum geschaffen, in dem eine egalitäre Rechtsordnung entstehen konnte. Ziel war es, neben der Loslösung von der Kirche, den Status des Menschen lediglich vom Menschsein abhängig zu machen und nicht von einzelnen gesellschaftlichen Klassen.[122] Als Ergebnis sollte ein von jeglichen ständischen Bindungen frei gewordener Bürger entstehen, der sogenannte Staatsbürger.[123] Es sollte darüber hinaus die Position des politisch sehr einflussreichen Adels geschwächt werden, indem jegliche Paragraphen, die auf eine ständische Gesellschaftsgliederung hinwiesen, gestrichen wurden.

Es stellt sich nun die Frage welchem Weg die anderen europäischen Länder, wie Österreich, Sachsen, Hessen, Bayern oder auch die Schweiz gefolgt sind. Eine revolutionäre Stimmung, wie in Frankreich, war in einer vergleichbaren Ausprägung im Kreis der hier untersuchten Länder jedenfalls kein zweites Mal zu finden.

Wie gezeigt wurde in Preußen versucht, einen gewaltsamen Umbruch durch ein neues Gesetzbuch, beziehungsweise eine sogenannte „Revolution von oben" zu verhindern.[124] Doch dieser Weg sollte das ständisch geprägte Preußen nicht davor bewahren im Verlauf des 19. Jahrhunderts grundlegende Veränderungen am ALR vornehmen zu müssen oder Teile außer Kraft setzen zu müssen. Ohne den Blick zu sehr auf das öffentliche Recht zu richten, sei an dieser Stelle auf das

120 *Holthöfer*, Frankreich, in: Coing (Hg.), Handbuch der Quellen, Bd. III/1, S. 883–884.

121 *David von Mayenburg/Mathias Schmoeckel*, Der Einfluss des Code civil auf das Erbrecht des rheinischen Adels, in: *Werner Schubert* (Hg.), 200 Jahre Code civil. Die napoleonische Kodifikation in Deutschland und Europa, 2005, S. 127 (128–129).

122 *Elmar Wadle*, Die Französische Revolution und die Modernisierung der Rechtsordnung, in: ders. (Hg.), Französisches Recht in Deutschland. Acht Beiträge zur Geschichte des 19. Jahrhunderts, 132 (2002), S. 1 (15).

123 *Altena, et al.*, Gesellschaftsgeschichte der Neuzeit 1750–1989, S. 130–132.

124 *Thilo Ramm*, Die friderizianische Gesamtkodifikation und der historische Rechtsvergleich in: Jörg Wolff (Hg.), Das Preußische Allgemeine Landrecht. Politische, rechtliche und soziale Wechsel- und Fortwirkungen, Motive – Texte – Materialien, 1995, S. 1 (13); siehe auch *Wehler*, Von der Reformära bis zur industriellen und politischen „Deutschen Doppelrevolution" 1815–1845/49, S. 297–310.

sogenannte Oktoberedikt vom 09.10.1807[125] und dessen weitreichende Folgen auch zivilrechtlicher Art hingewiesen.

Dieses Datum wird gemeinhin auch als Bauernbefreiung in Preußen dargestellt.[126] Das Oktoberedikt stellte einen von Karl Freiherr vom Stein[127] und Karl August von Hardenberg[128] ausgearbeiteten Gesetzentwurf dar, der grundlegende Änderungen der gesamten Gesellschaftsstruktur zur Folge haben sollte. Nach dem Entwurf galt es „alles [aus dem Gesetz] zu entfernen, was den Einzelnen bisher hinderte, den Wohlstand zu erlangen, den er nach dem Maaß (sic!) seiner Kräfte zu erreichen fähig war“[129]. Im Fokus standen demnach alle Beschränkungen für das Fortkommen des Einzelnen, die aufgrund der Zugehörigkeit zu einer bestimmten Gesellschaftsklasse bestanden. Dieses Ziel sollte durch die Freiheit des Güterverkehrs (siehe § 1 des Ediktes), durch die Freiheit des Grundstücksverkehrs, die freie Wahl des Gewerbes ohne jegliche Rücksicht auf den Stand des Einzelnen (§ 2) und durch die Abschaffung der Untertänigkeitsverhältnisse für die Gegenwart und die Zukunft (§§ 10, 11) erreicht werden. Die im Oktoberedikt festgesetzten Ziele sollten jedoch erst am 05. Dezember 1848 Verfassungsrang erlangen. Erst die zu diesem Zeitpunkt eingeführte Verfassung proklamierte in Art. 4 die Gleichheit aller Preußen, sodass ab dann auch die Gleichheit vor dem Gesetz und die Abschaffung aller Standesvorrechte verfassungsrechtlich zum Tragen kam.[130]

---

125 Die genaue Bezeichnung des Oktoberediktes lautet: „Edikt den erleichterten Besitz und den freien Gebrauch des Grund-Eigenthums (sic!), so wie die persönlichen Verhältnisse der Land-Bewohner betreffend“ abgedruckt in Gesetzsammlung für die Königlich-Preußischen Staaten. Enth. d. Verordnungen von 1806 bis zum 27sten Oktober 1810, No. 16, S. 170–173.

126 *Hanna Schissler*, „Bauernbefreiung“ oder Entwicklung zur agrarkapitalistischen Gesellschaft?, in: Arbeitskreis Sozialwissenschaftliche Information, Sozialwissenschaftliche Informationen für Unterricht und Studium, Bd. 8 (1979), S. 136 (136–137).

127 Am 26. Oktober 1757 geboren und am 24. Juni 1831 verstorben; ein Abriss über sein Wirken ist zu finden bei *A. Erler*, Art. Stein, Karl Freiherr vom, in: HRG, Bd. 4, 1990, Sp. 1938–1942.

128 Am 31. Mai 1750 geboren und am 26. November 1822 verstorben; siehe *Wolfgang Neugebauer*, Art. Hardenberg, Karl August von, in: HRG, Bd. 2, 2012, Sp. 774–777.

129 Gesetzsammlung für die Königlich-Preußischen Staaten. Enth. d. Verordnungen von 1806 bis zum 27sten Oktober 1810, No. 16, S. 170.

130 Die Verfassung vom 05. Dezember 1848 proklamierte in Art. 4 „Standesvorrechte finden nicht statt“ und ist abgedruckt bei *Ernst Rudolf Huber*, Deutsche Verfassungsdokumente 1803–1850, Dokumente zur deutschen Verfassungsgeschichte, Bd. 1, 1978, S. 385 f.

Daran anknüpfend stellt sich ebenfalls die Frage, wieso Preußen einen so umfangreichen politischen und gesellschaftlichen Wandel nicht bereits früher und somit zeitnah an das Oktoberedikt in einer Verfassung beziehungsweise einem Grundrechtskatalog umgesetzt hat. Zum einen könnte die in der damaligen Zeit fehlende Abgrenzung zwischen den uns heute bekannten Rechtsgebieten des öffentlichen Rechts, des Strafrechts und des Zivilrechts ausschlaggebend gewesen sein. Das ALR stellte vielmehr eine allumfassende Rechtssammlung dar, die gerade auch all diejenigen Punkte, die normalerweise einer Verfassung beziehungsweise einem Grundrechtskatalog vorbehalten waren, beinhaltete. Es fehlte somit an einem tatsächlichen Bedürfnis einer darüber hinausgehenden Verfassung. Zum anderen wird dem ALR und insbesondere dessen Einleitung in Teilen der Wissenschaft eine grundrechtsähnliche Wirkung zugesprochen.[131] Dieses Ergebnis ist jedoch keineswegs unumstritten und wurde insbesondere in der neueren Forschung des Öfteren kritisch hinterfragt.[132] Folgt man dem ersteren Gedanken, dem eines allumfassenden Gesetzestextes, so lässt sich das im Jahre 1848 vorhandene Bedürfnis nach einer egalitär aufgebauten Verfassung nur damit erklären, dass die im Oktoberedikt geforderte Revision des ALR und damit eine Anpassung des Gesetzes an die veränderten gesellschaftlichen und politischen Gegebenheiten erst zu diesem Zeitpunkt als endgültig gescheitert angesehen werden konnte. Die Revolution in Deutschland von 1848/49 brachte der Forderung nach einer tatsächlichen Veränderung der Rechtslage in Preußen neuen Aufschwung. Da diese nun mittels einer Gesetzesrevision auf dem herkömmlichen Wege nicht

131 Siehe dazu u. a. die Einleitung zum ALR bzw. auch im zweiten Teil Abschnitt VII–IX und XIII des ALR; zur Frage, ob das ALR Züge eines Grundgesetzes beinhaltet siehe *Hermann Conrad,* Das allgemeine Landrecht von 1794 als Grundgesetz des friderizianischen Staates. Vortrag gehalten vor der Berliner Juristischen Gesellschaft am 25. Juni 1965, Heft 22, 1965, S. 6–24.

132 So wird bei *Kleinheyer,* Staat und Bürger im Recht. Die Vorträge des Carl Gottlieb Svarez vor dem preußischen Kronprinzen (1791–92), S. 146 lediglich von einem Ansatz zum Konstitutionalismus gesprochen; dagegen soll Svarez selbst dem ALR Grundrechtscharakter beigelegt haben, siehe *Hermann Conrad,* Die geistigen Grundlagen des Allgemeinen Landrechts für die preußischen Staaten von 1794, in: Arbeitsgemeinschaft für Forschung des Landes Nordrhein-Westphalen, 77 (1958), S. 7 (35–43); eine Zusammenfassung ist zu finden bei *Schwennicke,* Die Entstehung der Einleitung des Preußischen Allgemeinen Landrechts von 1794, S. 4 f., m. w. N.; siehe auch *Thomas Würtenberger,* Von der Aufklärung zum Vormärz, in: Detlef Merten/Hans-Jürgen Papier (Hg.), Handbuch der Grundrechte in Deutschland und Europa, Bd. 1, 2004, § 2 Rn. 11–12.

mehr zu erwarten war, musste ein verfassungsrechtlicher Weg beschritten werden. Demzufolge lässt sich die preußische Verfassung von 1848 als Ergebnis der Revolution ansehen, wobei die gescheiterte Revision des ALR eine nicht zu verachtende Rolle gespielt haben dürfte.

Festzuhalten bleibt, dass das ALR zunächst ohne eine verfassungsrechtlich gesicherte Gleichheit abgefasst wurde. Erst im Rahmen der Revision des ALR wurde versucht, die Vorstellungen und Ziele einer egalitären Gesellschaft in die Kodifikation einzuarbeiten. Zu einer auf der Gleichheit aller Bürger aufbauenden Verfassung kam es, wie gezeigt, jedoch erst nach dem Scheitern der Revision und der Verkündung der Verfassung von 1848, sodass die ständische Prägung zumindest bis dahin Bestand haben sollte.

Auch Österreich musste bis zur Mitte des 19. Jahrhunderts auf eine neue Verfassung warten. So wurde hier am 25. April 1848[133] eine Verfassung proklamiert, die in § 17 die volle „persönliche Freyheit (sic!)“ sowie in § 25 die Gleichheit aller Staatsbürger vor dem Gesetz gewährleisten sollte. Eine weitergehende Gleichheit aller Bürger lässt sich aber in dieser Verfassung nicht finden. Erst in dem nachfolgenden „Kremsier Entwurf“ von 1848/49 wurde erstmals ein umfangreicher Grundrechtskatalog angeführt. Neben der Abschaffung der Standesvorrechte und der Abschaffung des Adels wurden z. B. die persönliche Freiheit, die Versammlungsfreiheit und auch die Glaubensfreiheit ausformuliert. In der nachfolgenden Verfassung vom 04. März 1849 wurden die eben genannte Gleichheit und die vielfältigen Rechte allerdings nicht mehr erwähnt.[134] Lediglich die Leibeigenschaft sollte hiermit abgeschafft und die Gleichheit der Bürger vor dem Gesetz eingeführt werden. Eine bürgerliche Gesellschaft basierend auf egalitären Idealen sollte in Österreich zunächst bloße Verheißung bleiben.[135]

---

133 Die Verfassung von Österreich ist abgedruckt bei *Ilse Reiter/Horst Dippel,* Constitutions of the world from the late 18th century to the middle of the 19th century / sources on the rise of modern constitutionalism = Verfassungen der Welt vom späten 18. Jahrhundert bis Mitte des 19. Jahrhunderts, Verfassungsdokumente Österreichs, Ungarns und Liechtensteins 1791–1849, 2005, S. 27–40.

134 Siehe dazu *Ilse Reiter/Horst Dippel,* Constitutions of the world from the late 18th century to the middle of the 19th century / sources on the rise of modern constitutionalism = Verfassungen der Welt vom späten 18. Jahrhundert bis Mitte des 19. Jahrhunderts, Verfassungsdokumente Österreichs, Ungarns und Liechtensteins 1791–1849, 2005, S. 69–82.

135 *Dieter Grimm,* Recht und Staat der bürgerlichen Gesellschaft, S. 212; siehe auch *Klaus Stern*, Die Idee der Menschen- und Grundrechte, in: Merten/Papier (Hg.), Handbuch der Grundrechte in Deutschland und Europa, Bd. 1, 2004, § 1 Rn. 30.

Das Königreich Sachsen sollte zwar bereits am 04. September 1831[136] eine Verfassung bekommen, den Bürgern wurde jedoch lediglich vorbehaltlich anders lautender Gesetzesvorschriften die persönliche Freiheit sowie der verfassungsmäßige Schutz aller Staatsbürger zugesichert.[137] Eine verfassungsrechtliche Gleichheit aller Bürger findet sich dagegen nicht.

Ähnliche Zustände lassen sich auch im Großherzogtum Hessen finden, wo in der Verfassungsurkunde vom 17. Dezember 1820[138] in Art. 18 immerhin von der Gleichheit aller Hessen vor dem Gesetz gesprochen wurde. Eine ausdrückliche Abschaffung jeglicher ständischer Unterschiede fehlt hier aber ebenso wie in Sachsen.

Im Königreich Bayern trat am 01. Mai 1808[139] eine Verfassung in Kraft. In Hinsicht auf die staatlichen Lasten sollten erstmalig alle Staatsbürger gleich behandelt werden, was eine grundlegende Neuerung darstellte. Allerdings sollte der Adel alle weiteren Titel und gutsherrlichen Rechte nach den gesetzlichen Bestimmungen behalten dürfen. Die Abschaffung der Stände und die Entstehung einer Gleichheit aller Bürger sind in der bayerischen Verfassung von 1808 somit lediglich im Ansatz zu finden.[140] Auch die einige Jahre später folgende Verfassung von 1818 ließ eine Ausweitung dieses Punktes vermissen.[141] Das Ständesystem und

136 Die Verfassung vom Königreich Sachsen ist zu finden bei *Werner Heun/Horst Dippel,* Constitutions of the world from the late 18th century to the middle of the 19th century / sources on the rise of modern constitutionalism = Verfassungen der Welt vom späten 18. Jahrhundert bis Mitte des 19. Jahrhunderts, Nassau – Sachsen-Hildburghausen, 2008, S. 153–178.

137 Siehe §§ 26 f. der Verfassung für das Königreich Sachsen von 1831.

138 Die Verfassung des Großherzogtums Hessen ist abgedruckt bei *Ernst Rudolf Huber,* Deutsche Verfassungsdokumente 1803–1850, Dokumente zur deutschen Verfassungsgeschichte, Bd. 1, 1978, S. 221–236.

139 Näheres zur Entstehung siehe bei *Max von Seydel, et al.,* Die Staatsverfassung nebst geschichtlicher Einleitung, Bayerisches Staatsrecht, Bd. 1, 1913, S. 33–38; die Verfassung des Königreichs Bayern ist abgedruckt bei *Werner Heun/Horst Dippel,* Constitutions of the world from the late 18th century to the middle of the 19th century / sources on the rise of modern constitutionalism = Verfassungen der Welt vom späten 18. Jahrhundert bis Mitte des 19. Jahrhunderts, Bayern – Bremen, 2007, S. 7–13.

140 Ausführlich zu dem Inhalt der Verfassung und den weiteren Bestimmungen in deren Umfeld siehe *Karl Möckl/Karl Bosl,* Der moderne bayerische Staat. Eine Verfassungsgeschichte vom aufgeklärten Absolutismus bis zum Ende der Reformepoche, Dokumente zur Geschichte von Staat und Gesellschaft in Bayern, 1979, S. 152–190.

141 Ausführlich zur bayerischen Verfassung von 1818 siehe *Möckl/Bosl,* Der moderne bayerische Staat, S. 210–217 u. 238–281; diese ist abgedruckt bei *Heun/Dippel,* Bayern – Bremen, S. 15–120 mit zugehörigen Edikten.

die herausragende Position des Adels hatte in Bayern nach wie vor Bestand und konnte sich sogar noch festigen.[142]

Der Kanton Zürich in der Schweiz führte am 10. März 1831[143] eine Verfassung ein, in der gemäß Art. 3 die Gleichheit aller Bürger verkündet wurde. In diesem Artikel lässt sich neben der Gleichheit der staatsbürgerlichen Rechte auch die Gleichheit vor dem Gesetz finden. Das privatrechtliche Gesetzbuch für den Kanton Zürich entstand somit erst nach der Einführung einer auf der Gleichheit aller Bürger beruhenden Verfassung. Eine explizite Einebnung der Stände lässt diese Verfassung allerdings noch vermissen. Es wird daher zu untersuchen sein, inwiefern sich der allgemein gehaltene Art. 3 der Zürcher Verfassung im privatrechtlichen Gesetzbuch niedergeschlagen hat.

Deutlich wird, dass der von Frankreich eingeschlagene Weg im hier betrachteten deutschsprachigen Raum – mit Ausnahme des Kantons Zürich in der Schweiz – keine Nachahmung fand. In keinem anderen der hier angeführten Länder wurde die Gleichheit in einem so umfangreichen Rahmen zunächst verfassungsrechtlich verankert und im Anschluss daran in eine Zivilkodifikation überführt.[144] Diese Länder gingen vielmehr den Weg, eine eigenständige Zivilrechtskodifikation zu verfassen, die gerade nicht auf einem verfassungsrechtlich verankerten Gleichheitsgedanken basierte. In diesen Verfassungen sind lediglich Ausschnitte einer allumfassenden Gleichheit, wie zum Beispiel die Abschaffung der Leibeigenschaft, die steuerrechtliche Gleichheit und die Gleichheit vor dem Gesetz zu finden. Fraglich ist, welche Konsequenzen diese unterschiedliche Herangehensweise auf die Ausgestaltung der zivilrechtlichen Gleichheit mit sich brachte.

bb. Umsetzung der Gleichheit in den Zivilrechtskodifikationen

Sofern keine verfassungsrechtliche Grundlage für eine zivilrechtliche Gleichheit vorhanden war, stellte das Zivilrecht den Beginn und zugleich die Spitze einer sich entwickelnden egalitären Gesellschaftsstruktur dar. Es ist zu untersuchen, ob sich die Art und Weise der Umsetzung, beziehungsweise auch der Umfang

---

142 In diesem Zusammenhang wird sogar von „Refeudalisierung“ in der Zeit von 1811 bis 1818 gesprochen, *Möckl/Bosl*, Der moderne bayerische Staat, S. 179 u. 240 f.

143 Die Verfassung des Kantons Zürich von 1831 ist abgedruckt bei *Alfred Kölz*, Quellenbuch zur neueren schweizerischen Verfassungsgeschichte. Vom Ende der alten Eidgenossenschaft bis 1848, 1992, S. 291–305.

144 Siehe zur Entwicklung der Grundrechte auch *Klaus Stern*, Die Idee der Menschen- und Grundrechte, in: Merten/Papier (Hg.), Handbuch der Grundrechte in Deutschland und Europa, Bd. 1, 2004, § 1 Rn. 14–32.

der Gleichheit von dem in einer verfassungsrechtlich geprägten Zivilkodifikation unterscheidet. Die lediglich zivilrechtlich ausgeprägte Gleichheit könnte sich mit der verfassungsrechtlich vorgegebenen messen lassen, dahinter zurückbleiben, oder aber sogar weit darüber hinaus gehen.

i. Entstehung der zu untersuchenden Kodifikationen

In Frankreich verfolgte Napoleon I. ab November 1799 die Vereinheitlichung des französischen Rechts.[145] Mit dem in Kraft treten des Code civil im Jahre 1804[146] und der nachfolgenden Ausdehnung des Geltungsbereichs des Code civil auf das Rheinland wurde dieses Ziel letztendlich auch auf deutschem Boden erreicht.

Verfassungsrechtlich war der Ständestaat bereits mit der Verkündung der Verfassung der Jahre 1791/1793 abgeschafft. Es ging in dem darauf folgenden Zivilgesetzbuch nunmehr um die Umsetzung der verfassungsrechtlich garantierten Rechte wie Freiheit und Gleichheit[147]. Dies ist auch der Hauptgrund dafür, dass sich der Code civil mit lediglich 2281 Paragraphen weitaus kürzer präsentierte als das preußische ALR.[148] Darüber hinaus beinhaltet der Code civil lediglich das Zivilrecht und verfolgt damit die kategorische Trennung von Privatrecht und öffentlichem Recht.

Die vorhergehende Revolution eröffnete dem Gesetzgeber die einmalige Chance, den Wandel von einem ständisch und patriarchalisch geprägten Recht zu einem allgemeinen und bürgerlichen Zivilgesetzbuch vollumfänglich zu vollziehen. Es galt neben den individuellen Rechten der Bürger, auch politische Grundfreiheiten

---

145 Sehr knapp zur Geschichte des Code civil siehe *Jean-Louis Halpérin*, Art. Code civil, in: HRG, Bd. 1, 2008, Sp. 861–866.

146 Verkündung des Code civil am 21.03.1804; sofern nicht besonders hervorgehoben wird der Code civil im weiteren Verlauf zitiert nach: *Hugo Loersch,* Der Code Civil französisch und deutsch (verbesserte Cramersche Uebersetzung) nebst den ihn abändernden und ergänzenden Reichs- und Preußischen Gesetzen und den noch geltenden Artikeln des code de procédure civil und des code de commerce, 1893.

147 Siehe Verfassungsurkunde vom 03.09.1791 – Erklärung der Menschenrechte, wo es heißt: „[…] abolit irrévocablement les institutions qui blessaient la liberté et l'égalité des droits"; abgedruckt und übersetzt bei *Günther Franz,* Staatsverfassungen. Eine Sammlung wichtiger Verfassungen der Vergangenheit und Gegenwart im Urtext u. Übersetzung, 1975, S. 302–371; *Elmar Wadle*, Die französische Revolution und die Modernisierung der Rechtsordnung, in: ders., Französisches Recht in Deutschland. Acht Beiträge, S. 1 (11–12).

148 *Hattenhauer,* Zwischen Hierarchie und Demokratie, S. 65.

und Grundrechte im Gesetzbuch zu berücksichtigen.[149] Mit dem Code civil sollte ein bürgerliches, nicht mehr auf ständischen Strukturen beruhendes, Gesetzbuch das Licht der Welt erblicken.[150] Bei der Ausarbeitung des Code civil gelten François Denis Tronchet[151] sowie Félix-Julien-Jean Bigot de Préameneu[152] und insbesondere noch Jean-Étienne-Marie Portalis[153] als die herausragenden Beteiligten. Inwiefern es diesen gelang, ihre Vorstellungen eines egalitären Gesetzbuches umzusetzen, wird im nächsten Kapitel betrachtet.

In Preußen besaßen die Programmpunkte des Oktoberediktes eine gewaltige Sprengkraft, brachten sie doch das gesamte Gefüge zwischen Adel, Bürgertum und Bauernstand völlig durcheinander. Es bestand nunmehr ein Zustand der wachsenden Rechtsunsicherheit. Dadurch wurden die bisher klaren Verhältnisse zwischen dem Adel und den unteren Klassen im Hinblick auf Schutz und Hilfe, aber auch im Hinblick auf Vormundschaft und Folgsamkeit[154] grundlegend verändert. Zu der Durchsetzung dieser Änderungen fehlten allerdings jegliche gesetzlichen Regelungen, auf die sich die nun neu gegliederte Gesellschaftsordnung stützen konnte, da das Oktoberedikt lediglich einen ersten Rahmen darstellte. Dies sollte insbesondere mit der Revision des ALR bewerkstelligt werden.[155] Zu den in der

149 *Hans Schlosser*, Kodifikationen im Umfeld des Preußischen Allgemeinen Landrechts, in: Merten (Hg.), Kodifikation gestern und heute, S. 63 (68).

150 *Wieacker*, Privatrechtsgeschichte, S. 274; *Reiner Schulze*, Französisches Recht und Europäische Rechtsgeschichte im 19. Jahrhundert, in: ders. (Hg.), Französisches Zivilrecht in Europa während des 19. Jahrhunderts, 1994, S. 9 (14–15).

151 François Denis Tronchet geb. 23. März 1726, Paris und gest. 10. März 1806, Paris. Näheres zu seiner Person, Art. Tronchet in: Hoefer, Nouvelle biographie universelle depuis les temps les plus reculés jusqu'à nos jours / avec les renseignements bibliographiques et l'indication des sources à consulter, Bd. 45, 1868, Sp. 660–664.

152 Félix-Julien-Jean Bigot de Préameneu, geb. 26. März 1747, Rennes und gest. 31. Juli 1825, Paris. Zu seiner Person siehe Art. Bigot de Préameneu, in: *Hoefer*, Nouvelle biographie universelle depuis les temps les plus reculés jusqu'à nos jours / avec les renseignements bibliographiques et l'indication des sources à consulter, Bd. 6, 1862. Sp. 62–63.

153 Jean-Étienne-Marie Portalis geb. 01. April 1746, Le Beasset und gest. 25. August 1807, Paris; ein Lebenslauf von Portalis als der „Vater des Code civil", bei *Jean-Luc A. Chartier/Jean Tulard*, Portalis. Le père du Code Civil, 2004, S. 413–418.

154 So z. B. ALR II 6 §§ 122; siehe auch *Koselleck*, Preußen zwischen Reform und Revolution, S. 84 f.; zu den sozialen Veränderungen für die Landbevölkerung infolge der Bauernbefreiung siehe weiter unten B. I. 2. b. bb. iii.

155 So auch *Henning Graf von Borcke-Stargordt*, Zur preußischen Agrargesetzgebung der Reformzeit, in: Mensch und Staat in Recht und Geschichte. Festschrift für Herbert Kraus zur Vollendung seines 70. Lebensjahres, dargebracht von Freunden, Schülern

Kabinettsordre zur Einleitung der Revisionsarbeiten genannten Gründen, die eine Revision des ALR unumgänglich machten, zählten zum Beispiel die große Rechtsunsicherheit, die napoleonischen Kriege und die Ausbreitung des französischen Einflusses auf die Gesetzgebung, die Bauerngesetzgebung und die neuen wirtschaftlichen und sozialen Gegebenheiten.[156] Die Revisionsarbeiten zum ALR wurden insbesondere von Karl Albert Christoph Heinrich von Kamptz[157] und später von Friedrich Carl von Savigny[158] beeinflusst.

Die im Oktoberedikt proklamierte Verankerung der zivilrechtlichen Gleichheit konnte bis zur gescheiterten Revolution von 1848/49 in Preußen stets wachsenden Zuspruch finden. Nach den ersten Erfolgen der ländlichen Bevölkerung im Kampf gegen die Überreste des alten Feudalsystems verebbte deren Motivation jedoch zusehends, sodass die anfängliche Euphorie der Revolutionsbewegung an Kraft und Geschwindigkeit verlor und zu guter Letzt im Sande verlief.[159] Weitergehende revolutionäre Veränderungen auf dem Gebiet des Zivilrechts blieben zunächst aus. Obwohl die Revision des ALR kein neues Gesetzbuch zu Tage bringen sollte, waren die zu skizzierenden Veränderungen keineswegs unbedeutend. So lässt sich bereits an den Fassungsentwürfen erahnen, in welche Richtung die neue Gesetzgebung tendieren sollte. Die Ideen der Aufklärungszeit fanden auch im konservativ geprägten Preußen allmählich Einzug in das

---

und Mitarbeitern, 1954, S. 307 (313). Eine kurze Darstellung des Oktoberedikts als Grundlage einer umfassenden rechtlichen Änderung in Preußen ist zu finden bei *Huber,* Reform und Restauration. 1789 bis 1830, S. 184–191.

156 Siehe dazu die Kabinettsordre vom 03.11.1817, No. 442 in Gesetzsammlung für die Königlich-Preußischen Staaten. Enth. d. Verordnungen vom 03.01.1817 bis 02.12.1817, S. 289–292.

157 Karl Albert Christoph Heinrich von Kamptz geb. 16. September 1769, Schwerin und gest. 3. November 1849, Berlin; näheres zu seiner Person siehe bei *Peter Baumgart,* „Kamptz, Karl von", in: NDB, 11 (1977), S. 95–97 [Onlinefassung]; URL: http://www.deutsche-biographie.de/pnd116195061.html (Stand Mai 2015).

158 Carl Friedrich von Savigny (auch Karl geschrieben) geb. 21. Februar 1779, Frankfurt am Main und gest. 25. Oktober 1861, Berlin. Siehe auch *Hans-Christof Kraus,* „Savigny, Karl Friedrich Georg von", in: NDB, 22 (2005), S. 473–474 [Onlinefassung]; URL: http://www.deutsche-biographie.de/pnd118605917.html (Stand Mai 2015).

159 Zu den Gründen des Scheiterns der Revolution siehe *Wehler,* Von der Reformära bis zur industriellen und politischen „Deutschen Doppelrevolution" 1815–1845/49, S. 759–779.

Zivilrecht.[160] Eine grundlegende Änderung des Zivilrechts sollte in Preußen dennoch erst mit dem in Kraft treten des gesamtdeutschen BGB von 1900 eintreten. Die bis dahin erlassenen zahlreichen Verordnungen sind eher als notdürftige Reparaturen des „veralteten" ALR, als eine zielführende und umfassende Gesetzesreform anzusehen.

Das österreichische ABGB als chronologisch betrachtet, drittes großes Gesetzbuch, lehnte sich eher an das preußische ALR, als an den französischen Code civil an. Dies ließ sich nach Meinung der damaligen Zeitgenossen damit begründen, dass in Österreich eine konservativ-ständische Gesellschaft herrschte, die sich als absolut untaugliches Objekt einer umfassenden Reformierung, in einer Größenordnung wie in Frankreich, durch eine bürgerliche Kodifikation[161] darstellte. Darüber hinaus wurden die französischen Rechtsideen der Revolution von der altständisch geprägten[162] österreichischen Bevölkerung eher kritisch betrachtet. Dennoch galt als das Hauptziel der Gesetzesreform die Einführung der allgemeinen Rechtsgleichheit. Von Beginn an sollten die ständischen Schranken und die Privilegien des Adels behutsam und schrittweise überwunden werden.[163] In Österreich wurde bereits im Vorfelde des ABGB in großem Umfang in die mittelalterlichen Rechte eingegriffen und systematische Veränderungen zum Gemeinwohl durchgeführt. Darunter fielen unter anderem Anordnungen, die das Fideikommiss, die Angelegenheiten des feudalen Eigentums und auch die Steuervorrechte betrafen.[164] Die Stellung des Adels musste somit bereits vor Erlass des ABGB schon mancherlei Beschränkung zu Gunsten der Allgemeinheit hinnehmen. Die bereits erwähnten Änderungen dürfen jedoch nicht darüber hinwegtäuschen, dass der Adel selbst nach Einführung des ABGB 1811/12 den bevorzugten Stand im Staate

160 Zur Geschichte der Revision siehe *Dölemeyer*, Kodifikation Deutschland, in: Coing (Hg.), Handbuch der Quellen, Bd. III/2, S. 1493–1498; *Eberhard Schmidt*, Rechtsentwicklung in Preussen, Enzyklopädie der Rechts- und Staatswissenschaft: Abteilung Rechtswissenschaft, 6, 1923, S. 20–21.

161 *Hans Schlosser*, Kodifikationen im Umfeld des Preußischen Allgemeinen Landrechts, in: Merten (Hg.), Kodifikation gestern und heute, S. 63 (74).

162 *Wilhelm Brauneder*, „Allgemeines" aber nicht gleiches Recht: das ständische Recht des ABGB, in: Hans Hattenhauer (Hg.), Das nachfriderizianische Preußen 1786–1806, 1988, S. 23 (23–24).

163 *Hans Schlosser* Kodifikationen im Umfeld des Preußischen Allgemeinen Landrechts, in: Merten (Hg.), Kodifikation gestern und heute, S. 63 (76 f.).

164 *Arnold Luschin von Ebengreuth,* Grundriss der österreichischen Reichsgeschichte, 1918, S. 398–405.

darstellte.[165] Als wichtigste Akteure bei der Erstellung des ABGB mit seinen 1502 Paragraphen gelten gemeinhin die österreichischen Juristen Karl Anton von Martini[166] und Franz Edler von Zeiller[167]. Martini erstellte den sogenannten „Ur-Entwurf" zum ABGB bereits im Jahre 1796.[168] Die spätere Gesetzgebungskommission konnte auf diesen Entwurf zurückgreifen und den aktuellen Vorstellungen, insbesondere denen von Zeiller anpassen oder darüber hinaus erweitern.

Im Zusammenhang mit dem ABGB gibt es jedoch eine wichtige Besonderheit zu beachten. Es lassen sich im ABGB diverse allgemeine Vorschriften finden, deren nähere Ausgestaltung in die „politische" Gesetzgebung verwiesen wurde, so zum Beispiel weite Teile des heutigen Arbeitsrechts, welches in spezielle Dienstboten-, Tagelöhner- oder auch Zunftordnungen verschoben wurde.[169] Die „politischen" Gesetze umfassten in weiten Teilen öffentlich-rechtliche Normen. Der tatsächliche Anwendungsbereich des Privatrechts, sprich die Reichweite und unter Umständen auch der nähere Inhalt, war somit aus dem Zivilrecht ausgeklammert und der „politischen" Gesetzgebung vorbehalten. Durch diese Auslagerung konnten insbesondere die wirtschafts- und sozialpolitischen Brennpunkte aus der eigentlichen Zivilgesetzgebung herausgehalten werden und mussten somit zunächst keiner Lösung zugeführt werden. Die Entscheidung darüber, wie modern das Privatrecht in Bezug auf die hier zu untersuchende Gleichheit letztlich

---

165 Den Wandel des Adels bis 1790 betreffend, siehe *Arnold Luschin von Ebengreuth*, Österreichische Reichsgeschichte, 1896, S. 524.

166 Karl Anton von Martini geb. 15. August 1726, Revó und gest. am 7. August 1800, Wien; näheres zu Martinis Lebenslauf bei *Ignaz de Luca*, Das gelehrte Oesterreich. Ein Versuch, Bd. 1.1, 1776, S. 309–313; *Herbert Hofmeister*, „Martini, Karl Anton Freiherr von", in: NDB, 16 (1990), S. 299–300 [Onlinefassung]; URL: http://www.deutsche-biographie.de/pnd119407744.html (Stand Mai 2015).

167 Franz Edler von Zeiller geb. 14 Januar 1751, Graz und gest. 23.08.1828, Hietzing/Wien; näheres zu Zeiller siehe *Theo Mayer-Maly*, Zeiller, das ABGB und wir, in: Walter Selb (Hg.), Forschungsband Franz von Zeiller (1751–1828). Beiträge zur Gesetzgebungs- und Wissenschaftsgeschichte, 1980, S. 1 (1–13).

168 Der Ur-Entwurf zum ABGB ist abgedruckt bei *Julius Ofner*, Der Ur-Entwurf und die Berathungs-Protokolle des Oesterreichischen Allgemeinen Buergerlichen Gesetzbuches, 1889.

169 So z. B. die Regelungen zum Gesindedienstvertrag in § 1172 ABGB; siehe dazu bei *Ursula Floßmann*, Österreichische Privatrechtsgeschichte, S. 15 f.; siehe auch *Unbekannt*, Zur Geschichte und Bedeutung des österreichischen Allgemeinen bürgerlichen Gesetzbuchs (ABGB), in: Werner Ogris / Thomas Olechowski (Hg.), Elemente europäischer Rechtskultur. Rechtshistorische Aufsätze aus den Jahren 1961–2003, 2003, S. 311–331 (318).

sein sollte, hing somit maßgeblich davon ab, inwiefern es einschränkende, dem ständischen System folgende Regeln auf dem Gebiet der „politischen" Gesetzgebung gab.

Als weiteres Zivilgesetzbuch wird in diese Betrachtung das Badische Landrecht, die deutsche Adaption des Code civil von 1809/10 einbezogen.[170] Nach der Annektion der linksrheinischen Gebiete durch Napoleon im Jahre 1806 sollte nun auch auf deutschem Boden der Code civil Einzug finden.[171] Betroffen war darüber hinaus auch das zum Rheinbund beigetretene, rechts des Rheins gelegene und damit politisch selbständig gebliebene Großherzogtum Baden[172]. Der Code civil wurde hier unter Einfluss Napoleons jedoch nicht bloß ins Deutsche übersetzt und angewendet, sondern zunächst den badischen Verhältnissen angepasst. Die Arbeiten dazu wurden hauptsächlich von Johann Nicolaus Friedrich Brauer[173] vorgenommen. Brauer, der als langjähriger Verwaltungsbeamter die politischen und rechtlichen Gegebenheiten bestens kannte, war Urheber diverser Entwürfe und darüber hinaus Schöpfer[174] des 2281 Paragraphen umfassenden Badischen Landrechts.[175]

Bei der nachfolgenden Betrachtung ist insbesondere zu untersuchen, ob es im Vergleich zum französischen bzw. im Rheinland geltenden Code civil durch die Bearbeitung von Brauer zu einem veränderten Verständnis der zivilrechtlichen Gleichheit in Baden kam.

Auch im Kanton Zürich in der Schweiz kam es im Laufe des 19. Jahrhunderts zu dem Wunsch nach einer neuen, einheitlichen Kodifikation. Bereits

---

170 Einführungsedikt vom 3. Februar 1809 und Verschiebung der Einführung laut Reskript vom 22. Juni 1809 auf den 01. Januar 1810.

171 Siehe zu der Übernahme des Code civil in den linksrheinischen Departements *Werner Schubert*, Französisches Recht in Deutschland zu Beginn des 19. Jahrhunderts. Zivilrecht, Gerichtsverfassungsrecht und Zivilprozeßrecht, 1977, S. 81–98.

172 Allgemein zum Badischen Landrecht siehe *Willy Andreas*, Die Einführung des Code Napoléon in Baden, in: ZRG GA, Bd. 31 = 44 (1910), S. 182 (182–234); *Schubert*, Französisches Recht in Deutschland, S. 98.

173 Johann Nicolaus Friedrich Brauer geb. 14. Januar 1754, Büdingen und gest. 17. November 1813, Karlsruhe; siehe *Willy Andreas*, „Brauer, Johann Nikolaus Friedrich", in: NDB, 2 (1955), S. 542 f. [Onlinefassung]; URL: http://www.deutsche-biographie.de/pnd116415223.html (Stand Mai 2015).

174 So auch bei *Schubert*, Französisches Recht in Deutschland, S. 203 f.

175 Sehr ausführlich zu Brauers Biografie siehe *K. Schenkel*, Art. Johann Nicolaus Friedrich Brauer, in: Badische Biographien, 1875, Band I, S. 117–124.

in der Zürcher Verfassung vom 10. März 1831[176] wurde die Forderung einer Revision aller bestehenden Gesetze aufgestellt. Dieser verfassungsrechtlich verankerte Kodifikationsauftrag, der nicht national auf die gesamte Schweiz ausgedehnt werden konnte, wurde in den darauffolgenden Jahren in die Tat umgesetzt. An der Gesetzgebung zum PGB sind vor allem zwei herausragende Personen beteiligt gewesen. Neben Friedrich Ludwig Keller[177] ist als Hauptakteur der Kodifikation Johann Caspar Bluntschli[178] anzusehen. Der Rechtswissenschaftler und Politiker Bluntschli erarbeitete neben den Grundlinien zur Kodifikation auch Entwürfe zum Vormundschaftsrecht, zum Personenrecht, zum Familien- und Erbrecht sowie zum Obligationenrecht.[179] In der späteren Gesetzesrevisionskommission waren Juristen der Praxis und Wissenschaft jeglicher Parteirichtungen und Weltanschauungen vertreten. Neben konservativen Kräften wirkten somit gerade auch liberale Kräfte an der Gesetzgebung mit.[180] Fraglich ist, inwiefern sich dieser Umstand auf das PGB übertragen hat. Das PGB ist in 2149 Paragraphen auf fünf Bücher aufgeteilt, wobei der französische Code civil und das österreichische ABGB als Vorlagen herangezogen wurden. Eine wortwörtliche Anlehnung an diese Kodifikationen kam für den damaligen Gesetzgeber allerdings nicht in Betracht, da zu einer guten Gesetzgebung auch die wissenschaftliche Durchbildung der Rechtsmaterie gehörte.[181]

---

176 Abgedruckt in Officielle Sammlung der seit Annahme der Verfassung vom Jahre 1831 erlassenen Gesetze, Beschlüsse und Verordnungen des Eidgenössischen Standes Zürich, 1831, S. 5–38.

177 Friedrich Ludwig Keller geb. 17. Oktober 1799, Zürich und gest. 11. September 1860, Berlin. Siehe auch *Johann Kaspar Bluntschli*, „Keller, Friedrich Ludwig", in: ADB, (1882), [Onlinefassung]; URL: http://www.deutsche-biographie.de/pnd100177085.html?anchor=adb (Stand Mai 2015).

178 Johann Caspar Bluntschli geb. 07. März 1808, Zürich und gest. 21. Oktober 1881, Karlsruhe; näheres zu seiner Person siehe bei *Heinrich Mitteis*, „Bluntschli, Johann Caspar", in: NDB, 2 (1955), S. 337–338 [Onlinefassung]; URL: http://www.deutsche-biographie.de/pnd118512129.html (Stand Mai 2015).

179 Siehe dazu *Dölemeyer*, Kodifikation in den deutschsprachigen Kantonen, in: Coing (Hg.), Handbuch der Quellen, Bd. III/2, S. 1944–1946.

180 Näheres zur Kodifikationsgeschichte des PGB, insbesondere auch zur Besetzung der Gesetzesrevisionskommission ist zu finden bei *Dölemeyer*, Kodifikation in den deutschsprachigen Kantonen, in: Coing (Hg.), Handbuch der Quellen, Bd. III/2, S. 1939–1947; siehe dazu auch *Bauhofer*, Entstehung und Bedeutung des zürcherischen privatrechtlichen Gesetzbuches von 1853–55, S. 9 ff.

181 *Paul Guggenbühl*, Die Entstehung des zürcherischen privatrechtlichen Gesetzbuches, 1924, S. 25; siehe dazu auch *Dölemeyer*, Kodifikation in den deutschsprachigen Kantonen, in: Coing (Hg.), Handbuch der Quellen, Bd. III/2, S. 1944.

Dies war ein Grund, warum der Kanton Zürich ein eigenständiges Gesetzbuch erhalten sollte.

Als nächstes soll der Blick auf die Entwicklung des bürgerlichen Gesetzbuches des Königreiches Sachsen geworfen werden. Das sächsische BGB ist nach beinahe einhundert Jahre dauernder Vorbereitungszeit von 1765 bis 1863 am 02. Januar 1863 publiziert und am 01. März 1865 in Kraft getreten.[182] Nachdem durch Erlass vom 31. Dezember 1855 eine Revisionskommission eingesetzt wurde und die zum Stillstand gekommenen Gesetzgebungsarbeiten endgültig wieder aufgenommen wurden, dauerte es weitere acht Jahre, bis ein alle Beteiligten zufriedenstellender Entwurf vorlag.[183] Als wichtigste Akteure bei den sächsischen Gesetzgebungsarbeiten sind Gustav Friedrich Held[184] und Friedrich Albert von Langenn[185] zu nennen. Held war Schöpfer des Entwurfs von 1852 sowie bis zu seinem Tod im Jahre 1857 Mitglied der Gesetzgebungskommission. Friedrich von Langenn war Vorsitzender der Revisionskommission. Daneben ist Eduard Siebenhaar[186] zu nennen, der als Referent während des Gesetzgebungsprozesses und später als Herausgeber eines umfangreichen Kommentars zum sächsischen BGB in Erscheinung getreten ist.

Dadurch, dass das sächsische BGB die chronologisch letzte Kodifikation vor in Kraft treten eines gesamtdeutschen Gesetzbuches darstellte, konnte auf die Erfahrungen, welche die Nachbarländer Preußen, Frankreich, Österreich und die Schweiz bisher mit ihren neuen Gesetzbüchern gemacht hatten, zurückgegriffen werden. Die Gesetzgebungskommission entschied sich gegen den kompletten

182 *Dölemeyer*, Kodifikation Deutschland, in: Coing (Hg.), Handbuch der Quellen, Bd. III/2, S. 1540; Ausführlich zur Entstehungsgeschichte des sächsischen BGB siehe oben Fn. 13 m. w. N.

183 Näheres zur Entstehung des sächsischen BGB von den ersten Versuchen einer Kodifikation bis hin zum in Kraft treten siehe *Ahcin,* Zur Entstehung des Bürgerlichen Gesetzbuchs für das Königreich Sachsen von 1863/65, S. 256–303.

184 Gustav Friedrich Held geb. 29. Mai 1804, Meuselwitz und gest. 24. April 1857, Dresden; näheres zu seiner Person siehe *Heinrich Theodor Flathe*, „Held, Gustav Friedrich", in: ADB, 11 (1880), S. 680 [Onlinefassung]; URL: http://www.deutsche-biographie.de/pnd116681934.html?anchor=adb (Stand Mai 2015).

185 Friedrich Albert von Langenn geb. 26. Januar 1798, Merseburg und gest. 30. Dezember 1868, Dresden; näheres zu seiner Person siehe bei *Heinrich Theodor Flathe*, „Langenn, Friedrich Albert von", in: ADB, 17 (1883), S. 671–672 [Onlinefassung]; URL: http://www.deutsche-biographie.de/pnd116708077.html?anchor=adb (Stand Mai 2015).

186 Eduard Siebenhaar geb. 28. März 1806, Senftenburg in der Niederlausitz und gest. 28. April 1893, Dresden; näheres zu seiner Person siehe bei *Max Pagenstecher,* „Siebenhaar, Eduard", in: ADB, 54 (1908), S. 336–338 [Onlinefassung]; URL: http://www.deutsche-biographie.de/pnd117338745.html?anchor=adb (Stand Mai 2015).

Neuentwurf eines eigenen Gesetzbuches und griff teilweise auf die bereits etablierten Kodifikationen der genannten Nachbarländer zurück. Diese sollten lediglich den besonderen sächsischen Verhältnissen angepasst werden.[187] Insbesondere gilt zu beachten, dass man in Sachsen einen ausufernden Zustand, wie ihn Preußen mit seinem sehr umfassenden ALR erreichte, vermeiden wollte.[188] Es gelang den Verfassern letztendlich ein Zivilgesetzbuch mit 2620 Paragraphen zu erstellen. Als Grundlage für dieses Gesetzbuch kamen der Code civil, das ABGB bzw. das Zürcher PGB in Frage. Zunächst sollte jedoch das österreichische ABGB als Vorbild eine zentrale Rolle spielen.[189] Die Anlehnung an das ABGB und an dessen ständische Prägung waren jedoch große Kritikpunkte des Entwurfs von 1852 und sollten in der endgültigen Fassung des Gesetzbuchs weniger stark in Erscheinung treten, wobei nun auch vermehrt auf den zeitlich parallel entstehenden hessischen Entwurf eines bürgerlichen Gesetzbuchs verwiesen wurde.[190]

Auch Bayern stand mit dem Beitritt zum Rheinbund im Jahr 1806[191] vor der Frage, ob der bisher geltende Codex Maximilaneus Bavaricus Civilis[192] nicht vielmehr

---

187 *Barbara Dölemeyer*, Einflüsse von ALR, Code civil und ABGB auf Kodifikationsdiskussionen und -projekte in Deutschland, in: Ius Commune, 7 (1978), S. 179 (213 f.); zur Kenntnisnahme und Übernahme von fremden Gesetzen in Theorie und Praxis siehe auch *Mertens*, Gesetzgebungskunst im Zeitalter der Kodifikationen, 2004, S. 63–79.

188 *Karl Ludwig Arndts*, Die neuesten Versuche deutscher Civilgesetzgebung, in: Karl Ludwig Arndts/Johann Caspar Bluntschli, Kritische Ueberschau der deutschen Gesetzgebung und Rechtswissenschaft, Band I, Verl. der literarisch-artistischen Anstalt, 1853, S. 128 (141 f.); *Karl Welcker*, Art. Gesetzgebung, in: Staats-Lexikon. Encyklopädie der sämmtlichen Staatswissenschaften für alle Stände, Bd. 6, 1862, S. 482–519 (488).

189 Siehe dazu *Barbara Dölemeyer*, Einflüsse von ALR, Code civil und ABGB auf Kodifikationsdiskussionen und -projekte in Deutschland, in: Ius Commune, 7 (1978), S. 179 (215); *Wilhelm Brauneder*, Das österreichische ABGB: Eine neuständische Kodifikation, in: Vestigia iuris Romani. Festschrift für Gunter Wesener zum 60. Geburtstag am 3. Juni 1992, 1992, S. 67 (69); *Barbara Dölemeyer*, Die Kodifikation im Blick der Öffentlichkeit, in: Barbara Dölemeyer/Heinz Mohnhaupt (Hg.), 200 Jahre ABGB (1811–2011). Die österreichische Kodifikation im internationalen Kontext, Studien zur europäischen Rechtsgeschichte 267, 2012, S. 353 (364–365.).

190 Siehe dazu *Ahcin*, Zur Entstehung des Bürgerlichen Gesetzbuchs für das Königreich Sachsen von 1863/65, S. 256 f.

191 Der Beitritt Bayerns zum Rheinbund wurde am 12.07.1806 vollzogen. Die Rheinbundakte ist abgedruckt bei *Ernst Walder*, Das Ende des Alten Reiches. Der Reichsdeputationshauptschluß von 1803 und die Rheinbundakte von 1806 nebst zugehörigen Aktenstücken, Quellen zur neueren Geschichte, Bd. 10, 1975, S. 68–80.

192 Der CMBC trat im Jahre 1756 in Kraft.

durch ein den bayerischen Verhältnissen angepassten Code Napoleon ersetzt werden sollte. Insbesondere Napoleon selbst drängte auf eine Übernahme des französischen Rechts.[193] Die Frage nach einem neuen Gesetzentwurf für ein bayerisches BGB wurde letztlich positiv beantwortet, lediglich der Inhalt war unklar. So wurde Anselm von Feuerbach[194], als Referendar im Justiz- und Polizeidepartement, beauftragt, einen Entwurf eines Zivilgesetzbuchs zu verfassen. Daneben sind noch Adam v. Aretin[195] und Nikolaus Thaddäus Ritter von Gönner[196] zu nennen, die ebenfalls einen nicht unbeachtlichen Beitrag zu dem Entwurf leisteten. Dieser Entwurf wurde in der Gesetzgebungskommission vollständig beraten und daraufhin dem Staatsrat zur Beurteilung vorgelegt. Erst an dieser Stelle stieß der Entwurf auf heftigsten Widerstand. Insgesamt wurde eine Übernahme des Code Napoleon in Bayern für nicht notwendig erachtet, da der geltende CMBC vielmehr angepasst werden und auf das gesamte Staatsgebiet ausgedehnt werden sollte. Diese grundlegende Meinungsverschiedenheit führte letztlich dazu, dass das bayerische Zivilgesetzbuch kurze Zeit später im Stadium des Entwurfs hängen blieb und nie in Kraft treten sollte.[197] Die große Rechtszersplitterung in

---

193 *Michael Doeberl*, Rheinbundverfassung und bayerische Konstitution, in: Karl Vossler, Sprachgemeinschaft und Interessengemeinschaft, Sitzungsberichte der Bayerischen Akademie der Wissenschaften: Philosophisch-philologische und historische Klasse, 5. Abhandlung, 1924, S. 27 f.; *Eberhard Weis*, Montgelas, Bd. 2, Der Architekt des modernen bayerischen Staates. 1799–1838, 2005, S. 365.

194 Paul Johann Anselm Ritter von Feuerbach geb. 14. November 1775, Hainichen und gest. 29. Mai 1833, Frankfurt am Main; näheres zu seiner Person siehe bei *Friedrich Merzbacher*, „Feuerbach, Paul Johann Anselm Ritter von", in: NDB, 5 (1961), S. 110–111 [Onlinefassung]; URL: http://www.deutsche-biographie.de/pnd118532766.html (Stand Mai 2015).

195 Johann Adam Freiherr von Aretin geb. 24. August 1769, Ingolstadt und gest. 16. August 1822, Schloss Heidenburg; näheres zur Person siehe bei *Karl Otmar Freiherr von Aretin*, „Aretin, Johann Adam Freiherr von", in: NDB, 1 (1953), S. 347 f. [Onlinefassung]; URL: http://www.deutsche-biographie.de/pnd116340029.html (Stand Mai 2015).

196 Nikolaus Thaddäus Ritter von Gönner geb. 18. Dezember 1764, Bamberg und gest. 18. April 1827, München; näheres zu seiner Person siehe bei *Luitpold Schaffner*, „Gönner, Nikolaus Thaddäus Ritter von", in: NDB, 6 (1964), S. 518 f. [Onlinefassung]; URL: http://www.deutsche-biographie.de/pnd100150853.html (Stand Mai 2015).

197 Zu der Entstehung und dem Scheitern des bayerischen Entwurfs siehe *Walter Demel/ Werner Schubert*, Der Entwurf eines Bürgerlichen Gesetzbuchs für das Königreich Bayern von 1811. Revidirter Codex Maximilianeus Bavaricus civilis, 1986, S. XLIII–LVI; zum Werdegang des Entwurfs von 1811 siehe *Schubert*, Französisches Recht in Deutschland, S. 162–192.

Bayern sollte auch durch einen weiteren Versuch aus dem Jahre 1861–1864, eine Zivilkodifikation für das Königreich Bayern fertigzustellen, nicht behoben werden können. Auch diese Anstrengung verlief aufgrund diverser Unstimmigkeiten bei den Beratungen im Sande.[198] Bei dem zweiten Entwurf sollten insbesondere Anton Friedrich von Ringelmann[199], Nikolaus von Endres[200] und Otto von Völderndorff[201] eine entscheidende Rolle spielen. Der CMBC galt in Bayern bis zum in Kraft treten des gesamtdeutschen BGB fort. Anhand der noch vorhandenen Materialien zu den Entwürfen soll auch hier der Frage nachgegangen werden, inwiefern sich die Gleichheit im bayerischen Entwurf wiederfinden lässt.

Eine ähnliche Situation ließ sich im Großherzogtum Hessen (Hessen-Darmstadt) zur Mitte des 19. Jahrhunderts finden. Auch dort wurde ein Gesetzentwurf ausgearbeitet, der zwar an das französische Recht angelehnt, den hessischen Verhältnissen und der Verfassung jedoch angepasst werden sollte. Dieser Plan wurde bereits im Jahre 1820 in Art. 103 der hessischen Verfassung festgelegt. Der Entwurf für ein Zivilgesetzbuch kam ab 1836 insbesondere durch die Arbeit von Christian Carl Theodor Weyland[202] und Karl Christian Eigenbrodt[203] zustande. Allerdings sollte auch in Hessen eine Fertigstellung und ein in Kraft treten des Gesetzbuches an den Widerständen und Unstimmigkeiten in der Ständeversammlung, sowie

198 Zur Kodifikationsgeschichte Bayerns siehe *Dölemeyer,* Kodifikation Deutschland, in: Coing (Hg.), Handbuch der Quellen, Bd. III/2, S. 1472–1478; der Entwurf von 1861/64 blieb unvollständig, so wurden z. B. die Teile 4 und 5 (Familien- und Erbrecht) nicht veröffentlicht.

199 Anton Friedrich von Ringelmann wurde 1803 geboren und verstarb 1879; näheres über seine Person *Wilhelm Kosch,* Art. Ringelmann in: Das katholische Deutschland / biographisch-bibliographisches Lexikon, Bd. 3, 1938, Sp. 3989.

200 Nikolaus von Endres wurde 1800 geboren und verstarb am 01.02.1870; näheres zu seiner Person ist zu finden bei *Walter Schärl,* Die Zusammensetzung der bayerischen Beamtenschaft von 1806 bis 1918, Münchener historische Studien: Abt. Bayerische Geschichte, Bd. 1, 1955, S. 357.

201 Otto von Völderndorff wurde am 12.06.1825 geboren und verstarb am 10.12.1899; näheres zu seiner Person siehe bei *Gottfried von Böhm,* „Völderndorff, Otto", in: ADB, 54 (1908), S. 758–764. [Onlinefassung]; URL: http://www.deutsche-biographie.de/pnd121477347.html?anchor=adb (Stand Mai 2015).

202 Christian Carl Theodor Weyland lebte vom 21.11.1789 bis zum 29.08.1853; näheres zu seiner Biographie ist zu finden im Deutschen Biographischen Archiv (DBA) 3, 987, S. 398.

203 Karl Christian Eigenbrodt lebte vom 20.11.1769 bis zum 10. Mai 1839; näheres zu seiner Person ist zu finden bei *Richard Heß,* „Eigenbrodt, Karl Christian", in: ADB, 5 (1877), S. 747–749 [Onlinefassung]; URL: http://www.deutsche-biographie.de/pnd100119646.html?anchor=adb (Stand Mai 2015).

der Bevorzugung einer gesamtdeutschen Lösung der Kodifikationsfrage scheitern.[204] Die große Rechtszersplitterung blieb somit im Großherzogtum Hessen zunächst bestehen. Dennoch konnte der hessische Entwurf das Interesse benachbarter Staaten auf sich ziehen, die sich bei der eigenen Gesetzgebung hin und wieder an dem Entwurf orientierten.[205]

ii. Abschaffung der Standesgrenzen in den einzelnen Kodifikationen

Wie gezeigt stellten sich die rechtlichen Voraussetzungen für die Abschaffung der ständisch geprägten Gesellschaftsordnung in den einzelnen Kodifikationen sehr unterschiedlich dar. Im Nachfolgenden soll näher auf eben diese Abschaffung eingegangen werden. Der beginnende Einzug der Standesgleichheit in die Zivilkodifikationen soll anhand einiger anschaulicher Beispiele nachgezeichnet werden.

Das ALR stand spätestens nach der Bauernbefreiung im Jahre 1807 unter starkem Druck, eine Anpassung an die nunmehr vorherrschenden Gegebenheiten über sich ergehen zu lassen. Diesen Druck galt es durch die umfangreichen Revisionsarbeiten abzubauen. Der Gesetzgeber versuchte dadurch eine gewaltsame Revolution, wie in Frankreich geschehen, zu unterbinden. Die Stände sollten nach der Revision keine nennenswerte Beachtung mehr im ALR finden. Mit der Verbannung der Stände aus dem Gesetz sollten auch die Privilegien des alten Adels gestrichen werden. Lediglich einzelne Stellen im ALR ließen noch erkennen, dass nach wie vor bestimmte ständische Unterschiede in der Gesellschaft vorhanden waren. So war zum Beispiel in dem revidierten Fassungsvorschlag des ALR nach wie vor von einer standesgemäßen Vergütung[206] oder, zum Vollzug der Ehe, von einer Teilnahme am Stand des Ehepartners die Rede.[207] Dies deutet darauf hin,

---

204 Zur Kodifikationsgeschichte in Hessen siehe *Dölemeyer*, Kodifikation Deutschland, in: Coing (Hg.), Handbuch der Quellen, Bd. III/2, S. 1518–1530 bzw. *Werner Schubert*, Der Code civil und die Personenrechtsentwürfe des Großherzogtums Hessen Darmstadt von 1842 bis 1847 in: ZRG GA, Bd. 88 (1971), S. 110 (110–171); *Schöler*, Deutsche Rechtseinheit. Partikulare und nationale Gesetzgebung (1780–1866), S. 233; die nachfolgend zitierten Paragraphen des Hessischen Entwurfs sind den gesammelten Entwürfen und Motiven entnommen, zu finden als fünfbändiges Werk von *Werner Schubert*, Bürgerliches Gesetzbuch für das Großherzogtum Hessen. Entwürfe und Motive; (1842–1853), 1986.

205 So geschehen bei der Ausarbeitung eines Bürgerlichen Gesetzbuchs für das Königreich Sachsen, siehe B. I. 2. b. bb. i.

206 Siehe ALR II 1 §§ 136, 141; *Werner Schubert*, Gesetzrevision / (1825–1848), Abt. 2: Öffentliches Recht, Zivilrecht und Zivilprozeßrecht, Bd. 5: Familienrecht I, 1. Halbband, 1985, S. [16].

207 Eine nähere Ausführung zu diesen Punkten ist zu finden unter B. II. 2. a.

dass der Adel seine herausgehobene Stellung im Staate nur unter großem Widerstand aufgeben wollte. Der Adel verteidigte vielmehr die ihm verbliebenen Privilegien mit verbissener Überzeugung.[208]

So lässt sich auch mit Blick auf das Oktoberedikt sagen, dass dessen Bezeichnung als „Bauernbefreiung" den wahren Nutznießer, nämlich den adligen Gutsbesitzer, sehr gut verschleiert.[209] Die wirtschaftlichen Folgen des Edikts waren für die Bauern oftmals existenzbedrohend. Die tatsächliche Position der Bauern in der Gesellschaft als unterste Gruppe wurde keineswegs verändert. Der Adel hingegen konnte durch den Ankauf von Bauernland seine Ländereien und über Lohndumping seinen tatsächlichen Gewinn beträchtlich erweitern.[210]

Dessen ungeachtet, stellte sich die Abkehr des ALR von der ständischen Prägung im Zuge der Revision als logische Konsequenz zum Oktoberedikt von 1807 dar. Mit der Revision des ALR hätte demnach eine Abschaffung der Stände im Zivilrecht erfolgen sollen. Dieser entscheidende und sehr weitreichende Schritt blieb infolge des Scheiterns der Revision in Preußen jedoch aus.

Der Gesetzgeber des auch im Rheinland geltenden Code civil hatte sich dagegen von Beginn an sehr strikt an die bereits verfassungsrechtlich vorgeschriebene Abschaffung jeglicher Standesschranken gehalten. Dies hatte zur Folge, dass im gesamten Gesetzbuch weder von Ständen im Allgemeinen noch im Besonderen die Rede ist. Es fand somit keine Abgrenzung einzelner Gruppen der Bevölkerung statt, welcher bestimmte Rechte zugesprochen wurden. Gleiches galt für das Badische Landrecht. Vielmehr beinhalteten diese Gesetzbücher nur allgemeine Bezeichnungen wie „Staatsbürger", „Jedermann", „Eigentümer" oder auch „Käufer".[211] Jeder Bürger, unabhängig welche Position er im Staate einnehmen sollte, galt als gleichberechtigter Adressat von Rechten und Pflichten. Ausnahmen von dem eben beschriebenen egalitären Auftreten sind schwer zu

---

208 Siehe zu den Schwierigkeiten der Eherechtsreform *Koselleck,* Preußen zwischen Reform und Revolution, S. 105–115.

209 *Ernst Klein,* Von der Reform zur Restauration. Finanzpolitik und Reformgesetzgebung des preußischen Staatskanzlers Karl August von Hardenberg, 1965, S. 163 f.; zum Begriff und den näheren Inhalten der Bauernbefreiung, siehe auch *Friedrich-Wilhelm Henning,* Deutsche Wirtschafts- und Sozialgeschichte im 19. Jahrhundert, Handbuch der Wirtschafts- und Sozialgeschichte Deutschlands, Bd. 2, S. 41–69.

210 Zu den Auswirkungen des Oktoberedikts auf die Sozialverfassung Preußens siehe bei *Koselleck,* Preußen zwischen Reform und Revolution, S. 487–559. Auf die näheren Auswirkungen, insbesondere auch die wirtschaftliche Situation der Bauern, wird unter Punkt B. I. 2. b. bb. iii. eingegangen.

211 Siehe dazu exemplarisch die Formulierungen in Art. 7, 8, 45, 537 Cc und Art. 7, 8, 45, 537 BadLR.

finden. Selbst dort, wo der Stand einer Person genannt wurde, so beispielsweise in Art. 3 Cc und Art. 75 Cc/BadLR, war nicht der Stand im herkömmlichen Sinne einer Ständegesellschaft gemeint, sondern vielmehr der Zivilstand, sprich die Frage, ob die jeweilige Person zum Beispiel ledig, verheiratet oder verwitwet war. Auch richtete sich nun der Unterhalt für die eigenen Kinder nicht mehr nach dem Stand des Vaters, sondern nach dem tatsächlichen Bedarf des Bedürftigen und dem Vermögen des Verpflichteten.[212] Einzig in Art. 2092 Cc war von „privilège" die Rede, doch handelte es sich hierbei bloß um das Privileg der vorrangigen Gläubigerbefriedigung[213], welches jedem Gläubiger unabhängig seines Standes unter den gegebenen Umständen zufallen konnte.

Allerdings lassen sich durchaus Hinweise auf eine früher vorhandene ständisch geprägte Gesellschaftsordnung finden, so zum Beispiel in Art. 1384 Cc/BadLR. Dort wurde die Haftung der Hausherren und Kommittenten für sein Gesinde festgelegt. Die Begriffe Hausherr und Gesinde weisen noch auf die früheren feudalen Strukturen und das Über- und Unterordnungsverhältnis zwischen dem Hausherrn und seinen Bediensteten hin, traten jedoch nicht weiter in Erscheinung. Im Vergleich zum ALR verfolgten sowohl der Code civil als auch das Badische Landrecht das Ideal der Gleichheit in einem sehr viel umfangreicheren Rahmen. Ob diese beiden Beispiele eines der zivilrechtlichen Gleichheit nahe kommenden Gesetzbuches auch praktisch eins zu eins umgesetzt wurden, ist eine ganz andere Frage. Auf die sozialen und gesellschaftlichen Auswirkungen der Gesetzbücher, sowie auf mögliche Wechselwirkungen der Gleichheit mit gesellschaftlichen Problempunkten wird in Kapitel B. III. 3. näher eingegangen.[214]

Abschließend lässt sich jedoch sagen, dass bedeutende Ausnahmen von dem egalitären Gesellschaftsverständnis im Code civil nicht zu finden sind. Insgesamt ist das Ziel, dem feudalen und ständisch geprägten System im Zivilrecht zu entkommen und sich von ihm vollständig zu lösen, gesetzgeberisch geglückt.[215] Es wurde nahezu vollständig auf eine ständische Prägung verzichtet – einzig die alten Bezeichnungen wurden nicht konsequent aus dem Gesetzbuch gestrichen. Demnach endete das feudale Zeitalter auf privatrechtlicher Ebene zumindest im

---

212 Siehe dazu Art. 208 Cc.

213 *Mohnhaupt*, Untersuchungen zum Verhältnis Privileg und Kodifikation im 18. und 19. Jahrhundert, in: Ius Commune, 5 (1975), S. 71 (113 f.).

214 Vergleiche dazu ferner *Rolf Reichardt/Eberhard Schmitt*, Die französische Revolution – Umbruch oder Kontinuität?, in: Zeitschrift für historische Forschung, 7 (1980), S. 257 (257–320).

215 *Holthöfer*, Frankreich, in: Coing (Hg.), Handbuch der Quellen, Bd. III/1, S. 883.

Rheinland mit der Übernahme des Code civil aus dem Jahre 1804 und im Großherzogtum Baden mit Einführung des Badischen Landrechts.

Die Redaktoren des ABGB folgten ebenfalls dem Ideal einer zivilrechtlichen Gleichheit. Die Einleitung zum ABGB hob die Absicht des Gesetzgebers deutlich hervor, ein Gesetzbuch „für alle Unterthanen (sic!) [...] gleich verbindlich, folglich gleichförmig" zu schaffen, welches im Umfang zur Entscheidung aller Rechtsfälle ausreichend sei.[216]

Dabei darf jedoch nicht aus den Augen verloren werden, dass diese Einstellung keineswegs von allen Beteiligten der Gesetzgebungskommission – Gegner waren hauptsächlich die treuen Staatsdiener[217] – geteilt wurde. Diese vertraten nach wie vor die Meinung, dass „eine gänzliche Gleichheit der Güter und Rechte [...] ein juridisches (sic!) Unding [sei], welches bei der physischen, intellektuellen und moralischen Ungleichheit der Menschen [...] nie realisiert werden kann."[218]

Darüber hinaus wurde zum Teil davon ausgegangen, dass das ABGB lediglich eine Zivilgesetzgebung für die „gebildete Nation" sein sollte. Es sei demnach ausreichend, wenn der gebildete Bürger das Gesetz verstehe. Diese Einstellung spiegelte sich auch in den damals vorhandenen Lesevereinen wieder, in denen über diverse politische und juristische Themen diskutiert wurde. Diese Vereine standen ebenfalls nur der gebildeten Schicht offen, da die Mitglieder zum einen lesen können und zum anderen oftmals einen sehr hohen Vereinsbeitrag leisten mussten.[219] Die untere Schicht stand bei den Beratungen und Diskussionen zur Gesetzgebung somit außen vor.

Trotz aller Kritiken im Vorfeld wurde besonderes Augenmerk auf die Gleichförmigkeit der Gesetze für jeden einzelnen Bürger gelegt. So sollte „der Staat [...] seine Einwohner in ihren Rechten schützen, und da ihnen eine gleiche Verbindlichkeit obliegt, den Gesetzen zu gehorchen (§ 4), so ist kein rechtlicher

---

216 *Wilhelm Brauneder,* Abhandlung über die Principien des allgemeinen bürgerlichen Gesetzbuches für die gesammten deutschen Erbländer der österreichischen Monarchie – Franz A. Edler Ritter von Zeiller, 1986, S. 31.

217 *Brauneder,* Das österreichische ABGB: Eine neuständische Kodifikation, in: FS Gunter Wesener, S. 67 (74).

218 *Brauneder,* „Allgemeines" aber nicht gleiches Recht: das ständische Recht des ABGB, in: Hattenhauer (Hg.), Das nachfriderizianische Preußen 1786–1806, S. 23 (27).

219 *Brauneder,* Das österreichische ABGB: Eine neuständische Kodifikation, in: FS Gunter Wesener, S. 67 (76–77); zu der Entwicklung der Lesevereine am Beispiel von Deutschland siehe *Wehler,* Vom Feudalismus des Alten Reiches bis zur defensiven Modernisierung der Reformära 1700–1815, S. 320–325; zur Bildungssituation in Europa siehe auch weiter unten unter B. II. d.

Grund vorhanden, warum ihre Rechte verschieden sein sollen."[220] Die Redaktoren des ABGB waren sich demnach einig, eine Gleichheit aller Bürgerinnen und Bürger in das Gesetzbuch aufzunehmen. Lediglich die Reichweite dieser Gleichheit war fraglich.

Folgt man diesem Gedanken, so ist mit der Einführung des ABGB von einer Gleichheit aller Einwohner auszugehen. Dieser Gedanke lässt sich auch in § 16 ABGB wiederfinden, wonach jeder Mensch „angeborene, schon durch die Vernunft einleuchtende Rechte" besitzt. Dieser Satz liegt dem ABGB insgesamt als eine Art Pathos zu Grunde.[221] So sollten die staatsbürgerliche Gleichheit und Freiheit nach der damaligen Lehrbuchliteratur sogar den Geist des ABGB bilden.[222] Das ABGB sollte für den von mittelalterlichen Bindungen frei gewordenen Bürger gelten.[223] Für diesen Bürger sollte es keinerlei Unterschied des Standes, der Religion oder des Vermögens[224] mehr geben.

Als Folge dieser egalitären Gesellschaftsstruktur war gemäß § 18 ABGB Jedermann unter den von den Gesetzen vorgegebenen Bedingungen fähig, Rechte zu erwerben.

So sehr dieser Satz zunächst nach einer umfassenden Gleichheit klingt, so deutlich wird daran jedoch auch das Schema des Gesetzgebers, wie er dieses Ziel zu erreichen suchte. Durch die Trennung zwischen Zivilgesetzgebung und „politischen" Gesetzen sollte eine evtl. gewünschte ständische Prägung aus den ersteren Gesetzen verbannt werden. Das ABGB konnte so eine moderne Gestalt annehmen, ohne auf die gesellschaftlichen Strukturen und Institute der Vergangenheit insgesamt verzichten zu müssen. Daraus folgt zugleich, dass eine mit dem ALR vergleichbare Regelungsdichte einzelner Stände im ABGB nicht zu finden ist. Das ABGB stellte, wie bereits angedeutet, den Bürger als zunächst gleichberechtigtes Individuum dar und regelte erst im Anschluss daran, beziehungsweise in besonderen Gesetzen, evtl. vorhandene Ausnahmen. Obwohl eine ausdifferenzierte Betrachtung der einzelnen Stände im ABGB fehlt, sahen

---

220 *Brauneder*, Abhandlung über die Principien des allgemeinen bürgerlichen Gesetzbuches für die gesammten deutschen Erbländer der österreichischen Monarchie – Franz A. Edler Ritter von Zeiller, 1986, S. 35.

221 HKK/*Rückert*, vor § 1, Rn. 40.

222 *Brauneder*, Das österreichische ABGB: Eine neuständische Kodifikation, in: FS Gunter Wesener, S. 67 (67).

223 *Floßmann*, Österreichische Privatrechtsgeschichte, S. 15.

224 *Wilhelm Brauneder*, Gesetzgebungslehre und Kodifikationspraxis am Beispiel des ABGB, in: Dölemeyer/Mohnhaupt (Hg.), 200 Jahre ABGB (1811–2011). Die österreichische Kodifikation im internationalen Kontext, S. 33 (35–38). (m. w. N.).

die Zeitgenossen diese Neuerung als keineswegs revolutionär an. „Vielmehr waren alle Institute des Feudalismus noch vorhanden."[225] Ebenso urteilte Bluntschli, der sagte, dass es sich sowohl beim ALR als auch beim ABGB um „Werke des vorigen Jahrhunderts" handele.[226] So lassen sich Hinweise auf das tatsächliche Vorhandensein der Stände auch noch vereinzelt im ABGB finden. Ähnlich dem ALR liegen hier standesbedingte Unterschiede bei den Begräbniskosten und bei der Mitgift vor.[227] Darüber hinaus gab es einen Hinweis auf den Adel im Adoptionsrecht, wonach der an Kindesstatt Angenommene, sofern er alleine adlig ist, seinen Familien-Adel neben dem Namen der annehmenden Mutter oder des annehmenden Vaters behält.[228] Ein gänzlicher Verzicht auf den adligen Namen ist nicht möglich. Diese Regelung ist vergleichbar mit den bereits genannten Paragraphen in ALR II 2 10, wonach der Stand einer Person weiterhin nach außen sichtbar sein sollte.

Daneben deutet auch eine Regelung zum Vermächtnis auf das Vorhandensein verschiedener Stände hin. Der § 670 ABGB besagt, dass ein solches Vermächtnis zu geben ist, „[…] als der Vater dieser Person bey (sic!) mittelmäßigem Vermögen nach seinem Stande abzureichen schuldig wäre". Auch das Eherecht weist mittelbar auf die Ständegesellschaft hin. So waren Heiratsgüter zur Erleichterung des mit der ehelichen Gesellschaft verbundenen Aufwandes dem Stande der Frau nach angemessen zu geben.[229]

Als verdeutlichendes Beispiel der Ausklammerung diverser Vorschriften in die „politische" Gesetzgebung sei hier der Gesindedienstvertrag genannt, der näher durch „besondere darüber bestehende Gesetze"[230] bestimmt wurde. Eine ähnliche Regelung findet man im Recht der Vormundschaft, die sich im ersten Teil viertes Hauptstück in den §§ 187 ff. befanden. Die Regelungen des Bauernstandes waren dagegen den „politischen" Gesetzen und damit dem öffentlichen Recht vorbehalten.[231]

---

225 Siehe dazu auch den Beitrag eines nicht näher genannten *W.*, Allgemeines bürgerliches Gesetzbuch für die gesamten deutschen Erbländer der österreichischen Monarchie, in: Heidelbergische Jahrbücher der Litteratur, 7 (1814), S. 97 (102).

226 *Johann Caspar Bluntschli*, Privatrechtliches Gesetzbuch für den Kanton Zürich / mit Erläuterungen, 1854, S. XX.

227 Siehe dazu § 549 bzw. § 1220 ABGB.

228 So zu finden in § 182 ABGB.

229 Siehe §§ 1218, 1220 ABGB.

230 Siehe dazu § 1172 ABGB; ebenso auch *Floßmann*, Österreichische Privatrechtsgeschichte, S. 15 f.

231 Diese Ausklammerung den Bauernstand betreffend ist zu finden in § 234 ABGB.

Dies legt die Vermutung nahe, dass das ABGB lediglich den Schein eines egalitären Gesetzbuchs tragen könnte, welcher sich jedoch bei genauerem Hinsehen als bloß oberflächlich herausstellen könnte. Ein genauerer Blick auf das ABGB lässt erkennen, dass die dieser Kodifikation zugrunde liegende Gesellschaftsstruktur sich nicht auf Rechtsgleichheit und Freiheit des einzelnen Individuums gründete. Vielmehr wurde das ABGB von einem starken ständisch geprägten System umschlossen.[232]

Im Wortlaut des ABGB lässt sich eine dem Code civil ähnlich weit entwickelte Gleichheit der Bürger finden.[233] Diese wurde allerdings lediglich durch die Ausklammerung nahezu aller ständischen Regelungen in besondere Gesetze bewerkstelligt. Durch diesen Schritt konnte die „politische" Gesetzgebung und damit das öffentliche Recht zur richtungsweisenden Gesetzgebung Österreichs aufsteigen. Die „politischen" Gesetze bestimmten neben dem tatsächlichen Umfang und der Reichweite auch die Modernität des Zivilgesetzes. Die „politischen" Gesetze stellten demzufolge einen äußeren Rahmen dar, innerhalb dessen die größtenteils standesneutralen Regelungen des zivilrechtlichen ABGB Geltung erlangen konnten.

Dadurch konnte der Gesetzgeber des ABGB einen von ständischen Vorrechten nahezu frei gewordenen Gesetzeswortlaut erreichen. Es wurden lediglich einige Institute des früheren Feudalrechts geregelt, ohne jedoch den konkreten Inhalt zu benennen. Die standesneutralen Formulierungen ließen den materiellen Gehalt des Gesetzes unberührt. Dies ermöglichte eine schrittweise außer Kraft Setzung der zunächst noch übrig gebliebenen feudalen Sonderrechte, ohne das ABGB dadurch in seinem materiellen Gehalt zu verändern.[234]

Anders stellt sich die Situation im Zürcher PGB dar. Dort sind keinerlei Hinweise darauf zu erkennen, dass eine ständische Gliederung Einzug in das Gesetzbuch fand. Dies lässt sich als Folge der verfassungsmäßig verankerten Gleichheit ansehen, die im Zivilrecht lediglich umgesetzt werden musste. Ähnlich wie im Gesetzestext des Code civil wurden auch im PGB nur allgemeine Begriffe wie zum Beispiel „Jedermann" verwendet. Ständische Regelungen waren im PGB nicht vorhanden. Diese konsequente Anlehnung an die Verfassung zeigte sich auch und insbesondere im Familienrecht. Dort fällt im Vergleich zum ALR auf, dass eine allgemeine Pflicht des Ehemannes bestand, Unterhalt für seine Frau

---

232 Zu einem vergleichbaren Ergebnis kommt *Grimm*, Recht und Staat der bürgerlichen Gesellschaft, S. 222 f.

233 HKK/*Rückert*, vor § 1 Rn. 86.

234 *Hans Schlosser*, Kodifikationen im Umfeld des Preußischen Allgemeinen Landrechts, in: Merten (Hg.), Kodifikation gestern und heute, S. 63 (77).

und seine Kinder zu zahlen, dessen Höhe sich gerade nicht mehr nach dem Stand des Unterhaltsschuldners, sondern nach dem tatsächlichen Bedarf richtete.

Auch wurde im PGB grundsätzlich jedem Menschen die Rechtsfähigkeit zugesprochen, wobei durch die Formulierung „in der Regel" in § 8 PGB ein Vorbehalt eingefügt wurde, welcher diverse Ausnahmen möglich machte. Im Zürcher PGB hatten grundsätzlich alle Rechtssubjekte dieselben Rechte. Eine Differenzierung innerhalb der Gesellschaft nach Ständen wird nicht mehr vorgenommen.

Auch in Sachsen und Bayern sollte die Ständegesellschaft aus dem Zivilrecht verbannt werden. Bereits in den Beratungen zum sächsischen BGB hieß es, dass die Stände auf die bürgerlichen Rechte in der Regel keine Auswirkung haben sollten.[235] Sowohl dem sächsischen als auch dem bayerischen Gesetzgeber gelang es jedoch nicht ohne Ausnahme, dieses Ziel zu verfolgen. Diesbezügliche Versuche lassen sich jedoch deutlich erkennen. So waren im sächsischen Entwurf von 1852 noch diverse ständische Privilegien genannt, die sich aber in der gedruckten Endfassung nicht mehr finden lassen.[236] Dennoch sind im sächsischen BGB von 1863/65 und auch im Entwurf des bayerischen Gesetzbuchs weiterhin einzelne Verweise auf die Ständegesellschaft nicht zu leugnen. Zu finden sind diese beispielsweise dort, wo es um Schadensersatz und Unterhaltszahlungen geht. Dort diente der jeweilige Stand nach wie vor als Maßstab und als Richtwert.[237] So war ein Schadensersatz stets in standesgemäßer Höhe zu zahlen. Bei Verursachung eines Schadens durch das eigene Kind lag die Obergrenze der Ersatzpflicht dort, wo eine standesgemäße Erziehung durch die Schadensersatzpflicht negativ beeinflusst wurde.[238] Im bayerischen Entwurf findet sich darüber hinaus eine Regelung, nach welcher die Rechte besonderer „Claßen" (sic!) von Untertanen, nach Verschiedenheit ihres besonderen Standes durch besondere Gesetze bestimmt seien.[239] Den Hinweisen auf den jeweiligen Stand sollte an dieser Stelle

---

235 Siehe dazu § 51 sächsBGB.

236 *Mohnhaupt,* Untersuchungen zum Verhältnis Privileg und Kodifikation im 18. und 19. Jahrhundert, in: Ius Commune, 5 (1975), S. 71 (121).

237 Siehe zur standesgemäßen Höhe des Ehegattenunterhaltes *Demel/Schubert,* Der Entwurf eines Bürgerlichen Gesetzbuchs für das Königreich Bayern von 1811. Revidirter Codex Maximilianeus Bavaricus civilis, S. 35 § 13.

238 Zum sächsischen BGB siehe § 1517 in der 1. Lesung mit den Änderungen der 2. Lesung, Bibliothek des Reichsgerichts, Sig.: KU 1516; zu einer ähnlichen Regelung im bayerischen Entwurf siehe *Demel/Schubert,* Der Entwurf eines Bürgerlichen Gesetzbuchs für das Königreich Bayern von 1811. Revidirter Codex Maximilianeus Bavaricus civilis, S. 553 § 4.

239 Siehe dazu *Demel/Schubert,* Der Entwurf eines Bürgerlichen Gesetzbuchs für das Königreich Bayern von 1811. Revidirter Codex Maximilianeus Bavaricus civilis, S. 9, § 9.

jedoch keine allzu große Bedeutung beigelegt werden, da mit dem Begriff des Standes hier ebenso gut die gesellschaftliche Stellung in Folge von Beruf und Besitz Ausdruck fand. Unabhängig davon hätte selbst ein ständischer Verweis im ursprünglichen Sinne aufgrund des Vorbehaltes anderslautender gesetzlicher Vorschriften im sächsischen BGB keinen Widerspruch zur Gleichheit aller Bürger dargestellt.

Aus diesem Balanceakt zwischen zivilrechtlicher Gleichheit und altständischer Gesellschaftsstruktur lässt sich schließen, dass in der Gesetzgebungskommission neben der grundlegenden Gesellschaftsstruktur auch die feudalen Vorrechte näher betrachtet und im Rahmen der Kommissionsberatungen sehr ausführlich diskutiert wurden.[240] Dabei galt es, die gesamtgesellschaftliche Entwicklung und deren allgemeine Zielsetzung zur Einebnung der Stände ebenso zu beachten, wie die noch bestehenden Rechte des nach wie vor einflussreichen Adels. So wurden im Ergebnis zwar viele der alten Strukturen und Institute als in eine neue Gesetzgebung unpassend abgelehnt und aus dem Gesetzbuch verbannt, doch konnte beziehungsweise wollte sich der Gesetzgeber nicht an allen Stellen gegen die alten Formulierungen und Gewohnheiten durchsetzen. Auch nach Einführung einer „egalitären" Zivilgesetzgebung waren einige Unterschiede in Bezug auf den jeweiligen Stand zu finden.

Auch im Entwurf des bürgerlichen Gesetzbuchs für das Großherzogtum Hessen wurde versucht, auf die ständische Gliederung der Gesellschaft zu verzichten. Dies wurde in mit dem sächsischen BGB und dem bayerischen Entwurf vergleichbarer Weise vollzogen. Auch im hessischen Entwurf ließ sich eine grundsätzliche Trennung vom ständischen Gesellschaftsmodell erkennen. So fehlten auch hier Vorschriften über Rechte und Pflichten der einzelnen Stände. Allerdings gab es wiederum Hinweise auf eine nach wie vor in der Gesellschaft vorhandene Unterscheidung der einzelnen Stände. So war in Abt. II Tit. 3 Art. 54[241] und ebenfalls

240 So zu finden am Beispiel des Namensrechts in Bezug auf den Adel. Siehe dazu Sächs. HStA Dresden, Bestand 11021, Nr. 755, Acten der Commission zu Revision des Entwurfs eines bürgerlichen Gesetzbuchs für das Königreich Sachsen, Vota zu dem Entwurf und Beilagen zu den Protocollen enthaltend, 1856, S. [38v].

241 Bei den hier zitierten Vorschriften des Hessischen Entwurfs handelt es sich, soweit nichts anderes vermerkt wurde, um den Entwurf von 1846; der Entwurf nebst Motiven zum Bürgerlichen Gesetzbuch für das Großherzogtum Hessen ist abgedruckt bei *Werner Schubert*, Bürgerliches Gesetzbuch für das Großherzogthum Hessen / Entwürfe und Motive (1842–1853), 5 Bände, 1986.

in den Motiven[242] vom Adel beziehungsweise besonderen Rechtsverhältnissen wie dem Adel die Rede. Dies zeigt, dass auch hier eine völlige Loslösung von der bisherigen gesellschaftlichen Prägung nach dem Vorbilde Frankreichs unmöglich schien.

iii. Abschaffung der ständischen Institute und sonstiger Privilegien

Eine umfassende zivilrechtliche Gleichheit beinhaltet neben der Abschaffung der ständischen Gesellschaftsgliederung an sich auch die Abschaffung jeglicher ständischer Institute und Privilegien für eine bestimmte Klasse. Anhand einiger exemplarisch hervorgehobener Institute, wie der Erbuntertänigkeit, der Steuergerechtigkeit oder auch der Patrimonialgerichtsbarkeit, ist zu klären, ob der Gesetzgeber die adligen Privilegien ebenfalls abgeschafft hat oder ob diese für das tägliche Leben sehr relevanten Vorschriften weiterhin in den neuen Kodifikationen zu finden waren.

Zunächst ist festzuhalten, dass aufgrund des zum Teil sehr geringen lokalen und zeitlichen Geltungsbereichs der unzähligen partikularen Rechtsvorschriften die nachstehende Untersuchung lediglich einer an das ALR angelehnten Betrachtung folgt. Diese Fokussierung lässt, wie zu zeigen ist, den hier im Mittelpunkt stehenden Fortschritt des Zivilrechts bereits deutlich hervortreten. Sofern es ähnliche Ausführungen zu den ständischen Instituten in anderen der hier betrachteten Kodifikationen gegeben hat, werden diese jedoch angesprochen.

Ein für die damalige Zeit nahezu selbstverständliches Institut war das der Gutsuntertänigkeit. Die zumeist erblich bedingte Zugehörigkeit und Bindung einer einzelnen Person oder einer ganzen Familie an ein bestimmtes Gut war seit dem Mittelalter auf dem europäischen Kontinent bekannt.[243] In Preußen wurde bereits im Jahre 1798 ein dahingehender Plan gefasst, nach welchem die Untertänigkeit endgültig abgeschafft werden sollte.[244] Allerdings wurde dieser Plan erst mit dem Edikt vom 9. Oktober 1807 beziehungsweise der Revision des ALR in die Tat umgesetzt und brachte weitreichende Folgen für das Leben der ländlichen

242 Siehe dazu auch *Schubert*, Bürgerliches Gesetzbuch für das Großherzogthum Hessen, Bd. 1 = Abt. 1 (Personenrecht). Entwürfe und Motive von 1842 und 1844, S. 4.

243 Einen Überblick über die Entstehung und Entwicklung der Erbuntertänigkeit ist zu finden bei *F.-W. Henning*, Art. Leibeigenschaft, in: HRG, Bd. 2, 1978, Sp. 1761–1772 (1769).

244 Ebenso z. B. in Sachsen, wo die Erbuntertänigkeit durch die Sicherstellung der persönlichen Freiheit und des Eigentums in § 27 der Verfassung von 1831 abgeschafft wurde; ebenso in der Verfassung Hessens von 1831 §§ 33 ff.; siehe auch § 12 der Verfassung des Großherzogtums Baden von 1818.

Bevölkerung mit sich.[245] Diese waren jedoch nicht nur positiver Art. So brachte die Abschaffung der Untertänigkeit zwar neben der erstmalig eingeführten persönlichen Freizügigkeit, der freien Wahlmöglichkeit des Arbeitsplatzes, auch die nunmehr von jeglichen Eingriffsmöglichkeiten Dritter frei gewordene Wahl des Ehepartners mit sich. Auf der anderen Seite fielen jedoch diverse Schutzvorschriften zu Gunsten der ehemals untertänigen Bauern weg. An der Stelle, wo die Untertänigkeit bisher einen gewissen Schutz vor Arbeitslosigkeit und somit eine gewisse finanzielle Sicherheit bot, entfaltete sich nun ein Existenzkampf. Verschärft wurde dieser Kampf durch die nun erstmals mögliche Abwanderung großer Teile der ländlichen Bevölkerung in die Städte und der damit verbundenen Hoffnung einen Arbeitsplatz zu finden. So kam es nach der Abschaffung der Erbuntertänigkeit unter den Bauern zu einer wachsenden Konkurrenzsituation auf dem nunmehr „freien" Arbeitsmarkt. Die Arbeitnehmer sicherten ihr Überleben oftmals als schlecht bezahlte Tagelöhner und waren im Vergleich zu der früheren Situation einer teils noch größeren Ausbeutung durch die Arbeitgeber ausgesetzt. An die Stelle des Gutsbesitzers trat nun der Unternehmer, der, getrieben von der Aussicht auf eine Gewinnmaximierung, keinerlei Rücksicht auf die Bedürfnisse seiner Arbeiterschaft nahm. Die Ausbeutung der unteren Bevölkerungsschichten setzte sich somit in einer nahezu unveränderten Gestalt fort.[246]

Die steigende Unsicherheit der finanziellen Erträge führte zu weit verbreiteter Unzufriedenheit in der ländlichen Bevölkerung. Darüber hinaus herrschte eine gewisse Zeit große Unsicherheit über die Reichweite dieser gesetzlichen Veränderungen.[247] So gab es Teile der preußischen Landbevölkerung, die aus der bloßen Abschaffung der Untertänigkeit folgerten, auch jegliche Hofdienste verweigern zu dürfen. Dies wiederum brachte die Gutbesitzer gegen ihre Untertanen auf und führte zu Auseinandersetzungen zwischen den beteiligten Parteien. Beendet wurde dieser Zustand erst durch eine weitere Verordnung vom 24. Oktober 1810[248],

245 Die ausführliche Vorgeschichte der Untertänigkeit ist zu finden bei *Georg Friedrich Knapp,* Die Bauern-Befreiung und der Ursprung der Landarbeiter in den älteren Theilen Preußens, 1887, Teil I, Kapitel 1 u. 2, sowie speziell im Zusammenhang mit dem Edikt von 1807, S. 126–136.

246 *Uwe Wesel,* Geschichte des Rechts. Von den Frühformen bis zur Gegenwart, 2006, S. 457 f.; auf die Folgen der Abschaffung der Untertänigkeit wird unter B. III. 2. eingegangen.

247 *Klein,* Von der Reform zur Restauration. Finanzpolitik und Reformgesetzgebung des preußischen Staatskanzlers Karl August von Hardenberg, S. 140.

248 Gesetzsammlung für die Königlich-Preußischen Staaten, 1806–1810, No. 137, S. 735 f.

die besagte, dass unter anderem die Hand- und Spanndienste nicht automatisch mit der Erbuntertänigkeit enden sollten. Diese sollten so lange geschuldet sein, bis sich der Gutsherr mit dem jeweiligen Dienstverpflichteten über eine angemessene Entschädigung für die Ablösung der Dienste geeinigt hatte. Die Veränderung war folglich nicht so weit zu verstehen, wie manche Teile der Landbevölkerung es sich erhofft hatten.

Hieran zeigt sich, wie schwierig sich die tatsächliche Umsetzung von gesetzlichen Änderungen für den preußischen Gesetzgeber und die Bevölkerung darstellte, zumal die angesprochenen Änderungen sehr tief in die gesellschaftliche Ordnung hineinwirkten. Der Gesetzgeber unterlag hierbei der ständigen Gefahr, durch zu radikale Veränderungen eine Revolte innerhalb der eigenen Bevölkerung heraufzubeschwören. Ebenfalls wird hier noch einmal sichtbar, dass das Oktoberedikt keineswegs eine klar ausformulierte Lösung für die Umstrukturierung der Gesellschaft mit sich brachte, sondern nur einen rechtlichen Rahmen bot. Erst die Ausgestaltung dieses Rahmens durch unzählige Verordnungen und Edikte sollte die Vorstellungen des Oktoberedikts auch tatsächlich im Zivilrecht verankern. Die Betrachtung der restlichen Kodifikationen zeigt, dass eine umfangreiche Abschaffung der ständischen Gesellschaftsordnung samt den dazugehörigen Instituten bereits im Vorfelde durchgeführt wurde. Eine Behandlung der Untertänigkeit ist jedenfalls nicht mehr zu finden.

Aufgrund fehlender, praktischer Relevanz, sollte neben der Untertänigkeit auch die Ehe zur linken Hand aus dem ALR gestrichen werden.[249] Folglich sollten auch die damit zusammenhängenden Sonderregelungen im Schenkungs- und Erbrecht für den Adel restlos wegfallen. Tatsächliche Auswirkungen auf die Gesellschaft Preußens waren infolge der niedrigen Relevanz jedoch nicht zu erwarten. Infolge der gescheiterten beziehungsweise nicht vollendeten Revision blieb die Ehe zur linken Hand allerdings bis zur Einführung des BGB von 1900 erhalten.[250] Folglich galt in Preußen die ständische Gesellschaftsgliederung, mit diversen speziell auf den Adel abgestimmten Privilegien, ungeachtet der Revisionsbewegung fort. Eine vergleichbare Regelung gab es in den anderen hier betrachteten Kodifikationen nicht.

Einen weiteren großen Streitpunkt stellte die Patrimonialgerichtsbarkeit dar, das heißt das Recht der Ausübung einer an eine bestimmte Art von Gut gebundene besondere Gerichtsbarkeit. Die Rechtsprechung lag dabei nicht ausschließlich in den Händen des Staates, sondern unterlag in bestimmten Fällen auch einzelnen

249 Zur Ehe der linken Hand siehe Kapitel B. I. 2. a. aa. ii.; *Schubert*, Gesetzrevision, Abt. 2, Bd. 5, Halbband 1, Einleitung S. XIX und Vorerinnerung des Revisors auf S. [67].

250 *Mestwerdt*, Das Sozialbild der Ehe im Spiegel von Gesetzgebung und Rechtsprechung der letzten 150 Jahre, S. 58.

adligen Gutsherren. In deren Gerichtsbezirk auftretende Fälle, zumeist zivilrechtlicher Art, konnten rechtskräftig und damit für die beteiligten Parteien verbindlich beurteilt und vollstreckt werden. Dieser besonderen Gerichtsbarkeit unterlagen jedoch nicht alle Einwohner des jeweiligen Bezirks, vielmehr waren die Adeligen davon ausgenommen. Begründet wurde dies damit, dass die Gerichtsbarkeit eine Demonstration der eigenen Macht über die Untertanen darstellte und genau dieses Machtgefälle im Verhältnis zwischen zwei adligen Parteien fehlte.[251] Der Adel unterstand somit ausschließlich der staatlichen Gerichtbarkeit.[252] Die Patrimonialgerichtsbarkeit, als ein Relikt aus dem späten Mittelalter, war mit den Idealen des beginnenden 19. Jahrhunderts nur sehr schwer vereinbar. Wie bereits ausgeführt, sollte neben der Stärkung der Gleichheit auch die weit verbreitete Rechtsunsicherheit und Rechtszersplitterung vermindert werden. Dass sich ein Teil der Rechtsprechung in den Händen einzelner Gutsherren befand, stand diesem Ziel ebenso entgegen, wie die nach Ständen differenzierte Zugehörigkeit zu dieser Gerichtsbarkeit. Demzufolge sollte die Patrimonialgerichtsbarkeit – ungeachtet der Tatsache, dass diese Materie schon nicht in das eigentliche Zivilrecht gehörte – aus den nun neu entstehenden Kodifikationen gestrichen werden. Verständlicherweise stieß dieser Plan auf den Widerstand des Adels, der dieses Privileg nur ungern an den Staat abgeben wollte.

An dieser Stelle kommen erneut die entgegengesetzten Ziele und Vorstellungen zwischen Adel, Gesetzgeber und dem einfachen Volk zur Geltung. Der erhebliche Widerstand des Adels und die dadurch vorherrschende innergesellschaftliche Spannung hatte beispielsweise in Preußen zur Folge, dass die Patrimonialgerichtsbarkeit trotz erheblicher und ernst zu nehmender Kritiken und Proteste zunächst erhalten blieb.[253] Ebenso wurde in der bayerischen Verfassung von 1818[254] und auch in der hessischen Verfassung von 1820[255] dem Adel des

---

251 Sinngemäß zu finden in der Beilage zur bayerischen Verfassungsurkunde vom 26. Mai 1818. Dort heißt es in § 8: „In peinlichen Fällen [...] genießen die Standesherren das Recht, durch ein Gericht von Ebenbürtigen oder durch Richter ihres Standes gerichtet zu werden".

252 *A. Erler*, Art. Patrimonialgerichtsbarkeit, in: HRG, Bd. 3, 1984, Sp. 1547–1549.

253 *Wehler*, Von der Reformära bis zur industriellen und politischen „Deutschen Doppelrevolution" 1815–1845/49, S. 158.

254 Siehe dazu Tit. V § 4 Nr. 1 der bayerischen Verfassung vom 26. Mai 1818 (bzw. die Beilage zur Verfassungsurkunde Edict über die staatsrechtlichen Verhältnisse der vormals Reichsständischen Fürsten, Grafen und Herren betreffend).

255 Siehe dazu Art. 37 der hessischen Verfassung vom 17.12.1820 und § 24 des dazugehörigen Edicts über die besonderen Rechte des Adels, in dem es heißt: „[...] den

Reiches noch das Recht zugesprochen eine gutsherrliche Gerichtsbarkeit auszuüben. Anders stellte sich lediglich der Zustand im Kanton Zürich in der Schweiz, im Rheinland beziehungsweise dem Großherzogtum Baden und im Königreich Sachsen dar. Hier wurde die Patrimonialgerichtsbarkeit in der Verfassung durch eine ausschließliche staatliche Gerichtsbarkeit verdrängt.[256] Hieran lässt sich bereits erahnen, dass auch im Bereich des öffentlichen Rechts grundlegende Veränderungen anstanden.[257]

In nahezu allen hier untersuchten Kodifikationen des 19. Jahrhunderts gab es somit eine gewisse Diskrepanz, ein regelrechtes Spannungsfeld zwischen der Abschaffung der gesellschaftlichen Stände auf der einen Seite und der Abschaffung der einzelnen ständisch geprägten Institute und Regelungen auf der anderen Seite. So waren im Österreichischen ABGB zwar die Stände an sich und auch einige ständisch geprägte Regelungen aus dem Gesetz verbannt, doch gab es zum Beispiel nach wie vor das historisch anmutende geteilte Eigentum.[258] Darüber hinaus findet sich im ABGB noch der Begriff des adligen Lehens und auch der des Familien-Fideikommisses wieder.[259] Außerdem ist die Verschiebung der gesellschaftlich kritisch betrachteten Materien in die „politische" Gesetzgebung nicht zu vergessen, sodass das ABGB keineswegs als frei von jeglichen ständischen Regelungen gelten kann. Ein weiteres Recht, welches ursprünglich ausschließlich

---

Standesherrn verbleibt die Ausübung der Gerichtsbarkeit in erster Instanz durch Local-Beamte und die Ausübung in zweiter Instanz […]".

256 Siehe dazu Art. 10 der Verfassung für den Kanton Zürich in der Schweiz vom 10.03.1831, wo es heißt: „Die Befugniß (sic!), Streitiges zu entscheiden und Straffälle zu beurtheilen (sic!), kommt ausschließlich den ordentlichen Gerichten zu; weder die gesetzgebende noch die vollziehende Gewalt dürfen richterliche Verrichtungen ausüben. […] Ein Gerichtsstand der nicht in der Verfassung vorgesehen, darf weder errichtet noch angesprochen, niemand seinem verfassungsmäßigen Richter entzogen werden."; dies hatte zur Folge, dass es nur noch die staatliche Gerichtsbarkeit geben sollte; ebenso auch § 55 der sächsischen Verfassung von 1831.

257 Siehe dazu auch *Huber*, Reform und Restauration. 1789 bis 1830, S. 188 f.; auf eine ebenfalls erforderliche Anpassung des Prozessrechts sei hier nur der Vollständigkeit halber hingewiesen.

258 Siehe dazu exemplarisch §§ 357 ff. u. §§ 1126 ff. ABGB. Auf den Eigentumsbegriff innerhalb der einzelnen Kodifikation wird im weiteren Verlauf der Arbeit noch ausführlicher eingegangen, siehe dazu B. III. 2. a.

259 Zu finden in §§ 359, 626 ff. ABGB; so auch *Brauneder*, „Allgemeines" aber nicht gleiches Recht: das ständische Recht des ABGB, in: Hattenhauer (Hg.), Das nachfriderizianische Preußen 1786–1806, S. 23 (28); auf das Fideikommiss wird im weiteren Verlauf noch näher eingegangen, siehe dazu B. III. 2. c.

dem Adel zuteil wurde, war das Jagd- und Fischereirecht. Im hessischen Entwurf fällt zunächst auf, dass das Jagd- und Fischereirecht, nicht zu finden ist. Das Fehlen dieser Materie im Entwurf liegt allerdings allein darin begründet, dass dieses Recht, ähnlich dem Vorgehen im österreichischen ABGB, in besondere Gesetze ausgelagert wurde.[260] Im Zürcher PGB dagegen wurde das adlige Jagdrecht durch eine sehr freiheitliche Vorschrift ersetzt. So stand das Fischereirecht als Teilbereich des Jagdrechts ab Einführung des PGB Jedermann zu.[261]

Ebenso wie in Österreich gewisse adlige Vorrechte erhalten geblieben waren, so sollten die adligen Gutseigentümer auch in Bayern ihre gutsherrlichen Rechte im Rahmen der nun bestehenden Gesetze beibehalten. Die nach außen abgeschafften Hand- und Spanndienste bestanden somit faktisch nach wie vor und hatten weiterhin Geltung.[262] Erklären lässt sich dies nur durch den überproportional stark vertretenen, konservativen Adel in der Politik, Justiz und der gesamten Verwaltung des Königreichs.[263]

Ein besonderes und erstmals zu Beginn des 19. Jahrhunderts kritisch hinterfragtes Privileg stellte die Steuerfreiheit des Adels dar. Die Steuerlast war in der Zeit vor dem 19. Jahrhundert keineswegs gleich auf alle Teile der Bevölkerung verteilt. Der Adel war in der Regel von jeglichen Steuern befreit, beziehungsweise zahlte lediglich einen Bruchteil dessen, was die restlichen Staatsangehörigen zu zahlen hatten.[264] Dieses Adelsprivileg war ebenfalls länderübergreifend bekannt und in den bisher ständisch geprägten Gesetzen tief verankert. Die Sinnhaftigkeit dieser Steuerfreiheit sollte mit Einführung der Zivilkodifikationen des 19. Jahrhunderts nicht nur auf die Probe gestellt werden, sondern infolgedessen auch zum Teil abgeschafft werden. So kam es dazu, dass selbst der preußische Gesetzgeber, welcher dem Adel insgesamt freundlich gegenüber stand, die allgemeine Steuerfreiheit des Adels in Frage stellte.[265] In Bayern, Hessen und dem

---

260 Abt. II Tit. 3 Art. 30 HessE 1845; zum Gesetzentwurf nebst Motiven siehe auch *Werner Schubert,* Bürgerliches Gesetzbuch für das Großherzogthum Hessen / Entwürfe u. Motive (1842–1853), Bd. 3 = Abt. 2 (Sachenrecht). Entwürfe und Motive von 1845 und 1851, S. 26 u. 89 f.

261 Das Fischereirecht für Jedermann ist zu finden in § 676 PGB.

262 So auch zu finden bei *Schubert*, Französisches Recht in Deutschland, S. 383–385.

263 Auf diese Problematik wird im nachfolgenden Abschnitt noch ausführlicher eingegangen.

264 *Hattenhauer,* Zwischen Hierarchie und Demokratie, S. 44 f.

265 Siehe dazu Hardenbergs Denkschrift „Über die Reorganisation des Preußischen Staates, verfaßt auf höchsten Befehl Sr. Majestät des Königs" vom 12. September 1807, abgedruckt bei *Georg Winter,* Vom Beginn des Kampfes gegen die Kabinettsregierung bis zum Wiedereintritt des Ministers vom Stein, Die Reorganisation des

Kanton Zürich ging man sogar noch einen Schritt weiter und verbot die Ungleichbehandlung des Adels in Steuerangelegenheiten bereits in den jeweiligen Verfassungen.[266] Eine weitere Facette der Gleichheit sollte sich somit auch im Steuerrecht verwirklichen.

Darüber hinaus sollte auch die Berufsfreiheit in die Gesetzbücher aufgenommen werden. Wie bereits dargelegt, standen im ALR bestimmte Arbeitsfelder lediglich einem kleinen Teil der Bevölkerung offen. Davon betroffen waren insbesondere die Stellen im Staatsdienst, die dem Adel und dem gehobenen Bürgertum vorbehalten waren. Diese Beschränkungen der persönlichen Freiheit des Einzelnen sollten mit Hilfe der Zivilkodifikationen des 19. Jahrhunderts zumindest teilweise aufgehoben werden. Es sollte demnach jedem Bürger freistehen, jede nur denkbare Arbeitsstelle im Staate zu besetzen. Ab diesem Zeitpunkt sollte nicht mehr die Herkunft beziehungsweise die Standeszugehörigkeit eines Bewerbers ausschlaggebend sein, sondern nur noch die Qualifikation desselben, somit die Frage ob dieser persönlich für die Stelle geeignet war oder nicht.[267] Ähnliche Regelungen sind auch bereits in den Verfassungen von Hessen, Bayern und dem Kanton Zürich zu finden.[268] Diese zunächst banal klingende Neuerung verkörpert die ersten Schritte der uns heute bekannten und als selbstverständlich angesehenen Berufswahl- und Berufsausübungsfreiheit.

Wie anhand der hier gezeigten Beispiele deutlich wird, stellte die Einebnung der ständischen Gesellschaftsstruktur lediglich einen kleinen Teil des sehr facettenreichen Gleichheitsbegriffs dar. Ein Gesamtbild und somit der tatsächliche Umfang der zivilrechtlichen Gleichheit lässt sich erst abzeichnen, wenn all

---

Preussischen Staates unter Stein und Hardenberg, Teil 1, 1931, No. 261, S. 302–363. Insbesondere spielte bei dieser Überlegung auch der durch verlorene Kriege und Reparationszahlungen enorm gestiegene Finanzbedarf Preußens eine sehr wichtige Rolle.

266 Siehe dazu Art. 18 der Verfassung für den Kanton Zürich vom 10.03.1831, sowie Art. 30 der Verfassung für das Großherzogtum Hessen vom 17.12.1820 i. V. m. § 63 des Edikts die besonderen Rechte des Adels betreffend vom 17.12.1820 und ferner Teil IV § 13 der bayerischen Verfassung vom 26.05.1818.

267 *Winter*, Vom Beginn des Kampfes gegen die Kabinettsregierung bis zum Wiedereintritt des Ministers vom Stein, S. 313–316; siehe zur Einführung der Gewerbe-/ Berufsfreiheit in Preußen auch *Huber*, Reform und Restauration. 1789 bis 1830, S. 203–208.

268 Siehe dazu Titel IV § 5 der bayerischen Verfassung von 1818, sowie Art. 19 der hessischen Verfassung von 1820; eine ähnliche Regelung, jedoch mit der Möglichkeit einer Ausnahmeregelung findet sich in Art. 3 der Verfassung des Kantons Zürich vom 10.03.1831.

diese einzelnen Punkte zusammengenommen werden und umfassend betrachtet werden. Zunächst soll allerdings noch ein kurzer Blick auf den Einfluss der Stände – im klassischen Sinn – auf die jeweilige Gesetzgebung geworfen werden. Dieser Blick dient als Exkurs und auch zur Verdeutlichung des daraufhin zu entwerfenden Gesamtbildes. Es wird Aufschluss über die Frage geben, inwiefern sich Relikte der ständischen Gesellschaft in die neuen Kodifikationen retten konnten oder aber durch gesetzliche Neuerungen verdrängt wurden.

cc. Einfluss der Stände auf die Gesetzgebung

Aus dem bisher Gesagten zeigt sich, dass die Gesetzgeber der hier untersuchten Länder größtenteils bestrebt waren, die Einebnung der Stände zu fördern und somit egalitär geprägte Gesetzeswerke zu schaffen. Die einzige Ausnahme stellte Preußen dar, wobei diese Annahme uneingeschränkt nur bis zur versuchten Revision des ALR gelten kann. Ungeachtet der in den Nachbarländern aufkommenden revolutionären Bewegungen hatte in Preußen die ständische Gesellschaftsordnung Bestand.

Die zum Teil nur partielle Ausprägung einer zivilrechtlichen Gleichheit war nicht unwesentlich auf die Besetzung der einzelnen Gesetzgebungskommissionen beziehungsweise Parlamentskammern zurückzuführen. In den meisten Fällen saßen fast ausschließlich Mitglieder der gehobenen beziehungsweise begüterten Stände in den jeweiligen Kommissionen.[269] Die unteren Bevölkerungsschichten hatten weder Mitspracherecht, noch konnten sie selbst kritische Beiträge in die Kommissionen einbringen. Der Frage, inwiefern die unteren Bevölkerungsgruppen überhaupt den nötigen Bildungsgrad besaßen, um an solchen Beratungen aktiv teilnehmen zu können, soll hier nicht weiter nachgegangen werden. Darüber hinaus wurde in keinem der hier untersuchten Länder auf die individuelle Fähigkeit des Einzelnen, sondern ausschließlich auf die Standeszugehörigkeit als solche abgestellt. Der Ausschluss kompletter Bevölkerungsschichten zeugt auch hier von einem historisch gewachsenen Gesellschaftsverständnisses, nach dem die oberste Schicht eine tragende Funktion innerhalb des Staates innehat.

Eine besondere Rolle spielten die Stände aber nicht nur in den Gesetzgebungskommissionen, sondern auch in den jeweiligen Regierungen, Landtagen und Parlamenten. Exemplarisch sei hier die bayerische Ständeversammlung und deren sogenanntes Zwei-Kammer-System genannt. An der ersten Kammer der

269 Zu der Situation in Österreich siehe auch *Oskar Lehner*, Familie – Recht – Politik. Die Entwicklung des österreichischen Familienrechts im 19. und 20. Jahrhundert, 1987, S. 19.

Ständeversammlung waren ausschließlich bestimmte Teile des Adels und direkt vom König gewählte Vertreter beteiligt. Die zweite Kammer, die eigentliche Volkskammer, wurde nach einem Zensuswahlrecht beziehungsweise einem uneinheitlichen Wahlverfahren besetzt, sodass auch hier nicht von einer Abbildung der tatsächlichen Staatsinteressen die Rede sein konnte.[270] Die unteren Gesellschaftsschichten waren überhaupt nicht oder aber stark unterrepräsentiert in der Ständeversammlung vertreten. Diese weitreichende Ungleichheit spiegelt ein sehr konservatives Verständnis der Gesellschaft wider.[271] Demnach hatten die früheren Eliten des Staates auch in Zeiten des Entwurfs eines egalitär aufgebauten bürgerlichen Gesetzbuchs weiterhin den Anspruch, und in dem Zwei-Kammer-System ein elegantes Mittel gefunden, den Staat im eigenen Interesse lenken zu können. Die Versuche, ein egalitäres Gesetzbuch zu erstellen, konnten somit von den beiden Kammern erschwert und letzten Endes ganz verhindert werden. Dieses Beispiel zeigt sehr deutlich, dass die alten Muster, nach denen der Adel die Macht und den Einfluss im Staat besaß, auch durch eine moderne Zivilkodifikation und sogar durch eine neue Verfassung nicht einfach weggewischt werden konnten bzw. nicht verändert werden sollten.[272]

So sehr ein neues Zivilrecht auch dem Wunsch der einfachen Bevölkerung nach Gleichheit entgegen kam, so sehr wurden die Wünsche und Bedenken des Adels beachtet und geschützt. Dieser konnte weiterhin eine herausragende Stellung im Staat genießen und zu seinem Vorteil nutzen. Der Einfluss der Stände auf die Gesetzgebungsarbeiten war, wie gezeigt, unter keinen Umständen zu vernachlässigen.

---

270 Näheres zur Gliederung der Kammern und dem Wahlverfahren ist zu finden bei *Möckl/Bosl*, Der moderne bayerische Staat, S. 261–281; siehe auch *Henning*, Deutsche Wirtschafts- und Sozialgeschichte im 19. Jahrhundert, S. 35.

271 Vergleichbare Verhältnisse lassen sich ebenfalls in Hessen finden. Die erste Kammer setzte sich aus gewählten Adligen und die zweite Kammer nach dem Zensus-Wahlrecht zusammen. Dies führte wie in Bayern dazu, dass die unteren Klassen keinerlei Einfluss auf die Gesetzgebung nehmen konnten und vollständig ausgeschlossen blieben. Siehe dazu §§ 51 ff. der hessischen Verfassung von 1818; ein zwei Kammer-System ist ebenso in Sachsen zu finden, siehe dazu Art. 61 ff. der sächsischen Verfassung von 1831, wobei hier auch Vertreter des Bauernstandes Zugang erhalten sollten, Art. 68. Siehe dazu auch *Gisela Jung*, Die zivilrechtliche Stellung der Frau im Großherzogtum Hessen. Über die Geschlechtsvormundschaft im 19. Jahrhundert, S. 239 f.

272 „Die oberste Staatsführung war nicht gewillt […] das Feudalwesen sofort zu beseitigen", so zu finden bei *Schubert*, Französisches Recht in Deutschland, S. 388.

Anders stellte sich die Situation dagegen in Frankreich bzw. dem Rheinland dar. Dort sollte jeder Einwohner, der über 25 Jahre alt war und eine gewisse jährliche Steuer gezahlt hatte, als aktiver Bürger auch in der Urversammlung als Wahlmann in die Nationalversammlung gewählt werden können.[273] Dieser hier eingeschlagene Sonderweg ist ebenfalls auf die bereits 1789 verbürgte Abschaffung der Stände zurückzuführen. Es lässt sich nicht erkennen, dass sich die Gefahr, die einem Zensuswahlrecht grundsätzlich inne liegt, nämlich einen Teil der Bevölkerung auszuschließen, hier verwirklicht hat. Die Revolution hatte vielmehr zur Folge, dass trotz der hier anzutreffenden Hürde des Zensuswahlrechtes ein Großteil der politisch interessierten Bürger aktiv an der Staatslenkung beteiligt werden konnte.

Der Einfluss der Stände auf dem Gebiet der Gesetzgebung war also sehr unterschiedlich ausgestaltet. In den meisten der hier untersuchten Länder herrschte nach wie vor ein zweigeteiltes System, in welchem zwar jegliche Gruppierungen vertreten sein konnten, diese allerdings mit unterschiedlichen Stimmrechten ausgestattet waren. In Frankreich und dem Rheinland dagegen zeigen sich auch an dieser Stelle die weitreichenden Auswirkungen der Revolution. Das hier vorzufindende politische System basierte auf der Teilnahme eines jeden Bürgers.

c. Zusammenfassung

Die ersten Versuche den Gleichheitsgedanken auch in die Zivilkodifikationen zu integrieren, stellten sich innerhalb der einzelnen Länder sehr unterschiedlich dar. Insgesamt betrachtet sollte der Weg des preußischen ALR von 1794 jedoch verlassen und die Abschaffung der ständisch geprägten Gesellschaft umfassend vorangetrieben werden. Unterschiede und Spannungen ergaben sich insbesondere aus der Frage nach dem Verhältnis zwischen Zivilrecht und Verfassungsrecht. An der obigen Darstellung wurden sowohl die zeitliche Abfolge als auch die Auswirkungen auf das Verhältnis zwischen Verfassung und Zivilkodifikation sehr deutlich. Es wurde sichtbar, dass ein Staat nicht zwingend eine egalitär aufgebaute Verfassung benötigte, um eine zivilrechtliche Gleichheit in der gewünschten Art und Weise in einem Zivilgesetz verankern zu können. Im Fall einer vorauseilenden Verfassung stellte eine spätere Zivilkodifikation vielmehr die

273 Siehe dazu exemplarisch die Vorschriften Art. 1 ff. im dritten Titel, zweiter Abschnitt der französischen Verfassung von 1791; ob darunter auch Frauen begriffen waren, soll an dieser Stelle offen bleiben.

Krönung[274] der Gesetzgebungspraxis dar, was jedoch keinen Rückschluss über die Ausgestaltung der Gleichheit an sich zuließ.

Wie bereits angedeutet konnte eine zeitlich der Zivilkodifikation vorhergehende Verankerung der Gleichheit in einer Verfassung den Einführungs- und Transformationsprozess in das Zivilrecht jedoch sehr stark vereinfachen und auch beschleunigen. Auch bleibt unbestritten, dass in keiner der hier erwähnten Kodifikationen die Gleichheit – als solche – so zielstrebig und ausnahmslos umgesetzt werden konnte wie im französischen Einflussbereich, wo eine egalitär aufgebaute Verfassung gerade als Vorreiter und Grundlage einer Zivilgesetzgebung dienen sollte. Es wurde im französisch geprägten Zivilrecht auf jegliche Standesunterschiede verzichtet und damit das zu Grunde liegende Verfassungsrecht eins zu eins umgesetzt. Annähernd dieses Niveau konnte das Zürcher PGB erreichen, wo ebenfalls zunächst eine Verfassung eingeführt wurde. Bis auf die beiden genannten Ausnahmen sollte eine verfassungsrechtlich verankerte Gleichheit weiterhin ein bloßer Programmsatz bleiben. Es bestand in den anderen hier betrachteten Ländern nun ausschließlich die Möglichkeit, eine Gleichheit der Bürger über den Weg der einfachen Gesetzesnorm zu erreichen. Auch hier wurden durchaus standesneutrale Ansätze verfolgt, doch konnten diese im direkten Vergleich nicht so konsequent und so umfassend umgesetzt werden.

Auf die tatsächliche Wirkung und die Umsetzung der Egalität insgesamt hatte die zeitliche Abfolge zwischen in Kraft treten einer Verfassung und dem einer Zivilkodifikation allerdings wenig bis überhaupt keinen Einfluss. Dies zeigt sich bereits daran, dass unabhängig davon, ob eine egalitäre Verfassung vorlag oder nicht, grundsätzlich nur einzelne Ausschnitte einer allumfassenden Gleichheit in den Zivilkodifikationen umgesetzt wurden. Als Beispiele seien hier die Gleichheit zwischen Mann und Frau, die Gleichheit im Steuerrecht oder auch im Arbeitsrecht, die Gleichheit zwischen den Religionsgesellschaften oder auch die Gleichheit der Bürger bei vergleichsweise kleinen, aber doch gesellschaftlich nicht zu verachtenden Themen wie der Wehrpflicht oder der Schulpflicht[275] genannt.

Hieran wurde deutlich, dass in den untersuchten Kodifikationen grundsätzlich zwischen einer Gleichheit im Allgemeinen und einer Gleichheit im Besonderen differenziert wurde. Die Einführung einer Gleichheit im Besonderen und damit bloß eines Ausschnitts der allgemeinen Gleichheit wurde als Mittel angewendet, um den Schein einer egalitär aufgebauten Kodifikation zu wahren.

---

274 Siehe dazu auch *Dieter Grimm*, Die Grundrechte im Entstehungszusammenhang der bürgerlichen Gesellschaft Bürgertum im 19. Jahrhundert, S. 361.

275 Genannte Punkte wurden in der bayerischen Verfassung von 1808 erstmalig eingeführt, zu finden bei *Möckl/Bosl*, Der moderne bayerische Staat, S. 152–172.

Die einzelnen Teilbereiche ließen sich darüber hinaus sehr viel schneller und einfacher umsetzen und realisieren. Der Gesetzgeber konnte auf diesem Wege die Kritiker des Ständestaates und somit die Unterstützer einer gesamtgesellschaftlichen Gleichheit mit einer Politik der kleinen Schritte auf seine Seite bringen, ohne den Adel als politisch einflussreichsten Stand gegen sich aufzubringen.

Dies zeigte sich auch daran, dass in keinem der hier untersuchten Gesetzbücher die Stände mehr so explizit verankert wurden, wie im preußischen ALR von 1794. Allerdings ließen sich in den anderen Kodifikationen nach wie vor Hinweise darauf finden, dass es neben der angestrebten Gleichheit der Bürger eine ständisch geprägte Gesellschaftsstruktur gab, die in das Zivilrecht hineinwirkte und dieses von außen beeinflusste. Diese Ausnahmen fanden sich unter anderem im ständisch geprägten Unterhalts- und Schadensersatzrecht, im Strafrecht sowie in der Ausgliederung diverser Rechtsmaterien in besondere Gesetze. In einigen Kodifikationen, allen voran dem ABGB, wurden mit der Gleichheit zusammenhängende Regelungen in besondere Gesetze verschoben und dort gänzlich unverändert oder leicht modifiziert beibehalten. Hieraus lässt sich der Schluss ziehen, dass die Gesetzgeber einer Gleichheit zwar nicht abgeneigt waren, aber keineswegs unmittelbare und tiefgreifende Veränderungen der gesamten Gesellschaftsordnung wünschten. Die Gefahr einer Revolution und somit des Verlusts des politisch wichtigsten Verbündeten, des Adels, brachte darüber hinaus manches Gesetzesvorhaben zum Erliegen. Als Beispiele seien hier auch die lange Dauer des Kodifikationsprozesses in Österreich oder auch Sachsen genannt. Ebenso dürfen weder die Revision des ALR in Preußen noch die letztlich gescheiterten Entwürfe von Bayern und Hessen vergessen werden.

3. Fazit

Der ständischen Gesellschaft des ausgehenden 18. Jahrhunderts standen insbesondere in der ersten Hälfte des 19. Jahrhunderts einige grundlegende Veränderungen bevor. Nachdem die französische Revolution und der Code civil den Gleichheitsgedanken erstmalig erfolgreich in eine Zivilkodifikation verankern konnten, sollten einige weitreichende Kodifikationsvorhaben in die Wege geleitet werden, die alle mehr oder weniger diesem Vorbild folgten. Der im Rahmen der Kodifikationen des 19. Jahrhunderts erstmalig unternommene Versuch, den Wandel von einer ständischen zu einer bürgerlichen Gesellschaft zu schaffen, konnte teilweise erfolgreich abgeschlossen werden. Den hier zur näheren Betrachtung herangezogenen Gesetzbüchern liegt nach außen eine Trennung von dem alten Ständesystem zu Grunde. Sie kehrten der Vergangenheit den Rücken und versuchten den Weg zu einer bürgerlichen Gleichheit einzuschlagen und zwar unabhängig davon, ob eine egalitäre Verfassung vorlag oder nicht. Die ständischen Privilegien wurden ab dem 19. Jahrhundert nach und nach aus den Zivilkodifikationen entfernt. Es darf dabei jedoch nicht übersehen werden, dass die ständische Prägung trotz Abschaffung der formalen Grenze auch weiterhin in der Gesellschaft anzutreffen war.

Der direkte Vergleich der einzelnen Kodifikationen zeigt allerdings auch, dass die Umsetzung der Gleichheit sehr unterschiedlich vollzogen wurde. Es zeigt sich, dass das ALR in seiner ursprünglichen Fassung stark historisch geprägt war. Begründbar war diese Haltung dadurch, dass eine absolute Gleichheit in Preußen nicht möglich sei, da alles andere den Umsturz der bürgerlichen Gesellschaft bedeuten sollte.[276] Die Angst vor revolutionären Verhältnissen, wie in Frankreich, sollte durch die Einführung eines umfassenden Gesetzbuches besiegt werden. Eine irgendwie ausgeprägte Gleichheit der Menschen untereinander war im ALR lediglich innerhalb der einzelnen Stände festgeschrieben. Die Entwicklung in Preußen stellte noch einen Spiegel der damaligen Ständegesellschaft und der Sozialverfassung des 18. Jahrhunderts dar, in dem sich das Ständesystem noch über alle Lebensbereiche erstreckte.[277] Bewegung kam in diese alten Strukturen erst im Rahmen der allgemeinen Reform- und Revisionsbewegung zu Beginn des 19. Jahrhunderts. Die preußische Ständegesellschaft wurde dadurch in ihren Grundfesten erschüttert. Trotzdem konnte die Gesetzesrevision den Status eines Entwurfs nie verlassen, sodass die ständische Gesellschaft auf dem Papier in Preußen weiterhin Geltung behielt.[278]

---

276 *Christoph Goßler,* Über die Verschiedenheit des Vermögens und des Standes, in: Berlinische Monatschrift, 19 (1792), S. 424 (426).

277 So auch *Hattenhauer/Bernert,* Allgemeines Landrecht für die Preußischen Staaten von 1794, S. 17–20; *Coing,* Epochen der Rechtsgeschichte in Deutschland, S. 94; *Detlef Merten,* Die Rechtsstaatsidee im Allgemeinen Landrecht, in: Friedrich Ebel (Hg.), Gemeinwohl – Freiheit – Vernunft – Rechtsstaat. 200 Jahre Allgemeines Landrecht für die preußischen Staaten, 1995, S. 109 (109–112).; *Günter Birtsch,* Gesetzgebung und Repräsentation im späten Absolutismus, in: Historische Zeitschrift (HZ), 208 (1969), S. 265 (294); Ute *Frevert,* Der Bürgerstand – Funktionsstand in der geburtsständischen Gesellschaft, in: Günter Birtsch/Dietmar Willoweit (Hg.), Reformabsolutismus und ständische Gesellschaft, Forschungen zur brandenburgischen und preussischen Geschichte, Beiheft 3, 1998, S. 291 (292), m. w. N.

278 Eine über das frühe 19. Jahrhundert hinausgehende, faktische Weitergeltung der ständischen Gesellschaftsgliederung lässt sich exemplarisch an den hohen gesellschaftlichen Anforderungen zur Erlangung des Dienstgrades eines Reserveoffiziers erkennen. Aufgrund der hohen finanziellen Belastung für Kleidung und Unterkunft waren die unteren Bevölkerungsschichten de facto von dieser elitären Laufbahn

Anhand der weiteren Kodifikationen und Entwürfe wird dagegen sehr deutlich, dass das Ziel, der ständischen Gesellschaft den Rücken zu kehren, nahezu einheitlich verfolgt wurde. Die jeweilige Ausprägung und die Durchführung dieses Zieles variierte mehr oder weniger stark, ließ sich aber in allen hier untersuchten Zivilkodifikationen und Entwürfen wiederfinden. An der Spitze dieser Bewegung stand eindeutig der weit über Frankreich hinaus geltende Code civil, der sich durch eine durchgehend egalitäre Struktur und ausnahmslose Umsetzung einer verfassungsrechtlich verankerten Gleichheit auszeichnete und der nach dem reinen Gesetzeswortlaut frei von jeder ständischen Prägung war. Es herrschte darin vielmehr das Bild einer egalitären Gesellschaft, in der jeder Bürger die gleichen Rechte erhielt.[279] Ähnlich egalitär war auch der Wortlaut des Badischen Landrechts gefasst, der auch in dieser Hinsicht dem Code civil sehr stark ähnelte.

In Österreich, dem Kanton Zürich, Bayern, Hessen und auch in Sachsen wurden die Stände zwar ebenfalls aus dem Zivilrecht verdrängt, ließen sich an einigen Stellen aber noch entgegen dem Gesetzeswortlaut erahnen beziehungsweise sogar tatsächlich finden.[280] Darüber hinaus wurden ständisch geprägte Themen in das nunmehr eigenständige Gebiet des öffentlichen Rechts verschoben. Der Wortlaut des Zivilrechts selbst konnte durch diesen Trick standesneutral formuliert werden. Infolge dieser Aufteilung des Rechts in Zivil-, Strafrecht und öffentliches Recht, kam es nun innerhalb der Länder zu einer völlig neuen Art der Rechtszersplitterung. Diese war nicht mehr örtlich, sondern inhaltlich begründet.[281]

---

ausgeschlossen. Als illustres Beispiel kann an dieser Stelle der preußische Schuhmacher Friedrich Wilhelm Voigt genannt werden, der als Hauptmann von Köpenick Karriere machte. Siehe dazu auch *Wilhelm Voigt*, Wie ich Hauptmann von Köpenick wurde. Mein Lebensbild, 1909.

279 Die an dieser Stelle erwähnte Gleichheit bezieht sich lediglich auf die Abschaffung der Stände. Inwiefern auch andere Bereiche des Zivilrechts von dieser Bewegung erfasst wurden, wird im weiteren Verlauf der Arbeit untersucht. Insbesondere wird dabei zu klären sein, ob die Gleichheit in den Kodifikationen allgemein verankert wurde oder nur einzelne Teilbereiche des Zivilrechts betraf.

280 So stellt das Österreichische ABGB zwar keine altständische Kodifikation mehr dar, das Ständesystem wurde jedoch hinter der Fassade der Gleichheit eins zu eins übernommen, ebenso *Brauneder*, Das österreichische ABGB: Eine neuständische Kodifikation, in: FS Gunter Wesener, S. 67 (80); auch in Sachsen, Bayern und Hessen lassen sich zum Teil noch ständisch geprägte Institute, wie Lehen, Gant und Fideikommisse wiederfinden.

281 Anhand des österreichischen Beispiels lässt sich sehr gut zeigen, dass dem ABGB dadurch ein sehr moderner Anstrich gegeben werden konnte, welcher ohne weiteres bis heute ständig aktualisiert werden konnte. So gelten nach wie vor nahezu 70 %

Hauptgrund für die zum Teil sehr langsame oder nur teilweise Einführung einer zivilrechtlichen Gleichheit war der Widerstand des Adels als oberstem Stand im bisherigen Ständestaat. Dieser hatte nach wie vor die größten Einflussmöglichkeiten auf die Gesetzgebung, was bereits an der gezeigten Verteilung der Sitze in den einzelnen Kammern der Länder deutlich wird. Der Adel war aufgrund der zu befürchtenden Verluste diverser Privilegien primär an der Beibehaltung des *status quo* beziehungsweise an einer nur schrittweisen Aufweichung desselben interessiert.

Dass es lediglich in Frankreich, Baden, Österreich, dem Kanton Zürich und in Sachsen zu einer wirklichen Kodifikation gekommen ist, lässt sich teilweise ebenfalls mit dem genannten Widerstand des Adels begründen. In Preußen, Hessen und Bayern verliefen die Revisions- und Kodifikationsarbeiten nach einiger Zeit im Sande. Dort galt bis zum in Kraft treten eines gesamtdeutschen BGB von 1900 der bisherige Rechtszustand nahezu unverändert fort. Das Recht bestand in diesen Ländern somit auch weiterhin aus einer Mischung von Partikularrechten, dem gemeinen Recht, einheimischen Gewohnheitsrechten sowie diversen Verordnungen und Edikten und stellte sich alles andere als einheitlich dar. Auch im späteren Deutschen Reich war die Rechtslage nach wie vor territorial und auch inhaltlich sehr uneinheitlich. Charakteristisch für diese Mischung aus verschiedensten Rechtsquellen war das Fortbestehen der ständischen und somit einer durch und durch hierarchisch geprägten Gesellschaft. Diese Gesellschaftsordnung stand zum Teil sogar einer im Verlauf des Jahrhunderts proklamierten egalitär aufgebauten Verfassung entgegen.

Aus diesem Spannungsverhältnis zwischen der Verfassung und dem Zivilrecht entwickelte sich neben den ersten Ansätzen einer zivilrechtlichen Gleichheit auch ein klares Verständnis über die Rangordnung der beiden Rechtsbereiche heraus. Die herausragende Stellung der Verfassung und das ihr unterliegende Zivilrecht ist heute selbstverständlich und wird nicht mehr hinterfragt. In der damaligen Zeit war dieses Verhältnis jedoch keineswegs abschließend geklärt, was zum Beispiel an den eklatanten Abweichungen von Verfassungs- und einfachen Gesetznormen in Preußen nach 1807 deutlich wird.

Unabhängig von diesem grundlegenden Konflikt lässt sich sagen, dass die hier untersuchten Kodifikationen des 19. Jahrhunderts allesamt den Weg zu einer zivilrechtlichen Gleichheit eingeschlagen hatten. Die Gleichheit wurde allerdings

---

der damaligen Regelungen des ABGB wortwörtlich fort, zu finden bei *Brauneder,* „Allgemeines" aber nicht gleiches Recht: das ständische Recht des ABGB, in: Hattenhauer (Hg.), Das nachfriderizianische Preußen 1786–1806, S. 23 (32).

nicht in jedem Bereich gleich stark umgesetzt. So wurden teilweise ganze Themenkomplexe von der Einführung einer Gleichheit ausgenommen beziehungsweise wurden diesem Ziel entgegenstehende Regelungen gänzlich aus dem Zivilrecht verbannt. Eine allgemeine, allumfassende Gleichheit oder, anders formuliert, das Fehlen jeglicher Ungleichheit war in den Zivilkodifikationen des 19. Jahrhunderts noch nicht vorzufinden. Bis zur vollständigen Verbannung der ständischen Differenzierung aus den Gesetzbüchern und aus den Köpfen der Bevölkerung sollte es zwar noch viele Jahre dauern, dennoch lässt sich bereits eine klare Richtung erkennen, in welche die Zivilkodifikationen des 19. Jahrhunderts strebten – die Abschaffung der Stände und die Einführung einer umfassenden Gleichheit aller Bürger waren nur noch eine Frage der Zeit.

II. Abbau des Patriarchats in der Ehe und der Bevormundung der Kinder

1. Allgemeines zur Ausgangslage Ende des 18. und zu Beginn des 19. Jahrhunderts

In diesem Abschnitt geht es um die Frage, inwiefern die bisher nur allgemein betrachtete Gleichheit auch Auswirkungen auf das Verhältnis zwischen Mann und Frau im Allgemeinen aber auch auf das Ehe-, Familien- und Erbrecht im Speziellen hatte. Insbesondere soll dargestellt werden, wie sich das Patriarchat[282], die väterliche Gewalt und die Bevormundung der eigenen Kinder in den Zivilkodifikationen des frühen 19. Jahrhunderts darstellten, wandelten oder gar abgeschafft wurden.

Bei all diesen Teilbereichen, die sich unter dem Begriff des Patriarchats zusammenfassen lassen, stellt sich zunächst die Frage, ob im Vorfeld der Zivilkodifikation bereits eine kritische Auseinandersetzung mit dem Thema der geschlechtlichen Gleichstellung stattgefunden hat. Insbesondere könnte es zu einer verfassungsrechtlich fixierten Eindämmung des Patriarchats durch die rechtliche Gleichstellung der Geschlechter gekommen sein. Durch einen Blick in die Verfassungen des 19. Jahrhunderts der hier zu untersuchenden Staaten lässt sich auf diese Fragen

282 Unter dem Begriff des Patriarchats versteht man eine Gesellschaftsordnung, in welcher der Mann eine bevorzugte Stellung im Staat und in der Familie besitzt. Auch in der Erbfolge und der sozialen Stellung ist jeweils die männliche Linie ausschlaggebend, siehe dazu *Walter Eder*, Art. Patriarchat, in: Der neue Pauly, Bd. 9, 2000, Sp. 404–407; zum historischen Verständnis der Familie siehe auch *Elisabeth Koch*, Art. Familie, Familienrecht, in: HRG, Bd. 1, 2008, Sp. 1497–1502.

eine klare Antwort finden. Keines der hier untersuchten Länder ging den Weg, das Patriarchat verfassungsrechtlich einzudämmen.[283] Den einzigen Hinweis darauf, dass eine Angleichung der Rechte angedacht gewesen sein könnte, lieferte die Verkündung der Menschenrechte durch die Franzosen vom 26. August 1789. Allerdings sagt die dort proklamierte Gleichheit aller Menschen nichts über das spezielle Verhältnis zwischen Mann und Frau aus. Die nähere Ausgestaltung des Patriarchats war daher einzig in den Zivilkodifikationen zu suchen.

Das historisch gewachsene und noch im 18. Jahrhundert vorherrschende Patriarchat und die diesem zu Grunde liegenden Familienstrukturen stützten sich auf die aus dem römischen Recht kommende *patria potestas*[284] des männlichen Familienoberhaupts, dem *pater familias*[285]. Das Verhältnis des Mannes zu seiner Frau, zu den Kindern und sogar zu den Hausangestellten und Sklaven war von diesem Begriff umschlossen.[286] Speziell im Verhältnis zu den Kindern wurde dieses Gewaltverhältnis auch „väterliche Gewalt" genannt. Der *pater familias* besaß umfassende, „totale" Herrschaftsrechte in Bezug auf den dargestellten Personenkreis. Die Rechte des *pater familias* gingen von einem umfassenden Züchtigungsrecht, dass bis hin zur Todesstrafe ging, über das Recht seine Kinder wie Sachen zu verkaufen, bis zur Verwaltung und dem Nießbrauch am Vermögen der seiner Gewalt unterliegenden Familienmitglieder.[287]

---

283 Das starre Festhalten am Patriarchat wird auch daran deutlich, dass beispielsweise in Frankreich der Widerstand gegen die patriarchale Gesellschaftsstruktur mit drastischen Strafen verfolgt wurde. Diesem Schicksal unterlag auch die französische Frauenrechtlerin Olympe de Gouges, die nach kritischer Auseinandersetzung mit der Politik und der 1791 veröffentlichten Frauenrechtserklärung im Jahre 1793 zum Tod auf dem Schafott verurteilt wurde. Siehe dazu auch *Ute Gerhard*, Olympe de Gouges (1748–1793), in: dies. u. a. (Hg.), Klassikerinnen feministischer Theorie: Grundlagentexte, Bd. 1, 2008, S. 15–18.

284 Näheres zur antiken Entstehung und der historisch gewachsenen Bedeutung der patria potestas siehe *Gottfried Schiemann*, Art. patria potestas, in: Der neue Pauly, Bd. 9, 2000, Sp. 402–404.

285 Zur antiken Bedeutung des pater familas siehe *Gottfried Schiemann*, Art. pater familias, in: Der neue Pauly, Bd. 9, 2000, Sp. 394–395.

286 Das spezielle Machtverhältnis zwischen Vaters und Kindern findet sich weiter unten, siehe B. II. b.

287 Siehe zum Umfang der patria potestas im römischen Recht auch bei *Max Kaser*, Der Inhalt der patria potestas, in: ZRG GA, 58 (1938), S. 62 (62); siehe auch *Gottfried Schiemann*, Art. patria potestas, in: Der neue Pauly, Bd. 9, 2000, Sp. 402–404; einen Überblick über die Ursprünge und den Wandel der männlichen Herrschaftsrolle bis ins 20. Jahrhundert bietet *Mark-Alexander Grimme*, Die Entwicklung der Emanzipation der Frau in der Familienrechtsgeschichte bis zum Gleichberechtigungsgesetz

Beendet wurde die *patria postestas* in der Regel erst durch den Tod des *pater familias*. Des Weiteren konnte sie durch den Verlust der Freiheits- und Bürgerrechte, durch Adoption oder durch Emanzipation, der freiwilligen Entlassung aus der Gewalt des Vaters, erlöschen. Die Heirat hatte dagegen unter Umständen bloß einen Wechsel des *pater familias* zur Folge. Die Tochter ging in diesem Fall aus der *patria potestas* ihres Vaters direkt in die *manus*[288] ihres Ehemannes über. Eine Lockerung des Herrschaftsverhältnisses war damit in der Regel nicht verbunden.

Das historische Familienbild war demnach geprägt von einem Patriarchen, der seine Familie nach eigenen Vorstellungen frei lenken, vielmehr beherrschen konnte. Zu untersuchen ist nun, ob die vernunftrechtlichen Kodifikationen des 19. Jahrhunderts sich von diesem alten Familienbild verabschiedeten oder ob lediglich der äußere Rahmen ausgetauscht, sprich die *patria potestas* unter anderem Namen in den neuen Gesetzeswerken und Entwürfen weitergeführt wurde.

Dafür ist zunächst ein kurzer Blick auf die Ehe als damaliger Grundstein jeder weiteren Familienbildung und auf das Verhältnis der Ehegatten zueinander zu werfen.[289] Die Beziehung zwischen den Ehegatten basierte im 18. und noch zu Beginn des 19. Jahrhunderts auf den Vorstellungen eines naturrechtlichen Patriarchats beziehungsweise auf einer Unterwerfungsvereinbarung (Vertrag)[290] zwischen dem Ehemann und seiner Ehefrau. Letztere war also je nach Verständnis dem Mann von Natur aus, oder aber aufgrund einer von ihr akzeptierten Vereinbarung untergeben.[291] Die Folgen beider Ansichten waren jedoch identisch. Der

---

1957. Unter besonderer Berücksichtigung der Entstehungsgeschichte des Bürgerlichen Gesetzbuches, 2003, S. 37–40.

288 *Manus* wurde als die Unterwerfung unter die herrschende und schützende Hand des Familienoberhaupts verstanden, siehe dazu exemplarisch *Gottfried Schiemann*, Art. manus, in: Der neue Pauly, Bd. 7, 1999, Sp. 839–841.

289 Eine sehr ausführliche Auseinandersetzung mit dem „Wesen der Ehe" vom römischen Recht bis zum BGB von 1900 bei *Arne Duncker*, Gleichheit und Ungleichheit in der Ehe. Persönliche Stellung von Frau und Mann im Recht der ehelichen Lebensgemeinschaft 1700–1914, S. 212–252.

290 *Susanne Weber-Will*, Die rechtliche Stellung der Frau im Privatrecht des Preußischen Allgemeinen Landrechts von 1794, 1983, S. 62 f.

291 Zum Familienbegriff siehe *Elisabeth Koch*, Art. Familie, Familienrecht, in: HRG, Bd. 1, 2008, Sp. 1497–1502; Eine ausführliche Auseinandersetzung mit den Auswirkungen des Naturrechts auf das Familienverständnis zur Zeit der Aufklärung ist zu finden bei *Diana-Catharina Kurtz*, Das Institut der Adoption im preußischen Allgemeinen Landrecht und im französischen Code civil zwischen Rezeption römisch-katholischer Prinzipien und verändertem Familienverständnis, 2006, S. 71–76; Sehr deutlich wird die natürlich gegebene Unterlegenheit der Frau auch in Art. 720 ff. Cc

Mann galt als das Haupt der Familie. Erklärt wurde dieses Verständnis mit der spezifischen Schwachheit der Frau und ihrer mangelnden Begabung zur rationalen Erkenntnis.[292] Dem Mann oblagen somit die Versorgung, der Schutz und die Vertretung der Frau und Familie nach außen. Darüber hinaus war er für alle wichtigen Entscheidungen, die die Familie im weitesten Sinne betrafen, zuständig und auch letztentscheidungsbefugt.[293]

Sofern man die hier beschriebene Situation als Basis für die Kodifikationen des 19. Jahrhunderts ansieht, ist davon auszugehen, dass die patriarchale Struktur auch in den hier näher zu betrachtenden Gesetzeswerken anzutreffen ist.

Im Folgenden soll nun anhand einiger markanter Punkte dieser Zustand nachgezeichnet und eine etwaige Entwicklung zur Gleichheit der Geschlechter dargestellt werden. Dabei soll insbesondere auf die Vorherrschaft des Mannes im Allgemeinen, auf die gegenseitigen Rechte und Pflichten der Ehegatten zueinander, auf die vorhandenen Ehehindernisse und Scheidungsgründe sowie auf die Bevormundung der Kinder eingegangen werden. Des Weiteren soll ein kurzer Blick auf das Verhältnis der Religionen zueinander geworfen werden sowie die gesellschaftlichen Folgen der aufgezeigten Veränderungen näher beleuchtet werden.

2. Das Patriarchat in den Zivilrechtskodifikationen des 19. Jahrhunderts

Die strikte Ausklammerung der Gleichheit zwischen Mann und Frau aus allen hier untersuchten Verfassungen der damaligen Zeit lässt eine ähnliche Handhabung in den einzelnen Zivilkodifikationen erwarten. Die hier vorzufindende Situation widerspricht jedoch zum Teil der verfassungsrechtlich aufgezeigten Regelung. In den Zivilkodifikationen des 19. Jahrhunderts tauchen erste Ansätze auf, welche auf eine beginnende kritische Auseinandersetzung mit den historischen Geschlechterrollen und auf eine Fortentwicklung derselben schließen

den Todeszeitpunkt mehrerer betreffend, wo nach Stärke bzw. Geschlecht differenziert und im Zweifel vermutet wurde, dass der Mann länger gelebt hat als die Frau.

292 *Dieter Schwab*, Art. Gleichberechtigung der Geschlechter, in: HRG, Bd. 2, 2012, Sp. 390–398; zu den bereits in der Antike vertretenen negativen Eigenschaften der Frauen zählten z. B. die geschlechtsspezifische Schwäche, geistige Kraftlosigkeit, charakterliche Unbeständigkeit und fehlende Rechtskenntnis, so zu finden bei *Walter Eder*, Art. Patriarchat, in: Der neue Pauly, Bd. 9, 2000, Sp. 404–407.

293 *Dieter Schwab*, Art. Gleichberechtigung der Geschlechter, in: HRG, Bd. 2, 2012, Sp. 390–398.

lassen. So lässt sich bereits im ALR in I 1 § 24[294] sowie in § 46[295] des sächsischen BGB eine angestrebte Gleichbehandlung der Geschlechter finden. Diese gilt jedoch nur, soweit nicht besondere Gesetze beziehungsweise zwischen den Beteiligten vorhandene Willenserklärungen Ausnahmen davon machen.[296] Hieran zeigt sich sehr deutlich, dass die Gesetzgeber des 19. Jahrhunderts dieses Problemfeld und dessen Aktualität durchaus erkannten und demzufolge begannen, sich mit den dazugehörigen Regeln auseinanderzusetzen. Welche umfassenden Folgen eine Angleichung oder eine einfache Veränderung der Geschlechterrollen mit sich bringen sollte, zeigt sich nicht zuletzt an den unterschiedlichsten Bereichen, in denen eine Ungleichheit zwischen den Geschlechtern bisher zu Tage trat. Einige ausgewählte Bereiche sollen nachfolgend näher betrachtet werden.

a. Patriarchat in der Ehe / Übervorteilung des Mannes

Der Begriff der Vorherrschaft des Mannes erstreckt sich verständlicherweise nicht bloß auf das Verhältnis Mann und Frau im Allgemeinen, sondern äußerte sich insbesondere auch im Familien- und Eherecht der damaligen Zeit.

aa. Das Institut des Hausvaters und die väterliche Gewalt im 19. Jahrhundert

Das ursprüngliche Verständnis des Begriffs des Hausvaters beziehungsweise der *patria potestas* wurde bereits kurz dargestellt.[297] Es stellt sich nun die Frage, inwiefern dieses historische Bild des Mannes, der seine Hand schützend über die Familie hält, auch im 19. Jahrhundert erhalten blieb oder ob sich der bereits erwähnte Wandel vollzogen hat.

---

294 So lautet ALR I 1 § 24: „Die Rechte beyder (sic!) Geschlechter sind einander gleich, so weit nicht durch besondre (sic!) Gesetze, oder rechtsgültige Willenserklärungen, Ausnahmen bestimmt worden"; siehe dazu auch *Breitenborn,* Randgruppen im ALR, S. 80.

295 Die hier zu findende Formulierung ist nicht völlig identisch mit der des ALR, spricht allerdings ebenfalls von einer „in der Regel" anzutreffenden Gleichbehandlung der verschiedenen Geschlechter.

296 Vergleichbare Ausnahmeregelungen lassen sich auch in § 1349 ABGB finden, nach denen Jedermann, dem die freie Verwaltung seines Vermögens zusteht, fremde Verbindlichkeiten ohne Rücksicht auf das Geschlecht annehmen kann. Auf die Möglichkeit der freien Vermögensverwaltung wird im weiteren Verlauf noch ausführlich eingegangen. Ebenso auch in § 1453 ABGB zu finden, nach der eine Ersitzung für jeden möglich ist, der auch sonst erwerben kann.

297 Siehe B. II.

Zum Teil lässt sich in den Kodifikationen sowohl der Begriff des Hausvaters[298] als auch der der väterlichen Gewalt wiederfinden.[299] Selbst in den Gesetzen, in denen diese Begriffe keine explizite Definition erhalten, lässt sich aus dem Zusammenhang verschiedener Normen ein zumindest vergleichbarer Sinngehalt ableiten.

Die Kodifikatoren scheuten offensichtlich nicht davor zurück, diese historischen Begriffe auch in die neuen Gesetze aufzunehmen und dort zu verwenden. Doch scheint bereits die Verwendung der Begriffe zu Widersprüchen zu führen. So war das ALR trotz der oben bereits erwähnten Gleichheit der Geschlechter[300] nach wie vor von der Vorstellung geprägt, dass Mann und Frau von Natur aus unterschiedlich sind und die Frau dem Mann unterworfen sei.[301] Eine geschlechtsbezogene Gleichheit lag dem preußischen Gesetz demnach, trotz gegenteiliger Verkündung, nicht zugrunde. Eine nähere Begründung für diesen Widerspruch beziehungsweise eine nähere Auseinandersetzung mit dieser Überzeugung sucht man im ALR und selbst in den Materialien zu dessen Revision vergeblich. Jedoch kann eine in dieselbe Richtung zielende Vorstellung samt Erläuterung dem österreichischen ABGB entnommen werden, welchem eine vergleichbare Vorstellung der Geschlechterrollen zu Grunde lag. Der dort anzutreffende Verweis, welcher auch Sekundärliteratur einbezieht, lässt weitere Rückschlüsse auf die Vorstellung der dort tätigen Gesetzesredaktoren zu den geschlechtsspezifischen Rollenbildern zu. So

> „[...] offenbart sich in der Form des Mannes mehr die Idee der Kraft, in der Form des Weibes die Idee der Schönheit [...] Der Geist des Mannes ist mehr schaffend, aus sich heraus in das Weite hineinwirkend, zu Anstrengungen, zur Verarbeitung abstracter (sic!) Gegenstände [...] geneigter. [...] Das Weib ist auf einen kleinen Kreis beschränkt,

298 Insbesondere auch als Sorgfaltsmaßstab „wie ein guter Hausvater" verwendet, siehe exemplarisch auch ALR I 20 § 121, Art. 450 Cc, Art. 450 BadLR, §§ 121 sächsBGB, § 515 ABGB, § 1500 PGB.

299 Zur väterlichen Gewalt siehe z. B. §§ 147 ff. ABGB, §§ 230 ff. PGB, §§ 1808 ff. sächsBGB, Teil I Kap. 5 § 1 ff. BayE 1811, Art. 371 ff. Cc, sowie Art. 371 ff. BadLR.

300 Siehe B. II.

301 *Bornemann*, Systematische Darstellung des Preussischen Civilrechts, Band 5, ... enthaltend das Familienrecht, 1845, § 315, S. 66–72; über die damalige Vorstellung bzgl. der Geschlechter siehe auch *Fritz Medicus*, Grundlage des Naturrechts nach den Prinzipien der Wissenschaftslehre von Johann Gottlieb Fichte, 1908, S. 331–333; *Krause*, Carl Gottlieb Svarez, Gesammelte Schriften, Entwurf eines allgemeinen Gesetzbuches, Band 1, 1996, § 138 auf S. 61.

den es aber klarer überschaut; es hat mehr Geduld und Ausdauer in kleinen Arbeiten. Der Mann muß erwerben, das Weib sucht zu erhalten […].“[302]

Ähnliche Gedanken bezüglich der Haltung zum weiblichen Geschlecht lagen auch dem sächsischen BGB zu Grunde. Hier ist teilweise sogar vom „zweiten Geschlecht“ die Rede. Darüber hinaus sei die

> „Stellung der Frauen im bürgerlichen und Staatsleben […] von der Art, daß (sic!) ihnen eine Stimme bei der Gesetzgebung und bei der Berathung (sic!) über Gesetzentwürfe in den Sälen der Ministerien und der Ständekammern nicht eingeräumt werden kann.“[303]

Gerade diese Vorstellung zur Natur der Frau lässt vermuten, dass auch die in § 46 sächsBGB vorgetragene Gleichstellung der Geschlechter von diversen Ausnahmen durchzogen wurde. Da das Geschlecht als mögliches Differenzierungsmerkmal im Sinne des § 46 sächsBGB nicht in Betracht kommen sollte, wäre jeder Unterschied zwischen Mann und Frau, der gerade auf diese physische Ungleichheit baute also contra legem begründet. Gelöst wurde dieser Widerspruch einzig durch die Formulierung „in der Regel“, so dass anderslautende Gesetze und Verordnungen durchaus eine Ausnahme begründen konnten. Zu beachten ist, dass selbst der Code civil und auch das Badische Landrecht das Rollenbild einer natürlichen Unterordnung der Frau unter den Willen des Mannes vermittelte, wobei hier, wie auch in den anderen zu untersuchenden Kodifikationen, nicht direkt auf das Geschlechterbild und dessen Auswirkungen auf das Zivilrecht eingegangen wurde. Dieses lässt sich jedoch in Zusammenhang mit einzelnen Normen entwickeln und

302 Dieser Verweis aus dem Brockhaus von 1815 ist m. w. N. zu finden bei *Lehner*, Familie – Recht – Politik. Die Entwicklung des österreichischen Familienrechts im 19. und 20. Jahrhundert, S. 26 f.; eine vergleichbare Vorstellung über das Verhältnis der Geschlechter ist zu finden in *Brauneder*, Abhandlung über die Principien des allgemeinen bürgerlichen Gesetzbuches für die gesammten deutschen Erbländer der österreichischen Monarchie – Franz A. Edler Ritter von Zeiller, 1986, S. 40, dort ist von „seiner (des Mannes) gewöhnlichen Ueberlegenheit an Einsicht und Kraft“ die Rede; eine ähnliche an die Schönheit der Frau geknüpfte Regelung findet sich in § 1326 ABGB wieder, wonach bei körperlicher Verunstaltung eines weiblichen Opfers die Höhe des Schadensersatzes gerade davon abhängig ist, wie sehr ein besseres Fortkommen durch diese äußerlich erkennbare Verunstaltung verhindert wird.

303 Dieses Zitat, welches sich auf den im Entwurf ursprünglich unter § 39 zu findenden Paragraphen bezieht, ist in einem Beitrag eines nicht näher benannten Autors über „Frauen“ zu finden, abgedruckt in: Sächs. HStA Dresden, Bestand 11021, Nr. 755, 1856, [170r].

näher dokumentieren.[304] Festzuhalten bleibt an dieser Stelle, dass exemplarisch das ALR, das ABGB und auch das sächsBGB den Rahmen des Geschlechterbildes des 19. Jahrhunderts bereits relativ klar und deutlich vorgegeben beziehungsweise tradiert haben. In diesen Zivilkodifikationen steht die Frau dem Mann in nicht gleichberechtigter Weise gegenüber. Der Mann wurde vielmehr in den Kodifikationen des 19. Jahrhunderts nach wie vor als eine Art *pater familias*, also als Haupt der Familie angesehen, dessen Meinung in streitigen Familienfragen den Ausschlag geben sollte.[305]

Interessant ist es an dieser Stelle einen kurzen Blick auf die zeitliche Komponente der einzelnen Kodifikationen zu werfen. Zwischen dem in Kraft treten des ALR als chronologisch erstem und dem sächsBGB als chronologisch letztem Gesetzbuch dieser Betrachtung liegen 70 Jahre. Im Zusammenhang mit der gesellschaftlichen und auch sozialpolitischen Entwicklung ist dies ein Zeitraum, der sehr viel Entwicklungspotential beinhalten kann. Insbesondere lagen noch das Ende der französischen Revolution, die Revolution in Deutschland von 1848/49 und der Beginn einer auf die gesamtdeutsche Staatenbildung abzielenden Bewegung sowie im wirtschaftlichen Bereich die Industrialisierung und Mechanisierung in diesem Zeitfenster.

Trotzdem konnte sich die Emanzipation der Frau in der ersten Hälfte des 19. Jahrhunderts nicht gegen den von Männern beherrschten Staatsapparat, die männlich dominierten Ministerien und die ebenso männlich besetzten

---

304 Hinweise auf das patriarchale Bild der Ehe liefern Art. 213 ff. Cc und Art. 213 ff. BadLR, wonach der Mann seine Frau beschützen soll, bzw. auch Art. 108 Cc und Art. 108 BadLR, nach welchem die Frau keinen anderen Wohnsitz als ihr Mann haben kann; ähnlich zu der eheinternen Rollenverteilung siehe auch *Heinrich Dörner/ Andreas Heldrich*, Industrialisierung und Familienrecht. Die Auswirkungen des sozialen Wandels dargestellt an den Familienmodellen des ALR, BGB, und des französischen Code civil, 1974, S. 142 f.; ebenso *Holthöfer*, Frankreich, in: Coing (Hg.), Handbuch der Quellen, Bd. III/1, 1982, S. 906–911.

305 So zu finden z. B. in ALR II I 3 § 184, § 91 ABGB, § 127 PGB, Teil I Kap. 4 § 1 BayE 1811 (wobei der Familie hier entweder der Hausvater oder die Hausmutter vorsteht), Abt. I Tit. 2 Art. 65 HessE; sinngemäß auch § 1631 sächsBGB. bzw. Art. 213 f. Cc u. Art. 213 BadLR; so auch *Claus Esser*, Rechtsstellung und Ansprüche der Ehefrau gegen ihren Mann während der Ehe nach dem Allgemeinen Landrecht für die Preußischen Staaten und dem Bürgerlichen Gesetzbuch, 1998, S. 4 ff., m. w. N.; ebenso zu finden in dem Beitrag von *Ursula Floßmann*, Die Stellung der verheirateten Frau im ABGB 1811, in: Pocta prof. JUDr. Karlu Malému. K 65. narozeninám, 1995, S. 216 (223).

Ständeversammlungen durchsetzen.[306] Dies zeigt nicht nur der Blick auf die oben erwähnte Kritik im sächsischen BGB[307] sondern lässt sich auch sehr gut an der bereits genannten Besetzung der einzelnen Kommissionen und Kammern der Gesetzgebung ablesen. Dort lassen die Materialien keine einzige Frau als Beteiligte nachweisen. Die männliche Dominanz war also zumindest auf dem Gebiet der Gesetzgebung überwältigend.[308] Wie sich bereits erahnen lässt, hat diese männliche Dominanz direkte Auswirkungen auf das Rollenbild der Geschlechter innerhalb der einzelnen Kodifikationen.

Zunächst sei in diesem Zusammenhang noch auf den Sinn und Zweck einer Ehe eingegangen. Dieser entsprach nur bedingt dem heute gebrauchten Verständnis[309] und verknüpfte den schlichten Bund zweier Menschen mit dem vorrangigen Ziel, Kinder zu gebären und diese zu tüchtigen Staatsbürgern zu erziehen.[310] Ähnlich, wenn auch nicht vollkommen wortgleich, ist die Definition der Ehe im Code civil und im Badischen Landrecht zu finden.[311] Die Ehe war zu Beginn des 19. Jahrhunderts lediglich die rechtliche Basis dafür, eine Familie zu gründen und Kinder zu bekommen. Dementsprechend nüchtern und klar

306 Der Kampf gegen die ungleiche Rollenverteilung wurde jedoch schon zu Beginn des 19. Jahrhunderts verstärkt verfolgt, so zum Beispiel in Österreich. Näheres dazu siehe *Floßmann*, Österreichische Privatrechtsgeschichte, S. 94.

307 Siehe dazu Fn. 302.

308 Siehe zu der Verteilung der Geschlechter bei der Prüfung des Entwurfs eines bürgerlichen Gesetzbuchs für das Königreich Sachsen Acta der II. Kammer. Die Allerhöchsten Decrete den Entwurf eines bürgerlichen Gesetzbuchs für das Königreich Sachsen nebst Publications-Verordnung betreffend, StA Dresden D03 Nr. 5108, 1860, S. [8v], „damit von den Männern, welche sich mit dessen Prüfung beschäftigen"; ebenso unter B. I. 2. b. bb. i.

309 Im heutigen § 1353 BGB ist die Ehe nicht mehr mit dem Ziel Kinder zu zeugen und zu erziehen verknüpft. Es werden vielmehr der lebenslange Bund zweier Menschen und deren Verantwortung füreinander in den Vordergrund der Regelung gerückt.

310 Zur antiken Bedeutung der Ehe siehe bei *Susan Treggiari*, Art. Ehe, in: Der neue Pauly, Bd. 3, 1997, Sp. 893–901 (896); eine nahezu wortgleiche Regelung ist zu finden in ALR II 1 §§ 1 u. 2, mit dem in ALR II 2 § 108 ausgesprochenen Ziel, die Kinder zu brauchbaren Mitgliedern des Staates zu erziehen; ebenso auch § 44 ABGB. Der bayerische Entwurf verzichtete dagegen komplett auf eine Definition der Ehe.

311 Art. 203 Cc u. BadLR; dieses Ziel der Ehe lässt sich ebenfalls sehr deutlich an einer Regelung des Scheidungsrechts erkennen, gem. Art. 277 Cc u. BadlR war eine einvernehmliche Scheidung ab einer Ehedauer von 20 Jahren bzw. ab einem Alter der Ehefrau von 45 Jahren nicht mehr möglich. Da das Ziel der Ehe, die Zeugung von Kindern, ab diesem Alter für die Frau in der Regel nicht mehr möglich war, bestand aus staatlicher Sicht kein Grund für die Zulässigkeit einer erneuten Eheschließung.

gestaltete sich auch die Rollenverteilung zwischen Ehemann und Ehefrau. Der Mann hatte die Rolle des Versorgers und Beschützers inne, die Frau dagegen die Rolle der Mutter, Erzieherin und Hausfrau.[312] Das Rollenbild, welches der Ehe zugrunde lag, war also nach wie vor stark patriarchalisch und somit nach den historischen Vorstellungen geprägt. Die Frau hatte sich mit Eingehung der Ehe ihrem Ehemann zu unterwerfen.[313]

Diese Vorstellung zeigt sich auch an den vorhandenen Regelungen in Bezug auf die Ehefähigkeit. Der Mann war in der Regel erst später als die Frau befugt, eine rechtlich wirksame Ehe einzugehen. Bei Frauen lag dieses Alter zwischen 14–16 Jahren, wohingegen Männer erst ab einem Alter von 18–20 Jahren eine Ehe schließen konnten.[314] Dieser Unterschied lässt sich am ehesten anhand der Rolle des Mannes als Versorger der Familie nachvollziehen.[315] Aufgrund dieser ihm zugedachten Rolle musste der Mann zunächst einen Beruf erlernen, um seiner mit der Heirat begründeten Familie eine sichere finanzielle Basis geben und die Versorgung gewährleisten zu können. Seine Rolle, den Ernährer und Beschützer darzustellen, war somit nur nach außen an ein bestimmtes Alter geknüpft. Das Vorhandensein gewisser finanzieller Sicherheiten stand eher im Fokus dieser Regelung. Frauen dagegen konnten der ihnen zugedachten Rolle,

---

312 Der Mann war in der Regel verpflichtet die Frau zu unterhalten, wohingegen die Frau Gehorsam und tatkräftige Unterstützung im Haushalt schuldete, so zum Beispiel § 128 f. PGB, § 1631 sächsBGB, Teil I Kap. 6 § 13 BayE 1811, § 141 ABGB sowie Abt. I Tit. 2 Art. 65 HessE.

313 Die Ehefrau wurde mit Eingehung einer Ehe gemäß § 126 PGB und auch nach dem Entwurf zum sächsischen BGB die Genossin ihres Mannes. Dieser Begriff wurde für die Druckfassung des letzteren Gesetzes jedoch „dem älteren germanischen Rechte eigen", als unpassend abgelehnt, siehe Acten der Commission zu Revision des Entwurfs eines bürgerlichen Gesetzbuchs für das Königreich Sachsen, SLUB Dresden, Sig.: Hist.Sax.K.35.c, Band 7 – No. CLXXXII–CCV, Prot. 183, S. [22].

314 So galt in der Regel der Mann ab dem Alter von 20 und die Frau ab dem Alter von 16 Jahren als geistig und körperlich reif für eine Ehe und somit heiratsfähig, so zu finden in § 70 PGB, § 1589 sächsBGB, Abt. I Tit. 2 Art. 9 HessE, und §§ 46, 49 ABGB. Dagegen galt in ALR II 1 § 37 der Mann bereits ab 18 und die Frau ab 14 Jahren bzw. im Code civil und Badischen Landrecht Art. 144 der Mann ab 18, die Frau bereits ab 15 Jahren als heiratsfähig.

315 „Das der Mann älter ist, liegt in der Natur der Verhältnisse und findet sich in allen Gesetzgebungen" – dieses Argument ist wenig überzeugend, spiegelt aber sehr gut die Situation in den einzelnen Kodifikationen wieder, zu finden in den Motiven zum hessischen Entwurf bei *Werner Schubert*, Bürgerliches Gesetzbuch für das Großherzogthum Hessen / Entwürfe und Motive (1842–1853), Bd. 2,1 = Abt. 1 (Personenrecht). Bericht der Kammerausschüsse von 1846, S. 147.

Kinder zu bekommen und diese aufzuziehen, bereits früher gerecht werden. Eine zeitaufwendige Ausbildung war für diese Aufgabe nach damaligen Vorstellungen jedenfalls nicht erforderlich.[316] Die hier vorliegende Altersbegrenzung ist vielmehr ein Abbild der natürlichen Voraussetzung einer Schwangerschaft. In Einzelfällen konnte von diesen Altersgrenzen abgewichen werden, was an der Formulierung „soll" zu erkennen ist.[317]

Sofern aus einer Ehe Kinder hervorgingen, so war auch deren Erziehung und Pflege strikt patriarchalisch geprägt und darüber hinaus sehr stark reglementiert. So blieben Kleinkinder bis zum fünften Lebensjahr in der Regel zur Pflege bei der Mutter und kamen erst im Anschluss zur Erziehung in die Obhut des Vaters.[318] Im ABGB dagegen oblag dem Vater lediglich die Unterhaltsleistung und der Mutter die vollständige körperliche Pflege der Kinder.[319] Grundsätzlich lag das Erziehungsrecht bei beiden Eltern, doch sollte allein dem Vater in streitigen Fragen ein Letztentscheidungsrecht vorbehalten bleiben.[320] Hinzu kam, dass die Frau die Kinder stets nach dem Willen und den Vorstellungen des Mannes erziehen musste.[321]

Der Ehemann hatte darüber hinaus umfangreiche Bestimmungsrechte, die weit in den Interessenkreis der Frau hineinwirkten und auch deren Aufgaben- und Pflichtenbereich betrafen. Als besonders weitreichendes Beispiel sei hier eine Bestimmung des ALR genannt, nach welcher der Mann darüber entscheiden konnte, ob überhaupt und wie lange seine Ehefrau das gemeinsame Kleinkind stillen durfte.[322] Hieran werden die Machtstellung des Mannes und die Vorstellungen des

316 Siehe zu den Auswirkungen des patriarchalen Familienbildes unter B. II. d.

317 § 1589 sächsBGB; anders dagegen Art. 145 Code civil, nach welchem eine kaiserliche Dispensation bzw. nach § 70 PGB eine gerichtliche Dispensation der dortigen Altersgrenze möglich ist.

318 § 223 PGB galt für den Fall, dass in einer geschiedenen Ehe Kleinkinder vorhanden waren; ähnlich auch § 142 ABGB.

319 Siehe dazu § 141 ABGB; weiterführend dazu siehe *Floßmann*, Österreichische Privatrechtsgeschichte, S. 111 f.

320 Siehe zu den diesbezüglichen Regelungen des ALR auch *Esser*, Rechtsstellung und Ansprüche der Ehefrau, S. 4 m. w. N.; auf die Bevormundung der Kinder wird im weiteren Verlauf der Arbeit noch näher eingegangen, siehe unter B. II. b; so auch zu finden im sächsBGB § 1802; nach Art. 203 Cc u. BadLR übernehmen beide Ehegatten die Verbindlichkeit ihre Kinder zu unterhalten und zu erziehen; ebenso § 144 ABGB.

321 Siehe auch ALR II 2 §§ 74, 109; § 91 ABGB.

322 So zu finden in ALR II 2 § 68; eine durchaus kritikwürdige Vorschrift, wie sich auch bei *Marianne Weber*, Ehefrau und Mutter in der Rechtsentwicklung. Eine Einführung, S. 339 findet, wo es heißt: „[…] offenbar weil er auch auf diesem Gebiet der Sachverständige ist!".

damaligen preußischen Gesetzgebers in Bezug auf eine funktionierende Ehe eindeutig sichtbar.

Etwas anders, als bisher gezeigt, beurteilte dagegen der hessische Entwurf eines bürgerlichen Gesetzbuchs den Zweck und somit auch das Wesen der Ehe. Dort wurde die Ehe als eine aus persönlicher Zuneigung eingegangene Verbindung zweier Personen unterschiedlichen Geschlechts, zur ungeteilten physischen und sittlichen Einigung aller Lebensverhältnisse in Glück und Unglück angesehen, die eine Kindererzeugung und spätere Erziehung dieser Kinder zur Folge haben kann.[323] Demnach ging es neben der rechtlichen Bindung vielmehr auch um die moralische Verbindung zweier Personen.[324] Der Aspekt der Fortpflanzung stellte in diesem Entwurf nicht mehr das vorrangige Element der Ehe dar. Darin kann nun ein erster zaghafter Schritt zum beginnenden Wandel des vorherrschenden Gedankens der Ehe als Zweckeinheit und der Rollenbilder der Geschlechter gesehen werden. Die Frau diente nach dem hessischen Entwurf somit nicht mehr lediglich als Reproduktionsobjekt und bloßer Teil der ehemännlichen Familie. Sie sollte vielmehr als moralisches Wesen und somit Teil einer auf Augenhöhe eingegangenen Verbindung zwischen Mann und Frau angesehen und wahrgenommen werden. In Ansätzen findet sich dieser Wandel auch in den Materialien zur Revision des ALR, wonach die Ehe nun als ein natürliches und moralisches Verhältnis der Herzen anzusehen sei.[325] Das sächsische BGB verzichtete dagegen ebenso wie der bayerische Entwurf und das PGB komplett auf eine Definition der Ehe.[326]

---

323 *Schubert,* Bürgerliches Gesetzbuch für das Großherzogthum Hessen, Bd. 2,1 = Abt. 1 (Personenrecht), Bericht der Kammerausschüsse von 1846, S. 72 f.

324 Eine ähnlich lautende Definition, die primär den Bund zweier Menschen in den Mittelpunkt der Ehe rückt, findet sich zum sächsischen BGB bei *Eduard Siebenhaar,* Commentar zu dem bürgerlichen Gesetzbuche für das Königreich Sachsen und zu der damit in Verbindung stehenden Publicationsverordnung vom 2. Januar 1863, Bd. 3, Das Familien-, Vormundschafts- und Erbschaftsrecht, vor § 1630, S. 35. Laut Duncker kann davon ausgegangen werden, dass diese Definition auch dem sächsischen BGB zu Grunde lag, siehe *Duncker,* Gleichheit und Ungleichheit in der Ehe. Persönliche Stellung von Frau und Mann im Recht der ehelichen Lebensgemeinschaft 1700–1914, S. 245.

325 Siehe dazu *Schubert,* Gesetzrevision, Abt. 2, Bd. 5, Halbband 1, S. [189–190].

326 Die Regelungen die Ehe betreffend sind zu finden in §§ 1568–1770 sächsBGB, §§ 59–229 PGB, Teil I Kap. 6 §§ 1–21 BayE 1811; aus den Motiven zum bayerischen Entwurf 1811 wird ersichtlich, dass eine Definition der Ehe explizit ausgelassen wurde, um der Frage aus dem Weg zu gehen, ob die Ehe lediglich einen Zivilkontrakt darstellt oder aber auch sakramentalen Charakter haben sollte, zu finden bei *Demel/Schubert,*

Doch wie gesagt ist darin lediglich der erste Schritt eines noch lange währenden Prozesses zu sehen. Das nähere Verhältnis von Mann und Frau in der Ehe war selbst im hessischen Entwurf noch weitgehend patriarchalisch geprägt. So diente der Mann der Frau auch hier als gerichtlicher und außergerichtlicher Vertreter, wogegen die Frau dem Mann Gehorsam schuldete und ihn in seinem Hauswesen nach Kräften unterstützen sollte.[327] Dies entspricht den in den anderen Kodifikationen wiederzufindenden Rechten und Pflichten der Ehepartner zueinander.[328] Im Code civil und gleichlautend im Badischen Landrecht ist in Art. 213 und 215 von der Pflicht des Mannes seine Frau zu beschützen sowie vor Gericht zu vertreten und demgegenüber einer Gehorsamspflicht seiner Frau die Rede.[329] Die Regelung der weiblichen Vertretung war keineswegs als rein wohltätige Vorschrift anzusehen, sondern diente vorrangig dem Ziel, das Machtgefälle zwischen Mann und Frau sowohl innerhalb als auch außerhalb der Familie aufrecht zu erhalten. Die Machtposition des Mannes ging so weit, dass ihm zum Teil sogar ein Züchtigungsrecht bei Zuwiderhandlungen der Frau gegen seine Anweisungen zugesprochen wurde. Dieses Züchtigungsrecht lässt sich zwar nicht wörtlich in allen Gesetzestexten finden, doch geben beispielsweise die Motive des hessischen Entwurfs darüber Aufschluss, dass ein solches dort als durchaus existent angesehen wurde. So sollte der Mann im hessischen Entwurf den geschuldeten Gehorsam auch mit Zwangsmitteln, die dem Charakter der Ehe nicht zuwider laufen, durchsetzen können. Ohne diese Zwangsmittel, so war man sich sicher, würden Unordnung und Verfall als unvermeidliche Folge eintreten.[330] Eine ähnliche Situation ist auch im ALR anzutreffen.[331] Der Wortlaut des sächsischen BGB und auch der des Zürcher PGB bezieht keine Stellung zu der Frage, ob dem Mann ein Züchtigungsrecht zusteht oder nicht, sondern stellt lediglich klar, dass der Mann Gehorsam seiner Ehefrau fordern kann.[332] Anders

Der Entwurf eines Bürgerlichen Gesetzbuchs für das Königreich Bayern von 1811. Revidirter Codex Maximilianeus Bavaricus civilis, S. 107.

327 Siehe dazu Abt. I Tit. 2 Art. 65 HessE.

328 So auch zu finden in Art. 213 Cc, §§ 1630 ff. sächsBGB, Teil I Kap. 6 § 13 BayE 1811, sowie im ALR unter II 1 § 194.

329 Die Übersetzung von „obéissance" in Art. 213 Cc als strikte Gehorsamspflicht ist zu finden bei *Weber-Will*, Die rechtliche Stellung der Frau, S. 182.

330 *Weber-Will*, Die rechtliche Stellung der Frau, S. 123; *Schubert*, Bürgerliches Gesetzbuch für das Großherzogthum Hessen / Bericht der Kammerausschüsse von 1846, Bd. 2,1 = Abt. 1 (Personenrecht), Bericht der Kammerausschüsse von 1846, S. 231.

331 *Weber-Will*, Die rechtliche Stellung der Frau, S. 123.

332 Nach § 1631 sächsBGB ist der Ehemann zwar befugt, von seiner Frau Gehorsam zu verlangen, ein Gewaltrecht des Mannes bei Ungehorsam seiner Frau ist jedoch

dagegen das österreichische ABGB, denn hier wurde die männliche Oberhand nicht als Herrschaftsrecht angesehen, sondern bloß als männliche Überlegenheit bei der Wahrnehmung der ehelichen Interessen.[333] Demzufolge schloss dieses Gesetzbuch auch ein Züchtigungsrecht des Mannes gegenüber seiner Frau explizit aus.[334]

Das Züchtigungsrecht ist das nach außen wohl am deutlichsten zu Tage tretende Machtinstrument des Ehemannes. Es erinnert sehr stark an die anfangs angedeuteten, sehr umfangreichen Herrschaftsrechte des Mannes gegenüber den restlichen Familienmitgliedern. Dies soll jedoch nicht darüber hinwegtäuschen, dass auch die anderen dem Mann an die Hand gegebenen Hilfsmittel zur Durchsetzung und Sicherung seiner Machtposition innerhalb der Ehe mindestens eine ebenso schwere Benachteiligung der Frauen darstellten. Erwähnt seien hier zum Beispiel die weitreichende Vertretungsbefugnis des Ehemannes oder auch das Letztbestimmungsrecht in familiären Fragen.

bb. Bevormundung der Ehefrau und die daraus resultierende gesellschaftliche Stellung

Das Vorhandensein der Stellung des Mannes als Haupt der Familie und die damit zusammenhängende Unterwerfung der Frau hatte neben den eheinternen Wirkungen auch weitreichende Auswirkungen auf die nach außen gerichtete Stellung der Frau in der Gesellschaft. Die Frau hatte in der Regel nicht nur den Namen des Mannes anzunehmen und diesen zu tragen, sie erhielt, sofern noch ein ständisches System vorhanden war, auch den Stand des Mannes.[335] Der Mann galt somit als statusbegründendes Element in der Ehe. Dies hatte zur Folge, dass Frauen aus gehobenem Stand – unabhängig von eventuell noch vorhandenen weiteren Eheschließungshindernissen – zunächst nur in sehr seltenen Fällen eine

---

unzweifelhaft zu verneinen, so zu finden in den Motiven zu § 1631, bei *Siebenhaar,* Commentar zu dem bürgerlichen Gesetzbuche für das Königreich Sachsen, Bd. 3, Das Familien-, Vormundschafts- und Erbschaftsrecht, S. 37 f.; siehe auch § 129 PGB, wonach die Frau zur Mithilfe im Haushalt verpflichtet ist.

333 *Weber-Will,* Die rechtliche Stellung der Frau, S. 183–186; die einem Kurator vergleichbare Stellung ist auch in § 175 ABGB zu erkennen.

334 Siehe dazu auch § 19 ABGB.

335 Siehe B. I. 2., sowie in den einzelnen Kodifikationen ALR II 1 §§ 192 ff. bzw. auch § 92 ABGB, § 1620 sächsBGB, § 126 PGB, Abt. I Tit. 2 Art. 66 HessE und Art. 214 Code civil.

Ehe mit einem Mann aus niedrigerem Stand eingingen.[336] Des Weiteren hatte die Frau grundsätzlich den Wohnsitz ihres Mannes anzunehmen und diesem im Falle eines Umzuges zu folgen. Die Folgepflicht der Ehefrau korrelierte allerdings mit einer „Annahmepflicht der Ehefrau" durch den Ehemann an seinem Wohnsitz, und beruhte demnach auf Gegenseitigkeit.[337] Von dieser Pflicht der Ehefrau konnte auch nicht durch Ehevertrag abgewichen werden.[338] An dieser Folgepflicht wird noch einmal sehr deutlich, dass die Frau keinerlei eigenständige gesellschaftliche und soziale Verbindung zu einem bestimmten Ort aufbauen konnte oder gar durfte. Die Frau hatte an dem jeweiligen Wohnort in der Regel weder eine eigene berufliche Bindung, noch besuchte sie eine Schule oder befand sich in einer Weiterbildung. Die Frau hatte vielmehr die Aufgabe, den Haushalt des Mannes zu führen, ihn in seinem Gewerbe zu unterstützen und die Kinder zu erziehen. Diese Aufgaben waren an keinen bestimmten Ort, sondern nur an die Nähe zur eigenen Familie gebunden.[339]

All die bisher genannten Punkte haben gemein, dass die Ehefrau keine gesellschaftliche Selbständigkeit besaß. Sie war lediglich als Anhang ihres Ehemannes zu betrachten und besaß vielmehr eine dem minderjährigen Kind vergleichbare Stellung.[340] Gleiches galt jedoch auch für eine unverheiratete Frau, welche noch

---

336 Eine Ausnahme hiervon stellten die oben bereits erwähnten Ehen zwischen Adels- und Kaufmannsfamilien dar, siehe B. I. 2. a. aa. ii.

337 Die Regelung der Folgepflicht der Ehefrau in die Wohnung des Ehemannes ist zu finden in ALR II 1 §§ 679, 683, in Art. 108, 214 Cc sowie auch Art 214 BadLR, § 92 ABGB, § 1636 sächsBGB, § 130 PGB, Abt. I Tit. 2 Art. 66 f. HessE und Teil 1 Kap. 6 § 13 Nr. 5 BayE 1811.

338 So zu finden in den Motiven zu § 1636 bei *Siebenhaar,* Commentar zu dem bürgerlichen Gesetzbuche für das Königreich Sachsen, Bd. 3, Das Familien-, Vormundschafts- und Erbschaftsrecht, S. 38.

339 Die einfache Bezeichnung „Führung des Haushalts" darf nicht über die Wichtigkeit dieser Aufgaben hinwegtäuschen. Vielmehr zeigt sich deren Notwendigkeit darin, dass in der vorindustriellen Zeit durch die Hausarbeit im eigenen Garten und auch auf den Feldern grundsätzlich die Lebensmittelversorgung der Familie gesichert wurde. Der Erwerb, den der Mann durch Lohnarbeit verdiente, machte dagegen nur einen Teil des Lebensunterhaltes aus. Die durch die Frauenarbeit erwirtschafteten Naturalien sicherten in der Regel das Überleben der Familie. Siehe dazu auch *Ute Gerhard*, Verhältnisse und Verhinderungen. Frauenarbeit, Familie und Rechte der Frauen im 19. Jahrhundert mit Dokumenten, 1978, S. 24 f.

340 Siehe dazu auch *Siebenhaar,* Commentar zu dem bürgerlichen Gesetzbuche für das Königreich Sachsen, Bd. 3, Das Familien-, Vormundschafts- und Erbschaftsrecht, § 1638; zur Frage der Geschäftsfähigkeit siehe auch HKK/*Andreas Thier*, §§ 104–115 Rn. 15–27.

unter der väterlichen Gewalt stand. Diese unterlag in vielerlei Hinsicht dem Willen ihres Vaters. Die Eheschließung hatte in Bezug auf die Selbstständigkeit grundsätzlich keine große Veränderung der weiblichen Position zur Folge.

Diese von den damaligen Gesetzgebern erzwungene Unselbständigkeit der Frau zeigt sich auch daran, dass Frauen – zumindest wenn sie verheiratet waren – in der Regel als nicht geschäftsfähig angesehen wurden.[341] Zwingende Voraussetzung für die Geschäftsfähigkeit war das Vermögen, mit Vernunft und Überlegung handeln zu können.[342] Nach dem bereits erwähnten Rollenverständnis wurde dem weiblichen Geschlecht dieses Vermögen in der Regel abgesprochen.[343] Die Folgen davon waren gravierend. Eine Frau konnte demnach auf eigenes Verlangen keine wirksamen Rechtsgeschäfte abschließen. Für jede rechtsgeschäftliche Handlung war sie auf die Einwilligung ihres Mannes beziehungsweise Vaters angewiesen. Dieses Einwilligungserfordernis hatte faktisch zur Folge, dass sie unter Vormundschaft stand.[344] Der Mann war somit unmittelbarer Beschützer und Bewahrer der Rechte seiner Frau und der ganzen Familie.[345]

Von der Unfähigkeit des weiblichen Geschlechts, wirksame Rechtsgeschäfte abzuschließen, machten die Kodifikationen des 19. Jahrhunderts in der Regel

---

341 Siehe zur Geschäftsfähigkeit der unverheirateten Frau ALR I 5 § 23, Art. 1124 Cc u. BadLR. Darüber hinaus ergibt sich die Geschäftsunfähigkeit einer verheirateten Frau aus diversen Paragraphen, so z. B. § 1638 sächsBGB, Art. 215–217 Cc u. BadLR, §§ 145, 146 PGB bzw. Teil 1 Kap. 7 § 13 BayE 1811, Abt. I Tit. 2 Art. 69 HessE und auch ALR II I 4 § 196, hier jedoch mit der Ausnahme, dass lediglich vorteilhafte Geschäfte der Frau auch ohne Einwilligung des Mannes rechtliche Wirksamkeit erlangten; das ABGB dagegen lässt die Frage der Geschäftsfähigkeit der Frauen insgesamt offen; im BayE 1861 sollte nach Teil I Kap. 1 Art. 10 diese Frage den darüber vorhandenen gesetzlichen Vorschriften vorbehalten bleiben (zum BayE 1861 sind keine Materialien zum Familienrecht vorhanden).
Bei der Betrachtung dieses Punktes soll das Augenmerk einzig und allein auf der rechtlichen Gestalt der Bevormundung der Ehefrau liegen, sodass eine nähere Auseinandersetzung mit der Geschichte bzw. auch eine Auseinanderdifferenzierung der Rechts-, Handlungs-, Geschäfts- sowie Prozessfähigkeit in die uns heute bekannten Begriffe an dieser Stelle ausbleiben kann.

342 Siehe dazu ALR I 4 § 3.

343 Siehe dazu B. II. 2. a. aa.

344 Die Vormundschaft ist sogar wörtlich in § 138 PGB zu finden: „Der Ehemann ist von Rechts wegen der eheliche Vormund der Frau. Er verwaltet ihr Vermögen und vertritt dieselbe nach außen."

345 Zur Prozessvertretung siehe auch *Esser*, Rechtsstellung und Ansprüche der Ehefrau, S. 15–18; auf die Rechte und Pflichten der Kinder wird weiter unten eingegangen, siehe B. II. b.

zwei Ausnahmen.[346] Eine Ausnahme stellten bereits damals solche Geschäfte der Ehefrau dar, die für den Haushalt des Mannes getätigt wurden. Diese Geschäfte konnten auch ohne die ausdrückliche Einwilligung des Mannes wirksam abgeschlossen werden.[347] Darin lässt sich eine Vorgängerregelung des heutigen § 1357 BGB, dem Institut der Schlüsselgewalt erkennen. Durch die Schlüsselgewalt wird der jeweilige Ehepartner berechtigt, für den jeweils anderen wirksam Rechtsgeschäfte abschließen zu können. Die Konstruktion dieser Regelung zielte zu Beginn des 19. Jahrhunderts allerdings noch nicht auf eine wirksame Verpflichtung des Ehepartners ab, sondern vielmehr auf eine vom Ehemann akzeptierte Vertretung durch seine Ehefrau.[348] Die wirksame Verpflichtung des Mannes durch die Ehefrau scheiterte in der Regel an ihrer fehlenden Geschäftsfähigkeit.[349] Zu beachten ist darüber hinaus, dass diese Beschränkung der weiblichen Geschäftsfähigkeit nicht in jeder der hier betrachteten Kodifikationen zu finden ist. So lässt das ABGB gar eine Regelung über die Geschäftsunfähigkeit der Frau beziehungsweise auch über die Mitverpflichtung des anderen Ehepartners vermissen.[350] Das ABGB nimmt somit eine herausragende Stellung in

---

346 Auf die güterrechtlichen Regelungen in Bezug auf das vorbehaltene Vermögen der Frau wird unter B. II. 2 a. cc. eingegangen.

347 Dieser Besonderheit der Geschäftsfähigkeit der Frau lag die Annahme zu Grunde, dass Geschäfte, die eine Frau im Rahmen der gewöhnlichen Haushaltsführung für den Mann getätigt hat, diesem vorteilhaft und somit von seiner generellen Einwilligung gedeckt sind. So z. B. in § 1645 sächsBGB, §§ 150, 951 PGB, Teil I Kap. 7 § 13 BayE 1811, Abt. I Tit. 2 Art. 77 HessE, bzw. auch schon in ALR II 2 § 321; dagegen ist im Code civil und im ABGB eine solche Regelung nicht zu finden.

348 Eine kurze Übersicht über die historische Entwicklung der Schlüsselgewalt ist zu finden bei *W. Brauneder*, Art. Schlüsselgewalt, eherechtliche, in: HRG, Bd. 4, 1990, Sp. 1446–1450; näheres zur Schlüsselgewalt (hier allerdings in Bezug auf das BGB nach 1900) ist zu finden bei *Hans-Jürgen Bartel*, Beiderseitige Schlüsselgewalt, 1978, S. 1–7.

349 So auch zu finden in den Motiven zu § 1645 des sächsischen BGB bei *Siebenhaar*, Commentar zu dem bürgerlichen Gesetzbuche für das Königreich Sachsen, Bd. 3, Das Familien-, Vormundschafts- und Erbschaftsrecht, S. 45. Dort heißt es wörtlich: „Durch die zum Zwecke der Führung des Haushaltes mit Dritten geschlossenen Verträge macht die Ehefrau den Ehemann verbindlich. Dagegen wird sie selbst nicht verpflichtet."

350 Nach §§ 91 ff. ABGB ist der Ehemann lediglich der rechtmäßige Vertreter seiner Ehefrau. Eine darüber hinausgehende allgemeine Beschränkung der weiblichen Geschäftsfähigkeit ist nicht zu finden. Siehe dazu auch das Fehlen einer zu Lasten der Frau gehenden Einschränkung in § 865 ABGB. Demnach konnten Frauen rechtswirksam Verträge schließen. Diese ungleiche Besserstellung der Frau im Vergleich

Bezug auf die Gleichheit der Geschlechter ein. Keine andere der hier untersuchten Kodifikationen hat die Rechte der Frau denen des Mannes auf der Ebene des Rechtsverkehrs so weit angeglichen wie das ABGB. Im Gegensatz zu der persönlichen Unterordnung unter den Mann war die Frau im ABGB rechtsgeschäftlich und vermögensrechtlich als selbständiges Individuum anzusehen und konnte diesbezügliche Angelegenheiten auch selbständig vor Gericht vertreten.

Eine im Ansatz ebenfalls richtungsweisende Regelung ist in § 1642 des sächsischen BGB zu finden, wonach die Ehefrau wieder alle Rechte einer unverheirateten Frau besitzt, sobald ihr Ehemann selbst unter Vormundschaft kommt.[351] Die Ehefrau tritt in diesem Fall, obwohl sie weiterhin verheiratet ist, aus der Vormundschaft ihres Mannes heraus. Die Frau ist in diesem Fall nur dann auf die Einwilligung ihres Mannes oder dessen Vormund angewiesen, wenn das Rechtsgeschäft den männlichen Nießbrauch beeinträchtigt. Ansonsten ist sie als voll geschäftsfähig anzusehen. Diese Regelung findet in den anderen Kodifikationen keine Entsprechung und stellt somit eine Besonderheit des sächsischen BGB in Bezug auf die Rechte der Ehefrau dar. Das Fortbestehen und die Sicherung des alltäglichen Familienlebens stehen hier im Vordergrund und wurden stärker gewichtet als die Durchsetzung eines ausnahmslosen Einwilligungserfordernisses.[352] Dies soll die Bedeutung des dahinterstehenden Inhalts für die Ehefrau jedoch keineswegs mindern. Zu unterscheiden und keineswegs zu verwechseln ist diese Regelung jedoch mit der sogenannten Notgeschäftsführung, die lediglich bei Abwesenheit des Ehemannes dessen Einwilligung fingiert. Diese ist ebenfalls in anderen Kodifikationen als dem sächsischen BGB zu finden.[353]

---

zu anderen Kodifikationen ist auch darin zu sehen, dass die männliche Verfügungsgewalt über das weibliche Vermögen ausschließlich über den Abschluss eines Ehe-Vertrages nach §§ 1217–1266 ABGB zu Lasten der Frau beschränkt werden. Der freien Verfügung des Mannes waren dadurch enge Grenzen gesetzt.

351 Eine vergleichbare Vorschrift findet sich in Abt. I Tit. 2 Art. 74 HessE. Dort ist neben der Bestellung eines Vormundes für den Mann auch dessen Verbüßung einer langjährigen Haftstrafe als Grund für die Erlangung der vollen Geschäftsfähigkeit der Frau genannt. Die Regelung des hessischen Entwurfs geht demnach sogar über die Regelung im sächsischen BGB hinaus.

352 So heißt es beispielsweise in § 163 PGB für den Fall, dass der Ehemann unter Vormundschaft gerät ausdrücklich: „[…] Die eheliche Nutznießung des Mannes dauert in diesem Falle unversehrt fort und die Ehefrau behält diejenigen Rechte, welche ihr als Ehefrau zustehen, bei."

353 Siehe dazu auch § 1643 sächsBGB bzw. ALR II 1 §§ 202, 203; im Code civil dagegen war selbst bei Abwesenheit des Mannes die Einwilligung eines Richters erforderlich, Art. 221, 222.

Die zweite Ausnahme von der generellen Geschäftsunfähigkeit der Frau, und darin ist ebenfalls eine Besonderheit zu sehen, stellte in einigen der damaligen Kodifikationen die sogenannte Handelsfrau[354] dar. Darunter wurde eine Frau verstanden, die selbstständig und auf eigene Gefahr hin Handelsgeschäfte betreiben durfte. Die Handelsfrau war voll geschäftsfähig und konnte demnach wie ein Mann Handel treiben und am Rechtsverkehr teilnehmen. Eine Definition der Handelsfrau ist später sogar in den Paragraphen §§ 6 ff. des ADHGB[355] zu finden. Die vollkommene Geschäftsfähigkeit der Handelsfrau wird auch daran deutlich, dass „dieselbe [...] sich in Betreff ihrer Handelsgeschäfte auf die in den einzelnen Staaten geltenden Rechtswohltaten der Frauen nicht berufen“[356] kann. Die Regelungen über die Haftung und den Schadensersatz richteten sich also nach denselben Regeln, die auch für die männlichen Geschäftspartner galten. Jegliche Schutzvorschriften, die zu Gunsten der Frau in den jeweiligen Gesetzen zu finden waren, fanden auf die Handelsfrau keine Anwendung.[357] Diese uneingeschränkte Gleichbehandlung der Handelsfrau mit ihrem männlichen Pendant basierte jedoch nicht auf einer bloßen Willensentscheidung der Frau. So konnte eine Frau überhaupt nur in die Stellung einer Handelsfrau gelangen, sofern ihr Mann dazu seine Einwilligung erteilte.[358] Die Abhängigkeit der Frau von ihrem Ehemann

354 So zu finden in Art. 220 Cc u. BadLR, § 169 PGB bzw. auch ALR II 1 §§ 195, 335. Eine entsprechende Regelung ist auch in Abt. I Tit. 2 Art. 72 HessE zu finden, wobei dort von öffentlichen Geschäften, die mit Einwilligung des Mannes abgeschlossen wurden, die Rede ist. Die Handelsfrau ist über Art. 6 des ADHGB auch im sächsischen BGB zu finden, siehe dazu auch *Siebenhaar*, Commentar zu dem bürgerlichen Gesetzbuche für das Königreich Sachsen, Bd. 3, Das Familien-, Vormundschafts- und Erbschaftsrecht, S. 39 f. Die Gesetzgebungsarbeit des ADHGB und des sächsischen BGB verliefen zeitlich parallel und letzteres stets mit Blick auf die Arbeiten am ADHGB und dessen Entwicklung, sodass davon ausgegangen werden kann, dass das sächsische BGB im Einklang mit dem Handelsgesetzbuch stand.

355 Siehe dazu Allgemeines Deutsches Handelsgesetzbuch in Kraft getreten am 01. März 1862; zitiert nach Allgemeines Deutsches Handelsgesetzbuch und Einführungs-Gesetz vom 24. Juni 1861. Nebst Sachreg, 1861.

356 Siehe dazu § 8 S. 2 ADHGB.

357 Eine solche Schutzvorschrift findet sich beispielsweise in § 146 S. 2 PGB, wonach sie zur Eingehung persönlicher Schulden der Einwilligung ihres Ehemannes und eines außerordentlichen Vormundes bedarf. Sofern diese Einwilligung fehlt, haftet die Frau nicht einmal mit dem Spargut (vorbehaltenen Vermögen).

358 Siehe zur Handelsfrau und dem Erfordernis der männlichen Einwilligung exemplarisch Art. 1124, 217 ff. Cc u. BadLR oder auch ALR II 1 §§ 195, 196.

war also selbst durch das Institut der Handelsfrau nicht gänzlich durchbrochen, sondern lediglich etwas aufgeweicht.

Festzuhalten bleibt, das in den hier untersuchten Kodifikationen des 19. Jahrhunderts bei der Beurteilung der rechtlichen Stellung der Frau zwischen familieninternen und familienexternen Sachverhalten differenziert wurde. Sofern die Frau sich wirtschaftlich betätigte, genoss sie vergleichsweise viele Freiheiten. Dagegen war ihr Handlungsspielraum innerhalb des familiären Tätigkeitskreises nach wie vor sehr stark begrenzt und unterlag in weiten Teilen der männlichen Anweisung und Überwachung.

Eine unmittelbare Folge der bedingten, beziehungsweise fehlenden Geschäftsfähigkeit der Ehefrau war darin zu sehen, dass die Sorge und Verwaltung über ihr Vermögen in der Regel bei ihrem Ehemann lag.[359] Dieser hatte an dem weiblichen Vermögen sowohl das Recht der Verwaltung als auch das Recht des Nießbrauches, insbesondere auch an den Grundstücken der Ehefrau.[360] Darüber hinaus konnte der Ehemann Teile des beweglichen Vermögens der Frau ohne weiteres veräußern, sofern dies für seine Zwecke erforderlich war. Unbewegliche Vermögensgegenstände der Frau konnte er dagegen nur mit deren Einwilligung und gegen eine Entschädigung veräußern.[361] Im Falle der missbräuchlichen Verwaltung durch den Mann gelangte die weitere Vermögensverwaltung in die Hände eines besonders bestellten Vormundes. Die Ehefrau war also selbst dann nicht selbstständig in der Lage ihr Vermögen zu verwalten und somit zu nutzen.[362] Die gleiche Einschränkung galt allerdings auch für die Verwaltung des Kindesvermögens, welches ebenfalls ausschließlich dem Vater oblag.[363]

Eine weitere Benachteiligung des weiblichen Geschlechts, die als unmittelbare Folge der mangelnden Geschäftsfähigkeit der Frau, den Regelungen zur Vermögensverwaltung, beziehungsweise auch der güterrechtlichen Vorschriften zu sehen ist, liegt darin, dass die Ehefrau alles, was sie aus eigener Arbeit verdiente, letztlich für ihren Mann erwarb. So galt das nach Eheschließung erworbene

359 Auf die güterrechtlichen Regelungen wird im nächsten Abschnitt eingegangen.

360 Siehe dazu ALR II 1 §§ 231 ff., §§ 1227, 1238 ABGB, §§ 1655 ff. sächsBGB, §§ 138 PGB, Teil I Kap. 7 § 8 BayE 1811.

361 Siehe auch §§ 139, 140 PGB; zur Sicherung des weiblichen Vermögens bzw. des Vermögens der eigenen Kinder konnten Hypotheken an den Grundstücken des Mannes bestellt werden, so zu finden in Art. 2121, 2134 Cc.

362 Nach Art. 389, 391 Cc konnte der Mann sogar dafür sorgen, dass nach Trennung einer Ehe die Verwaltung des Kindesvermögens bzw. eine Verfügung daraus der Einwilligung eines extra benannten Ratgebers bedurfte.

363 Ausführlicher zum Verhältnis zwischen den Eltern und ihren Kindern, siehe B. II. b.

Vermögen als Teil des eingebrachten Vermögens und war somit der weiblichen Verwaltung entzogen.[364] Eine Ausnahme von dieser Regel stellt wiederum das ABGB dar. Dort gehört, sofern keine explizite Vereinbarung zwischen den Eheleuten getroffen wurde, das in der Ehe erworbene Vermögen demjenigen, der es tatsächlich erworben hat. Lediglich im Zweifelsfall sei anzunehmen, dass das Erworbene dem Vermögen des Mannes zugerechnet werde. Diese Regelung lässt sich in modifizierter Form auch im sächsischen BGB finden.[365] Die überaus starke finanzielle Benachteiligung der Frau durch den Entzug jeglicher Vermögensmassen ist demnach im ABGB und sächsischen BGB etwas abgemildert, da die Frau hier unter gewissen Voraussetzungen für sich selbst durch Arbeit Geld beziehungsweise auch Sachleistungen verdienen konnte.[366] Darüber hinaus konnte die Ehefrau im ABGB mittels einfachen Widerspruchs die Vermögensverwaltung des Mannes beenden, was in den anderen Kodifikationen nicht möglich war.[367] Diesbezügliche Regelungen im PGB sind vom Wortlaut für die Ehefrau insofern weniger nachteilig, als dass hier der Erwerb der Ehefrau als Gegenleistung für die Unterhaltszahlung des Mannes angesehen wurde. Die Ehefrau leistete somit ihren eigenen Anteil zu den Unterhaltskosten.

Eine nähere Betrachtung der Vermögensverteilung, welche den direkten Übergang zu den güterrechtlichen Vorschriften darstellt, folgt im nächsten Abschnitt.

Folge der Geschäftsunfähigkeit der Frau und auch des Vermögensverwaltungsrechts des Mannes war die vollkommene Abhängigkeit der Frau. Ihre rechtliche Selbständigkeit war auf ein Minimum reduziert. Dieser Umstand passt jedoch sehr gut in das bereits beschriebene Rollenbild der damaligen Zeit, nach dem die Frau lediglich mit den Aufgaben der Haushaltung und der Erziehung der Kinder

---

364 Siehe dazu ALR II 1 § 211, wobei durch vertragliche Vereinbarungen etwas anderes vereinbart werden konnte; eine ähnliche Regelung, hier jedoch in Abhängigkeit von der tatsächlichen Unterhaltsleistung an Ehefrau und Kinder ist in §§ 142, 143 PGB zu finden; ebenso zu finden in Teil 1 Kap. 7 § 11 BayE 1811; die Folgen dieser Eigentumsregelung bzgl. des Lohnes sind sehr anschaulich bei *Gerhard*, Verhältnisse und Verhinderungen. Frauenarbeit, Familie und Rechte der Frauen im 19. Jahrhundert mit Dokumenten, S. 164 f. zu finden.

365 Siehe dazu § 1668 sächsBGB; hier allerdings mit der Einschränkung, dass das Erworbene keinen Bezug zum Hauswesen bzw. dem Gewerbe des Mannes haben darf.

366 Siehe dazu §§ 1237 ff. ABGB; dies folgt auch aus den unterschiedlichen Güterrechtssystemen in den einzelnen Ländern, eine nähere Auseinandersetzung folgt unter B. II. 2. a. cc.

367 Dies wird aus § 1238 ABGB ersichtlich. In den anderen Kodifikationen wurde die Verwaltung durch den Ehemann lediglich durch Scheidung, durch den Tod oder durch gerichtliches Urteil in Folge einer missbräuchlichen Verwaltung beendet.

befasst war. Die wirtschaftliche Sorge, den Schutz der Familie und auch die wirksame Vertretung der Frau im Außenverhältnis sollte einzig und allein der Mann übernehmen. Das auch im 19. Jahrhundert noch vorhandene mangelnde Vertrauen in Handlungen[368] des weiblichen Geschlechts zeigt sich auch daran, dass Frauen nicht selbst als Vormund und auch nicht als Zeuge in Testamentssachen auftreten konnten.[369]

cc. Güterrechtliche Regelungen in der Ehe

Die einzelnen Kodifikationen gingen in Bezug auf die Ausgestaltung des Güterrechts in der Ehe unterschiedliche Wege. Dabei variierte zum einen der jeweils standardmäßig anzuwendende Güterstand und zum anderen die Reichweite beziehungsweise die Ausgestaltung desselbigen. Völlig unabhängig von der näheren Ausgestaltung der ehelichen Verhältnisse lag die Vermögensverwaltung jedoch, wie bereits gezeigt, in der Regel beim Ehemann.[370]

Zunächst werden die verschiedenen Güterstände der einzelnen Kodifikationen kurz dargestellt, um im Anschluss daran die Unterschiede und auch die Auswirkungen auf das Rollenbild der Geschlechter näher zu beleuchten.

Grundsätzlich gab es neben dem Güterstand der Gütergemeinschaft den der Gütertrennung. In dem im Rheinland geltenden Code civil, im Badischen Landrecht, im bayerischen Entwurf von 1811 und auch im hessischen Entwurf galt die Gütergemeinschaft als der gesetzliche Regelfall, die Gütertrennung dagegen als Ausnahme.[371] Eine diesbezügliche Besonderheit des Code civil und des Badischen Landrechts war die weitgehende Freiheit der Ehegatten, vor Abschluss der Ehe vertraglich einen anderen Güterstand festzulegen. Zu beachten galt dabei

368 Das niedrige gesellschaftliche Ansehen der Frau lässt sich auch daran erkennen, dass weibliche Personen zusammen mit geschäftsunfähigen Minderjährigen, der Vernunft beraubten oder als Verschwender erkannten Personen in einem Atemzug genannt und somit auf eine Stufe gestellt wurden; so zu finden in § 2102 sächsBGB.

369 Art. 442 mit Ausnahme der eigenen Mutter und Großmutter; so auch § 198 ABGB bzw. § 591 ABGB, näheres auch bei *Stefan Schima,* Die religionsrechtliche Dimension des ABGB von 1811 bis heute, in: Dölemeyer/Mohnhaupt (Hg.), 200 Jahre ABGB (1811–2011). Die österreichische Kodifikation im internationalen Kontext, S. 299 (321); ebenso § 2060 PGB; § 2102 sächsBGB.

370 Siehe dazu bereits B. II. 2. a. bb.

371 Siehe dazu Art. 1393 bzw. auch den Umkehrschluss aus Art. 1441 Nr. 5 Cc, Art. 1391 BadLR, Teil 1 Kap. 7 § 2 BayE 1811 und Abt. I Tit. 2 Art. 109 HessE; ebenfalls zum Hessischen Entwurf *Schubert,* Bürgerliches Gesetzbuch für das Großherzogthum Hessen / Bericht der Kammerausschüsse von 1846, Bd. 2,1 = Abt. 1 (Personenrecht), Bericht der Kammerausschüsse von 1846, S. 237.

einzig die Besonderheit, dass unter keinen Umständen die Rechte des Ehemannes eingeschränkt werden durften.[372]

Charakteristisch für die Gütergemeinschaft ist, dass hierbei die beiden Vermögensmassen der Eheleute zusammenfallen und gemeinschaftlich als ein Vermögen betrachtet werden. Die Ehegatten werden in der Regel Eigentümer eines gemeinschaftlichen Vermögens.[373] Das jeweils in der Ehe Erworbene, sei es durch Verdienst oder in sonstiger Weise, wird mit Ausnahme von Schenkungen und Erbschaften diesem gemeinschaftlichen Vermögen zugeschlagen.[374] Bei Auseinandersetzung der Gütergemeinschaft wird das von Schulden bereinigte gemeinschaftliche Vermögen unter beiden Ehegatten beziehungsweise dem überlebenden Ehegatten und den Erben des anderen aufgeteilt. Bei der Gütergemeinschaft besteht ebenfalls die Möglichkeit der Bestimmung von vorbehaltenen Vermögensgegenständen, die nicht in das gemeinschaftliche Vermögen fallen und somit weiterhin im Eigentum eines einzelnen Ehepartners stehen können.[375] Die Verwaltung des gemeinschaftlichen Vermögens kann dabei theoretisch gemeinschaftlich von beiden Ehepartnern oder auch, wie in der Regel geschehen, nur von einem einzelnen ausgeübt werden.[376]

Anders als im Rheinland, in Baden, Hessen und Bayern galt in Österreich die Gütertrennung als der gesetzlich vorgesehene Güterstand.[377] Allgemein lässt sich zur Gütertrennung festhalten, dass die beiden Vermögensmassen der Ehepartner dabei als voneinander unabhängig gelten. Jeder Ehegatte behält den ihm gehörenden Vermögensteil für sich. Ein Eigentumswechsel in Form eines Miteigentums an Gegenständen des Ehepartners findet nicht statt. Aufgrund dieser strikten Vermögenstrennung wurde dem Ehemann in früheren Zeiten als Ausgleich für die mit

---

372 Siehe dazu Art. 1387, 1388 Cc und Art. 1387, 1388 BadLR, durch die eine vertraglich vereinbarte Verringerung von den im Rahmen der „puissance maritale" erworbenen Rechten ausgeschlossen wird.

373 Zur juristischen Natur der Gütergemeinschaft siehe auch *Johann Caspar Bluntschli/Felix Dahn,* Deutsches Privatrecht, 1864, § 208, S. 614–619; siehe auch *Frank L. Schäfer,* Juristische Germanistik, Eine Geschichte der Wissenschaft vom einheimischen Privatrecht, S. 563–569.

374 Zum Aktivbestand der Gütergemeinschaft siehe Art. 1401 ff. Cc und BadLR, bzw. auch Teil 1 Kap. 7 § 9 BayE 1811.

375 Siehe dazu beispielhaft *Bluntschli/Dahn,* Deutsches Privatrecht, § 213 – für den Fall der Auflösung der Gütergemeinschaft durch Scheidung insbesondere S. 636.

376 In Art. 1421, 1530 Cc bzw. auch Teil 1 Kap. 7 § 11 BayE 1811 hat lediglich der Ehemann das Verwaltungsrecht am gemeinschaftlichen Vermögen.

377 §§ 1238 i. V. m. § 1233 ABGB.

der Eingehung einer Ehe anfallenden Aufwendungen eine *dos* zugestanden.[378] Auf die tatsächliche Übergabe einer solchen Leistung wurde dagegen im ABGB von 1811/12 kein besonderer Wert mehr gelegt, sodass diese mehr und mehr in den Hintergrund rückte.[379]

Die Verwaltung und der Nießbrauch des Vermögens stehen bei der Gütertrennung grundsätzlich jedem einzelnen Ehepartner zu, es sei denn, dass die Verwaltung gesetzlich auf einen der beiden Ehepartner verlagert wurde. In der Regel hatte, aus den bereits oben genannten Gründen, der Ehemann die Verwaltung beider Vermögensteile inne.[380] Das in der Ehe erworbene Gut ist bei der Gütertrennung, ebenfalls, vorbehaltlich einer Sonderregelung, demjenigen Ehepartner zuzurechnen, der es tatsächlich erworben hat. Die Auseinandersetzung der Gütertrennung geschieht durch die bloße Wegnahme des jedem Ehepartner zustehenden Vermögensanteils, wobei in der Ehe gemachte Schulden und eingegangene Verbindlichkeiten anteilig aus beiden Vermögensmassen beglichen werden. Diese einfache Auseinandersetzung ist möglich, da jeder Ehepartner während der Ehe Eigentümer seines Vermögens bleibt.[381]

Die Gütertrennung war jedoch nicht die einzig anerkannte Möglichkeit des Güterstandes im ABGB. Darüber hinaus war auch die Annahme einer Gütergemeinschaft möglich. Diese wurde allerdings dadurch erschwert, dass für die Gütergemeinschaft ein spezieller Vertrag erforderlich war.[382] Grundsätzlich waren die vermögensrechtlichen Regelungen des ABGB den Eheverträgen und damit der

---

378 Mit dem Begriff Dotalrecht wird ein vertragliches Gütersystem bezeichnet, bei dem der Mann in der Regel von der Familie der Frau eine *dos* (auch: Brautgabe, so zu finden bei *Bluntschli/Dahn*, Deutsches Privatrecht, § 197, S. 587) in Form von Naturalien oder auch einer Geldleistung erhielt, um die mit der Ehe einhergehenden Lasten zu mindern. Weitere Ausgestaltungen des Dotalsystems und ein knapper Überblick dazu ist zu finden bei *Wilhelm Brauneder*, Art. Dotalsystem, in: HRG, Bd. 1, 2008, Sp. 1140–1141.

379 In Sachsen bestand ausschließlich noch für die Eltern die Verpflichtung, ihren Töchtern eine angemessene Ausstattung zur Einrichtung des neuen Hausstandes mitzugeben. Sie entfiel ganz, sofern die Tochter selbst ausreichendes Vermögen besaß, § 1664 sächsBGB. Die Bedeutung der *dos* ist hier demnach nur noch eingeschränkt vorzufinden, siehe dazu auch *Siebenhaar*, Commentar zu dem bürgerlichen Gesetzbuche für das Königreich Sachsen, Bd. 3, Das Familien-, Vormundschafts- und Erbschaftsrecht, §§ 1661, 1662.

380 Die Vermögensverwaltung lag in den hier betrachteten Fällen stets beim Ehemann, siehe dazu auch unter B. II. 2. a. bb.

381 Siehe dazu *Bluntschli/Dahn*, Deutsches Privatrecht, § 197, S. 580–583.

382 Siehe dazu §§ 1233 i. V. m. §§ 1177, 1178 ABGB.

freien Disposition der Ehegatten vorbehalten.[383] Die Ehegatten konnten demnach den für sie am günstigsten erscheinenden Güterstand wählen. Im starken Kontrast dazu sei das ALR genannt, wo der jeweilige Güterstand nur begrenzt frei gewählt werden konnte.[384]

Im ALR, dem sächsischen BGB und auch dem Zürcher PGB wurde eine modifizierte Form der Gütertrennung verfolgt, die sogenannte Verwaltungsgemeinschaft.[385] Dabei blieben die Vermögensmassen wie bei der einfachen Gütertrennung nach der Eheschließung zwar getrennt, doch wurde die Verwaltung über das eheweibliche Vermögen aufgeteilt. Es wurde dabei unterschieden zwischen dem vorbehaltenen und dem eingebrachten Vermögen.[386] Die Verwaltung des eingebrachten Vermögens wurde güterrechtlich dem Ehemann übertragen und die Verwaltung des vorbehaltenen Vermögensteils blieb bei der Ehefrau.[387] Neben der Gütertrennung sollte im ALR auch die Möglichkeit zur Annahme der Gütergemeinschaft bestehen. Dies allerdings unter dem Vorbehalt, dass diese bereits durch Provinzialgesetze an dem jeweiligen Ort eingeführt wurde. Hier zeigt sich sehr deutlich, dass das ALR im Gegensatz zu den anderen untersuchten Kodifikationen keineswegs ein in sich abgeschlossenes Güterrechtssystem vorsah, sondern der Partikulargesetzgebung und den dort zu findenden speziellen Regelungen nach wie vor den Vorrang einräumte.[388]

Eine Gemeinsamkeit der güterrechtlichen Regelungen des ALR, des Zürcher PGB und des sächsischen BGB war neben der Differenzierung zwischen männlichem und weiblichem Vermögen, die bereits erwähnte Unterscheidung in eingebrachtes und vorbehaltenes weibliches Vermögen. Unter dem eingebrachten Vermögen verstand man denjenigen Teil des weiblichen Vermögens, welchen die Frau mit in die Ehe gebracht hatte und welcher nun vom Ehemann verwaltet wurde. Das vorbehaltene Vermögen oder auch Spargut dagegen wurde gerade

383 Zu den Ehepakten siehe §§ 1217 ff. ABGB.

384 Siehe ALR II I 6 § 345.

385 Die Verwaltungsgemeinschaft ist zu finden in ALR II 1 § 205, §§ 1655 ff. sächsBGB, bzw. in §§ 138, 144 PGB; eine übersichtliche Zusammenfassung zu den verschiedenen Güterrechtssystemen ist zu finden bei *Petra Malsbenden*, Die rechtliche Stellung der Frau im ehelichen Güterrecht vom ALR zum BGB, S. 10–28; insbesondere zum ALR siehe bei *Weber-Will*, Die rechtliche Stellung der Frau, S. 75–78.

386 Auf die Unterscheidung zwischen vorbehaltenem und eingebrachtem Vermögen und die damit zusammenhängenden Besonderheiten wird sogleich im Anschluss näher eingegangen.

387 Siehe dazu auch *Malsbenden*, Die rechtliche Stellung der Frau im ehelichen Güterrecht vom ALR zum BGB, S. 25–28.

388 Siehe zur Gemeinschaft der Güter unter Eheleuten, ALR II 1 §§ 345 ff.

nicht der Verwaltung des Mannes unterstellt, sondern stand einzig der Frau zur Verfügung.[389] Es umfasste in der Regel all das, was nach seiner Beschaffenheit ausschließlich zum Gebrauche für die Frau bestimmt war.[390] Die Frau konnte mit diesem Vermögensteil frei umgehen und somit auch rechtswirksame Verfügungen daraus vornehmen, ohne auf die Einwilligung ihres Ehemannes angewiesen zu sein.[391] Dies galt jedoch teilweise nur für solche Rechtsgeschäfte, die die Ehefrau entweder ausdrücklich mit Mitteln aus diesem Vermögensteil bewirken wollte oder wenn bereits aus den Umständen für den Geschäftspartner ersichtlich war, dass der Gegenstand zum vorbehaltenen Vermögen gehörte.[392] Im preußischen ALR sollte darüber hinaus dem Käufer bei einem Geschäft mit einer Frau über besonders wertvolle Gegenstände wie Juwelen, Gold und anderen Schmuck, das ohne Wissen des Mannes abgeschlossen wurde, im Fall einer Vindikationsklage die Einrede der Redlichkeit versagt werden. Dies galt unabhängig davon, ob der Gegenstand zum vorbehaltenen Vermögen gehörte oder nicht.[393]

Dagegen galt alles, was weder gesetzlich noch durch besonderen Vertrag dem vorbehaltenen Vermögen zugerechnet wurde, als eingebrachtes Vermögen.[394] Diese Vermutung bevorzugt wiederum das männliche Geschlecht, da die Frau die Beweislast dafür trug, dass ein Gegenstand ausschließlich zum vorbehaltenen Vermögen gehörte.

Eine weitere, sich für die Frau negativ auswirkende Besonderheit der Verwaltungsgemeinschaft war, dass das von der Frau während der Ehe durch Erwerbstätigkeit erworbene Vermögen in der Regel ausschließlich dem eingebrachten Vermögen zugerechnet wurde. Es fiel somit direkt in die Nutznießung und die

---

389 Siehe dazu auch ALR II 1 § 221, §§ 142, 144 PGB; ebenso auch zu finden in den Motiven zu § 1640 sächsBGB bei *Siebenhaar,* Commentar zu dem bürgerlichen Gesetzbuche für das Königreich Sachsen, Bd. 3, Das Familien-, Vormundschafts- und Erbschaftsrecht, S. 42.

390 Siehe dazu auch ALR II 1 § 205.

391 Die freie Verfügung über das vorbehaltene Vermögen ist beispielsweise zu finden in ALR II 1 §§ 221 ff., bzw. auch in § 145 i. V. m. § 144 PGB.

392 Siehe dazu § 1640 sächsBGB bzw. eine Erläuterung dazu bei *Siebenhaar,* Commentar zu dem bürgerlichen Gesetzbuche für das Königreich Sachsen, Bd. 3, Das Familien-, Vormundschafts- und Erbschaftsrecht, S. 41 f.

393 So zu finden in ALR II 1 § 223; näheres zu den Folgen dieses Paragraphen und dessen unterschiedliche Interpretation ist zu finden bei *Malsbenden,* Die rechtliche Stellung der Frau im ehelichen Güterrecht vom ALR zum BGB, S. 82–91, m. w. N.

394 Siehe dazu ALR II 1 §§ 205 ff.

Verwaltung des Mannes. Die Frau erwarb bei der Verwaltungsgemeinschaft somit primär nicht für sich selbst sondern für den Ehemann.[395]

Der praktische Nutzen der Frau an dem vorbehaltenen Vermögensanteil wird in der Regel eher klein gewesen sein. Dies lässt sich bereits an dem Umstand erahnen, dass große Teile der Bevölkerung lediglich als Arbeiter, Tagelöhner oder auch als Bauern ihren Lebensunterhalt verdienten. Die von Mann und Frau erwirtschafteten Mittel wurden in den meisten Fällen vollkommen für den Lebensunterhalt aufgezehrt.[396] Die Möglichkeit, einen Teil davon für das vorbehaltene Vermögen abzusondern, war in den unteren Bevölkerungsschichten schlichtweg nicht vorhanden.[397] Bei dem wohlhabenden Teil der Bevölkerung sollte der Nutzen eines der Frau vorbehaltenen Vermögensteils in der Regel größer sein, da nur hier nutzbares Vermögen vorlag, welches nach Abzug aller Lebenshaltungskosten übrig blieb. Parallel zu dem nur in diesen Kreisen vorhandenen Nutzen für die Frau stieg allerdings auch der des Ehemannes. Sofern eine Frau vor der Eheschließung einen eigenen Vermögensteil besaß, fiel dieser zu großen Teilen mit Eingehung der Ehe als eingebrachtes Vermögen unmittelbar in die Verwaltung und Nutznießung des Mannes. Doch auch in den wohlhabenden Kreisen wird der Umfang des vorbehaltenen Vermögens in seiner Höhe stark begrenzt gewesen sein, so dass der Nutzen und auch die Freiheit, die eine Frau durch diese Reglungen erlangte, in der praktischen Anwendung eher gering waren.[398]

Es gab allerdings auch Gegenstände, die unabhängig von der Vermögensverwaltung des Mannes ausschließlich dem vorbehaltenen weiblichen Vermögen zuzurechnen waren, wie zum Beispiel Kleider und Schmuck.[399] Doch sollte auch

---

395 Siehe zu den Ausnahmen im ABGB und dem sächsBGB weiter oben B. II. 2. a. bb.

396 Die Tatsache, dass der Lohn in früheren Zeiten nicht direkt in Geld, sondern oftmals als Naturalien ausgezahlt wurde, soll an dieser Stelle unbeachtet bleiben.

397 Verschiedene Beispiele zu Verdienst und Ausgaben der Familien des 19. Jahrhunderts sind zu finden bei *Barbara Beuys*, Familienleben in Deutschland. Neue Bilder aus der deutschen Vergangenheit, 2006, S. 365–370.

398 Zwar lassen sich in den Kodifikationen keine diesbezüglichen Regelungen finden, doch lässt sich der tatsächlich stark begrenzte Nutzen für die Frau aus der Gesamtschau der gesetzlichen Vorschriften in Verbindung mit dem damals vorherrschenden Rollenbild der Geschlechter schließen. Die Umstände, dass das männliche Geschlecht nach wie vor sehr stark bevorzugt wurde und die Vermögensverwaltung ausschließlich beim Ehemann lag, lassen vermuten, dass die negativen Auswirkungen, die ein vorbehaltener Vermögensteil für die Nutznießung des Mannes mit sich brachten, möglichst gering gehalten werden sollten.

399 Dazu zählten Sachen, die ausschließlich dem weiblichen Gebrauch dienten, so zu finden in ALR II 1 § 206, § 1671 sächsBGB.

diese Vorschrift nicht vorbehaltlos gelten. Bei Auseinandersetzung der Ehe sollte nach dem ALR eine Vermutungsregelung eingreifen, nach welcher gerade die wertvollen Gegenstände, wie Juwelen und Schmuck, obwohl sie ausschließlich dem weiblichen Gebrauch dienten, als dem Vermögen des Mannes zugerechnet wurden. Dies galt im Zweifel für alle wertvollen Gegenstände, so dass diese im Falle der Trennung der Ehe dem Mann von der Frau wieder herauszugeben waren.[400] Die Annahme des Gegenteils musste von der Frau erst bewiesen werden. Diese Schlechterstellung der Ehefrau war dem Gesetzgeber des ALR bewusst. Es wurde daher versucht die nachteiligen Folgen auf unterschiedliche Weise einzudämmen. So findet sich bei vertraglichen Regelungen zwischen den Ehegatten, bei denen eine Frau sich dazu verpflichtet, etwas über den gesetzlich vorgeschriebenen Umfang zu leisten, neben verschärften Formvorschriften[401] auch eine besondere Aufklärungspflicht des zuständigen Richters.[402] Letzterer hatte die Frau auf mögliche Nachteile aufmerksam zu machen. Genaue Angaben darüber, inwiefern diese Schutzvorschrift zu Gunsten der Frau tatsächlich beachtet wurde, sind allerdings nicht überliefert.

Anderslautend und damit vorteilhafter für die Frau stellten sich dagegen die Regelungen des österreichischen ABGB und des sächsischen BGB dar. Hier sollten die oben genannten Kostbarkeiten in der Regel als der Frau geschenkt und gerade nicht als bloß geliehen angesehen werden. Der Vorteil für das weibliche Vermögen ist unverkennbar. Die Frau erwarb an diesen Gegenständen alleiniges und uneingeschränktes Eigentum. Diese Annahme machte einen diesbezüglichen Beweis durch die Frau unnötig und erleichterte somit die Vermögensverteilung zu Gunsten der Frau bei Auseinandersetzung der Ehe.[403] Es zeigt sich an dieser Stelle sehr deutlich, dass die untersuchten Kodifikationen keineswegs eine einheitliche Vorstellung bezüglich der Vermögensverteilung unter den Ehegatten beziehungsweise auch der Vermögenssicherung verfolgten.

Eng mit der Vermögensverwaltung hängt auch der Haftungsmaßstab für während der Ehe eintretende Vermögensminderungen sowie die Stellung der einzelnen Gläubiger in Bezug auf die Vermögensteile zusammen. Die Regelungen über den Verschuldensmaßstab bei missbräuchlicher Verwaltung waren sowohl bei

---

400 Siehe dazu ALR II 1 § 316.

401 Verträge, bei denen sich eine Frau während der Ehe verpflichtet, mehr als gesetzlich vorgeschrieben zu leisten, müssen gerichtlich vollzogen werden, ALR II 1 § 198.

402 Siehe zu dieser besonderen Aufklärungspflicht des Richters auch ALR II 1 § 201.

403 Siehe dazu auch § 1247 ABGB bzw. § 1671 sächsBGB; weniger vorteilhaft dagegen §§ 1237 ff. ABGB, wonach, sofern keine besonderen Vereinbarungen zwischen den Eheleuten getroffen wurden, ein Erwerb im Zweifel als vom Mann erwirtschaftet galt.

der Gütergemeinschaft, als auch bei der Gütertrennung sehr vorteilhaft für den Mann ausgestaltet und bezogen sich demnach allgemein auf die Verwaltungstätigkeit des Mannes. Der Mann haftete für den Verlust von der Ehefrau gehörendem Kapital stets nur für absichtliche Verringerung sowie für mäßiges Versehen beziehungsweise nur für die eigenübliche Sorgfalt. Außerdem haftete er nur für solche Verschlechterungen des weiblichen Vermögens, welche „aus Mangel der dienlichen Vorkehrungen"[404] entstanden sind. Die Haftung des Mannes wurde darüber hinaus durch Exkulpationsmöglichkeiten begrenzt. Dem Ehemann stand die Möglichkeit zu, vor Gericht nachzuweisen, dass die Verringerung des weiblichen Vermögens auf einer Handlung basierte, die ausschließlich in ihrem Interesse vorgenommen wurde.[405] Zu beachten bleibt allerdings, dass der Ehemann bei unrechtmäßiger Veräußerung weiblichen Eigentums in der Regel zur Erstattung des Wertes verpflichtet war.[406]

Darüber hinaus war der Mann nur unter bestimmten Voraussetzungen dazu verpflichtet, seiner Frau die ordnungsgemäße Verwaltung per Rechnungslegung nachzuweisen.[407] Da diese Freiheit jedoch große Gefahren für das weibliche Vermögen mit sich brachte, konnte die Frau aus diesem Grund für die eingebrachten Vermögenswerte Sicherheiten in Form von Hypotheken an den Grundstücken des Mannes bestellen, beziehungsweise stand der Frau in diesem Zusammenhang eine bevorzugte Gläubigerstellung gegenüber ihrem Mann zu. Dieselbe Regelung findet auch auf den Fall des Konkurses des Ehemannes in Bezug auf das eingebrachte Heiratsgut Anwendung.[408] Des Weiteren hatte der Konkurs des Mannes ein Ende der ehemännlichen Verwaltung zur Folge, wohin gegen der Konkurs der Ehefrau keinerlei Auswirkungen auf den Güterstand hatte. Der Mann konnte als Haupt der Familie und Verwalter des weiblichen Vermögens

404 Exemplarisch zum Haftungsmaßstab des Mannes ALR II 1 § 554, § 1239 i. V. m. § 228 ABGB, § 1655 sächsBGB, bzw. auch Art. 1428 Cc, wobei die Frage, welche Handlungen und Vorkehrungen dem weiblichen Vermögen dienlich, waren im Gesetz nicht näher bestimmt wurde.

405 Zur Exkulpation des Mannes siehe § 158 PGB.

406 Zum Wertersatz siehe § 158 PGB bzw. § 1674 ff. sächsBGB; in Teil 1 Kap. 7 § 11 BayE 1811 stand der Frau dagegen die Vindikation des Gegenstandes offen.

407 Siehe dazu § 1239 ABGB; anders lautet dagegen § 153 PGB, dort kann die Ehefrau jederzeit ein Verzeichnis ihres unter männlicher Verwaltung stehenden Vermögens verlangen; dahingehende Regelungen lassen sich dagegen im sächsischen BGB, im Hessischen Entwurf, im Code civil und im ALR nicht finden.

408 Diese Sicherheiten zu Gunsten der Frau lassen sich in ALR II 1 §§ 254, 259 i. V. m. der Konkursordnung finden; siehe auch § 1260 ABGB.

somit relativ frei umgehen und hatte im Falle von Vermögensverminderungen bloß geringe Repressalien zu befürchten.

Eine ähnlich vorteilhafte Position, wie dem Mann selbst, stand seinen Gläubigern zu. Nur die Gläubiger des Mannes konnten auf das eheliche, also sowohl das männliche Vermögen als auch das eingebrachte weibliche Vermögen, zugreifen. Den Gläubigern der Frau blieb in der Regel nur ein direkter Zugriff auf das vorbehaltene Vermögen der Frau.[409] Das galt im Zweifel sogar für gerichtlich bewilligte, aber ohne Einwilligung des Mannes vorgenommene Rechtsgeschäfte.[410] Die Verminderung des weiblichen Vermögens infolge eines Gläubigerzugriffs musste im Nachhinein zwar im Innenverhältnis von dem Ehemann ausgeglichen werden, doch darf die daraus resultierende Besserstellung des Mannes als Geschäftspartner keineswegs verkannt werden. Ein Rechtsgeschäft mit einer Frau war in der Regel aufgrund der fehlenden Geschäftsfähigkeit nicht nur unwirksam, sondern konnte für den männlichen Geschäftspartner auch von Nachteil sein, sofern der Frau die bereits geleistete Sache vor der vollständigen Kaufpreiszahlung abhanden gekommen war. Es blieb dann lediglich ein Rückgriff auf das ihr zur freien Verfügung stehende, vorbehaltene Vermögen.

Die ehemännliche Verwaltung war nach wie vor in weiten Teilen zum Vorteil des Mannes ausgestaltet. Allerdings sollten mit Einführung der hier betrachteten Zivilkodifikationen des 19. Jahrhunderts die negativen Auswirkungen für die Ehefrau im Zuge einer missbräuchlichen Verwaltung durch den Mann verringert werden. Dies wird insbesondere an den Regelungen der Ausgleichspflicht und auch der Möglichkeit der Hypothekenbestellung an Grundstücken des Ehemannes sichtbar. Hierin sind erste Schutzmaßnahmen zu Gunsten des weiblichen Vermögens zu sehen. Der Versuch, die Nachteile, die durch die ehemännliche Verwaltung entstehen konnten, zu verringern, stellte einen weiteren Baustein auf dem Weg zur Angleichung der Rechte zwischen Mann und Frau dar.

Vergleicht man nun die Güterrechtssysteme der einzelnen Länder miteinander und betrachtet dabei insbesondere die Position der Frau, so lässt sich eine deutliche Schlechterstellung des weiblichen Geschlechts feststellen. Diese Benachteiligung ist in den einzelnen Ländern jedoch unterschiedlich stark ausgeprägt. Das Güterrecht des ALR, die hier vorherrschende Verwaltungsgemeinschaft, benachteiligte das weibliche Geschlecht in hohem Maße. Hier wurde das gesamte eheliche Vermögen, mit Ausnahme des vorbehaltenen weiblichen Vermögens, dem

409 Siehe dazu auch weiter unten die Gesamtbewertung der patriarchalen Regelungen, B. II. 2. a. ee.

410 Siehe dazu Art. 1426 Cc.

Ehemann zur Verwaltung und zur Nutznießung unterstellt. Ebenfalls negativ zu bewerten ist der Umstand, das die Ehefrau in der Regel ihren Arbeitslohn für den Ehemann erwarb. Andererseits lassen sich auch gerade im ALR weitreichende Schutzmaßnahmen für die Vermögenswerte der Frau finden. Dies ist durchaus positiv zu bewerten. Insbesondere die Bestellung einer Hypothek an den Grundstücken des Mannes fällt positiv auf. Insgesamt kann die güterrechtliche Benachteiligung der Ehefrau dadurch jedoch nicht aufgewogen werden.

Das Güterrechtssystem des Zürcher PGB beruht zwar ebenfalls auf der Verwaltungsgemeinschaft, diese ist im Gegensatz zum ALR jedoch modifiziert. Im PGB wird dem Mann die Nutzung des weiblichen Vermögens nur vorbehaltlich einer tatsächlichen Unterhaltsleistung für Frau und Kind ermöglicht. Eine Verwaltungs- und Nutzungsbefugnis wurde somit nicht mehr vorbehaltlos angenommen. Diese Regelung stellt eine klare Besserstellung der Ehefrau in Bezug auf ihre Vermögenswerte dar. Die Stellung der Ehefrau ist somit im direkten Vergleich zum ALR positiver zu bewerten.

Im sächsischen BGB geht die Besserstellung sogar noch weiter. Hier kann die Ehefrau unter gewissen Voraussetzungen sogar für sich selbst erwerben (vorbehaltlich der weiteren Einschränkungen, wie zum Beispiel der Einwilligung des Ehemannes), sofern die Dienste nicht in Bezug zum Hauswesen oder dem Gewerbe des Mannes stehen. Ist letzteres der Fall, so erwirbt sie allerdings weiterhin für ihren Ehemann.

Die reine Gütertrennung des ABGB ist ebenfalls als positiv für die güterrechtliche Stellung der Ehefrau anzusehen. Im ABGB behält jeder Ehegatte sein Vermögen als eigenständiges Eigentum. Ebenso erwirbt jeder Ehegatte durch die Verrichtung von Diensten generell für sich selbst. Der Mann verwaltet zwar auch hier das eingebrachte Vermögen der Frau, doch werden Zuwächse von weiblicher Seite ausschließlich dem vorbehaltenen Vermögen zugerechnet. Sie stehen damit ausschließlich in weiblicher Verwaltung und Nutznießung. Das Güterrechtssystem des ABGB stellt eine sehr positive Entwicklung für die Stellung der Ehefrau dar, da Vermögenszuwächse nicht mehr ausschließlich den männlichen Vermögensvorteil erhöhen, sondern direkt der Ehefrau zufließen.

Dagegen kann die, aufgrund einer gleichwertigen Stellung der Ehegatten, sehr vorteilhafte Ausgangslage der Gütergemeinschaft in den hier näher beleuchteten Kodifikationen des 19. Jahrhunderts nicht vollständig überzeugen. So erhält die Ehefrau aus der Gütergemeinschaft des im Rheinland geltenden Code civil, des Badischen Landrechts und auch des bayerischen Entwurfs gerade nicht die erhofften Vorteile. Obwohl bei der Gütergemeinschaft zunächst jeglicher Vermögenszuwachs dem gemeinschaftlichen Vermögen zugerechnet wurde, war der tatsächliche Nutznießer im Rheinland, in Baden und in Bayern ausschließlich der

Ehemann, denn auch hier unterlag die Verwaltung des gemeinschaftlichen Vermögens lediglich dem Mann, sodass eine Erhöhung ausschließlich ihm einen Vorteil brachte. Auch der Haftungsmaßstab für eine missbräuchliche oder eine dem weiblichen Vermögen zuwider laufende Verwaltung war für den Mann sehr vorteilhaft ausgestaltet. Die Gütergemeinschaft des Code civil beziehungsweise des Badischen Landrechts stellte in der damaligen Form keineswegs einen für beide Ehepartner vorteilhaften Güterstand dar.

Bei der Betrachtung der hier vorgestellten Güterrechtssysteme darf keineswegs vergessen werden, dass die Ehefrau insgesamt sehr stark in ihrer Geschäftsfähigkeit beschränkt war. Selbst wenn sich die güterrechtliche Stellung der Frau in einer Kodifikation besser darstellte als in einer anderen, so ist der tatsächliche Nutzen, der daraus gezogen werden konnte, trotz allem als sehr gering einzustufen. Sofern die Ehefrau nach wie vor geschäftsunfähig war und für jedes rechtsgeschäftliche Handeln auf die Einwilligung ihres Ehemannes angewiesen war, nutze ihr die güterrechtliche Besserstellung zumindest während der Ehe nicht viel.

Auch das erwähnte vorbehaltene Vermögen der Frau stellte sich als solches nur in wenigen Fällen als ein wirklicher Vorteil für die Ehefrau heraus. Die vorzufindenden Ausnahmen bezüglich kostbarer Gegenstände beziehungsweise auch die tatsächliche wirtschaftliche Lage der Eheleute[411] standen dem tatsächlichen Nutzen dieses Vermögensteils für die Frau ebenfalls sehr stark entgegen. Die Vorteile der güterrechtlichen Regelungen lagen insgesamt betrachtet klar auf der Seite des Ehemannes. Sofern weibliches Vermögen vorhanden war, konnte der Ehemann einen Großteil davon zu seinem eigenen Vorteil nutzen und verwalten. Die Verwaltungstätigkeit konnte sehr frei ausgeübt werden und unterlag nur bei schwerem Missbrauch einer Ausgleichspflicht. Demnach war das Güterrecht der hier untersuchten Kodifikationen des 19. Jahrhunderts insgesamt noch sehr patriarchalisch und damit zum Vorteil des Mannes geprägt.

dd. Ungleichheit der Scheidungsgründe und -folgen in Bezug auf das Geschlecht

Neben den sehr unterschiedlichen Güterstandsregelungen war auch das Scheidungsrecht der damaligen Kodifikationen sehr uneinheitlich ausgestaltet. Hier

411 In all den Fällen, in denen die Ehefrau kein eigenes Vermögen mit in die Ehe bringen konnte, ist davon auszugehen, dass auch der Teil des ihr vorbehaltenen Vermögens sehr gering war. Der Mann wird in der Praxis ein Interesse daran gehabt haben, den Anteil dieses Vermögens möglichst gering zu halten, um denjenigen Teil, der unter seiner Verwaltung stand, zu erhöhen.

spielte insbesondere der territorial stark schwankende Einfluss der Kirche auf die Gesetzgebung eine gewichtige Rolle. Ohne das Verhältnis der Religionen zueinander in den einzelnen Kodifikationen vorwegzunehmen, seien an dieser Stelle lediglich die zwischen Protestanten und Katholiken grundlegend unterschiedlichen Regelungen in Bezug auf die Ehescheidung erwähnt.[412]

Der größte Unterschied findet sich dabei bereits in der Möglichkeit überhaupt eine Ehe vollständig trennen zu können. Die evangelische Kirche machte die absolute Trennung zweier Ehegatten auf Antrag eines oder auch beider Teile grundsätzlich möglich, wohingegen die Ehe zwischen Katholiken als untrennbar galt. Die katholische Kirche ermöglichte den sich trennenden Ehegatten lediglich durch die sogenannte „Trennung von Tisch und Bett", ein tatsächliches, räumliches Zusammenleben beenden zu dürfen. In der Sache unterschieden sich die beiden Arten der Ehetrennung allerdings nur bedingt. Die „Trennung von Tisch und Bett" – faktisch ein Fortbestehen der Ehe – verhinderte jedoch die Wiederverheiratung.[413] Diese konfessionsbedingte Unterscheidung findet

---

412 Auf das Verhältnis der einzelnen Religionen zueinander wird unter B. II. 2. c. näher eingegangen.

413 Die Motive zur Auflösung der Ehe im Hessischen Entwurf zeigen die unterschiedlichen Anschauungen bezüglich der Ehescheidung sehr anschaulich. Dort heißt es: „[...] Die katholische, sowie die protestantische Kirche erkennen beide die Nothwendigkeit (sic!) an, daß Eheleuten, welchen durch die Schuld des einen oder des anderen oder beider, das eheliche Zusammenleben unmöglich geworden ist, in ihrem und dem öffentlichen Interesse separirt (sic!) werden müssen, aber sie schlagen zur Erreichung dieses Zwecks verschiedene Wege ein. Die protestantische Kirche löst ein solches unglückliches Band gänzlich, die katholische Kirche läßt es als unauflösbar bestehen und beugt bloß allein durch eine Ermächtigung der Ehegatten, nicht mehr zusammenleben zu müssen, bedauerlichen Auftritten und größem Unheil vor. Dem katholischen Princip (sic!) liegt die Idee zu Grunde, daß es bei der Wichtigkeit des Instituts der Ehe für Kirche und Staat nothwendig (sic!) sei, durch die Ueberzeugung (sic!) der Eheleute von der Unmöglichkeit einer Trennung, die auftauchende Sinnlichkeit und Hinneigung zu einem anderen Gegenstand geheimer, unerlaubter Wünsche gänzlich zu unterdrücken, und durch diese Ueberzeugung, sowie durch die klare Anschauung der gänzlichen Erfolglosigkeit etwaiger Plane zu einer anderweiten Verbindung den wankenden Ehegatten in Erfüllung seiner Pflichten stark zu machen. Das protestantische Princip dagegen beruht auf einer humanen Berücksichtigung der traurigen Lage des unschuldigen Gatten, auf dem Interesse des Staates bei anderweiter Verheirathung (sic!) und auf dem Bestreben, Verbrechen zu verhüten, welche eine Folge der durch die Unauflösbarkeit des Bandes verursachten Verzweiflung des einen oder des andern Ehegatten sein könnten. Da sich auch von dem Standpuncte (sic!) des Staates aus die Relevanz der für das eine und für das

sich wörtlich im ALR und im ABGB wieder.[414] Im sächsischen BGB, im Code civil des Rheinlands, im Badischen Landrecht, im Zürcher PGB sowie im hessischen Entwurf stand dagegen die Konfession der Ehegatten im Hintergrund. Die Bedeutung der in diesen Kodifikationen anzutreffenden „Trennung von Tisch und Bett“, war dort auf eine während des Scheidungsprozesses beziehungsweise eine vor dem Scheidungsurteil anzunehmende, vorläufige räumliche Trennung der Ehegatten beschränkt.[415] Die Trennung von Tisch und Bett besaß dort somit lediglich eine vergleichbare Funktion des uns heute bekannten Trennungsjahres in § 1565 II BGB.

Abgesehen von den konfessionellen Unterschieden im Scheidungsrecht sei an dieser Stelle auch kurz auf die unterschiedlichen Voraussetzungen einer Scheidung hingewiesen. Die Trennung einer Ehe, sofern sie möglich war, konnte in den Kodifikationen der damaligen Zeit auf vielfältigen Gründen basieren.[416] Diese Gründe reichten von dem Ehebruch der Ehegatten, über langjährige Gefängnisstrafen bis hin zur andauernden Unfähigkeit eines Teils, den ehelichen Pflichten nachzukommen. Die Scheidungsgründe waren sehr umfangreich und in der Regel auch abschließend geregelt. Grundsätzlich galt im Scheidungsprozess der damaligen Zeit das Verschuldensprinzip. Dies hatte zur Folge, dass die Regelungen in Bezug auf die Scheidung auch zwischen dem schuldigen und dem unschuldigen Teil differenziert wurden. Zusätzlich wurde danach unterschieden, ob der Mann oder aber die Frau der schuldige Teil gewesen war. So wurde der Ehebruch des Mannes in der Regel weniger schwer gewichtet als der einer Frau.[417] Begründet wurde diese Benachteiligung der Frauen damit, dass der Ehebruch der Frau moralisch verwerflicher sei. Insbesondere wird die Möglichkeit eines unehelichen

---

andere Princip sprechenden Gründe nicht verkennen läßt, so möchte es da, wo nur eine Confession in Uebung (sic!) wäre, nicht ungeeignet sein, dem Princip dieser Confession zu folgen, überall aber, wo die Staatsangehörigen verschiedenen Cofessionen angehören, wird, insofern man nämlich dem Gesetz das kirchliche Princip nicht zu Grunde legt, die legislative Klugheit anrathen (sic!), dem Beispiel des Code civil entsprechend, dem protestantischen Grundsatz zu folgen […]“, zu finden in *Schubert,* Bd. 2,1 = Abt. 1 (Personenrecht). Bericht der Kammerausschüsse von 1846, S. 256–257; ebenso auch bei *Bluntschli/Dahn,* Deutsches Privatrecht, § 196, S. 578–579.

414 Siehe dazu ALR II 1 § 733 und §§ 111, 115 ABGB.

415 Siehe dazu §§ 1752 ff. sächsBGB, § 199 PGB, Art. 306 ff. Cc und Abt. I Tit. 2 Art. 81–115 HessE.

416 Siehe dazu auch ALR II 1 §§ 668 ff., § 115 ABGB, § 182 ff. PGB, §§ 1712 ff. sächsBGB, Abt. I Tit. 2 Art. 83 ff. HessE, Art. 229 ff. Cc bzw. auch Art. 229 ff. BadLR.

417 Siehe auch ALR II 1 § 671.

Kindes und die infolgedessen drohenden Unterhaltskosten für den Ehemann eine nicht zu verachtende Rolle bei der Ausgestaltung dieser Gesetzesmaterie gespielt haben. Diese geschlechtsspezifische Unterscheidung der Scheidungsgründe findet jedoch nicht in allen hier untersuchten Kodifikationen Anwendung. So lassen sich im Zürcher PGB, im sächsischen BGB, im ABGB und auch im hessischen Entwurf diese Vorschriften – für die damalige Zeit eher untypisch – nicht finden. Hier waren die Scheidungsgründe zwischen Mann und Frau sowie die daran geknüpften Folgen gleich.[418]

Der im Rheinland geltende Code civil, als ein auf der Gleichheit der Menschen aufbauendes Gesetzbuch, beinhaltete dagegen keineswegs solch ausgeglichenen Regelungen bezüglich der Scheidungsgründe. Die Vorschriften verschärften sogar die Ungleichheit zwischen Mann und Frau. Die Ehefrau konnte sich gemäß Art. 229 Cc von ihrem Mann nur dann wegen Ehebruchs scheiden lassen, wenn dieser Ehebruch zwischen dem Ehemann und seiner Geliebten in der eigenen Ehewohnung vollzogen wurde. Sofern diese Voraussetzung nicht vorlag, musste die Frau den Ehebruch ihres Mannes mehr oder weniger hinnehmen. Der Mann hingegen konnte bei jeglichem Ehebruch durch seine Frau eine Scheidung beantragen.[419] Die bereits erwähnte Pflicht in Art. 212 Cc zur gegenseitigen Treue, scheint somit in der Praxis nur als eine einseitige Pflicht der Ehefrau zu bestehen. Die Formulierung des Badischen Landrechts hingegen wurde zu Gunsten der Ehefrau modifiziert. Dort wurde eine physische Nähe von der Art, dass „sie einander […] zuwandeln können" einer Aufnahme in die Ehewohnung gleichgestellt.[420] Im Badischen Landrecht wurde somit versucht, die Nachteile der Ehefrau im Scheidungsrecht abzumildern.

Das Spektrum der Scheidungsgründe reichte von einer verschärften Differenzierung zwischen den Geschlechtern im Code civil, über eine bloß moralische Differenzierung im hessischen Entwurf, bis hin zu einer vollständigen Angleichung zwischen Mann und Frau im Zürcher PGB bzw. im sächsischen BGB.

---

418 Siehe dazu § 182 ff. PGB, § 1713 sächsBGB bzw. § 109 ABGB; der hessische Entwurf lässt zwar in Abt. I Tit. 2 Art. 83 für Mann und Frau die gleichen Scheidungsgründe gelten, in den Motiven zum Entwurf von 1842/1844 wurde allerdings noch festgehalten, dass bei moralischer Würdigung der Ehebruch der Frau schwerer wiegt, siehe *Schubert,* Bürgerliches Gesetzbuch für das Großherzogthum Hessen/Entwürfe und Motive (1842–1853), Bd. 1. = Abt. 1 (Personenrecht), Entwürfe und Motive von 1842 und 1844, S. 120.

419 Siehe dazu auch Art. 229 Cc.

420 Diese im Vergleich zum Code civil sehr fortschrittliche Formulierung ist zu finden in Art. 230a BadLR.

Auch die bereits erwähnte Verschuldensfrage wurde unterschiedlich behandelt. Es galten dafür verschiedene Beweisregeln, die ebenfalls nach dem Geschlecht differenziert wurden. Für den Mann ließ sich die Unschuldsvermutung lediglich dadurch negativ beeinflussen, dass ihm ein vertrauter Umgang mit der beteiligten Frau nachgewiesen wurde oder er den Beischlaf bereits außergerichtlich zugegeben hatte. Die Frau dagegen konnte die ihr zu Gute kommende Unschuldsvermutung bereits durch den Besuch unzüchtiger Häuser, das Antreffen an einsamen, verdächtigen Orten oder auch schon durch eine freche Ausdrucksweise erschüttern.[421] Diese gravierende Benachteiligung der Ehefrau brachte den Ehemann in die sehr vorteilhafte Ausgangslage, trotz eines begangenen Ehebruchs aufgrund von Beweisschwierigkeiten schadlos aus einem Scheidungsprozess herauszukommen.

Neben den Scheidungsgründen wurden auch die Folgen einer Scheidung nach Mann und Frau unterschiedlich bewertet. Der Mann konnte alles, was die Frau während der Ehe erworben hatte, als von ihr dem gemeinsamen Ehevermögen eingebracht betrachten. Eine diesbezügliche Regelung für den Umgang mit den Gütern des Mannes fehlt hingegen. Der Mann sollte somit auch von dem eingebrachten weiblichen Vermögen nach der Trennung der Ehe einen Teil erhalten. Außerdem konnte der Mann alle Kostbarkeiten, die er seiner Frau während der Ehe geschenkt hatte, zurückfordern. Einzige Ausnahme waren Gegenstände, die nach ihrer Beschaffenheit lediglich dem Gebrauch des weiblichen Geschlechts dienten.[422] Die Möglichkeit der hier gezeigten Rückforderung durch den Mann beziehungsweise auch der oben erwähnten Vermutung, dass das Eigentum an wertvollen Gegenständen im Zweifel dem Mann zufällt, wirkte sich sehr stark zu Lasten des weiblichen Geschlechts aus.

Darüber hinaus hatte die Scheidung einer Ehe auch Auswirkungen auf den Stand und den Namen der Ehefrau. So sah der hessische Entwurf vor, dass eine unschuldig geschiedene Frau und folglich auch die ehelichen Kinder den Namen und den Stand des Mannes behalten durften. Anderenfalls fiel sie in ihren alten Stand zurück und hatte auch wieder ihren alten Familiennamen anzunehmen.[423] Im Zürcher PGB blieb der Stand erhalten, dagegen verlor die Frau den Namen

421 Zum Verdacht der schlechten Aufführung siehe auch ALR II 1 §§ 1104.

422 Siehe dazu die Regelungen in ALR II 1 §§ 206 u. 215 f.; vergleichbare Beweislastregeln sind in den anderen Zivilkodifikationen aufgrund des abgegrenzten Inhalts auf das reine Zivilrecht nicht zu finden.

423 Siehe dazu die Anträge der Ausschüsse zu Abt. I Tit. 2 Art. 104 HessE bei *Schubert*, Bürgerliches Gesetzbuch für das Großherzogthum Hessen/Entwürfe und Motive (1842–1853), Bd. 2,2 = Abt. 1, (Personenrecht). Entwurf von 1846.

des Mannes.[424] Eine gegenteilige Vorschrift findet sich dagegen im sächsischen BGB, wonach die Scheidung auf den Familiennamen und den Stand keine Auswirkung haben soll.[425]

Im Zusammenhang mit der Scheidung, aufgrund eines richterlichen Urteils oder aber der Trennung infolge des Todes eines Ehepartners, sei auf die unterschiedliche Dauer hingewiesen, die der geschiedene Partner bis zur erneuten Wiederverheiratung verstreichen lassen musste. Im ALR regen dies II 1 §§ 19–23 und II 1 § 436, wobei die Frau neun Monate beziehungsweise ein ganzes Jahr, der Mann dagegen gar nicht warten beziehungsweise bloß ein halbes Jahr trauern musste.[426] Diese Regelung lässt sich damit begründen, dass sich in der damaligen Zeit der Zeugungstermin und somit auch die Frage, wer der tatsächliche Vater des Kindes ist, nicht exakt bestimmen ließen. Demzufolge musste die Frau bis zur nächsten Eheschließung eine gewisse Zeit verstreichen lassen, sodass ausgeschlossen werden konnte, dass dem neuen Ehemann ein nichteheliches Kind als das seinige ausgewiesen werden konnte. Die hier erwähnten Vorschriften über die Wartezeit korrelierten mit der einfachen Vermutung, dass der zum Zeitpunkt der Geburt des Kindes mit der Mutter verheiratete Mann grundsätzlich als Vater des Kindes angesehen wurde.[427] Unter Beachtung dieses Umstandes dienten diese Regelungen einzig dem Schutz des neuen Ehemannes vor unrechtmäßigen Unterhaltsforderungen. Die Frage der Vaterschaft hatte neben direkten Auswirkungen auf die Unterhaltszahlungen auch solche auf diverse familien- und erbrechtliche Regelungen, bei denen stets danach differenziert wurde, ob ein Kind ehelich oder außerehelich geboren wurde.[428]

Insgesamt zeigt sich anhand der beispielhaft ausgewählten Vorschriften, dass auch das Scheidungsrecht der Zivilkodifikationen des 19. Jahrhunderts eine starke patriarchale Prägung beinhaltete. Die herausragende Stellung des Vaters in Haus und Familie lässt sich auch in diesem Bereich deutlich wiederfinden. Einige Kodifikationen wie das PGB, das sächsische BGB, das ABGB und in Teilen der

424 So zu finden in § 210 PGB.

425 Siehe dazu auch § 1748 sächsBGB.

426 Ähnliche Vorschriften sind auch in den übrigen Kodifikationen zu finden, siehe dazu § 1607 sächsBGB, § 120 ABGB bzw. auch §§ 73, 74 f. PGB. In Art. 228 Cc ist dagegen nur eine die geschiedene Frau betreffende Regelung zu finden. Demnach konnte der Mann direkt nach der Trennung einer Ehe erneut heiraten, die Frau musste dagegen 10 Monate bis zu erneuten Eheschließung warten.

427 Siehe dazu ALR II 2 § 1, § 1772 sächsBGB, § 131 PGB, Art. 312 Cc bzw. auch § 138 ABGB.

428 Siehe dazu weiter unten, B. II. 2. b. bb.

hessische Entwurf versuchten der patriarchalen Prägung durch gleiche Rechte für Mann und Frau auch im Ehe- und Scheidungsrecht entgegenzuwirken. Hier lässt sich bereits eine deutliche Tendenz zur Gleichheit der Geschlechter wiederfinden. Eine vollständige Angleichung der Rechte ist darin allerdings noch nicht zu erkennen. Eine abschließende Bewertung der Regelungen in Bezug auf die Abschaffung des Patriarchats folgt im kommenden Abschnitt.

ee. Bewertung der patriarchalen Vorschriften

Nach der bisher vorgenommenen Darstellung kommt man bei objektiver Betrachtung unweigerlich zu dem Schluss, dass die familien- und eherechtlichen Vorschriften der hier untersuchten Zivilkodifikationen allesamt das Patriarchat förderten, bzw. zumindest am patriarchal geprägten *status quo* festhielten. Die Frau war in den Kodifikationen des 19. Jahrhunderts in allen hier untersuchten Teilbereichen dem Mann mehr oder weniger stark unterworfen und unterlag einer starken Diskriminierung. Von einer Gleichheit der Geschlechter lässt sich keineswegs sprechen. Es stellt sich allerdings die Frage, ob sich diese Ungleichheit ausschließlich zum Nachteil der Frau äußerte oder ob dieser patriarchalen Prägung eventuell auch positive Aspekte entnommen werden konnten.

Aus heutiger Sicht können der Unterordnung eines Geschlechts unter die Herrschaft des Anderen keinerlei positive Aspekte mehr abgewonnen werden. Eine solche Bewertung ist daher ausschließlich im Kontext der historischen Auffassung bezüglich der Rolle der Geschlechter möglich. Dies hat zur Folge, dass unsere heutige Vorstellung von der Gleichheit der Geschlechter nicht in diese Betrachtung einbezogen werden kann.

Da das weibliche Geschlecht, historisch betrachtet, als dem männlichen nicht gleichwertig, ihm somit in allen Bereichen unterlegen angesehen wurde, sollten die hier untersuchten Vorschriften auch dazu dienen, das weibliche Geschlecht vor den Gefahren des Alltags zu beschützen und so einen geregelten Ablauf des Familienlebens sicherzustellen. Der Mann sollte als Haupt der Familie alle relevanten wirtschaftlichen und sozialen Entscheidungen fällen. Er sollte einzig und allein die Familiengeschäfte und somit die sprichwörtlichen Fäden in der Hand halten. Dies galt umso mehr, da angenommen wurde, dass der Mann aufgrund seiner – natürlich gegebenen – Erfahrung und Stärke den besseren Überblick über die alltäglichen Geschäfte besaß.[429]

Das Argument des besseren Überblicks verfängt allerdings nur dann, wenn die natürliche Differenzierung der Geschlechter als gegeben hingenommen und

429 Siehe dazu auch unter B. II. 2. a. aa.

nicht hinterfragt wird. Nur unter diesen Voraussetzungen lässt sich ansatzweise nachvollziehen, dass die damaligen Vorschriften als eine Art Schutz zu Gunsten der Frau und demnach als für dieselbe positiv zu betrachten waren. Die Frau, als wirtschaftlich unerfahrener, nach damaliger Vorstellung nicht rational handelnder Geschäftspartner, sollte sich aus Gründen des Selbstschutzes überhaupt nicht wirksam verpflichten können. Rechtsgeschäfte einer Frau hatten demzufolge weder positive noch negative Auswirkungen auf das weibliche Vermögen. Dieser Aspekt war für die Frau – reduziert auf die Position als Schuldnerin – durchaus positiv zu sehen, da ihre Gläubiger infolge einer nicht rechtsgültig entstandenen Verbindlichkeit, nicht auf ihr Vermögen zugreifen konnten. Ihr Vermögen wurde effektiv vor der Gefahr einer ungewollten Verminderung geschützt, was nach damaligen Vorstellungen zwingend erforderlich war.

Der Schutz der Frau vor den Gefahren des Wirtschaftsverkehrs erscheint allerdings bereits in weit weniger positivem Licht, wenn in diesem Zusammenhang das primäre Interesse des Mannes mit in die Betrachtung einbezogen wird. Diesem oblag die gesamte Vermögensverwaltung und Nutznießung daran.[430] Da die Gläubiger in der Regel keinen wirksamen Anspruch aus einem Rechtsgeschäft gegen die Frau erlangen konnten, war folglich auch die Nutznießung des Mannes in dem bisherigen Umfang geschützt. Der Umfang des jeweiligen Nutzens für den Mann konnte somit nicht durch einseitige Handlungen der Frau verringert werden. Wie klar die Interessen dabei verteilt waren, zeigt der umgekehrte Fall. Wenn auf der anderen Seite der Mann beispielsweise für ein Delikt oder ein missglücktes Rechtsgeschäft zu haften hatte, so war selbst das eingebrachte Vermögen der Frau vor dem Zugriff der Gläubiger des Mannes nicht vollumfänglich geschützt. Es konnte vielmehr auf das gesamte Vermögen, welches in der Verwaltung des Mannes stand, zugegriffen werden. Diese ungleiche Behandlung zwischen den Gläubigern des Mannes und den Gläubigern der Frau zeigt erneut sehr deutlich, wie tief der Unterschied zwischen den Geschlechtern in der Gesellschaft verankert war.

Wenn jemand ein Rechtsgeschäft mit einer Frau abschloss, so geschah dies in der Regel auf seine eigene Gefahr. Ein umfangreicher Gläubigerschutz wurde gegenüber einer Frau als Geschäftspartner nicht gewährleistet. Durch dieses bei Geschäften mit weiblichen Vertragspartnern ungleich größere Risiko fand eine effektive Verdrängung der Frauen aus dem gesamten Bereich des Wirtschaftsverkehrs statt.[431] Selbst die vermeintlichen Freiheiten, die einer Frau im Bereich

430 Siehe dazu unter B. II. 2. a. bb.

431 Ein noch negativeres Bild zeichnet Petra Malsbenden, welche die Frau infolge der zumindest im ALR vorzufindenden Vorschriften als überhaupt nicht konkurrenzfähig ansieht, was auf die Schwerfälligkeit und die Unsicherheit der abgeschlossenen

der Haushaltsführung beziehungsweise der mit Einwilligung ihres Mannes vorgenommenen Tätigkeit als Handelsfrau zukamen, wurden in der Praxis durch diverse Ausnahmen eingeschränkt. Der Schutz der männlichen Interessen an der Verwaltung und die Nutznießung des weiblichen Vermögens standen dagegen bei der Ausgestaltung dieser Regelungen an oberster Stelle.

Um auf die angeregte Frage einer Bewertung dieser Vorschriften zurückzukommen, so ist an dieser Stelle unter Beachtung der zuletzt genannten Punkte festzuhalten, dass die Überlegung, die vorliegenden Vorschriften als reine Schutzvorschriften zu Gunsten der Frau verstehen zu können, doch sehr fraglich erscheint. Die Frau wird zwar vor gewissen Gefahren des Rechtsverkehrs geschützt, doch zeigt allein schon die in den Kodifikationen zu findende Möglichkeit der Ehefrau, als Handelsfrau aufzutreten, beziehungsweise selbst über die Schlüsselgewalt und auch die Notgeschäftsführung wirksame Rechtsgeschäfte eingehen zu können, dass Frauen keineswegs nur zu ihrem Nachteil handeln konnten. Dies zeigt, dass ein vollumfänglicher Schutz vor den angeblichen Gefahren des Handelsverkehrs keineswegs zwingend erforderlich war.

Die Nachteile, die in Gestalt dieser vormundschaftsähnlichen Regelungen und der nahezu vollständigen Entmündigung der verheirateten Frau einhergingen, überwiegen daher stark und lassen keinen anderen Schluss zu, als dass diese Regelungen mehr zum Schaden als zum Nutzen der Frauen waren. Die patriarchal geprägten Vorschriften belasteten die Frauen ungleich stärker als die Männer. Darüber hinaus konnte mit Hilfe dieser Vorschriften die patriarchale Struktur des Familienlebens aufrecht erhalten, vielmehr noch gefestigt werden. Die angenommene Schutzbedürftigkeit der Frau scheint unter diesem Aspekt in erster Linie dem Erhalt der Vormachtstellung des männlichen Geschlechts zu dienen.

Trotz der eben erwähnten Einschränkungen und der negativen Auswirkung auf die Position der Frau in der Gesellschaft des 19. Jahrhunderts, sind die damaligen Regelungen, insbesondere die der Schlüsselgewalt sowie auch die der Handelsfrau, als erste Schritte zur Erlangung der vollen Geschäftsfähigkeit des weiblichen Geschlechts zu sehen.

Eine parallele Entwicklung zu dem bisher Gesagten, findet sich auch in den vorliegenden güterrechtlichen Vorschriften, aus denen im Zweifel der Mann einen größeren Vorteil ziehen konnte. Allerdings darf hier nicht übersehen werden, dass auch die Unterhaltspflicht gegenüber Frau und Kindern in der Regel zu

---

Geschäfte zurückzuführen sei, so zu finden bei *Malsbenden*, Die rechtliche Stellung der Frau im ehelichen Güterrecht vom ALR zum BGB, S. 87 und 121 f.

allererst den Ehemann/Vater traf. Die für den Mann vorteilhafteren güterrechtlichen Regelungen und auch die Verwaltung und Nutznießung des eheweiblichen Vermögens stellten nach damaligem Verständnis somit eine Art Kompensation für die Lasten und Aufwendungen dar, die der Ehemann aufgrund der Ehe und der Unterhaltung seiner Familie zu tragen hatte.[432] Insofern erscheinen zumindest einige güterrechtliche Regelungen auf ein ausgeglichenes Verhältnis zwischen den Geschlechtern abzuzielen. Keineswegs ausgeglichen sind dagegen die genannten Vermutungen zur Eigentumslage wirtschaftlich hochwertiger Güter, die bereits ausführlich dargestellt und diskutiert wurden.

Die Schlussfolgerung, dass bereits eine Angleichung der Rechte zwischen Mann und Frau stattgefunden hat, kann in Bezug auf die Scheidungsgründe der hier untersuchten Kodifikationen ebenfalls nur in begrenztem Maße gezogen werden. Die Möglichkeiten zur Scheidung einer Ehe sowie die Folgen derselben bevorzugten, unabhängig von der Konfession der Beteiligten, stets den Ehemann. Am stärksten ist die Bevorzugung des Mannes anhand des im Rheinland geltenden Code civil zu sehen. Dort wurde der Ehebruch des Mannes erst unter Hinzuziehung weiterer Voraussetzungen als Trennungsgrund angesehen, wohingegen der Ehebruch der Frau sofort zur Trennung führen konnte. Diese patriarchalisch geprägte Regelung fügt sich allerdings nahtlos an die restlichen, dem Patriarchat ebenfalls positiv gegenüberstehenden Vorschriften des Code civil. Etwas abgemildert wurden diese Vorschriften bereits im Badischen Landrecht. In der Abkehr vom stark patriarchal geprägten Scheidungsrecht des zu Grunde liegenden Code civil, ist eine durchaus positive Entwicklung zu sehen. Das Patriarchat wurde im Badischen Landrecht in Teilen kritischer betrachtet als noch im Code civil.

Dahingegen stellten das Zürcher PGB, das sächsische BGB, das ABGB und der hessische Entwurf für Mann und Frau sogar die gleichen Scheidungsgründe in Aussicht, sodass diese Gesetze, beziehungsweise der letztere Entwurf unweigerlich dazu beitrugen, die Benachteiligung der Frauen ein Stück weit zu verringern.

Als Kernpunkt dieser Bewertung lässt sich festhalten, dass das historisch bedingte und gewachsene Patriarchat auch in den Kodifikationen des 19. Jahrhunderts vorzufinden war. Die Reichweite war allerdings unterschiedlich. Der Mann war nach wie vor als Haupt der Familie anzusehen und galt als der überlegene Teil der Ehe. Auch die teilweise gesetzlich fixierte Gleichstellung von Mann und Frau konnte die Ausgestaltung der patriarchalen Vorschriften nur in Teilen

432 Siehe dazu Art. 384 ff. Cc, wonach auf der einen Seite primär der Vater in den Genuss der Vermögensverwaltung kommt, auf der anderen Seite aber auch primär die Lasten des Unterhalts und der Ernährung der Kinder zu tragen hat.

beeinflussen. Festzuhalten ist jedoch ebenfalls, dass sich in den Kodifikationen erste Ansätze unterschiedlichen Inhalts erkennen lassen, die eine Verringerung der Benachteiligung und Diskriminierung von Frauen in Aussicht stellen sollten.

b. Verhältnis Eltern-Kind

Wie bereits gezeigt, waren weite Teile des Familienrechts von einer patriarchalen Prägung durchzogen. Fraglich ist, inwiefern das Verhältnis der Eltern zu ihren Kindern hiervon beeinflusst wurde. Der historisch begründeten väterlichen Rolle lag zunächst auch ein starkes Machtgefälle zwischen dem Vater und seinem Kind zu Grunde. Die väterliche Gewalt wurde ursprünglich sogar als „Recht über Leben und Tod" verstanden.[433] Obwohl die sehr weitreichende Kompetenz des Vaters, die eine außergerichtliche Bestrafung und sogar Tötung seiner Kinder möglich machte, bereits in der Frühzeit eingeschränkt beziehungsweise ganz abgeschafft wurde, verschaffte auch die neuere väterliche Gewalt dem Vater ein breites Spektrum an Rechten gegenüber seinen Kindern. Diese Rechte beinhalteten unter anderem das Aussetzen, das Verkaufen der Kinder und die körperliche Bestrafung, wobei es nun eher um eine Züchtigung ging.[434]

Bis zum Inkrafttreten der Zivilkodifikationen des 19. Jahrhunderts sollte sich die väterliche Gewalt allerdings einem starken Wandel unterziehen. Von einem einzig und allein dem Vater vorteilhaften Rechtsinstitut wandelte sich die väterliche Gewalt zu einem zumindest teilweise auch dem Kind nützlichen Institut. Zu Beginn des 19. Jahrhunderts glich die väterliche Gewalt nicht mehr ausschließlich einem Gewaltverhältnis, dass in erster Linie dem Vater Vorteile bot, sondern eher einer schützenden Vormundschaft. Diese sollte automatisch erlöschen, sobald die Kinder dieser nicht mehr bedurften. Nachfolgend sollen charakteristische Merkmale dargestellt werden, die den Umfang und die nähere Ausgestaltung des Verhältnisses zwischen dem Vater und seinen Kindern in den einzelnen Gesetzbüchern charakterisieren. Zudem stellt sich die Frage, inwiefern es neben den väterlichen Rechten auch gemeinschaftliche, also elterliche Rechte gab.

aa. Bevormundung der Kinder im Allgemeinen

Die Bevormundung der minderjährigen Kinder war im 19. Jahrhundert noch sehr stark mit der väterlichen Gewalt verbunden. Dieser unterstanden die Kinder in der Regel von Geburt an und waren dem Vater beziehungsweise den Eltern

---

433 Siehe dazu B. II. 1.

434 Siehe dazu *Bluntschli/Dahn*, Deutsches Privatrecht, § 216, S. 643–645.

zu Gehorsam und zur Ehrerbietigkeit verpflichtet.[435] Grundsätzlich oblag auch hier dem Vater das alleinige Bestimmungsrecht, wenn auch eine Aufweichung in Richtung der gemeinsamen Erziehung und Ernährung der Kinder durch beide Elternteile in einigen Kodifikationen zu finden war.[436] Sofern die Kinder ungehorsam waren, stand dem Vater beziehungsweise den Eltern das Recht zu, die Kinder zu züchtigen. Ausüben durfte dieses Gewaltrecht in der Regel allerdings nur der Vater.[437] Dem Vater stand neben einem einfachen Züchtigungsrecht sogar die Möglichkeit zu, bei Ungehorsam der Kinder obrigkeitliche Hilfe zu fordern und die Kinder unter gewissen Voraussetzungen einsperren zu lassen.[438] Die Hinzuziehung staatlicher Stellen zur Züchtigung der Kinder war sozusagen das letzte Mittel und stellt eine sehr drastische Möglichkeit dar, die Einhaltung von Pflichtbewusstsein und Gehorsam der Kinder durchzusetzen. So martialisch diese Möglichkeit des Vaters auch klingen mag, so bemerkenswert ist die dahinterstehende Auswirkung auf die väterliche Gewalt. Durch die Hinzuziehung staatlicher Gewalt gestand der Vater einen Teil seiner Kompetenzen und Befugnisse dem Staate zu. Infolgedessen war die Züchtigung von Kindern nur noch in Teilen familienintern zu verfolgen und auch durchzusetzen. In besonders schwerwiegenden Fällen sollte dagegen auf die Mithilfe des Staates zurückgegriffen werden. Die staatlichen

435 Kinder waren ihren Eltern in jedem Alter Achtung und Ehrerbietung schuldig, Art. 371 Cc. Diese lebenslange Ehrfurcht vor den Eltern besaß gewisse Elemente des Zwangs, sollte aber in der Regel keinen Unwirksamkeitsgrund eines Vertrages darstellen, so zu finden in Art. 1388 Cc; siehe auch ALR II 2 §§ 61 ff., § 1805 sächsBGB bzw. auch Teil 1 Kap. 4 § 2 BayE 1811.

436 So wird in Art. 371 ff. Cc von der elterlichen Gewalt und von der „autorité" beider Elternteile gesprochen, allerdings mit der Einschränkung, dass der Vater eine Vorrangstellung im Entscheidungsprozess besaß, Art. 373 ff. Cc, siehe auch § 1801 ff. sächsBGB; ebenso ist im Zürcher PGB von dem Recht auf Erziehung und der Pflicht zum Unterhalt der Eltern des Kindes die Rede, § 251 PGB bzw. auch § 139 ff. ABGB. Im ALR lässt sich in II 2 §§ 64 ff. eine klare Vorrangstellung des Vaters in Bezug auf die relevanten Entscheidungen die Erziehung der Kinder betreffend finden.

437 Die Gehorsamspflicht bzw. das damit zusammenhängende Züchtigungsrecht der Eltern ist beispielsweise in ALR II 2 §§ 86, 111, § 145 ABGB, § 255 PGB, Abt. I Tit. 3 Art. 19–22 HessE und § 1805 sächsBGB zu finden. Zum alleinigen Züchtigungsrecht des Vaters siehe Art. 373 Cc.

438 So z. B. in Art. 376 ff. Cc. Der Mutter war in der Regel dieses Recht untersagt. Sofern ihr Ehemann jedoch verstorben war, konnte sie dieses Recht mit Hilfe zweier väterlicher Verwandter ausüben. Ein Hinweis auf die Hinzuziehung obrigkeitlicher Hilfe findet sich auch in § 255 PGB.

Befugnisse im Bereich des bisher ausschließlich privat geregelten Familienlebens wurden dadurch erweitert.

Dem Vater standen allerdings noch weitergehende Kompetenzen zu, die inhaltlich weit über ein Züchtigungsrecht hinausgingen.[439] So konnte er grundsätzlich bis zu einem bestimmtem Alter der Kinder darüber entscheiden, wie sie erzogen wurden, welcher Religion sie angehören sollten und welchen Beruf sie zu erlernen hatten.[440] Die Entscheidung über die Berufswahl konnte allerdings unter gewissen Voraussetzungen durch die Einschaltung eines Gerichts umgangen werden.[441] Als Legitimation für diese umfangreichen Eingriffsrechte des Vaters wurde das teilweise gesetzlich verankerte Ziel angesehen, die eigenen Kinder zu tüchtigen Staatsbürgern heranzuziehen. Unter väterlicher Gewalt stehende Kinder hatten neben der Pflicht zum Gehorsam auch die Pflicht, ihre Eltern nach Kräften in Haushalt und Gewerbe zu unterstützen.[442] Die häusliche Mitarbeit der Kinder sollte jedoch ab der Mitte des 19. Jahrhunderts einer stärker werdenden Konkurrenz seitens der Industrie ausgesetzt werden. So machten die Industrialisierung und der damit einhergehende wachsende Arbeitskräftebedarf auch vor den jüngsten Mitgliedern der Gesellschaft nicht halt. Insbesondere der Wechsel von der Selbstversorgerarbeit, als deren Produkt in der Regel Naturalien zur eigenen Nutzung beziehungsweise als Tauschmittel standen, hin zur Erwerbsarbeit, an deren Ende eine Ware stand, die mit einem Marktwert versehen und vergütet wurde, brachte große Veränderungen mit sich.[443] Es kam zu einem vermehrten Anstieg von Kinderarbeit insbesondere in der Textilindustrie sowie im Bergbau. Der gesamte Bereich der Kinderarbeit war, wie auch das Arbeitsrecht im Allgemeinen, zu Beginn des 19. Jahrhunderts kaum gesetzlich

---

439 Das Letztentscheidungsrecht des Mannes in Erziehungsfragen ist z. B. in § 91 ABGB, § 259 PGB zu finden.

440 Die Entscheidung des Vaters über die Konfessionszugehörigkeit endete ebenso wie die Wahl des Berufs der Kinder in der Regel mit dem 14. Lebensjahr. Siehe zur Konfessionszugehörigkeit bzw. zur Berufswahl der Kinder auch ALR II 2 §§ 74, 76, 109 ff., ebenso § 1804 sächsBGB, bzw. §§ 259 ff. PGB. Zu den umfangreichen Rechten des Vaters siehe auch *Bluntschli/Dahn,* Deutsches Privatrecht, § 220, S. 655–662.

441 Siehe § 1804 sächsBGB.

442 Die Pflicht des Kindes zur Mitarbeit ist zu finden in ALR II 2 § 121, Teil 1 Kap. 4 § 2 BayE 1811, ebenso in § 1806 sächsBGB.

443 Eine nähere Auseinandersetzung mit dem durch die Industrialisierung bedingten Wegfall der hauswirtschaftlichen Produktionsgemeinschaft unter dem Aspekt der Folgen für die Frauen bzw. die Familie ist zu finden bei *Weber,* Ehefrau und Mutter in der Rechtsentwicklung. Eine Einführung, S. 383–396.

normiert. Die Ausbeutung der Kinder stieg rasant an.[444] Der drohenden Armut vieler Familien konnte mit zusätzlicher Kinderarbeit allerdings nicht abgeholfen werden.[445] Erschwerend wirkte sich aus, dass an die Stelle der für absolvierte Arbeit gegebenen Naturalien, nun mehr und mehr ein Lohn in Form von Geld trat. Der tatsächliche Wert des Lohnes, sprich die damit verbundene Kaufkraft, wurde jedoch ausschließlich vom Markt bestimmt und konnte sehr stark schwanken. Dies hatte zur Folge, dass das Überleben der Familien immer stärker von Angebot und Nachfrage und somit von nicht mehr direkt zu beeinflussenden Faktoren abhing.

In diesem Zusammenhang stellt sich die Frage, wie die Eigentumslage am Lohn der Kinder rechtlich ausgestaltet war. Da Minderjährige in der Regel nicht geschäftsfähig waren, mussten sie bei dem Abschluss eines Arbeitsvertrages – sofern einer geschlossen wurde – von ihrem Vater oder Vormund vertreten werden. Der Lohn, der durch eigenständige Arbeit der Kinder verdient wurde, fiel jedoch regelmäßig in deren Alleineigentum. Unabhängig von der Eigentumslage konnte das Kind jedoch nicht nach eigenen Wünschen und Vorstellungen damit haushalten. Dem Vater stand grundsätzlich das Recht der Verwaltung und des Nießbrauchs am Kindesvermögen zu.[446] Diese Regeln sind vergleichbar mit dem männlichen Verwaltungsrecht am eheweiblichen Vermögen.

Darüber hinaus sollte der Unterhalt des Kindes primär aus den Früchten des Kindesvermögens beglichen werden, sodass sich eine Verwaltung durch den Vater zwecks Sicherstellung und Vereinfachung der Unterhaltszahlung geradezu anbot.[447] Das Verwaltungsrecht des Vaters stand also in engem Zusammenhang mit seiner Unterhaltsverpflichtung, zumal hierin eine Kompensation der durch

---

444 Die tägliche Arbeitszeit eines Erwachsenen zwischen 11 und 13 Stunden wurde für Kinder ab 6 Jahren nur minimal abgeschwächt, siehe *Henning*, Deutsche Wirtschafts- und Sozialgeschichte im 19. Jahrhundert, S. 285.

445 Siehe zur Einkommenslage der Familien auch *Henning*, Deutsche Wirtschafts- und Sozialgeschichte im 19. Jahrhundert, S. 282–285.

446 Die Eigentumslage an dem durch selbständige Arbeit verdienten Lohn unterscheidet sich demnach von den Regelungen, welche für Ehefrauen gelten. Siehe dazu auch B. II. 2. a. bb. So zu finden in Art. 385 ff. Cc, § 149 ABGB, §§ 261 ff. PGB, Abt. I Tit. 3 Art. 25 HessE bzw. auch § 1810 f. sächsBGB.

447 Diese Ausgleichsfunktion ist sehr deutlich in § 1845 sächsBGB zu erkennen, wonach die Unterhaltspflicht der Eltern dann eintritt, wenn die Früchte des Kindesvermögens für den Unterhalt nicht mehr ausreichen. Demzufolge sind primär die aus der Verwaltung erlangten Nutzungen für den Unterhalt zu verwenden und erst im Anschluss das private Vermögen der Eltern zu belasten. Diese Kompensation ist ebenfalls in §§ 263 ff. PGB zu finden.

Unterhalt und Erziehung anfallenden Kosten gesehen wurde.[448] Der vermehrte Einsatz von Kindern als Arbeitskraft in Haushalt und Industrie hatte weitreichende Auswirkungen auf deren gesellschaftliche Stellung. Kinder hatten insbesondere in den unteren Gesellschaftsschichten nun neben der häuslichen Mitarbeit die Aufgabe, durch zusätzliche Erwerbsarbeit die Absicherung der Familie in Teilen sicherzustellen.[449] Dies darf jedoch nicht automatisch zu dem Schluss führen, dass in der Unterschicht Großfamilien heranwuchsen, die möglichst viele Kinder zur Verbesserung des Lebensstandards ausbeuteten. Der Kindesverdienst der damaligen Zeit war ausschließlich als zusätzliche Einnahmequelle anzusehen, welche die Lebenshaltungskosten des Kindes keineswegs decken konnte. Den Großteil des Lebensunterhalts der Kinder mussten nach wie vor die Eltern aufbringen. Demnach hatte selbst die Kleinfamilie mit einem oder zwei Kindern genügend Probleme, den eigenen Lebensunterhalt zu sichern.[450]

Der Funktion des Mitversorgers der Familie unterlagen Kinder grundsätzlich bis zum Ende der väterlichen Gewalt. Die väterliche Gewalt und damit die umfangreichen Rechte des Vaters sowie die Pflichten der Kinder endeten in der Regel mit der Volljährigkeit.[451] Daneben konnte sie durch die freiwillige Entlassung aus der väterlichen Gewalt, auch Emanzipation[452] genannt, beziehungsweise der Eheschließung oder der Gründung eines eigenständigen Haushaltes beendet

---

448 Siehe dazu Art. 387 Cc bzw. auch § 149 ABGB. Anders lauten dagegen die Regelungen im Zürcher PGB. Dort erlangt das Kind nur dann Eigentum an dem verdienten Lohn, wenn es selbst für seinen Unterhalt sorgte. Ansonsten fiel der Lohn in das Eigentum des Vaters, §§ 264 ff. PGB.

449 Ein kurzer Überblick zur Kinderarbeit in Deutschland ist zu finden bei *Jürgen Bönig*, Zur Geschichte der Kinderarbeit in Deutschland und Europa, in: Bundeszentrale für politische Bildung, Aus Politik und Zeitgeschichte. APuZ, 62. Jg. 43/2012, S. 3–9 (4) m. w. N.

450 Siehe zu den Familienverhältnissen der Unterschicht auch *Barbara Beuys*, Familienleben in Deutschland. Neue Bilder aus der deutschen Vergangenheit, 2006, S. 365–370; *Gerhard*, Verhältnisse und Verhinderungen. Frauenarbeit, Familie und Rechte der Frauen im 19. Jahrhundert mit Dokumenten, S. 110–113; eine andere Ansicht vertritt dagegen *Henning*, Deutsche Wirtschafts- und Sozialgeschichte im 19. Jahrhundert, S. 283 m. w. N.

451 Das Alter der Volljährigkeit variierte in den einzelnen Kodifikationen, so lag diese im ALR (I 1 § 26), im österreichischen ABGB (§§ 147, 172) und im Zürcher PGB (§ 12) bei 24 Jahren, im Code civil (Art. 372, 388), im Sächsischen BGB (§ 47), im hessischen Entwurf (Titel 2 Art. 7) sowie im bayerischen Entwurf (Teil 1 Kap. 2 § 7) bei 21 Jahren. Das Ende der väterlichen Gewalt lässt sich in Art. 372 Cc, §§ 1829 ff. sächsBGB finden. Siehe dazu auch HKK/*Andreas Thier*, §§ 104–115 Rn. 19–21 u. 25–27.

452 Die Emanzipation ist in Art. 476 ff. Cc, § 1831 sächsBGB zu finden.

werden. Es wurde angenommen, dass das Kind durch eines der genannten Ereignisse der väterlichen Vormundschaft nicht mehr bedurfte und sein Leben von nun an selbstbestimmt leben konnte.[453] Ziel war es, sowohl den Rechtsverkehr vor unwirksamen Rechtsgeschäften als auch den Geschäftsunfähigen selbst zu schützen.[454] Das Ende der väterlichen Gewalt schwankte demnach in den einzelnen Kodifikationen parallel zu dem Alter der eintretenden Volljährigkeit (21 bis 24 Jahre) beziehungsweise der Fähigkeit zu heiraten (14 bis 20 Jahre).

Der Weg aus der väterlichen Gewalt über die Verheiratung war ebenfalls von patriarchalem Einfluss geprägt. Sofern ein Kind durch Verheiratung aus der väterlichen Gewalt entlassen werden wollte, war dazu die Einwilligung des Vaters[455] oder der Eltern[456] erforderlich. Die Partnerwahl oblag dagegen einzig und allein dem Kind. Anderslautende Vorschriften, die auf das Vorhandensein von Zwangsehen schließen lassen, sind nicht zu finden. Allerdings konnte die Wahl des Ehepartners mittelbar durch den Vater beeinflusst werden. Der Vater besaß in bestimmten Fällen das Recht seine Einwilligung zu verweigern. Ein legitimer Verweigerungsgrund konnte darin gesehen werden, dass das Auskommen des künftigen Ehepaares nicht gesichert erschien. Die Besonderheit war, dass der Vater diesen Verweigerungsgrund selbst herbeiführen konnte, indem er seiner Tochter die Aussteuer verweigerte.[457] Hinweise darüber, ob durch diese Möglichkeit tatsächlich Ehen mit vom Vater nicht akzeptierten Ehepartnern verhindert wurden, sind nicht überliefert.

Auch die uns heute bekannte altersbedingte Differenzierung zwischen vollkommener Geschäftsunfähigkeit und lediglich beschränkter Geschäftsfähigkeit,

---

453 *Bluntschli/Dahn*, Deutsches Privatrecht, § 222, S. 662 ff.; Siehe dazu auch *von Heimbach*, Art. väterliche Gewalt, in: Rechtslexicon für Juristen aller teutschen Staaten, Bd. 12, 1858, S. 1–96 (54–60).

454 HKK/*Andreas Thier*, §§ 104–115 Rn. 19, 21 u. 25.

455 Bei Minderjährigen ist nach dem Zürcher PGB ebenfalls die Einwilligung des Vaters erforderlich, siehe § 61 PGB; ähnlich auch ALR II I § 45, bzw. auch § 49 ABGB.

456 In § 1571 des sächsischen BGB wurde die ausschließlich väterliche Einwilligung durch eine elterliche Einwilligung ersetzt. Siehe dazu auch Acta der II. Kammer. Die Allerhöchsten Decrete den Entwurf eines bürgerlichen Gesetzbuchs für das Königreich Sachsen nebst Publications-Verordnung betreffend, StA Dresden, D03, 1860, S. [22v]. Im Badischen Landrecht gab es ab einem Alter von 25 Jahren bei den Söhnen bzw. 21 Jahren bei den Töchtern zwar kein striktes Einwilligungserfordernis mehr, nach wie vor war jedoch ein Ehrerbietungsakt gegenüber den Eltern erforderlich. Das Fehlen dieses Aktes stellte ein aufschiebendes Ehehindernis dar, siehe Art. 144, 151 i. V. m. 148 Cc.

457 Siehe zum Verweigerungsrecht der Einwilligung des Vaters auch ALR II 1 §§ 59 ff.

bei der nur bis zu einem gesetzlich fixierten Alter die vollkommene Geschäftsunfähigkeit vorliegt, findet sich bereits in den hier untersuchten Kodifikationen des 19. Jahrhunderts wieder.[458] Unabhängig von der näheren Ausgestaltung der Geschäftsfähigkeit war allen hier betrachteten Gesetzgebungen gemein, dass Kinder bis zum Ende der väterlichen Gewalt beziehungsweise bis zur erlangten Volljährigkeit nur begrenzt geschäftsfähig waren. Sie konnten weder sich noch ihren Vater durch den Abschluss von Rechtsgeschäften wirksam verpflichten. Diese Einschränkung entspricht vollkommen dem patriarchal geprägten Verständnis der Familie. Die väterliche Gewalt und somit der Einfluss des Vaters auf die verschiedenen Lebensbereiche der Kinder war nach wie vor sehr groß. Die Vormachtstellung des Mannes in Beziehung auf seine Kinder war in vielen Bereichen identisch oder zumindest vergleichbar mit der Stellung des Mannes zu seiner Ehefrau. Eine weitere, bisher unbeachtete Parallele ist darin zu sehen, dass Kinder in der Regel den Namen und den Stand des Vaters anzunehmen hatten.[459] Von einer selbstbestimmten Kindheit, die eine freie Entfaltung der individuellen Fähigkeiten und Interessen mit sich bringen sollte, kann keineswegs gesprochen werden. Die Kindheit und Jugend in den hier betrachteten Kodifikationen war klar von dem Willen und den Vorstellungen des Vaters geprägt. Dabei darf jedoch nicht vergessen werden, dass der Vater damit seiner moralischen Verpflichtung nachkam, seine Kinder zu tüchtigen Staatsbürgern zu erziehen. Die Wichtigkeit einer freien und in gewissen Maßen selbstbestimmten Kindheit für die Persönlichkeitsbildung der Kinder war zu Beginn des 19. Jahrhunderts noch weitestgehend unerforscht.[460]

Wie bereits in der Einleitung zu diesem Kapitel angedeutet, bestanden neben den umfangreichen Rechten des Vaters auch einige Pflichten gegenüber seinen Kindern. So war der Vater in der Regel verpflichtet, seinen Kindern standesgemäßen Unterhalt zu zahlen und bis zu deren Volljährigkeit für die Kosten

---

458 Siehe beispielweise § 47 sächsBGB, § 1123–1125 BadLR oder auch § 920 PGB; siehe auch HKK/*Andreas Thier*, §§ 104–115 Rn. 25.

459 So zu finden in ALR II 2 §§ 58 f., § 146 ABGB, § 131 PGB, § 1801 sächsBGB. Die gesetzlich festgelegte Bindung der ehelichen Kinder an den Stand und Namen des Vaters führte dazu, dass dessen herausgehobene Position innerhalb des Familienverbandes noch weiter gefestigt wurde.

460 Siehe dazu exemplarisch *Weber*, Ehefrau und Mutter in der Rechtsentwicklung. Eine Einführung, S. 338: „Wir wissen heute, daß die Anwendung der väterlichen Autorität […], das Hineinzwingen […] Kindern in die Haushörigkeit, der erwachsenen Individualität […] unerträglich wird und gelegentlich geradezu die Zerstörung der innerlichsten Familienbeziehungen fördert."

einer Ausbildung aufzukommen.[461] In einigen Kodifikationen wurde die Unterhaltspflicht bereits auf beide Elternteile verteilt, so beispielsweise im sächsischen BGB und im hessischen Entwurf. Allerdings hatte hier vorrangig der Vater, unter tatkräftiger Mithilfe der Mutter, dafür zu sorgen, dass die Kinder zu tüchtigen Staatsbürgern erzogen wurden.[462] Die Mutter hatte, sofern sie nicht ebenfalls einer Unterhaltspflicht unterlag, nach dem vorherrschenden Rollenbild lediglich die Verpflegung und Erziehung der Kinder nach Vorstellung des Vaters auszuführen, beziehungsweise im Falle seines Fehlens sekundär den Unterhalt zu sichern.[463]

Aus dem bisher Gezeigten wird deutlich, dass die Pflichten des Mannes in der Regel inhaltlich eng begrenzt waren und sich nahezu ausschließlich auf die finanzielle Absicherung seiner Kinder bezogen. Die dem gegenüberstehenden Rechte seinerseits waren dagegen sehr viel weitreichender und griffen tief in das Leben der Kinder ein. Eine Besonderheit im Zusammenhang mit der Erziehung der Kinder, die den starken Machtanspruch des Vaters deutlich macht, ist wiederum im ALR zu finden. Dort konnten Kinder ab dem vierten Lebensjahr dem Einfluss der Mutter komplett entzogen werden, sofern der Vater mit der von ihr geleisteten Erziehung nicht einverstanden war.[464] Daran, dass eine solche Regelung ausschließlich im ALR zu finden ist, wird noch einmal deutlich, wie sehr sich die einzelnen Kodifikationen in Bezug auf die patriarchale Prägung des Familienrechts unterschieden. Trotzdem lässt sich die bereits im ehelichen Verhältnis festgestellte patriarchale Struktur nach dem bisher Gesagten in weiten Teilen auch im Verhältnis der Eltern zu ihren Kindern wiederfinden. Einige Kodifikationen lockerten allerdings die Vorherrschaft des Mannes und stärkten damit gleichzeitig die Rechte der Mutter. Grundsätzlich bleibt festzuhalten, dass dem Vater in der Regel mehr Rechte gegenüber seinen Kindern zustanden als der Mutter. Die Vorherrschaft des Mannes war in dem hier betrachteten Rahmen länderübergreifend ungebrochen.

Sehr interessant ist in diesem Zusammenhang, dass auch das sich ändernde Verständnis der Geschlechterrollen Einfluss auf das Verhältnis des Vaters zu seinen Kindern hatte. Insbesondere finden sich vermehrt Rechte und Pflichten der

---

461 Die Unterhaltspflicht des Vaters gegenüber seinen Kindern ist in §§ 141, 150, 154 ABGB, sowie in § 258 PGB, Art. 385 Cc, ALR II 2 §§ 64 f. und § 1802 sächsBGB zu finden.

462 Zum Zweck der Ehe siehe B. II. 2. a. aa.

463 Die herausragende Rolle des Vaters bei der Erziehung seiner Kinder wird auch an ALR II 2 § 70 (Umkehrschluss) deutlich.

464 So zu finden in ALR II 2 §§ 70 ff.

Eltern in den Kodifikationen wieder. Die Aufgabe der Erziehung und Pflege der Kinder trifft nicht mehr ausschließlich einen Elternteil.

Dieser Wandel deutet bereits an, dass sich die ausführlich diskutierte Differenzierung der Geschlechter beziehungsweise die Abschwächung derselben, auch im Verhältnis der Kinder zueinander problematisieren lässt. Insbesondere im Erbrecht ist dieser Wandel zu erkennen, so dass sich hier nur noch vereinzelt Differenzierungen bezüglich des Geschlechts finden lassen. Grundsätzlich sollten die Kinder zu gleichen Teilen erben.[465] Lediglich im Zürcher PGB finden sich anderslautende Regelungen, nach denen die männliche Linie bevorzugt wurde. Diese Bevorzugung ließ sich auf die Vorstellung zurückführen, dass der Sohn ein zukünftiges Familienhaupt, die Tochter lediglich Familienmitglied wurde.[466] Infolgedessen kam es zu eklatanten Ungleichbehandlungen, je nachdem, ob ein Sohn oder eine Tochter erben sollte. So waren im Zürcher PGB nur Söhne befugt Liegenschaften des Vaters als Ganzes noch vor einer Erbschaftsteilung zu übernehmen.[467] Töchter wurden damit nicht nur finanziell schlechter gestellt, ihnen wurde auch die Möglichkeit genommen, einen landwirtschaftlichen Betrieb als Ganzes weiterzuführen. Den Söhnen stand im PGB insgesamt ein höherer Erbteil zu als den Töchtern.[468] Erstaunlich ist, dass diese Differenzierung der Geschlechter in starkem Kontrast zu den oben erwähnten Versuchen des Zürcher Gesetzgebers steht, die Ungleichbehandlung der Geschlechter im PGB gerade zu verringern.[469]

Eine Angleichung der Rechte zwischen Söhnen und Töchtern lässt sich ebenfalls in den Beratungen zum sächsischen BGB finden, wo es längere Diskussionen bezüglich der Einebnung der vorhandenen Differenzierungen gab. Zur Angleichung der Rechte sollten die zur Finanzierung eines Studiums aufgewendeten Kosten nun sowohl auf das Erbe von Söhnen als auch auf das Erbe von Töchtern angerechnet werden.[470] Die hier in Rede stehende Auseinandersetzung ist als

465 Der Umfang des Erbrechts der ehelichen Kinder ist zu finden in §§ 2034 ff. sächsBGB, Teil III Kap. 10 § 2 BayE 1811 bzw. auch ALR II 2 §§ 275 ff.

466 Siehe dazu *Johann Caspar Bluntschli,* Das zürcherische Erbrecht, Privatrechtliches Gesetzbuch für den Kanton Zürich / mit Erläuterungen, 4. Bd, 1856, S. 8.

467 Die hier genannte Regelung ist zu finden in § 2013 PGB. Ebenfalls befassen sich mit der Problematik der geschlechtsabhängigen Erbfolge *Bluntschli/Dahn,* Deutsches Privatrecht, § 238, S. 707–710.

468 Siehe dazu §§ 1895 ff. PGB; dazu findet sich ein anschauliches Rechenbeispiel bei *Bluntschli,* Das zürcherische Erbrecht, S. 12 f.

469 So auch zu finden bei *Dölemeyer*, Kodifikation in den deutschsprachigen Kantonen, in: Coing (Hg.), Handbuch der Quellen, Bd. III/2, S. 1945.

470 So zu finden in Acten der Commission zu Revision des Entwurfs eines bürgerlichen Gesetzbuchs für das Königreich Sachsen, SLUB Dresden, Sig.: Hist.Sax.K.35.c,

ein weiteres Indiz dafür zu deuten, dass die Gesetzgeber sich mit dem grundlegenden Wandel der Geschlechterrollen und den bisher sehr zu Gunsten der männlichen Linie vorhandenen Regelungen auseinandersetzten. Auf die Frage, inwiefern die zuletzt genannte Vorschrift in der Praxis überhaupt erforderlich war, wird in Kapitel B. II. 2. d. Auswirkungen des Patriarchats, noch näher einzugehen sein. Insbesondere wird zu klären sein, ob es Frauen im 19. Jahrhundert überhaupt möglich war, ein Studium beginnen zu können.

Insgesamt lässt sich festhalten, dass die Differenzierung des Geschlechts mit Hilfe des Erbrechts der hier betrachteten Kodifikationen grundsätzlich verringert werden sollte. In der Regel wurde ein gleiches Erbrecht für Söhne und Töchter verfolgt. Die eindeutige Besserstellung der männlichen Linie im PGB stellt dagegen eine Ausnahme dar, die sich sonst nicht finden lässt.

bb. Benachteiligung der Kinder aus einer nicht vollgültigen Ehe

Nun sei noch ein kurzer Blick auf die Rolle der unehelichen Kinder geworfen. Wie bereits erwähnt, erhielten Kinder den Stand und den Namen des Vaters. Dies galt jedoch ausschließlich für eheliche Kinder. Uneheliche Kinder erhielten dagegen den Namen und den Stand der Mutter.[471] Da der Stand des Vaters jedoch in der Regel der höhere war, standen die Kinder aus einer nicht vollgültigen Ehe sowohl finanziell, als auch in ihrer gesellschaftlichen Stellung schlechter dar, als eheliche Kinder. Hierin liegt eine nicht zu verachtende Benachteiligung, die sich auch in weiteren Vorschriften wiederfinden lässt. So konnten uneheliche Kinder im ALR die Verpflegungs- und Unterhaltskosten nicht in der tatsächlich erforderlichen Höhe sondern nur in Höhe des Bauernstandes beziehungsweise gemeinen Bürgerstandes fordern.[472] Die grundsätzliche Koppelung an den Stand eines Elternteiles war hier sogar zum Nachteil der Kinder durchbrochen.

Band 8 – No. CCVI–CCXXIX, Prot. 222, S. [45–46] Die hier anzutreffende Diskussion lässt darauf schließen, dass dem Gesetzgeber daran gelegen war, die Gleichstellung der Geschlechter explizit im Gesetz zu verankern. Nach dem Wortlaut dieser Diskussion wurde davon ausgegangen, dass in der Praxis auch den Töchtern eine universitäre Ausbildung offen stehen sollte. Inwiefern dies tatsächlich möglich war, wird unten B. II. 2. d. dargestellt.

471 So zu finden in § 165 ABGB, ALR II 2 §§ 639 ff., § 131 PGB, sowie § 1801 sächsBGB.

472 Siehe dazu auch ALR II 2 § 626, wobei die durchschnittlich gezahlte Unterhaltshöhe von 8–12 Talern jährlich keineswegs die tatsächlichen Kosten deckte. Eine ganz andere Frage war darüber hinaus die Zahlungsmoral der Väter dieser unehelichen Kinder, siehe dazu auch *Weber,* Ehefrau und Mutter in der Rechtsentwicklung. Eine Einführung, S. 341.

Ein uneheliches Kind besaß darüber hinaus kein Erbrecht am Vermögen des Vaters. Eine Ausnahme bestand lediglich dann, wenn der Vater das Kind als sein eigenes angenommen hatte.[473] Eine noch stärkere Benachteiligung von unehelichen Kindern lässt sich im Code civil und auch im Badischen Landrecht finden. Dort kam ihnen in der Regel überhaupt kein Erbrecht zu.[474]

Eine weitere Besonderheit in diesem Zusammenhang besteht bei der Anfechtung der Vaterschaft. Aufgrund der Machtstellung des Vaters und der ihn belastenden Unterhaltsverpflichtung war ausschließlich dieser befugt, seine Vaterschaft anzuzweifeln. Ob auch die Mutter eine Vaterschaft positiv feststellen lassen konnte, wurde sehr differenziert betrachtet.[475] Sofern die Vaterschaft durch den vermeintlichen Vater erfolgreich angefochten wurde, war ausschließlich die Mutter unterhaltspflichtig.

Uneheliche Kinder wurden in vielfacher Hinsicht benachteiligt. Der Status eines unehelichen Kindes und sein gesellschaftlicher Stand konnten allerdings durch gerichtliche Anerkennung oder durch Adoption gehoben werden. Somit standen im Gesetz praktikable Möglichkeiten zur Verfügung diesen Missstand zu verringern.

cc. Zusammenfassung

Die patriarchale Prägung und somit die Vorherrschaft des Mannes findet sich ebenfalls sehr deutlich im Verhältnis der Eltern zu ihren Kindern wieder. Der Vater stellt auch in diesem Verhältnis das zentrale und bestimmende Element dar. Speziell dem preußischen ALR liegt noch ein sehr starkes Machtgefälle vom Vater zum Kind zu Grunde, welches sich in weitreichenden Rechten des Vaters und Pflichten der Kinder widerspiegelt. Im Vergleich dazu spielt die Mutter im ALR eine nur untergeordnete Rolle. Hier sind eindeutige Parallelen zu der historischen Bedeutung der väterlichen Rolle zu erkennen. Ein leichter Wandel des Rollenverständnisses der Geschlechter sollte erst im Rahmen der Revisionsbewegung Einzug in das ALR erhalten. Eine umfassende Wandlung des ehelichen Verhältnisses zwischen Mann und Frau beziehungsweise zwischen Eltern und ihren Kindern war hiervon jedoch nicht ausgegangen. Auch die anderen Kodifikationen, insbesondere der im Rheinland geltende Code civil und das daran angelehnte Badische

---

473 So zu finden in §§ 752 ff. ABGB, § 1941 PGB, § 2019 sächsBGB.

474 Zu dem im Code civil fehlenden Erbrecht der sogenannten natürlichen Kinder (Art. 331 Cc) siehe auch Art. 756 Cc und Art. 756 BadLR; die Höhe des Erbteils im Fall der gerichtlichen Anerkennung richtete sich dort nach Art. 757 ff. Cc.

475 Siehe § 1772 sächsBGB, § 134 PGB. Ablehnend auch Art. 340, 341 Cc, wonach jegliche Erforschung der Vaterschaft verboten war.

Landrecht sind keineswegs frei von der patriarchalen Prägung. So stehen dem Vater auch hier umfangreiche Rechte zu, doch zeigt sich, dass die väterliche Gewalt im Laufe der Zeit an Schärfe verloren hat und sich nunmehr eher zu einem vormundschaftlichen Verhältnis gewandelt hat. So stehen den Rechten des Vaters neben engeren Grenzen nun vermehrt Pflichten gegenüber, die dem Interesse des Kindes dienen sollten.[476]

Das mitunter verstärkte Auftreten der Kinder als Arbeitskraft wurde zum einen durch die primär aus den Früchten des Kindesvermögens zu bestreitenden Unterhaltskosten verstärkt und zum anderen auch durch die Rolle des Vaters als Vermögensverwalter gefördert.

Die zum Teil nach Geschlecht differenzierte Behandlung der Kinder im Allgemeinen und insbesondere die starke Benachteiligung der unehelichen Kinder zeigt sehr deutlich, dass das Ziel einer im Recht verankerten Gleichheit in diesem Bereich noch erhebliche Lücken bot. Insbesondere stellte der Status der ehelichen und unehelichen Geburt in den hier untersuchten Kodifikationen des 19. Jahrhunderts noch eine sehr starke und gewichtige Position im Familienrecht dar. Die Angleichungen der Rechte der Kinder und die Aufweichung des Abhängigkeitsverhältnisses zum Vater sollten im Familienrecht noch weiter auf sich warten lassen. Hier lassen sich lediglich erste Ansätze einer einsetzenden Gleichheit finden.

c. Verhältnis der Religionen

Ein weiterer Teilbereich der Gleichheit ist der zwischen den Religionen. Auch wenn die Kirche im 19. Jahrhundert einen territorial stark schwankenden Einfluss auf die Gesetzgebung hatte, so schien ihr Ansehen in der Bevölkerung doch um ein vielfaches höher als heute. Allerdings war auch der Einfluss der Kirche zu Beginn des hier beobachteten Zeitraumes sehr starken Veränderungen ausgesetzt. Dieser Einfluss und mit ihr das Ansehen der Kirche sollte durch die sich auf dem europäischen Kontinent ausbreitende Säkularisierung, die zunächst in Frankreich ihren Höhepunkt fand, allmählich sinken.[477] Insbesondere das Familienrecht der

---

476 Zur Wandlung der elterlichen Gewalt in eine Art Schutzgewalt im Interesse des Kindes, siehe auch *Helmut Coing*, 19. Jahrhundert. Überblick über die Entwicklung des Privatrechts in den ehemals gemeinrechtlichen Ländern, Europäisches Privatrecht, Bd. 2, S. 322 f.

477 Unter der Säkularisierung wird gemeinhin die Trennung von Kirche und Staat verstanden. Diese gezielte Trennung begann mit der Aufklärung und sollte nach der französischen Revolution ihren Höhepunkt erreichen. Ziel war es, den Anteil der in Kirchenbesitz befindlichen Ländereien, welche in den katholischen Ländern oftmals

damaligen Zeit war stark durch die Kirche geprägt. Hier lassen sich viele Spezialregelungen für die einzelnen Konfessionen finden.[478] Besondere Bedeutung kommt in diesem Zusammenhang zunächst der Glaubensfreiheit zu, welche in einigen Kodifikationen erstmalig gesetzlich fixiert wurde.[479] Diese wurde allerdings nicht ohne jegliche Einschränkung garantiert. Im ALR konnte zwar jeder Bürger die vollständige Glaubens- und Gewissensfreiheit für sich beanspruchen, sobald der Glaube aber öffentlich kundgetan wurde, kamen konkrete Spezialvorschriften zum Tragen, die die Glaubensfreiheit wieder beschränken konnten.[480]

Eine Begrenzung der Glaubensfreiheit findet sich ebenfalls im ABGB wieder, wo es zunächst in § 39 heißt, dass die Verschiedenheit der Religionen in Bezug auf das Privatrecht keinerlei Auswirkungen mit sich bringen soll. Ausnahmen sollten bloß durch besondere gesetzliche Regelungen möglich sein.[481] Eine weniger starke, aber dennoch vorhandene Einschränkung der Religionsfreiheit ließ sich auch im Wortlaut des sächsischen BGB finden, wonach die Verschiedenheit der Religionen in der Regel keinen Unterschied der bürgerlichen Rechte nach sich zieht.[482] Die Formulierung „in der Regel" stieß während des Gesetzgebungsverfahrens prompt auf Widerstand der Kirchengemeinschaften, da diverse Ausnahmen der Glaubensfreiheit befürchtet wurden. Diese Bedenken wurden

---

mehr als 50 % des nutzbaren Bodens ausmachten, deutlich zu verringern. Dadurch sollten auf der einen Seite der Einfluss und die Machtfülle der Kirche sinken und auf der anderen Seite die Steuereinnahmen der Länder steigen. Siehe dazu auch *K. O. v. Aretin*, Art. Säkularisation, in: HRG, Bd. 4, 1990, Sp. 1263–1267. Eine Erwähnung findet diese spürbare Verringerung des kirchlichen Einflusses beispielsweise auch in den Beratungen zu einem sächsischen bürgerlichen Gesetzbuch, siehe dazu auch Acta der II. Kammer. Die Allerhöchsten Decrete den Entwurf eines bürgerlichen Gesetzbuchs für das Königreich Sachsen nebst Publications-Verordnung betreffend, StA Dresden D03 Nr. 5108, 1860, S. [118r].

478 Auf die hier primär vorliegende Frage, der Zulässigkeit einer Zivilehe neben der kirchlichen Ehe, wird im weiteren Verlauf noch näher eingegangen.

479 Eine zunächst unbeschränkte Glaubensfreiheit findet sich in ALR II 11 § 2; des Weiteren ist die Glaubensfreiheit, obwohl sie dem öffentlichen Recht angehört, auch in § 39 AGBG bzw. § 51 sächsBGB zu finden.

480 Insbesondere sei dabei auf die unerlaubten bzw. lediglich geduldeten Kirchengesellschaften hingewiesen, siehe dazu auch Anke *Breitenborn*, Randgruppen im ALR, S. 118–120.

481 Zu den religiösen Unterschieden im Eherecht des ABGB siehe *Stefan Schima*, Die religionsrechtliche Dimension des ABGB von 1811 bis heute, in: Dölemeyer/Mohnhaupt (Hg.), 200 Jahre ABGB (1811–2011). Die österreichische Kodifikation im internationalen Kontext, S. 299 (305–317).

482 Siehe dazu § 51 sächsBGB.

allerdings als unbegründet angesehen, da diese Vorschrift nur die zwingend nötigen Ausnahmen ermöglichen sollte, die für Nichtchristen, die keine sächsische Staatsbürgerschaft besaßen, nötig waren.[483]

Zunächst ist im Zusammenhang mit der Glaubensfreiheit festzuhalten, dass die Religionszugehörigkeit an sich keineswegs frei wählbar war. Vielmehr wurde diese bereits bei der Geburt eines Kindes festgesetzt. Sofern beide Eltern derselben Konfession angehörten, wurde das Kind in der Regel in der Religion des Vaters erzogen. Ansonsten galt, dass der Sohn nach der Religion des Vaters und die Tochter nach der Religion der Mutter zu erziehen war.[484] Jeglicher Einfluss der Kinder war regelmäßig bis zur Vollendung des 14. Lebensjahres ausgeschlossen. Erst danach konnten die Kinder selbst entscheiden, welcher Religion sie angehören wollten. Das österreichische ABGB vermied eine explizite Regelung über die Konfessionszugehörigkeit, indem es diesbezüglich einen Verweis auf die „politische" Gesetzgebung festlegte.[485] Hier zeigt sich wiederum, dass es dem österreichischen Gesetzgeber darauf ankam, das ABGB möglichst wertungsfrei und neutral zu formulieren. Über die kirchliche Durchdringung des ABGB lässt sich jedoch auch ohne eine vertiefte Auseinandersetzung mit der politischen Gesetzgebung sagen, dass die katholische Religion als Grundlage des ABGB angesehen wurde.[486]

Die jeweilige Religionszugehörigkeit brachte sogleich weitreichende Auswirkungen für die persönlichen Rechte des Einzelnen mit sich. Grundsätzlich galt die Religionsverschiedenheit zweier Menschen als Ehehindernis, sodass beispielsweise zwischen Christen und Nichtchristen keine Ehe möglich war.[487] Dieses von der Religionszugehörigkeit abhängige Ehehindernis war nicht in allen der hier betrachteten Kodifikationen zu finden. Dieses Ehehindernis fehlt im Code civil und auch im Badischen Landrecht. Dieser grundlegende Unterschied hing mit

483 Zu einer Petition der israelitischen Glaubensgemeinschaften von Dresden und Leipzig zu der hier in Rede stehenden Formulierung siehe Acta der II. Kammer. Die Allerhöchsten Decrete den Entwurf eines bürgerlichen Gesetzbuchs für das Königreich Sachsen nebst Publications-Verordnung betreffend, StA Dresden D03 Nr. 5108, 1860, S. [167v].

484 So zu finden in ALR II 2 § 76.

485 Siehe dazu auch § 140 ABGB.

486 Siehe § 77 ABGB; ebenso auch *Weber*, Ehefrau und Mutter in der Rechtsentwicklung. Eine Einführung, S. 342.

487 Ein mögliches Ehehindernis aufgrund einer Religionsverschiedenheit der Eheleute lässt sich finden in ALR II 1 § 36, § 64 ABGBG, § 1617 sächsBGB bzw. auch Abt. 1 Tit. 2 Art. 12 HessE.

der teilweisen Anerkennung einer Zivilehe neben der kirchlichen Ehe zusammen. In Ländern, wo die Zivilehe anerkannt war, konnten ein Christ und eine Nichtchristin zumindest diese Art der Ehe eingehen, obgleich eine kirchliche Ehe nicht möglich war. Das Fehlen des konfessionsabhängigen Ehehindernisses lässt auf eine dortige Zulässigkeit der Zivilehe schließen.[488] In Ländern dagegen, wo lediglich die kirchlich geprägte Ehe Geltung besaß, war eine Mischehe nicht möglich.[489] Dies war in Preußen, Sachsen, Österreich, im Kanton Zürich sowie in Bayern der Fall. In diesen Ländern wurde ausschließlich eine kirchliche Ehe anerkannt, für deren Wirksamkeit nach wie vor die Mitwirkung eines Geistlichen und die Einhaltung der kirchenrechtlichen Vorschriften erforderlich war.[490]

Die Auswirkung der Religionsverschiedenheit zweier Ehegatten wurde in den Kodifikationen des 19. Jahrhunderts sehr differenziert betrachtet. Die Frage der Einführung einer Zivilehe bekam eine zentrale Rolle und war sehr umstritten. Letztlich hing von der Beantwortung dieser Frage der Einfluss der Kirche auf die gesamte Gesellschaft ab.[491] Der Widerstand gegen dieses Institut wurde dementsprechend von der Kirche angeführt. Festzuhalten bleibt, dass in den wenigsten Fällen die Verknüpfung zwischen staatlichem Eherecht und kirchlichen Religionsvorschriften aufgebrochen und durch Vorschriften über eine Zivilehe ersetzt wurde.

---

488 Zur Zulässigkeit der Zivilehe siehe Art. 165 Cc u. BadLR.

489 Gegen dieses Ehehindernis ist in der sächsischen Gesetzgebung eine Petition der israelitischen Glaubensgemeinschaften von Dresden und Leipzig zu finden, welche jedoch aufgrund der in Sachsen einzig geltenden kirchlichen Ehe abgelehnt wurde, siehe dazu Acta der II. Kammer. Die Allerhöchsten Decrete den Entwurf eines bürgerlichen Gesetzbuchs für das Königreich Sachsen nebst Publications-Verordnung betreffend, StA Dresden D03 Nr. 5108, 1860, S. [163v] bzw. S. [167v]; eine Zivilehe war ebenfalls abzulehnen, da man dadurch „in Sachsen mit der herrschenden Sitte, dem Rechtsgefühl und dem religiösen Sinne des Volkes in Widerspruch getreten wäre“, so zu finden in *Siebenhaar,* Commentar zu dem bürgerlichen Gesetzbuche für das Königreich Sachsen, Bd. 3, Das Familien-, Vormundschafts- und Erbschaftsrecht, § 1588, S. 13.

490 Siehe dazu § 1588 sächsBGB, ALR II 1 § 136, § 75 ABGB, sowie § 100 PGB.

491 Diese Diskussion über die Einführung einer zusätzlichen Zivilehe wurde auch bei den Beratungen zum sächsischen BGB geführt. Dabei prophezeiten die Befürworter der Zivilehe dem ganzen Gesetzbuch ohne eine solche nur eine kurze Lebensdauer; während die Gegner, insbesondere aus den Reihen der Kirche, keinerlei Notwendigkeit erkannten, neben der kirchlichen Ehe auch noch eine auf rein vertraglicher Basis einzuführen, siehe dazu auch Acta der II. Kammer. Die Allerhöchsten Decrete den Entwurf eines bürgerlichen Gesetzbuchs für das Königreich Sachsen nebst Publications-Verordnung betreffend, StA Dresden D03 Nr. 5108, 1860, S. [34r–34v].

Sehr interessant ist an dieser Stelle, dass die Juden, völlig unabhängig von der eben erwähnten Grundsatzdiskussion über die Anerkennung einer Zivilehe, in den meisten Kodifikationen des 19. Jahrhunderts eine Sonderrolle erhielten. Diese wurden, sofern noch nicht von einer direkten Diskriminierung gesprochen werden konnte, zumindest gesondert behandelt. Die grundsätzliche Frage bestand darin, ob Juden und Christen in Bezug auf staatsbürgerliche oder auch bürgerliche Rechte und Pflichten gleich zu behandeln seien. In Preußen dauerte es trotz der erwähnten Gleichheit der Religionen noch bis zur Judenemanzipation im Jahre 1812, bis die jüdischen Religionsangehörigen den christlichen in größerem Umfang gleichgestellt werden sollten. Doch auch danach konnten Juden in Preußen grundsätzlich keine Staatsämter in der Justiz, in der Verwaltung und auch keine Offiziersstellen des Militärs besetzen.[492] Ebenso schienen die bürgerlichen Rechte der Juden – also die das Zivilrecht betreffenden Vorschriften – keineswegs gleich zu sein. In den Kodifikationen lassen sich unter anderem spezielle eherechtliche Regelungen finden.[493] So bedurften Juden in Preußen zur Eingehung einer Ehe stets der besonderen Genehmigung durch eine staatliche Stelle. Dies zeigt, dass dem Amt des jüdischen Rabbiners nicht derselbe Stellenwert beigelegt wurde, wie dem eines christlichen Priesters beziehungsweise Pfarrers. Der Rabbiner war im Gegensatz zu den sonstigen Geistlichen von einer weiteren staatlichen Stelle abhängig, welche über die endgültige Wirksamkeit einer Ehe zu entscheiden hatte.

Sehr umfassend und im Ergebnis eher kritisch äußerte sich auch der hessische Gesetzgeber über das allgemeine Verhältnis von Christen und Juden. So heißt es in den Motiven zum hessischen Entwurf:

> „In politischer Hinsicht würde es ohnehin nicht geraten sein, eine Ehe zwischen Christen und Juden zu verbieten, weil gerade der Druck, welcher so lange auf diesem unglücklichen Volke gelastet hat und die Erniedrigung, zu welchem dasselbe verdammt wurde, die Ursachen seines politisch und moralisch schlechten Zustands gewesen sind. Zulassung der Ehen zwischen Juden und Christen würde eines derjenigen Mittel sein, welche vorzugsweise geeignet wären, die Juden in sittlicher und moralischer Beziehung zu heben, und könnte man dahin wirken, daß recht viele solcher Ehe zu Stand kämen,

---

492 Das „Edikt, betreffend die bürgerlichen Verhältnisse der Juden in dem Preußischen Staate" vom 11.03.1812 ist zu finden in: Gesetzsammlung für die Königlich-Preußischen Staaten. Enth. d. Verordnungen vom 13.01.1812 bis 19.12.1812, No. 12, S. 17–22.

493 Siehe §§ 124 ff. ABGB, wonach eine Ehe zwischen Juden nur mit Bewilligung des Kreisamtes möglich war. Außerhalb des Eherechts finden sich Sonderregelungen für Juden auch in ALR I 11 § 806 bzw. ALR II 8 §§ 585–590.

> so würde dadurch auf dem friedlichen Wege der Anfang zum allmähligen Verschwinden des Judenvolks gemacht werden, indem der Jude, welcher sich zu einer Ehe mit einem Christen entschließt und also der bestehenden Vorurtheile (sic!) hinwegsetzt, seine Kinder nicht in der jüdischen, sondern nur in der christlichen Religion erziehen lassen wird".[494]

Da der hier zu findende Wortlaut ein sehr negatives Bild auf das gesamte jüdische Volk wirft, ist anzunehmen, dass bereits in Ansätzen von Antijudaismus gesprochen werden kann.[495] Zwar basiert das hier in Rede stehende Ehehindernis zwischen Juden und Christen auf einem Eheverbot für alle christlich-nichtchristlichen Konstellationen, allerdings kann darin gleichzeitig eine Regelung zu Lasten der Juden gesehen werden.[496] Der hier aufgezeigte Weg, eine Auflösung des gesamten Judenvolks zu fördern, stellt deutlich die christliche Religion in den Vordergrund. Die einzelnen Religionsgemeinschaften hatten in der damaligen Zeit und haben wohl auch heute noch den Anspruch, die einzig wahre und somit richtige zu sein, doch erscheint der negative Wortlaut in Bezug auf das Judentum vor dem Hintergrund des aufgekommenen Antisemitismus des späten 19. bzw. frühen 20. Jahrhunderts durchaus alarmierend. Aus der Sicht des hier zu betrachtenden frühen 19. Jahrhunderts liegt bereits eine klare Differenzierung zwischen Christen und Juden vor, die nicht ausschließlich auf eine mangelnde Religionsfreiheit zurückzuführen ist. Direkte Nachteile oder gar Diskriminierungen aufgrund der Religion sind in dem zitierten Text allerdings noch nicht ersichtlich.[497] Eine ähnliche Diskussion über das Verhältnis der Rechte zwischen Juden und Christen ist auch in den Beratungen zum sächsischen BGB zu finden. Dort wird bemängelt, dass der sächsische Entwurf die in der Vergangenheit stattgefundene Angleichung der Rechte zwischen Christen und Juden sehr stark zurücknehme und die Juden erneut benachteilige. Insbesondere wird dabei auf die Widersprüchlichkeit des Wortlauts im Entwurf mit bisher geltendem Recht

494 So zu finden in den Motiven zur 1. Abteilung des hessischen Entwurfs, siehe bei *Schubert*, Bürgerliches Gesetzbuch für das Großherzogthum Hessen/Entwürfe und Motive (1842–1853), Bd. 2,1 = Abt. 1 (Personenrecht). Bericht der Kammerausschüsse von 1846, S. 162.

495 Vergleichbar auch die Betrachtung des Eherechts im ABGB, siehe dazu auch *Duncker*, Gleichheit und Ungleichheit in der Ehe. Persönliche Stellung von Frau und Mann im Recht der ehelichen Lebensgemeinschaft 1700–1914, S. 141.

496 Siehe dazu §§ 64, 77 ABGB, wonach eine Ehe zwar zwischen Katholiken und nichtkatholischen Gläubigen christlicher Konfession erlaubt war, ansonsten allerdings ein Ehehindernis bei Religionsverschiedenheit bestand.

497 Ein ähnliches Ergebnis bezüglich der Stellung der Juden im ALR ist zu finden bei *Breitenborn*, Randgruppen im ALR, S. 129–131.

und sogar der sächsischen Verfassung hingewiesen.[498] Diese Auffassung wurde innerhalb der Beratungen zum sächsischen BGB allerdings nicht geteilt.[499] Aus heutiger Sicht ist die im hessischen Entwurf und im sächsischen BGB vorliegende Sonderstellung der Juden durchaus als eine Benachteiligung im Sinne eines Antijudaismus zu verstehen.[500]

Festzuhalten bleibt, dass in den hier untersuchten Zivilkodifikationen des 19. Jahrhunderts stets eine dreifache Gliederung in Bezug auf die Religion anzutreffen ist. Es wurde zwischen Katholiken, Protestanten und Juden differenziert.[501] Für letztere galten in der Regel besondere Vorschriften sowohl in Bezug auf die bürgerlichen als auch die staatsbürgerlichen Rechte. Von einer Gleichheit der Religionen kann in den Kodifikationen des 19. Jahrhunderts trotz anderslautender Vorschriften nur bedingt die Rede sein. Ermöglicht wurde diese Ungleichbehandlung durch die Einfügung von Gesetzesvorbehalten und Ausnahmeregelungen, die stets als vorrangig anzusehen waren. Insgesamt sollte der Einfluss der Kirche auf Staat und Gesetzgebung spürbar geringer werden. Dies wird insbesondere an ausgeprägten Diskussionen über beziehungsweise der tatsächlichen Einführung einer Zivilehe ersichtlich. In den hier untersuchten Kodifikationen rückte das weltliche Leben mehr und mehr in den Vordergrund und verdrängte die religiös geprägten Sitten und Moralvorstellungen aus den Gesetzbüchern.

d. Auswirkungen des Patriarchats

Die vorigen Ausführen zeigen deutlich, dass das patriarchal geprägte Verhältnis zwischen den Geschlechtern enorme Folgen auf das tägliche Leben der Menschen hatte. Insbesondere das Leben von Frauen und Kindern war von diesem Verhältnis negativ beeinflusst. Die Pflicht der Ehefrau, den Namen des Mannes anzunehmen, ihm an seinen Wohnsitz zu folgen und darüber hinaus Gehorsam

498 So zu finden in Acta der II. Kammer. Die Allerhöchsten Decrete den Entwurf eines bürgerlichen Gesetzbuchs für das Königreich Sachsen nebst Publications-Verordnung betreffend, StA Dresden D03 Nr. 5108, 1860, S. [46r–73v].

499 Das ablehnende Votum der Gesetzgebungskommission an den Vorschriften des sächsischen BGB, in Bezug auf die Juden erneute Änderungen vorzunehmen, ist zu finden in Acta der II. Kammer. Die Allerhöchsten Decrete den Entwurf eines bürgerlichen Gesetzbuchs für das Königreich Sachsen nebst Publications-Verordnung betreffend, StA Dresden D03 Nr. 5108, S. [208v].

500 Zur Sonderstellung der Juden in der juristischen Germanistik, *Frank L. Schäfer*, Juristische Germanistik, S. 628–633.

501 So auch *Floßmann*, Österreichische Privatrechtsgeschichte, S. 82.

zu schulden, stellt die statusbegründende Funktion und herausragende Stellung des Mannes sehr deutlich in den Vordergrund. Vergleichende Vorschriften lassen sich in Bezug auf Kinder finden, die bis zu einem bestimmten Alter unter väterlicher Gewalt standen.

Die männliche Vorherrschaft hatte darüber hinaus auch nicht zu verachtende Auswirkungen auf die gesellschaftliche Stellung der Ehefrau. Dies zeigt sich beispielsweise an der fehlenden Geschäftsfähigkeit und der Unfähigkeit als Zeugin aufzutreten. Neben diesen in den einzelnen Kodifikationen erfassbaren, also schriftlich niedergelegten Ungleichbehandlungen, gab es allerdings auch solche, die gesetzlich nicht normiert waren.

Als wohl gravierendster und folgenschwerster Punkt sei hier skizzenhaft der nach Geschlecht differenzierte Zugang zu Bildung jeglicher Art erwähnt. Zunächst lässt sich ganz allgemein festhalten, dass die Bildungsquote der Bevölkerung Europas in dem hier betrachteten Zeitraum insgesamt sehr gering ausgeprägt war. Insbesondere auf dem Land war ein Großteil der Bevölkerung nicht in der Lage, korrekt zu lesen und zu schreiben. Zu beachten bleibt dabei jedoch, dass die Quote der Analphabeten gerade unter der weiblichen Bevölkerung besonders hoch war.[502] Frauen fehlte meist jegliche Art der Schulbildung. Diese Tatsache lässt sich damit erklären, dass die höheren Schulen und Bildungseinrichtungen in der damaligen Zeit ausschließlich den männlichen Nachkommen offen standen.[503] Lediglich die oberen Bürgerschichten und kleinere Teile des Adels ließen

---

502 Siehe zur Alphabetisierung und zum Leseverhalten der Bevölkerung des 18. Jahrhunderts am Beispiel Frankreichs *Jean Quéniart*, Alphabetisierung und Leseverhalten der Unterschichten in Frankreich im 18. Jahrhundert, in: Hans Ulrich Gumbrecht (Hg.), Sozialgeschichte der Aufklärung in Frankreich, Teil 2, Medien. Wirkungen, 12 Originalbeiträge, 1981, S. 113 (113–146). Die hier zu Grunde gelegte Methode der differenzierten Auswertung von Unterschriften auf Heiratsurkunden (15.000 – 20.000 Stück) zeigt sehr anschaulich, wie die Alphabetisierung sowohl von lokalen Gegebenheiten, dem sozialen Umfeld, dem Stande der jeweiligen Person, als auch vom Geschlecht abhing. Die Alphabetisierungsquote im Zeitraum von 1786–1790 lag bei den Männern bei 47 %, bei Frauen dagegen nur bei 27 %; siehe dazu *Jean Quéniart*, Alphabetisierung und Leseverhalten der Unterschichten in Frankreich im 18. Jahrhundert, in: Gumbrecht (Hg.), Sozialgeschichte der Aufklärung in Frankreich, Teil 2, S. 113 (118–133).

503 *Altena, et al.*, Gesellschaftsgeschichte der Neuzeit 1750–1989, S. 44 f.; siehe dazu auch ALR II 2 § 215; ebenfalls zum höheren Schulwesen des 19. Jahrhunderts siehe *Wehler*, Von der Reformära bis zur industriellen und politischen „Deutschen Doppelrevolution" 1815–1845/49, S. 491 f.

an den Bildungseinrichtungen des Landes auch ihre Töchter partizipieren.[504] Als Grund für diese sozialpolitisch bedenkliche Entwicklung lässt sich insbesondere wieder die patriarchale Ausgestaltung der Geschlechterrollen nennen. Innerhalb des aufgezeigten Rollenverständnisses bestand kein Bedürfnis für die Frau eine höhere Bildung anzustreben. Ihre Rolle als Hausfrau und Mutter konnte die Frau bereits von Natur aus erfüllen, wohingegen der Mann für seine Rolle als Ernährer und Unterhaltszahler der Familie grundsätzlich einen bestimmten Bildungs-/Ausbildungsgrad benötigte. Neben der rechtlichen Unmöglichkeit war eine durchschnittliche weibliche Person auch aufgrund ihrer mangelnden – oder besser gesagt, verwehrten – Bildung nur sehr begrenzt in der Lage am Rechtsverkehr selbstbestimmt teilzunehmen, geschweige denn vor Gericht Schriftsätze zu verfassen oder sich auf dem erforderlichen sprachlichen beziehungsweise schriftlichen Niveau zu verständigen.[505] Die größtenteils ungebildete Frau war unweigerlich auf den Schutz und die Unterstützung durch einen gebildeten Mann, sei es nun ihr Vater oder ihr Ehemann, angewiesen. Diese „Hilflosigkeit" der Frau passte nahtlos in die patriarchalen Strukturen des ausgehenden 18. beziehungsweise frühen 19. Jahrhunderts. Der Mann konnte seine Position als Oberhaupt der Familie fortsetzen und sah sich und seine Handlungen in keiner Weise durch eine gebildete und emanzipierte Frau bedroht. Der fehlende Bildungsgrad der weiblichen Bevölkerung sollte mit dazu beitragen, diese patriarchalen Strukturen noch viele Jahre aufrecht zu erhalten. In Folge dessen blieb den Frauen auch im Rahmen der Industrialisierung zunächst nur eine Teilnahme am Erwerbsleben auf der untersten sozialen Stufe.[506] Allerdings machten es die infolge von Industrialisierung und Mechanisierung eintretenden wirtschaftlichen und sozialen Veränderungen unumgänglich, dass Frauen nun in größerem Umfang Tätigkeiten nachgingen, die vormals ausschließlich der männlichen Bevölkerung vorbehalten waren. Die neuen Anforderungen an den Beruf und die Familie sollten ein steigendes Bedürfnis einer Angleichung der Rechte der Frauen im Alltag mit sich bringen.[507] Verstärkt wurde dieses Bedürfnis dadurch, dass die Arbeit in der

504 Selbst 1905 waren Frauen lediglich in Baden, Bayern und Württemberg zum Universitätsexamen zugelassen, näheres zu finden bei *Beuys*, Familienleben, S. 424 f.

505 Dies zeigt sich auch sehr deutlich an ALR II 2 §§ 6 ff., nach denen der Aussage einer Frau kein rechtlicher Wert beigemessen werden sollte. Die Akzeptanz der Frau als solche in der damaligen Gesellschaft war demnach überaus gering.

506 Beispielhaft dazu *Jung*, Die zivilrechtliche Stellung der Frau im Großherzogtum Hessen / Über die Geschlechtsvormundschaft im 19. Jahrhundert, S. 64 f.

507 Ausführlich dazu siehe *Reinhard Mestwerdt*, Das Sozialbild der Ehe im Spiegel von Gesetzgebung und Rechtsprechung der letzten 150 Jahre, 1961, S. 63–79.

Industrie einen immer höheren Bildungsgrad voraussetzte, sodass ein grundlegendes Interesse daran bestand, auch Frauen den Zugang zu höherer Schulbildung zu ermöglichen. Eine Abkehr des vom Geschlecht abhängigen Zugangs zu Bildung und somit auch die Umkehrung des daraus resultierenden unterschiedlichen Bildungsgrades der Geschlechter sollte erst nach und nach einsetzen.[508] Trotz dieser schleppenden Angleichung lässt sich die Bildung als eine sehr wichtige Motivation der Gleichheitsbewegung bezeichnen. Ferner darf nicht übersehen werden, dass, sofern die Hürden der Zulassung zu einer Bildungsstätte erst einmal überwunden waren, alle dort zusammengefassten Menschen auf einer Stufe standen.[509]

Dass dieser Punkt auch heute noch von hoher Bedeutung ist, zeigt die regelmäßige Auseinandersetzung der Politik mit der Chancengleichheit im Bildungsbereich beziehungsweise auch mit der Angleichung der Entlohnung zwischen Mann und Frau bei gleichem Ausbildungsstand.[510]

3. Fazit

Die bisher genannten Punkte, die allesamt direkt oder indirekt eine herausgehobene Stellung des Mannes und eine untergeordneten Stellung der Frau widerspiegeln, zeigen ein sehr klares Bild, wie das Zusammenleben von Mann und Frau und insbesondere auch die Ehe im Rahmen der Kodifikationen des 19. Jahrhunderts verstanden wurde. Sobald eine Frau eine Ehe einging, hatte sie sich ihrem Ehemann zu unterwerfen. Der Ehemann wurde – mit Ausnahme des ABGB – automatisch zu ihrem gesetzlichen Vertreter. Dabei galt dies sowohl im privaten Bereich als auch vor Gericht. Die Handlungsfähigkeit der Frau war im Allgemeinen und insbesondere ab dem Zeitpunkt der Eheschließung sehr stark eingeschränkt.

Sowohl das Patriarchat als solches, als auch das Bild der Frau in der Gesellschaft beziehungsweise in der Ehe hatte sich im Zuge der Zivilrechtskodifikationen des 19. Jahrhunderts nur bedingt gewandelt. Ganz so streng, wie zu den eingangs erwähnten Zeiten des römischen Rechts, war die Abhängigkeit der

508 Ausführlich dazu *Weber-Will,* Die rechtliche Stellung der Frau, S. 13–43; siehe dazu auch *Zorn, et al.,* Das 19. und 20. Jahrhundert, S. 452 f.

509 Siehe dazu auch *Dann*, Gleichheit und Gleichberechtigung. Das Gleichheitspostulat in der alteuropäischen Tradition und in Deutschland bis zum ausgehenden 19. Jahrhundert, S. 100–102.

510 Zu den politischen Auseinandersetzungen der Chancengleichheit in Bezug auf Bildung siehe *Autorengruppe Bildungsberichterstattung,* Bildung in Deutschland 2012: Ein indikatorengestützter Bericht mit einer Analyse zur kulturellen Bildung im Lebenslauf, 2012, S. 210–214.

Frau vom Mann allerdings nicht mehr. Dennoch lässt sich festhalten, dass zumindest die verheiratete Frau in den hier untersuchten Kodifikationen nach wie vor eine dem Minderjährigen vergleichbare Stellung inne hatte. Durch diese Stellung sollte der Machtanspruch des Mannes weiterhin fortbestehen. So lassen sich in den Kodifikationen des 19. Jahrhunderts noch diverse Parallelen zu den historischen Wurzeln finden.

Der eigentliche Wandel der Geschlechterrollen und damit das allmähliche Ende des Patriarchats trat erst verstärkt ab der Mitte beziehungsweise dem Ende des 19. Jahrhunderts ein. Dies zeigt sich insbesondere an den Zivilrechtskodifikationen für den Kanton Zürich in der Schweiz sowie teilweise auch am sächsischen BGB, dem direkten Vorgänger unseres heutigen BGB.

Bei einer Gesamtbetrachtung der bis zur Mitte des 19. Jahrhunderts erschienenen Kodifikationen ist von einer Emanzipation der Frau nahezu nichts zu erkennen. Nur einige kleine Ansätze von einer veränderten Einstellung bezüglich der Geschlechterfrage lassen sich finden. Zu nennen sind dabei die gesetzlich normierte Gleichheit der Geschlechter im ALR, der Versuch, die Geschäftsfähigkeit der Frau im häuslichen Bereich mit Hilfe der Schlüsselgewalt zu verstärken, sowie der Versuch die güterrechtliche Gleichstellung der Geschlechter voranzutreiben. Dennoch bestand das Machtgefälle zwischen den Geschlechtern mancher Formulierung zum Trotz fort. So fällt auch in dieser Hinsicht das ALR negativ auf, in dem zwar die Geschlechter rechtlich gleichgestellt wurden, das Gesetz allerdings diverse Ausnahmen beinhaltete. Im ALR herrschte nach wie vor eine klassische Rollenverteilung. Dem Mann war die Leitung des Hauswesens und die Wahrnehmung der häuslichen Angelegenheiten nach außen aufgetragen.[511] Diese Rollenverteilung spiegelte sich auch in dem Letztentscheidungsrecht des Mannes in häuslichen Fragen wider. Die Frau hingegen, war zur Führung des Hauswesens unter Aufsicht des Mannes verpflichtet. Ihr oblag zwar ebenfalls die Erziehung der Kinder, jedoch nur nach den Vorstellungen des Mannes.

Die patriarchale Struktur, bei der das weibliche Geschlecht nach wie vor als dem Mann geistig und körperlich unterlegen verstanden wurde, tritt im ALR sehr deutlich hervor und bewirkt geradezu eine Bevormundung der Frau, der auch im Rahmen der Revisionsbewegung nicht abgeholfen wurde.[512]

---

511 *Weber-Will*, Die rechtliche Stellung der Frau, S. 165.

512 Ein vergleichbares Ergebnis zumindest in Bezug auf das ALR ist zu finden bei *Malsbenden*, Die rechtliche Stellung der Frau im ehelichen Güterrecht vom ALR zum BGB, S. 180 f.

Bei der Betrachtung des ALR ist der hier vorhandene Detailreichtum bemerkenswert. Das ALR regelt die Rechte und Pflichten zwischen Mann und Frau bis in das letzte Detail. Die Vielzahl von Vorschriften, die direkt mit diesem Thema in Verbindung stehen, führt zu einer Verstärkung des Anscheins, als sei das ALR überaus stark patriarchal geprägt. Zwar lässt sich diese Erkenntnis anhand der genannten Beispiele und Paragraphen lückenlos nachvollziehen und auch belegen, doch darf nicht aus den Augen verloren werden, dass auch ein abstrakt gehaltenes Gesetz die gleichen patriarchalen Regeln beherbergen kann. Dabei würde diese Prägung einer abstrakten Norm als Voraussetzung oder als bloße Selbstverständlichkeit zu Grunde liegen und ließe sich nicht zwingend direkt aus dem Wortlaut der Norm herauslesen.

Diese Möglichkeit zeigt sich sogleich am im Rheinland geltenden Code civil und in Teilen auch anhand des Badischen Landrechts, welche im direkten Vergleich zum ALR sogar einen Rückschritt in Bezug auf die Frauenrechte darstellen.[513] Dies erscheint auf den ersten Blick widersprüchlich, da zumindest dem Code civil nach außen das verfassungsrechtlich verankerte Prinzip der Gleichheit aller Menschen zu Grunde lag. Diese Bindung hinderte den Gesetzgeber allerdings in keiner Weise daran, die Gleichheit zwischen den Geschlechtern, als bloßen Teilbereich der allgemeinen Gleichheit, hiervon komplett auszuklammern. Der Code civil und das Badische Landrecht waren noch stärker als das ALR von der traditionellen Vorstellung der Geschlechterrollen geprägt. Eine sehr starke Benachteiligung der Frau im gesamten Familien- und Erbrecht war die Folge.[514] Das Familienverständnis spiegelte keineswegs den sonst revolutionären und liberalen Charakter wider.[515] Der Ehemann beherrschte die Frau und die gesamte Familie. Er galt als Hausherr, der die Rechte der verheirateten Frau und der Kinder durch die *puissance maritale* beziehungsweise *puissance paternelle* sehr stark einschränken konnte. Ähnlich patriarchal geprägt waren auch die Entwürfe eines hessischen und eines bayerischen Gesetzbuchs.

Eine vermittelnde Stellung in Bezug auf die Emanzipation der Frau nehmen dagegen das sächsische BGB und auch das Zürcher PGB ein. Beide sind, was das

513 Ebenso *Weber-Will*, Die rechtliche Stellung der Frau, S. 287 f.

514 In der Gesamtbetrachtung lassen die Normen des Code civil diesen zu der „härtesten europäischen Kodifikation männlicher Ehegewalt" werden, so zu finden bei *Duncker*, Gleichheit und Ungleichheit in der Ehe. Persönliche Stellung von Frau und Mann im Recht der ehelichen Lebensgemeinschaft 1700–1914, S. 520.

515 Ähnlich auch zu finden bei *Schubert*, Französisches Recht in Deutschland, S. 438; siehe dazu auch *Weber*, Ehefrau und Mutter in der Rechtsentwicklung. Eine Einführung, S. 318–319.

Rollenverständnis der Geschlechter angeht, ungleich freundlicher gestaltet als die bisher genannten Kodifikationen. Dies lässt sich auf die, zwar von Ausnahmen durchsetzte, aber dennoch gesetzlich normierte Gleichheit der Geschlechter zurückführen. Andererseits lassen sich aber auch in diesen Gesetzbüchern eine Fülle von Regelungen finden, die dem erwähnten Gleichheitssatz entgegenstehen und diesen in seiner Reichweite stark einschränken. Festzuhalten bleibt, dass die Frau in beiden Kodifikationen nicht mehr ausnahmslos als geschäftsunfähig zu betrachten war. Vielmehr konnten Frauen durch die Schlüsselgewalt im familiären Bereich wie unverheiratete und damit als vollkommen geschäftsfähig angesehene Frauen handeln. Einzige Beschränkung war auch hier, dass sie nach wie vor dem Letztbestimmungsrecht ihres Mannes unterworfen waren. Von einer gänzlichen Gleichstellung kann in Sachsen und Zürich allerdings nicht die Rede sein. Die Frau stand auch hier in einem Machtverhältnis zu ihrem Ehemann. Allerdings bestand dieses in Sachsen „nur" in der Herrschaft des Mannes über die gemeinschaftlichen Angelegenheiten, nicht jedoch über die Person der Frau als solche. Das Machtverhältnis sollte demnach keineswegs mehr so umfangreich ausgestaltet sein wie die *puissance maritale* im Code civil.[516] Darüber hinaus erscheinen in Sachsen auch die güterrechtlichen Regelungen im Vergleich zum ALR und zum im Rheinland geltenden Code civil sehr viel vorteilhafter für die Frau. Insgesamt wurde somit die Bevormundung innerhalb der Ehe und die finanziellen Nachteile, die eine Eheschließung für die Frau mit sich brachten, stark reduziert. Der sächsische und auch der Zürcher Gesetzgeber erkannten die Notwendigkeit eines Wandels der Geschlechterrollen und orientierten sich stärker als die anderen Kodifikationen an dem Gleichheitssatz. Trotzdem konnten auch diese beiden Kodifikationen ihre patriarchale Prägung nicht vollständig abschütteln beziehungsweise komplett verdecken.[517]

Die Betrachtung der Rechte von Mann und Frau im Rahmen des ABGB lässt dagegen ein zwiegespaltenes Bild entstehen. Auf der einen Seite ist das ABGB wie keine andere der hier untersuchten Kodifikation auf eine Angleichung der Rechte zwischen den Geschlechtern aus. So wurde im ABGB die Differenzierung zwischen einer verheiraten und einer unverheirateten Frau komplett aus dem Gesetz gestrichen, so dass beide gleich zu behandeln waren. Darüber hinaus

516 Denselben Schluss zieht auch *Duncker*, Gleichheit und Ungleichheit in der Ehe. Persönliche Stellung von Frau und Mann im Recht der ehelichen Lebensgemeinschaft 1700–1914, S. 529–534.

517 Ebenso zu finden bei *Duncker*, Gleichheit und Ungleichheit in der Ehe. Persönliche Stellung von Frau und Mann im Recht der ehelichen Lebensgemeinschaft 1700–1914, S. 174–176 m. w. N.

fehlt im ABGB jegliche Beschränkung der weiblichen Geschäftsfähigkeit. Dieser Bereich erscheint im ABGB im Vergleich zu den anderen hier betrachteten Kodifikationen sehr fortschrittlich. Auch beinhaltete das österreichische Gesetzeswerk einige sehr liberale Vorschriften, wie beispielsweise die Abschaffung des Züchtigungsrechts des Mannes gegenüber seiner Frau.

Auf der anderen Seite liegt diesem Gesetzbuch aber ein patriarchal geprägtes Familienbild zu Grunde, welches sich über die freiheitlich anmutenden Regelungen der vollen Geschäftsfähigkeit der Frau legt. Diese werden dadurch in ihrer Reichweite sehr stark eingeengt. Es kommt dadurch in der Praxis zu tiefgreifenden Beschränkungen der allgemeinen Rechte der Frauen. In der Praxis konnte der Mann als Haupt der Familie die Taten und Handlungen seiner Frau nach seinem Willen lenken. Frauen waren ohne die Mitwirkung des Mannes somit nur theoretisch in der Lage rechtsgeschäftliche Handlungen zu vollziehen. Es lebte mit dem ABGB vielmehr eine Art Geschlechtsvormundschaft auf, die ganz im Zeichen der alten Rollenbilder stand.[518] Diese Vormundschaft begrenzte sich allerdings einzig und allein auf den familiären Bereich. Was diesen Teil der Gleichheit angeht, stand das ABGB dem ALR sehr viel näher als dem Code civil. Die patriarchale Prägung im ABGB war weiterhin vorhanden, wurde aber inhaltlich stark beschränkt. Dies wird zugleich in Bezug auf die rechtsgeschäftliche Freiheit der Frau ersichtlich, wobei das ABGB dem sächsischen BGB beziehungsweise dem Zürcher PGB sehr viel näher steht. Hier ging der österreichische Gesetzgeber sogar noch einen Schritt weiter und gestand den Frauen umfangreiche, den Männern nahezu identische, Rechte zu.

Der Wandel der Geschlechterrollen zeigt sich auch daran, dass die ursprünglich dem Vater obliegende Erziehung der Kinder mehr und mehr durch eine elterliche Erziehung ersetzt wurde. Die Frau erlangte dadurch innerhalb der Familie mehr Rechte und vor allem auch mehr Einfluss. Dabei ist allerdings stets zu beachten, dass dem Mann oftmals ein Letztentscheidungsrecht zustand, er somit die Oberhand in Erziehungssachen behalten konnte.

Neben dem gesellschaftlichen Verständnis der Geschlechterrollen war auch die väterliche Gewalt als solche einem starken Wandel unterlegen. Sie vollzog sich von einem historisch begründeten absoluten Gewaltrecht hin zu einem bloßen Vormundschaftsrecht über die Kinder. Der Gedanke der Fürsorgepflicht trat in den Vordergrund. Mit der Einschränkung der Gewaltrechte des Mannes ging auch eine Verlagerung der Bestrafungskompetenz auf staatliche Institutionen, insbesondere auf den Richter einher. Als Folge davon ist die Stärkung des staatlichen

---

518 Ähnlich zu finden bei *Floßmann*, Österreichische Privatrechtsgeschichte, S. 46.

Einflusses auf den familiären Bereich sowie eine Erhöhung der Rechtssicherheit zu nennen. Innerfamiliäre Gewaltexzesse sollten durch die Begrenzung der männlichen Kompetenzen wirksam verhindert werden.

Dagegen bestanden die Pflichten des Mannes seinen Kindern gegenüber auch in den Kodifikationen des 19. Jahrhunderts unverändert fort. Insbesondere ist hier die finanzielle Unterhaltung der Kinder zu nennen. Auch wenn diese Unterhaltspflicht nach und nach ebenfalls auf die Mutter übertragen wurde, stand sie doch primär dem Vater zu. Als Gegenstück dieser Pflicht stand ihm allein das Recht der Vermögensverwaltung und des Nießbrauchs am Kindesvermögen zu. Des Weiteren hatte der Vater das Recht, die tatkräftige Unterstützung in Haushalt und Gewerbe zu verlangen. Hierdurch sollte das Verhältnis zwischen den Eltern und ihren Kindern mehr und mehr von äußeren, in diesem Fall wirtschaftlichen Faktoren beeinflusst werden, was an der vermehrten Kinderarbeit zu sehen ist. Insgesamt war die persönliche Freiheit der Kinder in den hier betrachteten Kodifikationen noch sehr stark durch die väterliche Gewalt beschränkt.

Die Vorstellung einer patriarchal geprägten Ehe beziehungsweise eines so geprägten Verhältnisses zwischen Mann und Frau sowie den Kindern konnte sich trotz zum Teil liberal anmutender Gesetze noch bis weit in das 20. Jahrhundert in den Köpfen der Menschen halten. Dies galt nicht nur für das ALR und den Code civil im Rheinland. Erst nach und nach wurden die alten Strukturen in Frage gestellt und der Sinn und Zweck mancher Regelungen angezweifelt. Der sich auch an dieser Stelle nur in kleinen Schritten vollziehende Wandel lässt sich mit dem Widerstand der konservativ und ausschließlich männlich geprägten Gesetzgebungsorgane begründen. Das Mehr an Rechtsgleichheit sollte in deren Augen ausschließlich durch eine Verringerung der männlichen Kompetenzen erreicht werden. Hierin zeigt sich erneut das prekäre Verhältnis zwischen dem Bedürfnis einer fortschrittlichen Gesetzgebung auf der einen Seite und der Beibehaltung des *status quo* auf der anderen.[519]

Auch wenn die Gesetzgeber die grundsätzliche Ungerechtigkeit einer Geschlechterdifferenzierung erkannten, so sollten die Versuche einer Angleichung der Rechte auch von realen Gegebenheiten, wie der ungleichen Teilhabe am Bildungssystem, erschwert werden. Eine allgemeine Schulpflicht für Mädchen und die damit einhergehende Öffnung höherer Bildungseinrichtungen für Frauen

519 *Koselleck*, Preußen zwischen Reform und Revolution, S. 62; *ders*. Die Auflösung des Hauses als ständischer Herrschaftseinheit, in: Neithard Bulst (Hg.), Familie zwischen Tradition und Moderne. Studien zur Geschichte der Familie in Deutschland und Frankreich vom 16. bis zum 20. Jahrhundert, Kritische Studien zur Geschichtswissenschaft, S. 109 (113 u. 121).

wurden erst nach und nach in den einzelnen Ländern eingeführt. Aufgrund des in der Regel höheren Bildungsgrades des Mannes ist dieser darüber hinaus auch in finanzieller Hinsicht unabhängig von seiner Frau. Der Mann konnte in der Regel einen Beruf ausüben, mit dem er sich und auch seine Familie versorgen konnte. Für die ungelernte Frau galt dies dagegen zu Beginn des 19. Jahrhunderts keineswegs. Im Rahmen der Industrialisierung konnte die Ehefrau zwar nach und nach auch Arbeiten übernehmen, die ihr vorher nicht offen standen, dennoch sollte der Mann stets die ein höheres Bildungsniveau erfordernden und somit auch besser bezahlten Berufe ausüben können. Für die Frau blieb zunächst die einfache Arbeit in den Fabriken, in der Landwirtschaft oder aber klassisch im Haushalt des Mannes. Diese schlechte Ausgangslage der Frau auf dem Arbeitsmarkt verstärkte wiederum die finanzielle und somit auch die soziale Abhängigkeit von ihrem Ehemann. Diese tiefe gesellschaftliche Verwurzelung der Geschlechterdifferenzierungen sollte eine tatsächliche Angleichung der Rechte von Mann und Frau von heute auf morgen nicht möglich machen. In den hier untersuchten Kodifikationen des 19. Jahrhunderts waren jedoch einige Lichtblicke in Bezug auf die Angleichung der Rechte zu erkennen. Zu nennen sind die gesetzlichen Regelungen bezüglich der Schlüsselgewalt, die Regelungen bezüglich der Handelsfrau, die immerhin proklamierte Gleichheit der Geschlechter als ersten Schritt auf dem Weg einer tatsächlichen Angleichung der Rechte oder auch die beginnende kritische Auseinandersetzung mit dem bisherigen Rollenverständnis.

III. Abbau von Verkehrshindernissen, resultierend aus der patriarchalen Gesellschaft

Der Abbau der zwischen den Ständen und zwischen den Geschlechtern bestehenden Ungleichheit hatte unmittelbare Auswirkungen auf den Bereich des Personenrechts, des Sachenrechts, aber auch des Handels- und Wirtschaftsrechts.[520] Die Vielschichtigkeit dieser Auswirkungen zeigt sich daran, dass neben dem Zivilrecht auch die Agrarverfassung, die Nationalökonomie, das Steuerwesen, die Gesellschaftsstruktur und insbesondere das tatsächliche Fortkommen des einzelnen Bürgers betroffen waren.[521] Zunächst wird unter Bezugnahme auf die vorherigen

---

520 So auch HKK/*Rückert*, vor § 1 Rn. 77.

521 Diese Vielschichtigkeit insbesondere auch im Bereich der Volkswirtschaftslehre ist zu finden bei *Harald Winkel*, Zur theoretischen Begründung der Bodenmobilisierung in der Volkswirtschaftslehre, in: Helmut Coing/Walter Wilhelm (Hg.), Wissenschaft und Kodifikation des Privatrechts im 19. Jahrhundert, Bd. 3, Die rechtliche und

Kapitel noch einmal abschließend auf die Geschäftsfähigkeit als Grundlage eines jeden rechtsgeschäftlichen Handelns eingegangen.

1. Geschäftsfähigkeit als Grundlage rechtsgeschäftlichen Handelns

Neben der Rechtsfähigkeit, der Fähigkeit überhaupt Träger von Rechten und Pflichten zu sein, sollte auch die Geschäftsfähigkeit zu Beginn des 19. Jahrhunderts enorm an Bedeutung gewinnen. Die Ausweitung der Geschäftsfähigkeit als der Fähigkeit, selbständig wirksame Rechtsgeschäfte abschließen zu können und somit aktiv am Wirtschaftsleben teilzunehmen, wurde in Zeiten der Industrialisierung, des steigenden Warenverkehrs und auch des teilweise steigenden Wohlstands immer wichtiger.[522] Sowohl die Notwendigkeit zum Abschluss von Rechtsgeschäften im täglichen Leben, sei es zum Kauf von Nahrungsmitteln oder Gegenständen für den privaten Gebrauch, als auch die gesamtgesellschaftliche und auch die wirtschaftliche Entwicklung forderten nun eine Ausweitung der Geschäftsfähigkeit auf den weiblichen Teil der Bevölkerung. Die Geschäftsfähigkeit sollte aufgrund des sprunghaften Anstiegs des Arbeitskräftebedarfs, der unmittelbar aus der einsetzenden Mechanisierung und Industrialisierung resultierte, eine ganz neue Notwendigkeit bekommen. So stand bisher die fehlende Geschäftsfähigkeit der Frauen dem Abschluss von Arbeitsverträgen entgegen.[523] Ebenso wuchs das Bedürfnis der Wirtschaft nach einem wachsenden Absatzmarkt. Der Versuch, die Geschäftsfähigkeit auch auf einen Teil der weiblichen und damit auf einen bisher wirtschaftlich vollkommen vernachlässigten Teil der Bevölkerung auszudehnen, war die logische Konsequenz. Die Industrialisierung und die dahinter stehenden wirtschaftlichen Interessen erscheinen somit als ein weiterer Motivator für die Angleichung der Rechte zwischen Mann und Frau. Die Lockerung der persönlichen und insbesondere auch der wirtschaftlichen Abhängigkeit der Frau, sollte durch die Erschließung neuer – nun weiblicher – Käuferschichten, zum einen den Warenumsatz wachsen lassen und zum anderen

---

wirtschaftliche Entwicklung des Grundeigentums und Grundkredits, 1974, S. 156 (156–171).

522 HKK/*Thomas Duve*, §§ 1–14, Rn. 6 ff.; zur Steigerung des Volkseinkommens in Deutschland siehe im Überblick auch *Henning*, Deutsche Wirtschafts- und Sozialgeschichte im 19. Jahrhundert, Vorwort, S. V.

523 Ähnliche Erwägungen, sowie der Nachweis, dass im Jahre 1895 schon knapp 40 % der über 16 jährigen Frauen außer Haus arbeiteten sind zu finden bei *Weber*, Ehefrau und Mutter in der Rechtsentwicklung. Eine Einführung, S. 380 u. 388. Bei dieser Betrachtung soll zunächst unberücksichtigt bleiben, dass für die Tätigkeit der Frau außer Haus in der Regel die Einwilligung des Mannes erforderlich war.

einen bisher nicht denkbar gewesenen Zuwachs an Arbeitskräften ermöglichen. Letzterer kam der gerade beginnenden Industrialisierung entgegen. Der aufgrund starker Expansionstendenzen eingetretene Arbeitskräftebedarf sollte durch diesen gesetzgeberischen Schritt in weiten Teilen gedeckt werden können.

Auf die Frage, inwiefern Mann und Frau zu gleichen Teilen wirksam am Rechtsverkehr teilnehmen konnten, wurde bereits ausführlich eingegangen.[524] Zusammenfassend sei lediglich erwähnt, dass in den betrachteten Kodifikationen sowohl Männer als auch unverheiratete Frauen, sofern sie volljährig waren, nahezu ohne Einschränkungen am Rechtsverkehr teilnehmen konnten. Verheiratete Frauen dagegen waren noch sehr stark in ihrer Geschäftsfähigkeit eingeschränkt. Die einzige Ausnahme im Kreis der hier untersuchten Kodifikationen stellte das ABGB dar, in dem auch die verheiratete Frau voll geschäftsfähig war. In der Regel wurde jedoch der Ehemann als ihr Vormund bestellt und musste für rechtlich wirksame Willenserklärungen der Ehefrau stets seine Einwilligung erteilen. Ausnahmen von dieser Regel waren für Rechtgeschäfte den häuslichen Bereich betreffend, zur Notgeschäftsführung bei Abwesenheit des Mannes und für Handelsfrauen vorgesehen. Diese Ausnahmen brachten aus wirtschaftlicher Sicht bereits eine starke Vereinfachung des Warenabsatzes und damit des gesamten Wirtschaftsverkehrs mit sich. Es musste nun regelmäßig nicht mehr auf eine im Vorfelde des Vertragsabschlusses erteilte Einwilligung des Ehemannes Rücksicht genommen werden. Neben der Vereinfachung des Wirtschaftsverkehrs konnte ein höheres Maß an Rechtssicherheit erreicht werden.[525] Frauen wurden bei einer Vielzahl von Rechtsgeschäften zweifelsfrei als geschäftsfähig angesehen, sodass die Vertragspartner ohne Verzögerung von der Wirksamkeit des geschlossenen Rechtsgeschäfts ausgehen konnten. Ebenso brachten diese Ausnahmen neue Handlungsspielräume für Frauen mit sich, durch welche deren persönliche Freiheiten erweitert wurden. Dies trug entscheidend dazu bei, dass sich das weibliche Geschlecht zumindest in Teilbereichen ein Stück von den patriarchalen Strukturen lösen und damit emanzipieren konnte.

Neben diesen positiven Aspekten darf allerdings nicht vergessen werden, dass trotz Ausdehnung der Geschäftsfähigkeit, zum Beispiel die Haftung und auch die Stellung der Gläubiger eines weiblichen Vertragspartners nach wie vor schlechter waren, als die eines männlichen Vertragspartners. Im Ergebnis hatte die Erweiterung der Geschäftsfähigkeit demnach nur bedingten Einfluss auf eine gesamtgesellschaftliche Besserstellung der Frau. Die angestrebte Gleichheit, nach der alle

---

524 Siehe oben unter B. II. 2. bb.

525 *Weber*, Ehefrau und Mutter in der Rechtsentwicklung. Eine Einführung, S. 382.

Rechtssubjekte in gleichem Umfang handlungsfähig sein sollten, konnte durch die veränderten rechtlichen Voraussetzungen der Geschäftsfähigkeit zwar nicht vollständig erreicht werden, doch stellte dieser Schritt eine wichtige Stufe auf dem noch zu beschreitenden Weg dar.[526]

2. „Bodenmobilisierung", freie Verkehrsfähigkeit von Grund und Boden

Die Entstehung der zivilrechtlichen Gleichheit und die Abschaffung des Patriarchats brachte nicht nur im Familien- und Erbrecht, sondern auch im Sachenrecht starke Veränderungen mit sich. Die dortigen Veränderungen lassen sich unter dem Begriff Bodenmobilisierung zusammenfassen und sind ebenfalls als ein wichtiges Element auf dem Weg der Zivilrechtskodifikationen von der Hierarchie zur Egalität anzusehen. Als Resultat der Bodenmobilisierung ist die erstmalig von jeglichen Beschränkungen frei gewordene Verkehrsfähigkeit von Grund und Boden zu verstehen.[527] Dazu bedurfte es grundlegender gesetzlicher Veränderungen, da die Verkehrsfähigkeit von Grundstücken bisher sehr starken Einschränkungen unterworfen war. Voraussetzung für diese freie Verkehrsfähigkeit war zunächst die Abschaffung des Instituts der adligen Grundherrschaft, welche als direkte Folge der Einebnung der Stände angesehen werden kann.

Die Rechtslage stellte sich bis zur Bodenmobilisierung vereinfacht folgendermaßen dar: Insbesondere die landwirtschaftlichen Grundstücke waren an einen Grundherrn, wie zum Beispiel einen Gutsbesitzer, einen Rittergutsbesitzer oder an die Kirche gebunden. Diese privaten oder auch juristischen Personen waren einzig befugt, ihre Ländereien zu veräußern. Der Grund und Boden war demnach nur sehr eingeschränkt verkehrsfähig. Ein Großteil der Bevölkerung, genauer der nicht dem Adel angehörige Anteil der Einwohner eines Landes, war dadurch von jeglichem Grunderwerb ausgeschlossen. Diese tiefgreifende Verknüpfung zwischen dem Sachenrecht und der Sozialverfassung des ancien régime galt es im Wege der Kodifikationsbewegung des 19. Jahrhunderts zu beseitigen.

---

526 So auch HKK/*Rückert*, vor § 1, Rn. 43.

527 Bodenmobilisierung wird hier im Sinne einer aus wirtschaftlichen, sozialen und politischen Gründen angestrebten Bodenreform verstanden. Die Bodenreform als solche stellt die Umwandlung der Eigentums- und der Besitzverhältnisse an Grund und Boden dar; siehe dazu auch *Jörn Eckert*, Art. Bodenreform, in: HRG, Bd. 1, 2008, Sp. 627–628.

Sehr eng mit dieser beschränkten Bodenmobilität ist der historische Eigentumsbegriff verbunden. Charakteristisch dafür war die Zweiteilung des Eigentums. Zum einen gab es das sogenannte Obereigentum (*dominum directum*) und zum anderen das Nutzungseigentum (*dominum utile*).[528] Letzteres stellte im heutigen Sinne kein wirkliches Eigentum dar, sondern vielmehr nur die Befugnis das Land nach gegebenen Vorschriften oder auch Verträgen zu nutzen.[529] Diese Zweiteilung des Eigentumsbegriffs war sehr stark an die ständische Gesellschaftsstruktur angepasst, in der Adel und Bürgertum eine herausgehobene Stellung besaßen.[530] Nur der Eigentümer, der das Obereigentum an einem Grundstück innehatte, besaß die tatsächliche Verfügungsmacht über den Grund und Boden. Eine eher territorial zu beachtende Besonderheit war, dass das Leben der Menschen in den nun verstärkt wachsenden Städten von diesen Gegebenheiten in der Regel nur bedingt betroffen war. Bei dieser Betrachtung stehen primär die Interessen der Bauern und der ländlichen Bevölkerung im Fokus, da nur diese einem Gutsherrn untertan und von diesem abhängig waren.[531] Diese Abhängigkeit lässt sich auch in dem geteilten Eigentumsbegriff wiederfinden. Der Bauer, der bloß das Nutzungseigentum erlangen konnte, war stets den Einflüssen des Obereigentümers ausgesetzt.

Neben dem Eigentum als solchem waren auch andere noch vorhandene historische Institute, wie das Lehnsrecht[532] und die mit der Grundherrschaft einhergehende Schollenpflichtigkeit[533] stark in die Kritik geraten.[534] Auch diese, den zu Beginn des 19. Jahrhunderts vorherrschenden Idealen zuwider laufenden Rechtsinstitute, sollten aus den Zivilkodifikationen gestrichen werden. Die Verbannung dieser Elemente ist demnach als eine unweigerliche Folge der Abschaffung der Stände zu verstehen. Ohne die ständischen Unterschiede innerhalb der Bevölkerung gab es keine zwingende Rechtfertigung mehr für eine ständische

528 Einen Überblick über die Entwicklung des Eigentumsbegriffs ist zu finden bei *Hans-Rudolf Hagemann*, Art. Eigentum, in: HRG, Bd. 1, 2008, Sp. 1271–1285.

529 Das *dominum utile* ähnelt der uns heute bekannten Pacht, als Nutzungsrecht an einem vertraglich festgelegten Grundstück.

530 Siehe dazu auch B. I. 2. a.

531 Zur Bevölkerungsverteilung zwischen Stadt und Land siehe B. I. 2. a.

532 Eine kurze Zusammenfassung zum Lehnsrecht/Lehnswesen ist zu finden bei *Karl-Heinz Spieß*, Art. Lehn(s)recht/Lehnswesen, in: HRG, Bd. 2, 1978, Art., Sp. 1725–1741.

533 Siehe dazu B. I. 2.

534 Ein kurzer Überblick über den gesamten sachenrechtlichen Wandel ist zu finden bei *Coing*, Europäisches Privatrecht, Bd. 2, S. 367–369.

Differenzierung innerhalb anderer Rechtsbereiche. Allerdings taten sich die Gesetzgeber mit der Entscheidung zur gänzlichen Abschaffung keineswegs leicht. Auch hier spielte der nach wie vor große Einfluss des Adels eine entscheidende Rolle.

Durch die im Sachenrecht angestrebten Veränderungen sollten dem Adel seine letzten noch verbliebenen Privilegien genommen werden. Dies hatte zur Folge, dass auch gegen diese Veränderungen großer Widerstand aufkam. Der Gesetzgeber hatte in der Regel zwischen zweierlei Übeln, einem sich widersetzenden Adel auf der einen und einem revoltierenden Volk auf der anderen Seite, abzuwägen. Diese Abwägung sollte unter der Beachtung der bisher vollzogenen Veränderungen vermehrt zu Gunsten der Interessen der einfachen Bevölkerung verlaufen. Ohne diese Entscheidung wäre eine Weiterentwicklung des Rechts in Bezug auf die allgemeine Angleichung der Rechte zwischen den Ständen und auch zwischen Mann und Frau weitgehend ins Leere gelaufen. Insofern stellt die Bodenmobilisierung einen elementaren Punkt für die Gesamtbetrachtung der hier in Rede stehenden Entwicklung dar.

a. Eigentumsbegriff

Der zweigeteilte Eigentumsbegriff war nur ein Teil der in die Kritik geratenen ständisch geprägten Institute, welche allesamt die einfache, ländliche Bevölkerung benachteiligten. An der Wichtigkeit des Eigentums wurde allerdings nicht gezweifelt. Das Eigentum als das allumfassende Recht, mit einer Sache nach belieben zu verfahren, diente und dient nach wie vor als maßgebliche Grundlage für jegliche Rechtsgeschäfte und ist somit von nicht zu verachtendem Wert für das gesamte Zivilrecht. Es stellt ein richtungsweisendes Element einer jeden Rechtsordnung dar.

Der Wandel, welchen die hier untersuchten Kodifikationen im 19. Jahrhundert für diesen Begriff mit sich brachten, war sehr unterschiedlich ausgeprägt. Der französische Gesetzgeber sollte auch auf der sachenrechtlichen Ebene als Vorreiter einer tief in die Gesellschaftsordnung eingreifenden Veränderung zu Gunsten der Gleichstellung aller Bürger dienen, welche sich über den Code civil im Rheinland auch auf deutschem Boden erstreckte. Die Abschaffung des Feudalsystems und die Befreiung des Bodens waren, wie gezeigt, die vielleicht wichtigsten Ziele der französischen Revolution.[535] Sie dienten als Grundlage, um die verschiedenen Interessen der Bevölkerung dauerhaft in Einklang zu bringen und

535 *Elisabeth Botsch*, Eigentum in der Französischen Revolution. Gesellschaftliche Konflikte und Wandel des sozialen Bewußtseins, 1992, S. 18, m. w. N.

standen auch im Zuge der Bodenreform an oberster Stelle. Wie gezeigt, hatte der französische Gesetzgeber im Code civil lediglich die verfassungsmäßig garantierten Grundfreiheiten umzusetzen. Dies zeigt sich auch anhand des dort verwendeten einheitlichen Eigentumsbegriffs, der sich als das Recht der unbeschränkten Nutzung und Verfügung eines Gegenstandes darstellte.[536] Der Eigentumsbegriff sollte darüber hinaus für alle Privatpersonen Geltung erlangen.[537]

Die Umsetzung der aufkeimenden revolutionären Forderungen nach Freiheit und Gleichheit aller Bürger löste im Sachenrecht die enge Verflechtung des Grundeigentums mit einer ständisch geprägten Gesellschaftsordnung.[538] Infolge dessen wurde die als ungerecht empfundene Ansammlung großer Vermögensmassen in den Händen einiger, weniger Adeliger nach und nach aufgelöst. Dadurch sollte es jedem Bürger möglich werden, Grund und Boden zur Bewirtschaftung oder auch zur bloßen Kapitalanlage besitzen und nutzen zu können.[539] Als wichtige Schritte dienten dazu der Nationalgüterverkauf und auch der Verkauf der Kirchengüter an private Eigentümer im Rahmen der Säkularisation. Die Grundlage für eine auf der Gleichheit aller basierenden Veränderung der Eigentumslage an Grundstücken war spätestens mit der Einführung des Code civil in Frankreich bzw. mit dessen Übernahme im Rheinland auch auf deutschem Boden vorhanden. Fraglich ist jedoch, ob die damit vorhandenen rechtlichen

536 Siehe dazu Art. 544 Cc. Trotz dieses freien Wortlauts ist das Eigentum nicht schrankenlos gewährt worden. Grundsätzlich sind die Schranken dort zu finden, wo das Eigentum eines Anderen betroffen wird oder aber das Gesetz entgegensteht. Doch schon vorher, im Jahre 1789, wurde per Dekret der Begriff des geteilten Eigentums aus den Gesetzbüchern verbannt. So hieß es im Code rural von 1791, dass „das französische Territorium […] soweit es reicht, frei wie alle Menschen, die es bewohnen“ ist. Dies impliziert bereits ohne nähere gesetzliche Ausgestaltung, die freie Veräußerungsmöglichkeit von Grund und Boden in ganz Frankreich.
Siehe auch Art. 1 Code rural, zu finden unter http://gallica.bnf.fr/ark:/12148/bpt6k56902953 (Stand Mai 2015), dort heißt es: „Le territoire de la France, dans toute son étendue, est libre comme les personnes qui l'habitent […]“; vergleichbar *Hans Schlosser*, Kodifikationen im Umfeld des Preußischen Allgemeinen Landrechts in: Merten (Hg.), Kodifikation gestern und heute, S. 63 (69 f.).

537 Nach Art. 537 Cc haben Privatpersonen die freie Verfügung über alle Gegenstände, die ihnen gehören. Diese weitreichende Geltung des Eigentumsbegriffs ist hier abstrakt von der Geschäftsfähigkeit zu betrachten. Wie gezeigt, beschränkt die Geschäftsfähigkeit nicht das Eigentum als solches sondern vielmehr die Fähigkeit, darüber frei zu verfügen.

538 *Elmar Wadle*, Die Französische Revolution und die Modernisierung der Rechtsordnung, in: ders. (Hg.), Französisches Recht in Deutschland. Acht Beiträge, S. 1 (13).

539 *Botsch*, Eigentum in der Französischen Revolution S. 42.

Gegebenheiten ausreichten, um den dahinterstehenden Gedanken einer gerechten Verteilung des Bodens umzusetzen, denn eine unmittelbare Verbesserung der Situation der Landbevölkerung scheint nicht eingetreten zu sein. Dies wird daran sichtbar, dass die gesetzlichen Neuerungen von weiten Teilen der Bevölkerung als durchaus negativ empfunden wurden. Der frühere Bauernstand, der von den neuen Regeln primär profitieren sollte, schien durch die eingeführte Mobilisierung von Grund und Boden sehr großen finanziellen Gefahren ausgesetzt zu sein. Beispielsweise befürchteten die Kritiker eine Überschuldung der Bauern sowie eine Zerstückelung des Grundbesitzes in viele unwirtschaftliche Parzellen, mit der Folge, dass die Bauern ihr Land nicht mehr wirtschaftlich nutzen konnten.[540] Dies hatte zur Folge, dass die geschlossene Front der Anhänger der revolutionären Ideen unter der ländlichen Bevölkerung nach und nach Risse bekommen sollte. Die Forderung nach absoluter Freiheit des Eigentums wurde immer mehr in Frage gestellt. Insbesondere verlor die revolutionäre Bewegung an Zugkraft, als sich allmählich herausstellte, dass Klein- und Kleinstbauern vermehrt Schwierigkeiten hatten, ihre Ländereien gegen finanzstarke Investoren zu behaupten. Es stellte sich nun erstmals die Frage einer erneuten Eingrenzung der Freiheit des Eigentums. Daraufhin wurden diverse Möglichkeiten diskutiert, wie sichergestellt werden konnte, dass auch Kleinbauern eine reelle Chance behalten sollten, Grund und Boden zu erlangen und auf lange Sicht halten zu können.[541] Auf die Frage, inwiefern sich diese neue Gefahr tatsächlich realisierte, wird bei den Folgen der Bodenmobilisierung noch näher einzugehen sein. Festzuhalten ist lediglich, dass die gesetzliche Grundlage der Bodenmobilisierung isoliert betrachtet eine unmittelbare Verbesserung der Lage der ländlichen Bevölkerung mit sich bringen sollte.[542]

Zumindest in den Ansätzen vergleichbar stellte sich auch die Eigentumssituation im Badischen Landrecht dar. Hier findet sich allerdings eine gravierende Abweichung zum Code civil, die sehr deutlich erkennen lässt, dass es keineswegs zu einer bloßen Übernahme des französischen Gesetzbuchs gekommen ist, sondern eine umfangreiche Anpassung an die lokalen Gegebenheiten stattgefunden

540 *Franz Dorn*, Erbrecht des Code civil und seine Auswirkungen auf den bäuerlichen Grundbesitz in den Gebieten des „Rheinischen Rechts“, in: Schubert (Hg.), 200 Jahre Code civil, 2005, S. 17 (17–24).

541 *Botsch*, Eigentum in der Französischen Revolution, S. 244–248.

542 Eine ausführliche Auseinandersetzung mit den praktischen Auswirkungen der Bodenbefreiung insbesondere mit Blick auf die tatsächliche Eigentumsverteilung, sowie eine anschauliche Darstellung der Gewinner der Nationalgüterverkäufe ist zu finden bei *Botsch*, Eigentum in der Französischen Revolution, S. 54–63.

hat. Im Badischen Landrecht sollte der geteilte Eigentumsbegriff nach wie vor Bestand haben, sofern dieses vertraglich oder auch durch letzten Willen zwischen den Parteien vereinbart wurde.[543] Hier stieß der Einfluss des französischen Rechts auf deutschem Boden an seine Grenzen.

Von einer vergleichbaren Ausnahmeregelung machte der Gesetzgeber des bayerischen Entwurfs dagegen keinen Gebrauch. Hier sollte ein einheitlicher Eigentumsbegriff vorherrschen, der sich vollkommen losgelöst von der historischen Trennung zwischen Ober- und Nutzungseigentum darstellte.[544] Eine ähnlich weitreichende Vereinheitlichung des Eigentumsrechts sollte sich im hessischen Entwurf wiederfinden.[545] In den Motiven findet sich allerdings die Anmerkung, dass der Begriff des zweigeteilten Eigentums weiterhin Geltung behalten müsste, da das Institut des Lehens nach wie vor auf einer solchen Eigentumsunterteilung basieren würde. Da das Lehen jedoch als ins öffentliche Recht gehörig außer Betracht bleiben sollte, stand der Einführung eines einheitlichen Eigentumsbegriffs im Zivilrecht nichts im Wege.[546] Da es in Bayern und Hessen bloß bei dem Entwurf eines Zivilgesetzbuches geblieben ist, sollte das gemeine Recht mit den historischen Begriffen wie schon mehrfach angemerkt bis zum in Kraft treten eines gesamtdeutschen Gesetzbuches fortgelten.

Anders stellte sich die Lage dagegen im Kanton Zürich in der Schweiz dar. Nach dem Wortlaut des dort eingeführten Privatrechtlichen Gesetzbuches konnte Jedermann Eigentum erwerben. Dies sollte sowohl für bewegliche als auch für unbewegliche Sachen gelten.[547] Es fehlt hier sowohl eine Eingrenzung auf einen bestimmten Personenkreis als auch die historische Zweiteilung des Eigentumsbegriffs. Das Eigentum sollte nach dem PGB lediglich dort seine Grenzen finden, wo die polizeiliche Ordnung oder das Recht eines Anderen diesem entgegenstand.[548] Das hier anzutreffende freiheitliche Verständnis des Grundeigentums

543 Siehe dazu Art. 577aa.–577ar BadLR.

544 Siehe dazu BayE 1861, Teil III Kap. 3 Art. 89, wonach das Eigentum das Recht der vollständigen und ausschließlichen Verfügung über eine Sache darstellte, sofern keine rechtlichen Beschränkungen bestanden.

545 Siehe dazu *Schubert*, Bürgerliches Gesetzbuch für das Großherzogthum Hessen/Entwürfe und Motive (1842–1853), Bd. 3 = Abt. 2, (Sachenrecht). Entwürfe und Motive von 1845 und 1851, Abt. II Tit. 3 Art. 1 HessE 1845.

546 *Schubert*, Bürgerliches Gesetzbuch für das Großherzogthum Hessen/Entwürfe und Motive (1842–1853), Bd. 3 = Abt. 2, (Sachenrecht). Entwürfe und Motive von 1845 und 1851, Motive, S. 57 f.

547 Siehe dazu § 474 PGB.

548 So war Jedermann befugt, jegliche Gewässer im Rahmen der polizeilichen Ordnung zu nutzen, § 670 PGB.

wird auch an der in Folge der Einführung des Gesetzes beginnenden Ablösung der Grundstücke von jeglichen historischen Lasten ersichtlich.[549] Das geteilte Eigentum wurde hier durch einen modernen, einheitlichen Eigentumsbegriff ersetzt.

Im Rahmen der Beratungen zum Bürgerlichen Gesetzbuch für das Königreich Sachsen kam es zu diversen Diskussionen, welche Institute man aus dem bisherigen gemeinen Rechte übernehmen könnte und welche aufgegeben werden müssten. Unter anderem kam es zu einer Ablehnung des geteilten Eigentumsbegriffs.[550] Demzufolge entschied der Gesetzgeber, dem sächsischen BGB ebenfalls einen ungeteilten Eigentumsbegriff zu Grunde zu legen, der in personeller Hinsicht unbeschränkt war. In sachlicher Hinsicht fand das Eigentum seine Schranken lediglich in anderen gesetzlichen Bestimmungen oder dort, wo Rechte eines Dritten entgegenstanden.[551] Die hier anzutreffende Ausgestaltung des Eigentumsbegriffs ist demnach mit dem bereits oben erwähnten Code civil, dem Zürcher PGB und auch dem bayerischen Entwurf vergleichbar und stellt sich diesbezüglich als ebenso modern dar.

Die Entwicklung des Eigentumsbegriffs in Preußen und Österreich nahm einen eigenständigen Weg. Zwar wurde auch hier das Eigentum als die Grundlage einer jeden Gesellschaft verstanden und diente somit als Einkunftsart, als Teil der Lebensgrundlage oder auch als dingliches Sicherungsmittel. Im ALR kam es jedoch im Rahmen der Eigentumsdefinition in ALR I 1 § 8 zu einer klaren Befürwortung des historischen Verständnisses und einer Beibehaltung des zweigeteilten Eigentumsbegriffs. Insbesondere lag eine komplette Neugestaltung des Eigentumsbegriffs nicht im Interesse der hier an der Gesetzgebung beteiligten Personen, die sich wie gezeigt unmittelbar aus der gehobenen Bürgerschicht und des Adels rekrutierten.[552] Aus dem bisher in Bezug auf die Abschaffung der Stände Gesagten ist diese Haltung des preußischen Gesetzgebers als durchaus konsequent zu betrachten. Die patriarchal geprägte Gesellschaft und somit die historische Sozialverfassung wurde im ALR auf allen Gebieten und somit auch im Sachenrecht beibehalten.

549 Siehe zu den Reallasten auch § 755 PGB.

550 Eine Diskussion über die Aufnahme von verschiedenen Eigentumsarten in das Gesetzbuch ist zu finden in Acten der Commission zu Revision des Entwurfs eines bürgerlichen Gesetzbuchs für das Königreich Sachsen, SLUB Dresden, Sig.: Hist. Sax.K.35.c, Band 2 – No. XXXIV–LVII, Prot. 34, S. [35–40].

551 Siehe dazu auch §§ 217–226 i. V. m. § 30 sächsBGB.

552 Zur Entstehung des ALR und der daran beteiligten Personen siehe B. I. 2. b. bb. i.

Erste Änderungen auf diesem Gebiet sollten erst mit der Agrarreform und der nachfolgenden Revisionsbewegung zum ALR eintreten. So wurden im Anschluss an das Oktoberedikt beispielweise nicht eigentümlich verliehene bäuerliche Güter in tatsächliches Eigentum umgewandelt.[553] Auch der geteilte Eigentumsbegriff sollte letztlich im Rahmen der Revision aus dem ALR gestrichen werden. So wurde durch das Edikt von 1807 jedem Preußen die Befähigung zugesprochen, Eigentum zu erwerben, soweit nicht die Gesetze dagegen sprachen. Des Weiteren sollten sämtliche Frondienste abgeschafft werden und die wirtschaftliche Situation der Landbevölkerung zusätzlich verbessert werden.[554] Aufgrund der fehlgeschlagenen Revision kam es zeitweilig zu einer Diskrepanz zwischen den im Rahmen des Oktoberedikts eingeführten Vorschriften und Verordnungen und dem nach wie vor geltenden ALR in seinem ursprünglichen Wortlaut.

Auch das österreichische Recht war einem Wandel unterworfen, der jedoch mit dem in Kraft treten des ABGB nicht abgeschlossen war. Bezüglich des Eigentums zeigte sich hier jedoch ein uneinheitliches Bild. Zum einen sollte der Wortlaut des Gesetzes modern und dem aktuellen Zeitgeist entsprechen, zum anderen galten die historischen Institute uneingeschränkt bis in die Mitte des 19. Jahrhunderts fort. So hieß es zum Beispiel im Jahre 1838 im Lande unter der Enns[555], dass es „absolut freie Bauern, welche rücksichtlich ihres Besitztums mit gar keiner Obrigkeit in irgend einem politischen Rechtsverhältnisse stehen" nicht gibt.[556] Es fragt sich, wie es zu einer so schleppenden Veränderung der Rechtslage kommen konnte, wobei doch das ABGB im Grundsatz von gleichen Rechten der Bürger untereinander ausging. Auch hier wird sich die Begründung in den konservativen Gesetzgebungsgremien finden lassen, die dafür sorgten, dass nicht nur der geteilte Eigentumsbegriff die Einführung des ABGB 1811/12 überstehen konnte, sondern sowohl das Fideikommiss als auch das Lehen weiterhin Bestand

553 Siehe dazu Edikt vom 14.10.1811, Gesetzsammlung für die Königlich-Preußischen Staaten 1811, No. 53, S. 300–311 bzw. Edikt vom 29.05.1816, Gesetzsammlung für die Königlich-Preußischen Staaten 1816 No. 359, S. 154–180.

554 Bis zum Edikt vom 11.09.1812 waren davon sämtliche Juden und darüber hinaus auch Nonnen und Mönche ausgeschlossen. Siehe dazu auch *Wilhelm Bornemann*, Systematische Darstellung des Preussischen Civilrechts: mit Benutzung der Materialien des Allgemeinen Landrechts, Band 2, … enthaltend die Lehre vom Eigenthum, und den allgemeinen Theil des Obligationenrechts, 1842, S. 3–6.

555 Betrifft das Gebiet des heutigen Niederösterreich.

556 *Luschin von Ebengreuth*, Grundriss der österreichischen Reichsgeschichte S. 404.

haben sollten.[557] Des Weiteren sei in Bezug auf den Eigentumsbegriff und die Möglichkeit seines Erwerbs, erneut auf die innerhalb des ABGB vorkommende Verweisung auf die „politische" Gesetzgebung beziehungsweise andere Spezialgesetze hingewiesen. Diese Technik ermöglichte es dem Gesetzgeber, auch an dieser Stelle standesneutrale und sehr allgemeine Normen zu verfassen, ohne den tatsächlichen Inhalt im ABGB ausgestalten zu müssen. So sind Ausnahmeregelungen über Besonderheiten des Eigentumserwerbs nicht ausschließlich im ABGB sondern durch Verweis beispielsweise auch im Lehnsrecht zu finden.[558]

Im ABGB bestand somit, wie auch in Preußen, der geteilte Eigentumsbegriff fort. Eine weitere Beschränkung bestand darin, dass das Eigentum nicht jedem Bürger im Geltungsbereich des ABGB zugänglich war. Die diesbezüglichen Ausnahmen waren wiederum der „politischen" Gesetzgebung vorbehalten.[559] Eine grundlegende Veränderung des Eigentumsrechts sollte das ABGB erst mit der Einführung der österreichischen Verfassung des Jahres 1848/49 ereilen.[560] Insbesondere sollten in diesem Zuge auch die Grundherrschaft und das damit einhergehende geteilte Eigentum abgeschafft werden. So sollten in Österreich erst ab der Mitte des 19. Jahrhunderts weitreichende Veränderungen auf die gesamte Sozialverfassung des Landes warten. Im ABGB ist von diesen Tendenzen dagegen noch keine Spur.

Zusammenfassend lässt sich sagen, dass trotz der unterschiedlichen Herangehensweisen der Gesetzgeber, der Eigentumsbegriff in den hier betrachteten Ländern einem mehr oder weniger starken Wandel unterlag. Entweder wurde das Verständnis des Begriffs an den aktuellen Zeitgeist angepasst, indem das Eigentum nun als ungeteiltes und allumfängliches Recht verstanden wurde oder es wurden lediglich die Rahmenbedingungen desselben angepasst. Letzteres ist beispielsweise in Preußen und Österreich zu sehen, wo das Eigentum nach wie vor im Sinne des historischen Vorbildes verstanden wurde. Die Kodifikationen von Österreich und Preußen blieben zunächst bei der alten Rechtslage und sicherten den *status quo* sowie die Vorrechte einiger weniger auch im Sachenrecht.

557 Siehe dazu § 357 ABGB, wobei das Nutzungseigentum nur standesgemäßen Nutzen erlaubte, so zu finden in § 505 ABGB.

558 Für die nähere Ausgestaltung des Lehens findet sich in § 359 ABGB eine Verweisung auf besondere Lehnsrechte.

559 In § 382 ABGB heißt es, dass freistehende Sachen von allen Mitgliedern des Staates erworben werden können, es sei denn, die politischen Gesetze verbieten es.

560 Siehe auch den Beitrag von *Wilhelm Brauneder*, Das Eigentum des ABGB, die alten Eigentumsordnungen und die Gewerbefreiheit, in: Pocta prof. JUDr. Karlu Malému. K 65. narozeninám, S. 227 (231–232).

b. Mobilisierbarkeit des Grundeigentums und dessen Folgen

Die Mobilisierbarkeit von Grund und Boden lässt sich exemplarisch anhand des preußischen ALR darstellen. Das Eigentum an Gütern war dort bislang ausschließlich dem Adel vorbehalten.[561] Unter zusätzlicher Berücksichtigung des geteilten Eigentumsbegriffs konnten Bauern lediglich Nutzer einer Parzelle sein. Diese Nutzungsmöglichkeit war zusätzlich durch die bereits angesprochene Gutsuntertänigkeit und die zu leistenden Arbeitsdienste negativ begrenzt und beeinflusst. Die Zweiteilung des Eigentums stärkte somit mittelbar die Abhängigkeit der Landbevölkerung von dem jeweiligen Gutsherrn und sicherte deren Vormachtstellung. Erst die infolge des Oktoberedikts einsetzende Bauernbefreiung sollte in Preußen die Grundlage schaffen, dass Bauern freies, das heißt lastenfreies, Eigentum erwerben konnten. Die Abschaffung der Grunduntertänigkeit war somit der erste Schritt zu einem umfassenden Wandel der preußischen Agrarverfassung.[562] Wie gezeigt führten jedoch diese unüberwindbaren Widersprüche zwischen den dem ALR zu Grunde liegenden Vorstellungen und der neuen gesellschaftlichen Ordnung zu einem Scheitern der Revisionsbewegung. Dennoch lässt sich anhand der angestrebten Regelungen und Ziele eine klare Tendenz ableiten, nach welcher der feudale Grundbesitz immer stärker eingeschränkt werden beziehungsweise gänzlich abgeschafft werden sollte. Auch wurden innerhalb der wissenschaftlichen Forschung, die den Gesetzgebungsprozess mit großer Spannung verfolgte, einige Stimmen laut, die die Gründe für eine Beibehaltung der Gutsuntertänigkeit und die damit verbundene Schollenpflichtigkeit zwischenzeitlich als entfallen ansahen. Es wurde das Argument genannt, dass freie Bauern ungleich produktiver arbeiten würden, als abhängige Bauern.[563] Des Weiteren wurde die schützende Hand des Gutsherrn von nun an als eine Last auf den Schultern der Bauern angesehen und ein baldiges Ende des Abhängigkeitsverhältnisses zwischen den Bauern und den Gutsherren angestrebt. Der hier am Beispiel Preußen aufgezeigte Weg der Modernisierung einer Agrarverfassung findet sich in vergleichbarer Weise auch in den anderen hier betrachteten Ländern wieder.[564]

561 Siehe dazu auch ALR II 9 § 37.

562 Siehe dazu auch *Huber*, Reform und Restauration. 1789 bis 1830, S. 186–196.

563 *Heinrich Tilly*, Vor 200 Jahren – die Landreform in Preußen, in: Vermessung Brandenburg – Die Zeitung, 2/2007, S. 109 (113).

564 Vergleichbare Entwicklungen waren beispielsweise in Frankreich, Sachsen oder auch Hessen zu erkennen.

Die Bodenmobilisierung hatte jedoch auch eine Kehrseite, deren Auswirkungen sich erst nach Schaffung der rechtlichen Grundlagen zeigen sollten. Eine direkte Folge der Abkehr von der Gutsuntertänigkeit war, dass mit deren Ende jegliche Pflichten des Gutsherrn auf dem Gebiet des Arbeitsschutzes und der sozialen Fürsorge wie die Zahlung von Unterhalt bei Invalidität oder im Alter, der Anspruch auf eine Unterkunft am Hof ersatzlos entfielen. Eine gewisse Ähnlichkeit zu den modernen Fürsorgepflichten eines Arbeitsgebers im heutigen Arbeitsrecht ist dabei nicht zu übersehen.[565] Die der Gutsuntertänigkeit gegenüberstehenden Vorschriften zum Bauernschutz, wurden im Rahmen der Bodenmobilisierung ersatzlos gestrichen.[566]

Erst der Wegfall jeglicher Erwerbsbegrenzung, welche es auf der einen Seite den Bauern untersagte, Land eigentümlich zu besitzen und zu erwerben und auf der anderen Seite Adligen untersagte, nicht adlige Güter zu erwerben, brachte grundlegende Neuerungen mit sich. Nach Wegfall dieser Begrenzung konnte erstmalig die Umwandlung von Grund und Boden in vollständiges Eigentum eines einzelnen Bauern vollzogen werden. In der Regel sollte diese Umwandlung aber nur gegen Entschädigung des früheren Eigentümers durchgeführt werden.[567] Diese Voraussetzung hatte zur Folge, dass die Bauern dem jeweiligen Gutsherrn eine Geldsumme oder aber anderweitigen Ersatz zu leisten hatten. Da eine Entschädigung in Geld grundsätzlich wegen fehlender Kapitalreserven der Bauern nicht möglich war, wurde als Auszahlungsmöglichkeit die Abtretung eines Teils des in Frage stehenden Landes vorgesehen. Die gesetzlich festgelegte Höhe belief sich

565 So auch *Norbert Habermann*, Die preußische Gesetzgebung zur Herstellung eines frei verfügbaren Grundeigentums, in: Coing/Wilhelm (Hg.), Kodifikation des Privatrechts im 19. Jahrhundert, Bd. 3, Die rechtliche und wirtschaftliche Entwicklung des Grundeigentums und Grundkredits, 1976, S. 3 (8).

566 Zu den vor der Agrarreform bestehenden Rechten und Pflichten der ländlichen Bevölkerung siehe auch *Henning*, Deutsche Wirtschafts- und Sozialgeschichte im 19. Jahrhundert, S. 46–48.

567 *Wehler*, Vom Feudalismus des Alten Reiches bis zur defensiven Modernisierung der Reformära 1700–1815, S. 409–428; ebenso *Huber*, Reform und Restauration. 1789 bis 1830, S. 184–190; in der Praxis war für die tatsächliche Übertragung des Eigentums an den Bauern die Zahlung einer Ablösung erforderlich. Der Entzug der Abgaben- und Dienstleistungsverpflichtung des Bauern stellte nach damaligem Verständnis eine Enteignung dar, die entschädigt werden musste. Siehe auch ALR, Einleitung, §§ 74 f., *Hattenhauer/Bernert*, Allgemeines Landrecht für die Preußischen Staaten von 1794.

dabei auf 30–50 % des zu erwerbenden Landes.[568] Als Folge davon wurde die im Anschluss an die Entschädigung tatsächlich eigentümlich erworbene Ackerfläche enorm verringert. Die Gefahr, diese Kleinstparzellen nicht mehr gewinnbringend bewirtschaften zu können, stieg dadurch an. Es drohte durch diese hohen Ablösungszahlungen der wirtschaftliche Ruin des Bauern, dessen einziger Ausweg darin bestand, das restliche Ackerland an wohlhabende Kaufleute sowie Grundbesitzer zu verkaufen. Eine weitere finanzielle Belastung drohte den Bauern auch durch sinkende Agrarpreise.[569]

Auf der anderen Seite ermöglichte die im Rahmen der Bodenmobilisierung gänzlich weggefallene Erwerbsbegrenzung nun auch Adligen und finanzstarken Bürgern, einfaches Ackerland zu bündeln und somit zu einer neuen Art von Großgrundbesitzern heranzuwachsen. Die elementaren Unterschiede zu den Großgrundbesitzern vergangener Zeit waren, dass diese erstens nicht mehr einzig dem klassischen Adel angehörten und zweitens keinerlei Pflichten mehr gegenüber den auf dem Land lebenden Bauern bestanden. Der Betrieb einer Landwirtschaft diente nun ausschließlich den finanziellen Interessen der Investoren und war somit in erster Linie wachstums- und gewinnorientiert. Der Bauer dagegen sollte sich nach diesem Szenario in derselben Lage wiederfinden wie vor der Bodenmobilisierung. Er stand weiterhin ohne Grundeigentum da. Darüber hinaus hatte er jedoch auch seine sichere Anstellung als untertäniger Bauer verloren.[570] Die wirtschaftliche Lage der ländlichen Bevölkerung verschärfte sich durch die Bodenmobilisierung zusehends.

Die Veränderungen des Eigentumsbegriffs und die infolge der Bodenmobilisierung entstandene Veräußerungsfähigkeit von Grund und Boden hatten allerdings einen positiven Einfluss auf die landwirtschaftliche Gesamtsituation. So trat im Laufe des 19. Jahrhunderts eine enorme Produktivitätssteigerung ein. Dies ließ sich allerdings nicht ausschließlich auf die veränderte Eigentumslage zurückführen. Sie basierte vielmehr auch auf allgemeinen Fortschritten in der Agrarwirtschaft, wie zum Beispiel dem neu eingeführten kontinuierlichen

568 Siehe dazu *Huber*, Reform und Restauration. 1789 bis 1830, S. 194–195; einen Einblick in den Umfang der Ablösungszahlungen zur Mitte des 19. Jahrhunderts bietet *Henning*, Deutsche Wirtschafts- und Sozialgeschichte im 19. Jahrhundert, S. 76–77.

569 Siehe zu den Ablösungszahlungen und den steigenden Belastungen in Folge der Bauernbefreiung *Henning*, Deutsche Wirtschafts- und Sozialgeschichte im 19. Jahrhundert, S. 53–78.

570 Allein in der Zeit zwischen 1807 und 1860 wechselten im östlichen Preußen etwa 4 Millionen Morgen Bauernland in die Hände von Großgrundbesitzern, siehe *Huber*, Reform und Restauration. 1789 bis 1830, S. 192.

Fruchtwechsel, der Kultivierung neuer Feldfrüchte sowie dem Einsatz neuer und verbesserter Arbeitsgeräte.[571] Des Weiteren sollte nun auch die bereits erwähnte Industrialisierung den Agrarsektor erreichen und verhalf dort zu einer intensiven Modernisierung und Mechanisierung. Infolgedessen konnten in kürzerer Zeit immer größere Flächen bewirtschaftet werden. Die Kosten, die pro Ackerfläche für die Bewirtschaftung aufgebracht werden mussten, sanken ebenfalls kontinuierlich durch die Verringerung der Arbeitskräfte, wobei der Ertrag in der Regel sogar gesteigert werden konnte. Die landwirtschaftliche Mechanisierung führte in Verbindung mit der neu erworbenen Freizügigkeit zu einer verstärkten Wanderungsbewegung der ländlichen Bevölkerung in die Städte. Die dort ansässige Industrie sollte von dem hohen Arbeitskräfteangebot profitieren. Die industrielle Revolution, der landwirtschaftliche Aufschwung und auch die Veränderung der rechtlichen Gegebenheiten waren demnach sehr eng miteinander verwoben und bedingten beziehungsweise förderten sich gegenseitig.[572]

c. *Erbrechtliche Folgen der Bodenmobilisierung, insbesondere Fideikommiss*

Wie schon dargestellt entsprach die bisher geltende Rechtslage im Bereich des Grunderwerbs auf breiter Front nur bedingt dem angestrebten Gesellschaftsmodell, welches auf der Gleichheit aller Bürger basierte. Neben der begrenzten Mobilität von Grund und Boden, wurde insbesondere auch die durch das Erbrecht begünstigte langfristig angelegte Kumulation von Reichtümern in den Händen einiger weniger kritisiert. Das primäre erbrechtliche Instrument, welches dabei in die Kritik geraten war, war das Fideikommiss.[573] Bei einem Fideikommiss beziehungsweise der Erbanwartschaft handelte es sich inhaltlich um das Recht an einem Grundstück, einem Haus oder einer wertvollen Gesamtheit von Sachen, welche zu einer rechtlichen Einheit verbunden wurde. Dieses Recht unterlag als Sondervermögen einer festen Nachfolgeordnung, welche über mehrere Generationen hinweg festgelegt werden konnte. Derjenige, welcher als Fideikommissar bedacht wurde, konnte diesen Vermögensteil bis zu einem testamentarisch

571 Siehe dazu auch *Coing*, Europäisches Privatrecht, Bd. 2, S. 79.

572 Ebenso zu finden bei *Coing*, Europäisches Privatrecht, Bd. 2, S. 81.

573 Hierbei sei darauf hingewiesen, dass es sich bei dem Fideikommiss keineswegs um ein ausschließlich adliges Vorrecht handelte, dieses aber in der Praxis einzig vom Adel genutzt wurde. Siehe dazu auch *Jörn Eckert*, Der Kampf um die Familienfideikommisse in Deutschland. Studien zum Absterben eines Rechtsinstitutes, S. 93; siehe auch § 608 ABGB.

festgelegten Ereignis oder dem Ablauf einer festgelegten Zeitdauer ausschließlich nutzen. Der Vermögenswert konnte in diesem Zeitraum jedoch nicht an einen Dritten veräußert werden. Bei Eintritt des genannten Ereignisses wurde der Vermögensteil an einen ebenfalls testamentarisch festgelegten Nachfolger übergeben.[574] Der Zweck des Fideikommisses war es, den Gegenstand, das Grundstück oder das dahinterstehende Vermögen dauerhaft und vor allen Dingen ungeteilt zu erhalten. Grundsätzlich konnte das Fideikommiss auch an einen Familienstamm gebunden werden, sodass das Vermögen über Generationen einzig dieser Familie erhalten bleiben konnte.[575] In diesem Fall war die Aufrechterhaltung der wirtschaftlichen und sozialen Stellung der gesamten Familie zentraler Punkt der Errichtung eines Familienfideikommisses.[576] Einschränkend sei hier festzuhalten, dass zumeist die Möglichkeit zur Errichtung und Annahme eines Fideikommisses ausschließlich der männlichen Nachkommenschaft zustand.[577] Die weiblichen Familienmitglieder unterlagen demnach auch im Erbrecht einer starken Benachteiligung.

Neben der durch dieses Institut ermöglichten ungleichen Vermögensverteilung in der Bevölkerung, stand das Fideikommiss in einem starken Widerspruch zu der angestrebten Verkehrsfreiheit von Grund und Boden.[578]

Trotz scharfer Kritik an dem Fideikommiss folgte in wenigen Ländern eine unmittelbare legislatorische Reaktion.[579] Diese verlief größtenteils parallel zu

---

574 Zum Begriff des Familienfideikommiss siehe *Ina Ebert*, Art. Familienfideikommiss, in: HRG, Bd. 1, 2008, Sp. 1503–1504; ebenso *Rudolf Hübner*, Grundzüge des deutschen Privatrechts, 1930, S. 337–347; zur näheren Geschichte der Familienfideikommisse siehe *Eckert*, Der Kampf um die Familienfideikommisse in Deutschland. Studien zum Absterben eines Rechtsinstitutes, S. 27–89.

575 In diesem Fall handelt es sich um Familienfideikommiss. Siehe dazu auch § 618 ABGB, wo es heißt: „Ein Fideicommiß (Familien-Fideicommiß), ist eine Anordnung, kraft welcher ein Vermögen für alle künftige, oder doch für mehrere Geschlechtsfolger, als ein unveräußerliches Gut der Familie erklärt wird."

576 Siehe auch *Eckert*, Der Kampf um die Familienfideikommisse in Deutschland. Studien zum Absterben eines Rechtsinstitutes, S. 100.

577 So zu finden in ALR II 4 §§ 139, 189 ff. bzw. auch §§ 624, 626 ABGB und Art. 577ck BadLR. Anders dagegen das sächsische BGB, wo es an einer Beschränkung auf männliche Nachfahren fehlt, §§ 2527 ff. sächsBGB.

578 Ein kurzer Überblick über das Fideikommiss im Gesamtzusammenhang der Entwicklung des Zivilrechts des 19. Jahrhunderts ist zu finden bei *Coing*, Europäisches Privatrecht, Bd. 2, S. 594, 613–616.

579 So auch *Hans Pohl*, Die Entwicklung der deutschen Volkswirtschaft, in: Coing/Wilhelm (Hg.), Wissenschaft und Kodifikation des Privatrechts im 19. Jahrhundert,

dem bisher in Bezug auf die Beibehaltung der historischen Gesellschaftsordnung Gesagten. So hielten der preußische, der österreichische aber auch der sächsische Gesetzgeber nahezu unverändert an dem Institut des Fideikommisses fest. Beachtenswert ist dabei allerdings, dass selbst in Preußen die Bündelung großer Vermögensmassen in den Händen einiger weniger Adliger als für den Staat nachteilig angesehen wurde.[580] Trotz der als gravierend anzusehenden Veränderungen, die im Zuge des Oktoberedikts auf das ALR warteten, blieb das Fideikommiss in der bisherigen Form noch weit über das 19. Jahrhundert in Kraft.[581] Auch im ABGB von 1811 waren die Familienfideikommisse noch vorhanden. Dem Wortlaut des Gesetzes zufolge, wonach Jedermann in der Lage sein sollte, ein Fideikommiss zu errichten, scheint dieses Institut im ABGB sogar noch erheblich ausgeweitet worden zu sein.[582] Eine Begrenzung auf den Adel sollte jedoch auch nach 1811 Bestand haben. Diese war zwar nicht unmittelbar aus dem Wortlaut erkennbar, sollte jedoch dem *termini technici* des Fideikommiss geschuldet sein, welcher seiner historischen Bedeutung nach, einzig dem Adel offen stand.[583] Eine Erweiterung dieses Instituts fand somit nicht statt. Bei näherer Betrachtung trat vielmehr das Gegenteil ein. Die Errichtung neuer Fideikommisse an unbeweglichen Gütern wurde grundsätzlich erschwert. Ebenso sollte die Zahl der schon bestehenden Fideikommisse vermindert werden.[584] In

---

Bd. 2, Die rechtliche Verselbständigung der Austauschverhältnisse vor dem Hintergrund der wirtschaftlichen Entwicklung und Doktrin, 1977, S. 1 (8).

580 So auch *Eckert*, Der Kampf um die Familienfideikommisse in Deutschland. Studien zum Absterben eines Rechtsinstitutes, S. 235.

581 Die fideikommissarisch gebundene Fläche stieg in Preußen zum Ende des 19. Jahrhunderts sogar auf fast 7 %, so *Gerhard Köbler*, Die Regelung des Eigentumserwerbs an Grundstücken in Preußen vom ALR zum BGB, in: Coing/Wilhelm (Hg.), Wissenschaft und Kodifikation des Privatrechts im 19. Jahrhundert, Bd. 3, Die rechtliche und wirtschaftliche Entwicklung des Grundeigentums und Grundkredits, 1976, S. 201 (209); zur Ausbreitung des Fideikommisses siehe auch *Eckert*, Der Kampf um die Familienfideikommisse in Deutschland. Studien zum Absterben eines Rechtsinstitutes, S. 111 u. 527 ff.; zum Einfluss des Oktoberedikts *a. a. O.*, S. 374–375.

582 Siehe dazu § 608 ABGB.

583 So zu finden auch bei *Brauneder*, Das österreichische ABGB: Eine neuständische Kodifikation, in: FS Gunter Wesener, S. 67 (71).

584 Siehe dazu auch §§ 608, 610, 618, 626 ABGB; *Brauneder*, Abhandlung über die Principien des allgemeinen bürgerlichen Gesetzbuches für die gesammten deutschen Erbländer der österreichischen Monarchie – Franz A. Edler Ritter von Zeiller, 1986, S. 54–57. Durch die Umwandlung in bloße Geld-Fideikommisse sollte der Kritik an der Unveräußerlichkeit großer Landstriche entgegengetreten werden; ebenso *Eckert*,

dieser Veränderung kann in Teilen sogar eine ablehnende Haltung gegenüber dem Fideikommiss erblickt werden, doch wollte der österreichische Gesetzgeber das Fideikommiss keineswegs ganz abschaffen. Dies lässt sich besonders deutlich an einer Vorschrift zeigen, die die Verjährungsfristen für das Fideikommiss beziehungsweise für die Ersitzung[585] regelt. Die Ersitzung ermöglichte nach einer bestimmten, ununterbrochenen Dauer gutgläubigen Besitzes den eigentümlichen Erwerb eines Grundstückes oder eines Vermögensgegenstandes und drohte damit das oberste Ziel des Fideikommisses, den Vermögenswert generationenübergreifend sicherzustellen, zu untergraben. Hier fand der österreichische Gesetzgeber eine elegante Lösung, das Fideikommiss sehr effektiv vor einer Ersitzung zu schützen. Nach § 1474 sollte die Ersitzung regelmäßig bereits nach 30 Jahren, das Fideikommiss dagegen erst nach 40 Jahren verjähren. Durch diesen Umweg über die Verjährungsfristen wird der eigentlich bezweckte Schutz des Fideikommisses erst auf den zweiten Blick sichtbar. Im Ergebnis stand dem langjährigen Bestehen eines Fideikommiss somit auch nach dem in Kraft treten des ABGB nichts im Wege.

Im Königreich Sachsen stellte sich in Bezug auf das Fideikommiss eine vergleichbare Lage dar. Auch nach Einführung des sächsischen BGB sollte es weiterhin das Institut des Fideikommisses (hier: Anwartschaft) geben. Diese unterlagen nun allerdings vermehrt gesetzlichen Beschränkungen.[586] Die Unveräußerlichkeit eines Fideikommisses konnte mit Einführung des neuen Gesetzbuchs nicht mehr auf ewige Zeiten festgesetzt werden. Vielmehr konnte diese nun ab der dritten Generation durch Übereinstimmung aller am Leben befindlichen Anwärter einvernehmlich geändert oder aufgehoben werden.[587] Es stellt sich jedoch die berechtigte Frage, ob durch die familienintern zu regelnde Abkehr von einem bereits errichteten Fideikommiss überhaupt eine effektive Begrenzung des Instituts lag. Dies erscheint fraglich. Sofern eine Familie ihr Vermögen in der Vergangenheit durch ein Fideikommiss abgesichert hatte, wird sie konsequenterweise auch nach Einführung des neuen Gesetzbuchs nicht von diesem Plan abgerückt sein. Dieser Kompromiss zwischen den an der Gesetzgebung beteiligten Parteien zeigt

---

Der Kampf um die Familienfideikommisse in Deutschland. Studien zum Absterben eines Rechtsinstitutes S. 226.

585 Siehe dazu § 1468 ABGB.

586 Siehe hierzu die Regelungen zur einfachen Erbanwartschaft in §§ 2503 ff. bzw. zur Familienanwartschaft in §§ 2527 ff. sächsBGB.

587 So zu finden in §§ 2538 f. sächsBGB. Siehe dazu auch *Siebenhaar*, Commentar zu dem bürgerlichen Gesetzbuche für das Königreich Sachsen, Bd. 3, Das Familien-, Vormundschafts- und Erbschaftsrecht, § 2538 m. w. N.

sehr deutlich, dass selbst in Sachsen, wo der historischen Gesellschaftsordnung größtenteils abgeschworen wurde, einige Elemente dieser Ordnung weiterhin Bestand haben sollten. Wie bereits gezeigt, versuchte der sächsische Gesetzgeber dabei stets einen gangbaren Weg zwischen völliger Abkehr und teilweiser Beibehaltung von der alten Gesellschaftsordnung zu vollziehen. Der komplette Umsturz dieser Ordnung konnte durch die Kompromissbereitschaft, die sowohl auf Seiten des Gesetzgebers, als auch auf Seiten des Volkes vorlag, vermieden werden.

Anders stellte sich dagegen die Situation im Rheinland, dem Kanton Zürich und auch im hessischen sowie im bayerischen Entwurf dar. Im Rheinland wurde das Substitut/Fideikommiss mit der Übernahme des Code civil nahezu vollständig abgeschafft. Hier gab es lediglich die Einschränkung, dass eine einmalige Nacherbeinsetzung auch weiterhin möglich sein sollte, wobei die Worte Fideikommiss oder auch Substitut hierbei nicht verwendet wurden.[588] Erstaunlicherweise geht das Badische Landrecht auch an dieser Stelle einen vom Code civil etwas abweichenden Weg. Zwar sollte auch hier unter gewissen Voraussetzungen die Errichtung von Familien-Eigentum beziehungsweise eines Stammguts weiterhin möglich sein, doch wurde dies im Gesetzestext ausdrücklich niedergelegt.[589] Sowohl die Lösung des Code civil als auch die des Badischen Landrechts standen somit im Widerspruch zu den aufklärerischen Idealen von Freiheit und Gleichheit, da in beiden Gesetzbüchern keine gänzliche Abschaffung erfolgte. Dennoch sollte zumindest das Ende einer dauerhaften Vermögenskumulation in weiten Teilen der neuen bürgerlichen Gesellschaftsordnung entsprechen. Die bisher durch Substitute und Fideikommisse gesicherte Macht des Adels wurde durch diesen Schritt weiter zurückgedrängt.[590]

Eine deutlichere Absage bezüglich des Umgangs mit Fideikommissen findet sich dagegen im hessischen Entwurf, nach dem jegliches „Gesamteigentum der

---

588 Siehe dazu Art. 896 bzw. 1048–1050 Cc. Eine Ausführliche Behandlung der bis in die 30er Jahre des 19. Jahrhunderts dauernden Streitigkeiten zur Wiedereinführung des Fideikommisses sind ausführlich bei *Eckert*, Der Kampf um die Familienfideikommisse in Deutschland. Studien zum Absterben eines Rechtsinstitutes, S. 219–224 zu finden. Im Ergebnis wurde an der hier zitierten Fassung des Code civil festhalten. Das Fideikommiss wurde demnach aus der Zivilgesetzgebung verbannt.

589 Siehe dazu auch Art. 577ca–577cv BadLR.

590 *Holthöfer*, Frankreich, in: Coing (Hg.), Handbuch der Quellen, Bd. III/1, S. 978; siehe auch David von Mayenburg, Der Einfluss des Code civil auf das Erbrecht des rheinischen Adels, in: Schubert (Hg.), 200 Jahre Code civil [Beiträge zum 35. Rechtshistorikertag], S. 127 (127–132).

Familie“ abgeschafft werden sollte.[591] Ebenso wurden die Fideikommisse, als etwas für eine moderne Kodifikation abnormes, aus dem Zürcher PGB gestrichen.[592]

Dagegen sollte mit dem bayerischen Entwurf wiederum ein Mittelweg zwischen Beibehaltung und Abschaffung des Fideikommisses beschritten werden. Nach dem bayerischen Entwurf sollte vorbehaltlich der Regelungen, die auf adlige Güter Anwendung fanden, grundsätzlich jede fideikommissarische Erbeinsetzung ungültig sein.[593] Die gänzliche Abschaffung des Instituts wurde somit durch diverse Ausnahmen verhindert.

Die Veränderungen in Bezug auf das Fideikommiss haben wiederum gezeigt, dass in einigen Kodifikationen des 19. Jahrhunderts an der alten Gesellschaftsordnung festgehalten wurde. Nur wenige Gesetzgeber sprachen sich für eine vollumfängliche Erneuerung und damit eine gänzliche Abschaffung der ständisch geprägten erbrechtlichen Institute aus. Unabhängig vom Ergebnis lässt sich im Zusammenhang mit der jeweils geltenden Kodifikation jedoch sowohl die Beibehaltung auf der einen sowie die Abschaffung des Fideikommisses auf der anderen Seite als durchaus konsequent nachvollziehen. Sofern insgesamt an einer ständisch geprägten Gesellschaftsordnung festgehalten wurde, gab es keinen Anlass, die erbrechtlichen Institute zu verbannen, so geschehen in Preußen und Österreich. Sofern jedoch eine komplette Umstrukturierung der Gesellschaft angestrebt wurde, mussten zwingend auch diese historischen Elemente aus den Kodifikationen entfernt werden. Einen Sonderweg ging dabei allerdings das Königreich Sachsen. Auf der einen Seite sollte dort der ständisch geprägten Gesellschaft abgeschworen werden, auf der anderen Seite wurde aber versucht, die erbrechtlichen Veränderungen möglichst gering zu halten.

Sofern die komplette Trennung von familiär oder auch ständisch gebundenem Eigentum mittels der Abschaffung der Fideikommisse vollzogen wurde, verhalf dies zu einer starken Erhöhung der Verkehrsfähigkeit von Grund und Boden. Diese Steigerung ist im Rahmen des bisher Gesagten durchaus positiv zu bewerten. Allerdings sei hier erneut an das bereits bei der Mobilisierbarmachung erwähnte Argument der Kritiker erinnert, dass es durch die Steigerung der Verkehrsfähigkeit durchaus auch zu nachteiligen Auswirkungen für die Beteiligten

591 *Werner Schubert*, Bürgerliches Gesetzbuch für das Großherzogthum Hessen / Entwürfe und Motive (1842–1853), Bd. 4. = Abt. 3, (Erbrecht). Entwurf und Motive von 1845, Motive S. 9.

592 Siehe § 2078 PGB, wonach die Bestellung eines zweiten fideikommissarischen Nacherben unzulässig ist; *Guggenbühl*, Die Entstehung des zürcherischen privatrechtlichen Gesetzbuches, S. 66.

593 So zu finden in Teil II Kap. 3 § 29 BayE 1811.

kommen konnte. Gerade im landwirtschaftlichen Bereich, wo eine langfristige Bewirtschaftung nötig war, sollte die Erhöhung der Umlauffähigkeit von Nachteil sein. Insbesondere stand nun die Gefahr der von Generation zu Generation möglichen Zersplitterung des Landes durch Realerbteilung im Mittelpunkt, durch welche viele kleine, nicht mehr wirtschaftlich zu betreibende Bauernstellen entstehen sollten. Infolge dessen waren die Bauern gezwungen ihr Land zu verkaufen, da eine Bewirtschaftung zur Sicherung der Lebensgrundlage nicht mehr möglich war. Es traten zumeist wohlhabende Bürger beziehungsweise Kaufleute als Kaufinteressenten dieser Grundstücke auf, die nun vermehrt das Ziel verfolgten, viele kleine Ländereien zu einer großen landwirtschaftliche Fläche zusammenzuschließen, um diese als Großbauern bewirtschaften oder als bloße Kapitalanlage nutzen zu können.[594] Die tatsächliche Situation der Bauern hatte sich infolge der Bodenmobilisierung zunächst keineswegs ins positive verändert. Vielmehr stagnierte der Wohlstand dieser Schicht durch diesen Schritt beziehungsweise verschlechterte sich sogar noch.

Aufgrund der wachsenden Notlage der Bauern wurde bereits im Laufe des 19. Jahrhunderts versucht, der freien Veräußerungsfähigkeit von Grund und Boden entgegen zu treten. Grundsätzlich ging es dabei um die Koppelung der Teilbarkeit der Grundstücke an bestimmte Voraussetzungen, um die aus finanzieller Not erzwungenen Verkäufe von Kleinstbauernstellen zu verringern.[595] Eine Möglichkeit bestand darin, die Realerbteilung einzuschränken. Dieser Weg wurde im Zürcher PGB eingeschlagen. Neben der Realerbteilung, bei der alle Erben gleichrangig nebeneinander stehen und zu gleichen Teilen erben, hielt das PGB eine Form des Höferechts[596] bereit, die ausschließlich bei landwirtschaftlichen Gütern Anwendung fand.[597] Dabei wurde das Grundstück als Ganzes an einen einzigen Nachfahren vererbt. Eine Besonderheit hierbei war, dass die restlichen Erben auf einen Großteil ihres Erbes beziehungsweise auf eine Entschädigung verzichten mussten. Diese Modifikation war nötig, um eine Überschuldung des

---

594 Siehe dazu B. III. 2. b.

595 Siehe *Gerhard Köbler*, Die Regelung des Eigentumserwerbs an Grundstücken in Preußen vom ALR zum BGB, in: Coing/Wilhelm (Hg.), Wissenschaft und Kodifikation des Privatrechts im 19. Jahrhundert, Bd. 3, Die rechtliche und wirtschaftliche Entwicklung des Grundeigentums und Grundkredits, 1976, S. 201 (212).

596 Auch Anerbenrecht genannt.

597 Zum Aspekt der Gleichberechtigung der Geschlechter im Erbrecht siehe B. II. 2. b. aa.; zu finden sind diese Regelungen in § 1895 i. V. m. § 2013 PGB.

Hoferben zu verhindern.[598] Ziel dieser auf landwirtschaftliche Güter beschränkten besonderen Form des Erbrechts war es, eine Zerstückelung der Güter effektiv zu verhindern. Die darüber hinaus an das Geschlecht gekoppelte Einschränkung der Erbfähigkeit eines Grundstücks im Ganzen, erscheint nach dem bisher Gesagten im Zürcher PGB geradezu fehlplatziert. Das bisher gezeichnete Bild des PGB basiert auf einer sehr weitgehenden rechtlichen Gleichbehandlung der Geschlechter und einer sehr modernen Gesellschaftsordnung. Einzig in diesem speziellen erbrechtlichen Fall wurde scheinbar die Sicherung des Familienvermögens durch die ungeteilte Grundstücksvererbung an ausschließlich männliche Nachfahren über eine auftretende Ungleichbehandlung der Geschlechter gestellt. Der aufgezeigte Weg, mittels Einführung eines Höferechts der Grundstückszersplitterung entgegen zu wirken, findet sich ausschließlich im Zürcher PGB. Der Code civil, das Badische Landrecht, das sächsische BGB, das ABGB, das ALR sowie der bayerische Entwurf verfolgten auch im Bereich der landwirtschaftlichen Nutzflächen ausnahmslos den Weg der Realerbteilung, unabhängig von Geschlecht, Alter oder auch der Erstgeburt. Eine verstärkte Auseinandersetzung mit der Wiedereinführung eines Höferechts, mit welchem die Bodenzerstückelung bekämpft werden sollte, fand in Deutschland erst zum Ende des 19. Jahrhunderts statt.[599]

Die Bodenmobilisierung stellte das Erbrecht vor große Veränderungen. Insbesondere galt es hierbei die Herausforderung zu bewältigen, die Verkehrsfähigkeit der Grundstücke in Einklang mit den geltenden erbrechtlichen Vorschriften zu bringen und dabei die Rechte der Beteiligten vor Benachteiligungen und in Folge von Fehlentwicklungen auch vor Missbrauch zu schützen. Die langfristig angelegte Sicherung von Vermögenswerten in den Händen von einzelnen Familien mit Hilfe der Fideikommisse stand diesem Ziel entgegen. Dennoch wurde nicht in allen hier untersuchten Ländern eine gänzliche Abschaffung dieses Instituts vollzogen. Vielmehr kam es in Preußen, Österreich und in Teilen auch in Sachsen, Baden und im Rheinland nur zu kleineren Modifikationen. Im Kreis der hier betrachteten Kodifikationen wurde ausschließlich im Kanton Zürich

598 Eine kurze Zusammenfassung zum Höferecht findet sich bei *Wolfgang Winkler*, Art. Höferecht, in: HRG, Bd. 2, 2012, Sp. 1080–1083.

599 Weitere Ausführungen dazu sind zu finden bei *Justus Wilhelm Hedemann*, Die Fortschritte des Zivilrechts im 19. Jahrhundert / ein Überblick über die Entfaltung des Privatrechts in Deutschland, Österreich, Frankreich und der Schweiz; Teil 2 – Die Entwicklung des Bodenrechts von der französischen Revolution bis zur Gegenwart, Teilband 1 – Das materielle Bodenrecht, 1930, S. 132–141.

in der Schweiz und in Hessen das Fideikommiss gänzlich aus dem Gesetzbuch entfernt.

Das Erbrecht der hier untersuchten Kodifikationen basierte bis auf die Ausnahme Zürichs auf einer Gleichheit zwischen den Erben. Unabhängig von möglichen negativen Folgen für den Einzelnen, war das Erbe unter gleichrangigen Erben ausschließlich zu gleichen Teilen aufzuteilen.[600] Hierin ist ein weiterer Schritt in Richtung einer allgemeinen Gleichheit zu sehen. Durch diesen wurde die gesetzliche Privilegierung einzelner Erben aus den Zivilkodifikationen verbannt.

3. Auswirkungen der gezeigten Veränderungen auf das Wirtschaftsrecht

Neben den bisher diskutierten zivilrechtlichen Veränderungen im Bereich des Familien- und Erbrechts, kam es in Folge der gesellschaftlichen und wirtschaftlichen Entwicklung auch zu umfangreichen Neuerungen im Bereich des Gewerbe-, Währungs- und auch Bankenrechts. Nachfolgend sollen einige exemplarische Auswirkungen, die allesamt den wirtschaftlichen Bereich im weitesten Sinne betreffen, dargestellt werden. Durch diesen Exkurs sollen Wechselwirkungen und Folgen des bisher skizzierten gesellschaftlichen Wandels aufgezeigt werden.

Die Abschaffung der ständisch geprägten Gesellschaftsordnung, die Bodenmobilisierung und die in Folge dessen eingetretenen gesetzlichen Veränderungen eröffneten der Wirtschaft neue Spielräume und Wachstumsmöglichkeiten. Einen bedeutenden Anteil daran hat die im 19. Jahrhundert stattgefundene Abschaffung des Zunftsystems. Die Zünfte waren insbesondere im Bereich des städtischen Handwerks zum Schutz vor Konkurrenz von außen gedacht und stellten eine strenge Regulierung des gesamten Marktes dar, die einer freien wirtschaftlichen Betätigung elementar entgegen stand.[601] Im Zuge der Liberalisierung der Wirtschaft sollte sich der Markt nun einzig durch Angebot und Nachfrage regulieren.[602]

600 Dies gilt allerdings nur unter der Annahme, dass kein anderslautender letzter Wille und keine anderweitigen Vermächtnisse vorhanden waren.

601 Siehe dazu *J. Brand*, Art. Zunft, Zunftwesen, in: HRG, Bd. 5, 1998, Sp. 1792–1803.

602 Der preußische Gesetzgeber hob den Zunftzwang bereits im ALR gemäß ALR II 8 §§ 179–400 in den Städten auf. Demnach sollten insbesondere die Höckerzünfte durch die freie Entfaltung ihrer wirtschaftlichen Kräfte zu einer Vergünstigung der Preise beitragen, siehe dazu auch Edikt vom 24. Oktober 1808, abgedruckt in Gesetzsammlung für die Königlich-Preußischen Staaten, 1806–1810, No. 53. Ebenfalls wurde in Preußen der Mühlenzwang aufgehoben, durch welche auch im landwirtschaftlichen

Die bereits teilweise verfassungsrechtlich oder aber zivilrechtlich festgesetzte Berufsfreiheit sollte durch die Einführung der Freiheit des Handels und Gewerbes umfassend in die Praxis umgesetzt werden.[603] Die Intensität der staatlichen Einflüsse auf den wirtschaftlichen Sektor wurde hierdurch vermindert. Die Umsetzung der Berufsfreiheit des Einzelnen und die Befreiung des Handels von den Vorgaben der Zünfte, sowie die Lockerung des Vertragsrechts von gesetzlichen Zwängen, waren wichtige Schritte, um ein Wirtschaftswachstum in Gang zu setzen. Es folgte ein Anstieg des gesamten Warenflusses.[604] Doch auch diesem standen anfangs noch diverse Hindernisse im Weg. Hier sind die zu Beginn des 19. Jahrhunderts noch vorhandenen Binnenzölle zu nennen. Diese Zölle regulierten den Warenverkehr und schützen den Binnenmarkt vor dem übermäßigen Import günstigerer Güter aus dem Ausland.[605] Insbesondere war Preußen aufgrund seiner territorialen Ausdehnung sehr stark von dieser wirtschaftsfeindlichen Zollpolitik betroffen. Um die negativen Auswirkungen auf die Wirtschaft zu verringern, wurden mit dem Edikt vom 26. Dezember 1805 jegliche Binnenzölle in Preußen abgeschafft.[606] Der nächste Schritt zu einer Vereinfachung des

---

Bereich die Preise durch Schaffung einer tatsächlichen Konkurrenzsituation zwischen den Mühlenbesitzern sinken sollten.

603 Ein Überblick über die Einführung der Gewerbefreiheit ist zu finden bei *Henning*, Deutsche Wirtschafts- und Sozialgeschichte im 19. Jahrhundert, S. 128–146. Ebenso *Rudolf Kaiser*, Die Entwicklung der Ordnung des Wettbewerbsrechts in der französischen und deutschen Rechtsprechung des 19. Jahrhunderts, in: Coing (Hg.), Wissenschaft und Kodifikation des Privatrechts im 19. Jahrhundert, Bd. 4, Eigentum und industrielle Entwicklung, Wettbewerbsordnung und Wettbewerbsrecht, 1979, S. 145 (145–146).

604 In diesem Zusammenhang sei auch die rasante Entwicklung der Technik zu beachten. Siehe dazu *Zorn, et al.*, Das 19. und 20. Jahrhundert, S. 55–64; eine knappe Gesamtschau über die Entwicklung der deutschen Volkswirtschaft bietet *Hans Pohl*, Die Entwicklung der deutschen Volkswirtschaft (1830–1880), in: Coing/Wilhelm (Hg.), Wissenschaft und Kodifikation des Privatrechts im 19. Jahrhundert, Bd. 2, Die rechtliche Verselbständigung der Austauschverhältnisse vor dem Hintergrund der wirtschaftlichen Entwicklung und Doktrin, 1977, S. 1 (1–25).

605 Siehe auch *Henning*, Deutsche Wirtschafts- und Sozialgeschichte im 19. Jahrhundert, S. 214.

606 Das Edikt zur Aufhebung der Provincial-Binnen-Zölle vom 26.12.1805 ist zu finden unter No. 67 bei Samuel von Coccejus (Hg.), Novum Corpus Constitutionum Prussico-Brandenburgensium Praecipue Marchicarum, Oder Neue Sammlung Königl. Preußl. und Churfürstl. Brandenburgischer, sonderlich in der Chur- und Marck-Brandenburg, Wie auch andern Provintzien, publicirten und ergangenen

Warenflusses waren die Pläne zur Gründung einer gesamtdeutschen Zollunion.[607] Des Weiteren wurden die Planungen für ein gemeinsames Handelsrecht und eine einheitliche Wechselordnung vorangetrieben. Darin sind wichtige Schritte in Richtung eines einheitlichen Binnenmarkts und eines einheitlichen Wirtschaftsraumes zu sehen.[608] Die Allgemeine Deutsche Wechselordnung sollte im Jahre 1848[609] in Kraft treten und auch das Allgemeine Deutsche Handelsgesetzbuch sollte 1862[610] und damit letztlich noch vor einem gesamtdeutschen Bürgerlichen Gesetzbuch eingeführt werden. Die zeitliche und auch inhaltliche Nähe zwischen der Kodifikation eines Handelsgesetzbuches und eines Zivilgesetzbuches wurde insbesondere bei den Beratungen zum sächsischen BGB ersichtlich. Hierbei kam es immer wieder zu Verweisen auf das zu erwartende ADHGB. Demzufolge wurden Materien, die dem Handelsrecht angehörten, ausdrücklich aus dem sächsischen BGB ausgelassen beziehungsweise unter den Vorbehalt einer abweichenden Vorschrift des Handelsrechts gestellt.[611] Die Vereinheitlichung des Handelsrechts stand demnach in engem Zusammenhang mit der Zivilkodifikation in Sachsen und fand in der Endphase der diesbezüglichen Beratungen einen erfolgreichen Abschluss. Durch die parallele Bearbeitung des

---

Ordnungen, Edicten, Mandaten, Rescripten … Vom Anfang des Jahrs 1751 und folgenden Zeiten, Bd. 11, 1805, Sp. 3073–3080.

607 Die Gründung des Deutschen Zollvereins wurde mit dem 22.03.1833 vollzogen. Der Zollvereinigungs-Vertrag ist abgedruckt in Gesetzsammlung für die Königlich-Preußischen Staaten. Enth. d. Verordnungen von 1832, 1832; ein kurzer Überblick über die Zollgesetzgebung findet sich bei *Ernst Rudolf Huber,* Der Kampf um Einheit und Freiheit 1830 bis 1850, Deutsche Verfassungsgeschichte / seit 1789, Bd. 2, 1988, S. 294–300.

608 *Huber,* Reform und Restauration. 1789 bis 1830, S. 201–203.

609 Ein Überblick über die ADWO ist zu finden bei *Christoph Bergfeld,* Handelsrecht Deutschland, in: Coing (Hg.), Handbuch der Quellen, Bd. III/3, 1986, S. 2939–2947; eine ausführliche Auseinandersetzung mit der Entstehung der ADWO ist darüber hinaus zu finden bei *Kurt von Pannwitz,* Die Entstehung der Allgemeinen Deutschen Wechselordnung. Ein Beitrag zur Geschichte der Vereinheitlichung des deutschen Zivilrechts im 19. Jahrhundert, 1999, S. 73–93.

610 Siehe zur Geschichte und zum Gang der Beratungen des ADHGB auch *Christoph Bergfeld,* Handelsrecht Deutschland, in: Coing (Hg.), Handbuch der Quellen, Bd. III/3, 1986, S. 2948–2956.

611 Ein Hinweis auf die parallelen Arbeiten von einem allgemeinen deutschen Handelsgesetzbuch und dem sächsischen BGB ist zu finden in Acta der II. Kammer. Die Allerhöchsten Decrete den Entwurf eines bürgerlichen Gesetzbuchs für das Königreich Sachsen nebst Publications-Verordnung betreffend, StA Dresden D03 Nr. 5108, 1860, S. [159v].

ADHGB und des sächsischen BGB sowie die frühzeitige Beachtung des Werdegangs der jeweils anderen Kodifikation konnten Widersprüche zwischen beiden Gesetzbüchern vermieden werden. Darüber hinaus lässt sich ein gewisser Weitblick des sächsischen Gesetzgebers feststellen, der das allgemeine Bedürfnis nach einer gesamtdeutschen Kodifikation mit in die eigenen Kodifikationspläne aufnahm und stets beachtete.

Neben diesen Schritten auf dem Weg zu einer gesamtdeutschen Handelsgesetzgebung kam es auch auf dem Gebiet des Banken- und Aktienrechtes zu Neuerungen. Die Bodenmobilisierung ließ neben der Verkehrsfähigkeit der Grundstücke, auch die Umlauffähigkeit des Geldes sehr stark angsteigen. Grundstücke konnten nun, unabhängig von den bisherigen Ständen, von Jedermann, der das nötige Kapital besaß, gekauft oder auch verkauft werden. Eine grundlegende Neuerung war, das nun, zumindest theoretisch, jeder Bürger in der Lage war, sich mit Krediten zu versorgen. Vormals stand diese Option lediglich Adligen und wohlhabenden Großgrundbesitzern zu.[612] Auf dem Immobilienmarkt etablierte sich erstmals der Bankkredit zu einem unverzichtbaren Element.[613] Hand in Hand mit der Kreditvergabe lief die Frage nach möglichen Sicherungsrechten für die Banken als Gläubiger. Hier fanden insbesondere die Hypothek und das Grundpfandrecht starken Zulauf.[614] Darüber hinaus gründeten sich die ersten sogenannten Regulierungsbanken, die auf Kredite für die ländliche Bevölkerung spezialisiert waren, die ausschließlich zur Begleichung von Ablösungsforderungen ausgegeben wurden.[615] Hierin ist eine weitere Reaktion der Länder zu sehen, um einer im Zuge der Bodenmobilisierung eingetretenen Verschlechterung der wirtschaftlichen Lage der Landbevölkerung entgegen zu wirken.

Doch nicht nur der Immobilienerwerb erforderte große Mengen an Geld. Neben Privatpersonen waren in Folge der fortschreitenden Industrialisierung und des Eisenbahnbaus auch Firmen und Gewerbetreibende auf eine große Menge

---

612 *Wehler,* Von der Reformära bis zur industriellen und politischen „Deutschen Doppelrevolution" 1815–1845/49, S. 67.

613 *Hans Pohl,* die Entwicklung der deutschen Volkswirtschaft (1830–1880), in: Coing/Wilhelm (Hg.), Wissenschaft und Kodifikation des Privatrechts im 19. Jahrhundert, Bd. 2, Die rechtliche Verselbständigung der Austauschverhältnisse vor dem Hintergrund der wirtschaftlichen Entwicklung und Doktrin, 1977, S. 1 (19–20).

614 Siehe dazu *Henning,* Deutsche Wirtschafts- und Sozialgeschichte im 19. Jahrhundert, S. 592 f.

615 Zu den Ablösungszahlungen der Bauern im Rahmen der Bodenmobilisierung siehe auch *Henning,* Deutsche Wirtschafts- und Sozialgeschichte im 19. Jahrhundert, S. 70 f.; zur Entwicklung des Bankwesens siehe *ebenda*, S. 250 f.

Kapital angewiesen. Diesem Bedarf wurde durch die Vergabe von Industriekrediten abgeholfen.[616]

Neben dem Aufbau eines ausgefeilten Bankensystems kam es zur Gründung der ersten Aktiengesellschaften, welche ebenfalls der Bereitstellung von großen Kapitalsummen dienten.[617] Die Aktiengesellschaften wurden insbesondere für den Eisenbahnbau und später auch für Industrieanlagen genutzt. Trotz ihrer Einstufung als Risikogeschäfte, versprachen die Aktiengesellschaften in der Anfangszeit enorme Dividenden von bis zu 30 %.[618] Ein Großteil des Wirtschafts- und Gewerberechts, insbesondere auch das Aktienrecht, war in der ersten Hälfte des 19. Jahrhunderts nahezu unreglementiert und sollte erst mit der Einführung des ADHGB eine einheitliche Grundlage erhalten.[619] Infolge dieses rechtsfreien Raumes waren die Gefahren für den einzelnen Investor, beziehungsweise Kreditnehmer in der Regel sehr groß und vor allen Dingen unüberschaubar. Von einem Verbraucherschutz oder gar einer Bankenaufsicht war die Gesetzgebung des 19. Jahrhunderts noch weit entfernt.

Wie sich an der vermehrten Deregulierung der Wirtschaft sowie an der Lockerung der Zollpolitik erkennen lässt, zog sich der Gesetzgeber zu Beginn beziehungsweise im Laufe des 19. Jahrhunderts, zumindest was die grundlegende Organisation des Wirtschaftssektors anging, immer stärker zurück. Diese Liberalisierung ging in der Regel zu Lasten der schwächsten Teilnehmer des Marktes und sollte von dieser Seite auf ersten Widerstand treffen. Der Schutz der schwachen Marktteilnehmer führte zu ersten Überlegungen bezüglich eines anzustrebenden Verbraucherschutzes. So wurden im Bereich des Immobilienkaufs gewisse Formvorschriften zwingende Voraussetzung für den wirksamen Vertragsabschluss. Ebenso wurde die gerichtliche Anfechtbarkeit von Grundstückgeschäften verbessert. Es stellte sich beispielsweise im Königreich Sachsen heraus, dass es vermehrt

616 Zur allgemeinen Organisation des Kapitalmarktes im 19. Jahrhundert siehe auch *Coing*, Europäisches Privatrecht, Bd. II, S. 82.

617 Eine sehr ausführliche Behandlung der Entwicklung des Bankwesen und der Aktiengesellschaften ist zu finden bei *Wehler*, Von der Reformära bis zur industriellen und politischen „Deutschen Doppelrevolution" 1815–1845/49, S. 95–107.

618 Näheres über die Nutzung von Aktiengesellschaften zur Finanzierung des Eisenbahnbaus ist zu finden bei *Henning*, Deutsche Wirtschafts- und Sozialgeschichte im 19. Jahrhundert, S. 535 f.

619 Siehe dazu insbesondere Art. 207–249 ADHGB.

zu Schadensersatzklagen in Folge von Grundstücksgeschäften kam, die unter äußerem Druck herbeigeführt wurden.[620]

Im Rahmen der immer stärker ausufernden Belastungen für den Einzelnen, wurden nun erste Schritte zu einer erneuten Regulierung der Wirtschaft eingeschlagen. Eine vergleichbare Entwicklung lässt sich auch schon im Rahmen der Bodenmobilisierung erkennen. Nach der zunächst sehr umfangreichen Liberalisierung des Grundeigentums, dauerte es auch hier einige Zeit, bis mit einer gesetzgeberischen Reaktion auf die teils sehr negativen Auswirkungen für einzelne Bevölkerungsschichten reagiert und diesen erfolgreich entgegengesteuert werden konnte.

4. Fazit

Die in diesem Kapitel beleuchteten Auswirkungen des Abbaus der Ständeordnung auf die Geschäftsfähigkeit des Einzelnen, auf das Sachenrecht und auf das Erbrecht stehen in unmittelbarem Zusammenhang mit dem wirtschaftlichen Wandel des 19. Jahrhunderts. Sowohl die Erweiterung der persönlichen Freiheit, die Ausdehnung der Geschäftsfähigkeit als auch die Bodenmobilisierung im weiteren Sinne schafften die Grundlagen für das nun einsetzende Wirtschaftswachstum. Der in vielen Ländern eingeführte ungeteilte Eigentumsbegriff stellte dabei das zentrale Element dar. Die Reichweite dieser Neuerung ist keineswegs zu unterschätzen. Hierdurch sollte Jedermann in die Lage versetzt werden, vollständiges Eigentum zu erwerben. Das bisher geltende gesellschaftliche Abhängigkeitsverhältnis zwischen einzelnen Gesellschaftsschichten wurde dadurch noch weiter an den Rand des Zivilrechts gedrängt. Parallel dazu verlief die allmähliche Abkehr von den fideikommissarisch gebundenen Vermögensmassen. Dabei lassen sich allerdings keine einheitlichen Entwicklungen feststellen. So waren die Fideikommisse auch in der überwiegenden Mehrzahl der hier untersuchten Kodifikationen des 19. Jahrhunderts zu finden, wobei es lediglich zu kleineren Modifikationen

620 Siehe dazu Acta der II. Kammer. Die Allerhöchsten Decrete den Entwurf eines bürgerlichen Gesetzbuchs für das Königreich Sachsen nebst Publications-Verordnung betreffend, StA Dresden D03 Nr. 5108, S. [18r–18v], dort heißt es: „Es sind nämlich zeither, namentlich von sogenannten Güterausschlächtern, häufig Käufe über Immobilien in Gasthöfen und Schänklocalen (sic!) abgeschlossen worden, bei welchem man einen für den Abschluss so wichtiger Geschäfte nicht sehr geeigneten Zustand der Verkäufer zu benutzen, vielleicht sie vorher in denselben absichtlich zu versetzen gesucht hat, während deren Absicht vielleicht gar nicht einmal so ernstlich auf eine Veräußerung gerichtet gewesen ist. Man hat indessen die Verkäufer beim Wort gehalten und sie auf Erfüllung solcher | Käufe verklagt".

kommen sollte. Zürich und Hessen verfolgten eine gänzliche Abschaffung. Dagegen sollte der geteilte Eigentumsbegriff teilweise, so in Preußen und Österreich, weiterhin Geltung behalten.

Das gesamte Erbrecht basierte nun mehrheitlich auf der Realerbteilung, bei der gleichrangige Erben stets zu gleichen Teilen erben sollten. Im Kanton Zürich wurde dagegen für landwirtschaftliche Güter ein Höferecht verfolgt, bei dem ausschließlich männliche Nachfahren ein ungeteiltes Erbe erhalten sollten. Abgesehen von dieser Ausnahme kann von einer Gleichheit der Erben gesprochen werden.

Ebenfalls nicht zu verachten waren die Entwicklungen auf dem Gebiet des Wirtschaftsrechts. Der Anstieg der Verkehrsfähigkeit von Grundstücken sowie die erhöhte Umlauffähigkeit des Geldes ließen die Bankkredite und die Aktiengesellschaften zu elementaren Instrumenten der Geldbeschaffung werden, wobei die möglichen Gefahren für unerfahrene Geschäftspartner zunächst noch im Hintergrund stehen sollten. Dem Wirtschaftswachstum kamen darüber hinaus die Abschaffung des Zunftsystems sowie die Einführung einer Zollunion entgegen. Des Weiteren sollten in der zweiten Hälfte des 19. Jahrhunderts die Überlegungen zur Vereinheitlichung der rechtlichen Rahmenbedingungen und der Vereinfachung einer länderübergreifenden wirtschaftlichen Betätigung mit dem ADHGB zu einem erfolgreichen Abschluss gebracht werden.

C. Vergleichende Betrachtung zur Entwicklung der Gleichheit

Nach vorhergehender Auseinandersetzung mit einzelnen ausgewählten Teilbereichen der Gleichheit, lässt sich an dieser Stelle nun eine abschließende Gesamtbetrachtung anstellen. Zunächst bleibt festzuhalten, dass die hier betrachteten Kodifikationen das bisherige, auf dem rezipierten römischen Recht beziehungsweise dem gemeinen Recht beruhende Rechtssystem ersetzten. Die grundlegenden Ziele, die mit der ab Ende des 18. Jahrhunderts erneut einsetzenden Kodifikationsbewegung verbunden wurden, wie die Abschaffung der Ständeordnung und die Schaffung einer umfassenden, rechtlichen Gleichheit, wurden von den einzelnen Gesetzgebern in unterschiedlicher Intensität umgesetzt. Dieser Prozess verlief jedoch keineswegs einheitlich. So vollzog sich die Abschaffung der Stände länderübergreifend weitaus homogener als beispielsweise die Abschaffung des Patriarchats. Wie dargestellt wurden zunächst bloß einzelne Teilbereiche einer zivilrechtlichen Gleichheit in den einzelnen Kodifikationen verankert. Von der Schaffung einer allgemeinen Gleichheit kann keine Rede sein. Betrachtet man die einzelnen Teilbereiche allerdings isoliert, so lassen sich durchaus Anzeichen einer zum Teil weitreichenden Gleichheit wiederfinden. Hier seien insbesondere die Abschaffung ständischer Unterschiede, die eingeführten Modifikationen des patriarchalen Familienverständnisses sowie auch die Gleichheit der Religionen zu nennen. In den einzelnen Kodifikationen konnten dabei Unterschiede in Art und Weise der rechtlichen Umsetzung sowie der Reichweite derselben festgestellt werden.

Die spätestens mit der französischen Revolution in Gang gesetzte Tendenz, den feudalen Ständestaat abzuschaffen, kristallisierte sich als Grundlage der hier angeregten Untersuchung heraus. Die Gleichheit aller Bürger eines Staates, ohne jegliche Differenzierung nach Ständen beziehungsweise Gesellschaftsklassen, stellte die zwingende Voraussetzung einer allgemeinen zivilrechtlichen Gleichheit dar. Sofern die Ständegesellschaft weiterhin das Bild einer Zivilkodifikation prägen sollte, erschien eine allgemeine Gleichheit aller Bürger nicht erreichbar. Dies zeigte sich eindeutig an dem ersten Gesetzbuch der Aufklärungszeit, dem preußischen ALR, welches noch stark von historischen Ideen und Vorstellungen bezüglich des Staates und dessen Verhältnis zu seinen Bürgern geprägt war. Der gesamte Staat war ständisch und patriarchal gegliedert. Diese Gliederung wirkte sich sehr deutlich auf die persönliche Freiheit des Einzelnen aus, was an Beispielen wie der eingeschränkten Berufswahlfreiheit und der Stellung der Frau in der Gesellschaft gezeigt werden konnte. Darüber hinaus umfasste das ALR, als einzige der hier betrachteten Kodifikationen, die drei heute gängigen Teilgebiete des Rechts. Jegliche Lebensbereiche wurden vom ALR umschlossen, wobei sich regelmäßig ein Abhängigkeitsverhältnis zwischen den einzelnen Ständen erkennen ließ. Eine daneben bestehende, verfassungsrechtlich gesicherte Gleichheit war zunächst nicht zu finden. Die Trennung der Stände war das elementare Ziel des Gesetzgebers, was sehr deutlich an dem Ehehindernis zwischen den Ständen sichtbar wurde. Was das Patriarchat anbelangt, so war der Mann im preußischen ALR nach wie vor das statusbegründende Element. Die Frau nahm grundsätzlich bei einer Hochzeit seinen Namen, Stand und Wohnsitz an. Frau und Kinder waren dem Mann weiterhin stark unterworfen. Diese Unterwerfung reichte von den familieninternen Entscheidungsrechten des Mannes, über die Bevormundung der Kinder bis hin zur generellen Geschäftsunfähigkeit der Frau. Auch das eheliche Güterrecht sollte nach wie vor den Ehemann stark bevorzugen, was auch an den umfangreichen Verwaltungs- und Nießbrauchsrechten zu erkennen war. Die angeregte Frage nach einer Gleichheit im Gesetz ist somit grundsätzlich zu verneinen. Allerdings lässt sich eine Gleichheit innerhalb der einzelnen Stände erkennen. Diese galt zumindest für den männlichen Teil der Bevölkerung. Das ALR entsprach durch seine ständische Gesellschaftsordnung keineswegs dem zu Beginn des 19. Jahrhunderts aufkommenden aufklärerischen Ideal. Auch das Sachenrecht war im ALR noch stark ständisch geprägt. Das Gesetz legte den geteilten Eigentumsbegriff, der die historischen Abhängigkeitsverhältnisse zwischen den Gesellschaftsklassen sehr gut widerspiegelt, zu Grunde. Auch sollten sich die historischen Institute des Lehens und des Fideikommisses wiederfinden lassen. Die preußische Gesellschaft sollte jedoch bereits wenige Jahre nach in Kraft treten des ALR erneut vor einem starken Wandel stehen. Bereits 1807 sollte durch das Oktoberedikt beziehungsweise nachfolgenden Verordnungen und Gesetzesergänzungen die ständische Unterteilung aufgehoben werden. Die untersten Stände sollten durch die eintretende Bodenmobilisierung und die Abschaffung der Untertänigkeit eine zumindest gesetzliche Aufwertung erhalten. Die tatsächliche Situation der unteren Bevölkerungsgruppen wurde hiervon nur bedingt beeinflusst. Eine Integration dieser grundlegenden Neuerungen in das ALR konnte jedoch selbst mit einer Revision des ALR nicht erfolgreich abgeschlossen werden. Die ständisch gegliederte Gesellschaft sollte daher zwischen dem ursprünglichen Wortlaut des ALR und unzähligen Verordnungen bis zum in Kraft treten eines einheitlichen BGB im Jahre 1900 fortbestehen. Der unsichere Rechtszustand in Preußen, den es mit dieser Kodifikation zu beseitigen galt, konnte auch durch das umfangreichste Gesetzgebungswerk unserer Geschichte nicht beendet werden.

Ein gänzlich anderes Bild zeigte dagegen der im Rheinland geltende Code civil. Im Gegensatz zum ALR wirkte dieser nach außen sehr abstrakt, modern und geradezu egalitär. Hauptgrund für dieses unterschiedliche Auftreten der beiden Gesetzgebungen war unter anderem die vorauseilende Verkündung der Menschenrechte beziehungsweise die Verkündung einer Verfassung. Aufgrund der verfassungsrechtlich eingeführten Gleichheit war es dem Gesetzgeber ein leichtes, dieselbe auch im Zivilrecht zu verankern. Dieses Ziel wurde sehr konsequent verfolgt und umgesetzt. Die Ständegesellschaft wurde ohne größere Ausnahme aus dem Code civil verbannt. Der Code civil sollte mit dieser weitreichenden Veränderung der Gesellschaftsordnung – vom Ständestaat zu einer bürgerlichen und gleichen Gesellschaft – als Vorreiter für diverse andere Kodifikationen dienen. Hier sei insbesondere das Badische Landrecht als deutsche Adaption des Code civil genannt. Der Code civil wurde dafür in Teilen sogar wörtlich übernommen und sollte nach der Übersetzung ins Deutsche im Herzogtum Baden unmittelbare Geltung erhalten. Die bloße Übersetzung des Gesetzestextes betraf zumeist Bereiche der allgemeinen Gesellschaftsordnung, sodass mit Einführung des Badischen Landrechts auch hier die ständische Gesellschaft nicht weiter fortbestehen sollte. Mit der Übernahme des Code civil im Rheinland bzw. der Einführung des Badischen Landrechts galt das aus Frankreich übernommene egalitäre Gesellschaftsbild auch auf deutschem Boden.

Neben der gesellschaftlichen Gleichheit stellt sich ebenfalls die Frage der Abschaffung des Patriarchats im Code civil und im Badischen Landrecht. Hier erscheint das zu fällende Urteil zunächst überraschend. Die zuvor festgestellte egalitäre Prägung erstreckte sich keineswegs über alle Bereiche des Gesetzbuches. So sollte insbesondere das Familienrecht noch den alten Vorstellungen von einer patriarchal organisierten Familie folgen. Auch wenn der Ehemann nicht wörtlich zum Oberhaupt der Familie erhoben wurde, so wurden die Rechte der Frauen im Falle einer Verheiratung doch sehr stark eingeschränkt. Es zeigten sich deutliche Tendenzen einer Ehevormundschaft. Mit der Hochzeit unterwarf sich die Frau ihrem Mann förmlich und war danach nicht mehr in der Lage, sich rechtsgeschäftlich ohne männliche oder ersatzweise gerichtliche Einwilligung zu binden. Ausnahmen galten hier einzig für Handelsfrauen, welche dem Mann beziehungsweise auch der unverheirateten Frau gleichstanden. Neben der Frau waren auch die Kinder in dieses historische Familienbild eingebunden. Die Kinder unterstanden bis zur Volljährigkeit oder Emanzipation der elterlichen Gewalt. Diese führte während der Ehe einzig der Vater aus. Auch die Stellung unehelicher Kinder war ungleich schlechter als in den anderen hier betrachteten Kodifikationen. In der Regel stand ihnen überhaupt kein Erbrecht am Vermögen der Eltern zu. Die patriarchale Struktur war im Code civil demnach noch stärker ausgeprägt als im ALR. Das Gleiche gilt für das Familienrecht des Badischen Landrechts. Dieses wurde nahezu wörtlich dem Code civil entnommen, sodass hierzu auf das eben Gesagte verwiesen werden kann. Eine Anpassung an besondere badische Gegebenheiten fand in diesem Bereich nicht statt. Das französisch geprägte Recht war keineswegs so egalitär ausgerichtet, wie es das gängige Bild vermittelt. Es ist hierbei sehr genau auf die einzelnen Teilaspekte einer Gleichheit zu schauen. Die ständische Prägung wurde aus den Gesetzeswerken verbannt, wohingegen die geschlechtsspezifische Ungleichheit weiterhin Bestand haben sollte. Im Sachenrecht des Code civil zeichnete sich ein ebenfalls geteiltes Bild ab. Der Code civil wurde zwar geprägt von einem einheitlichen Eigentumsbegriff und der freien Verkehrsfähigkeit von Grund und Boden für Jedermann, was auf eine verfassungskonforme Umsetzung der Gleichheit aller Bürger hindeutete. Andererseits galten auch weiterhin modifizierte Regelungen über Fideikommisse, wobei der Gesetzgeber diese nicht mehr wörtlich erwähnte.

Auf den ersten Blick konnte der Code civil das Bild eines auf Freiheit und Gleichheit aller Menschen abzielenden Gesetzbuchs wahren, welches jedoch bei genauerem Hinsehen von mitunter großen Rissen durchzogen war. Die Fortschritte, die im Gegensatz zum bisherigen Zustand erzielt wurden, waren allerdings deutlich zu erkennen, was den Code civil für die damalige Zeit geradezu revolutionär erscheinen ließ. Dennoch bestand im Laufe des 19. Jahrhunderts erheblicher Nachbesserungsbedarf, was sich insbesondere auch an den zahlreichen Nebengesetzen und Korrekturen zeigt. So gelten heute etwa zwei Drittel des ursprünglichen Textes des Code civil nicht mehr.[621] Dies zeigt, dass dieses Gesetzgebungswerk den Wandel der Zeit nur bedingt überstanden hat. Allerdings darf dies nicht über die richtungsweisenden und grundlegenden Errungenschaften hinwegtäuschen, die sich in Folge der französischen Revolution auch für das moderne Zivilrecht entwickelt haben.

Obwohl das Badische Landrecht sehr eng an das französische Recht angelehnt war, standen diverse Regelungen des Sachenrechts in starkem Kontrast zueinander. Insbesondere betraf dies Bereiche des Eigentums (geteiltes Eigentum) und des Familienstammguts (Fideikommiss). Das Badische Landrecht lässt beide Institute weiterhin zu, wohingegen der Code civil diese als Folge der Revolution und der Abschaffung der Stände nahezu vollständig verbannte. Die aufgezeigten Unterschiede verdeutlichen, dass es sich beim Badischen Landrecht keineswegs

621 *Filippo Ranieri*, Die Rolle des französischen Rechts in der Geschichte des europäischen Zivilrechts in: Schubert (Hg.), 200 Jahre Code civil [Beiträge zum 35. Rechtshistorikertag], S. 85 (105–106); im Gegensatz dazu sei auf das österreichische ABGB verwiesen, siehe dazu auch Fn. 280.

um eine bloße Übersetzung des Code civil handelte, sondern vielmehr um eine umfangreiche Anpassung an die lokalen Gegebenheiten. Trotz der Nähe zum Code civil muss die abschließende Bewertung des Badischen Landrechts in Bezug auf eine zivilrechtliche Gleichheit ungleich schlechter ausfallen. Zum einen beinhaltete das Badische Landrecht das dem Code civil entlehnte patriarchale Familienverständnis und zum anderen wurde noch an ständischen Instituten wie dem Fideikommiss und dem geteilten Eigentumsbegriff festgehalten. Die historischen Institute waren demnach im Badischen Landrecht weiterhin fest verankert, wohingegen der Code civil versuchte, sich von diesen zu trennen. Lediglich die Abschaffung der Ständegesellschaft an sich wurde im Badischen Landrecht ebenfalls vollständig vollzogen.

Das österreichische ABGB, als dritte große Kodifikation, war dem Wortlaut nach ebenfalls abstrakt, sehr allgemein und damit für die damalige Zeit geradezu modern formuliert. Der Gesetzgeber hatte auf den ersten Blick ebenfalls den Ständestaat und eine derart gegliederte Gesellschaft aus dem Zivilrecht verbannt. Eine ebenso aufgebaute Verfassung war in Österreich allerdings nicht zu finden. Diese sollte erst ein halbes Jahrhundert später in Kraft treten. Der erste egalitäre Eindruck des Gesetzbuchs sollte allerdings auch hier täuschen. Der österreichische Gesetzgeber bediente sich einem eleganten Mittel, um die ständische Gliederung trotz anders lautendem Zivilgesetzbuch weiterhin beibehalten zu können. Es kam in Österreich zu einer umfangreichen Rechtszersplitterung. Durch die Aufteilung der gesamten Rechtsmaterie in Zivilrecht, Strafrecht und öffentliches Recht konnte hinter dem allgemeinen und egalitären Wortlaut des aufs Zivilrecht beschränkten ABGB weiterhin eine ständisch geprägte Gesellschaft erhalten bleiben. Die patriarchalen und ständischen Elemente wurden zum größten Teil in die sogenannte „politische" Gesetzgebung und damit in das öffentliche Recht verschoben. Der Adel sollte auch nach Einführung des ABGB als der bevorzugte Stand im Staate gelten. Die Ständegesellschaft bestand in Österreich somit fort. Dennoch lässt sich bei einer isolierten Betrachtung des ABGB nicht abstreiten, dass dieses Gesetzbuch dem Ideal der zivilrechtlichen Gleichheit zumindest in Bezug auf Abschaffung der Stände sehr nahe gekommen ist. Fragt man nach einer Gleichheit der Geschlechter beziehungsweise der Abschaffung des Patriarchats im österreichischen ABGB, so lässt sich hier allerdings kein einheitliches Urteil bilden. Es zeigt sich zunächst eine Differenzierung zwischen einem familiären und einem rechtsgeschäftlichen Bereich. Dem ABGB lag grundsätzlich ein patriarchales Familienverständnis zu Grunde, das stark von der Kirche geprägt und beeinflusst war. Der Ehemann war das Haupt der Familie und hielt die Fäden der Haushaltung in der Hand. Die Ehefrau war, was die familiären Aufgaben anging, ihrem Mann zu Gehorsam verpflichtet und diesem strikt untergeben. Sobald die Ehefrau aber den Bereich der Familie verlassen hatte und sich im Rechtsverkehr aufhielt, standen ihr umfangreiche Rechte zu. Im Rechtsverkehr wurde die Frau ohne große Beschränkungen wie ein Mann behandelt. Sie war voll geschäftsfähig und konnte ohne Einwilligung des Ehemannes Verträge abschließen. In keinem anderen der hier betrachteten Gesetzbücher trat eine solch weitreichende Gleichstellung zwischen den Geschlechtern auf. Die rechtsgeschäftliche Stellung der Frau entsprach einer weitgehenden Gleichstellung mit dem männlichen Gegenpart. In den anderen Kodifikationen wurde stets die familiäre Unterordnung eins zu eins auch auf den rechtsgeschäftlichen und außerhäuslichen Bereich übertragen. Der familiäre Bereich war im ABGB nach wie vor patriarchal geprägt, wohingegen die wirtschaftliche und öffentliche Betätigung der Frau als durchaus egalitär zu bewerten war. In Bezug auf die Reichweite und Ausgestaltung der Gleichheit der Geschlechter im Rechtsverkehr lässt sich daher das ABGB als geradezu vorbildlich bezeichnen. Mit Einführung dieses Gesetzbuchs gingen eine Erweiterung der persönlichen Freiheit und eine gesellschaftliche Aufwertung der Frau einher, wohingegen die ständischen Unterschiede in Teilen erhalten blieben. Dies zeigte sich auch im Sachenrecht, wo sowohl am geteilten Eigentumsbegriff als auch an den Fideikommissen festgehalten wurde. Allerdings wurden die Letzteren diversen Beschränkungen unterzogen, was zumindest auf eine kritische Auseinandersetzung mit dem Problem der Bündelung großer Vermögensmassen in den Händen einiger weniger schließen lässt.

Die ständische Gesellschaftsordnung sollte auch nach dem hessischen und bayerischen Entwurf abgeschafft werden. In beiden Staaten sollte dieses Ziel ohne die Unterstützung einer Verfassung erreicht werden. Eine strikte patriarchale Prägung findet sich dagegen nur im bayerischen Entwurf wieder. Der Entwurf war von den historischen Vorstellungen eines familiären Alltags geprägt, in dem der Mann eine herausragende Stellung innehaben sollte. Der hessische Entwurf war vergleichsweise fortschrittlich formuliert und versuchte ein gewandeltes Rollenverständnis der Geschlechter zu integrieren. Die Ehe galt im hessischen Entwurf nunmehr als eine moralische Verbindung zweier Personen. Es wurde hierbei nicht mehr die Fortpflanzung des männlichen Familienstamms in den Vordergrund gerückt, wie es ursprünglich im ALR zu finden war. Die Ehegatten galten primär als gleichberechtigt, wobei dem Mann nach wie vor das Entscheidungsrecht in Streitfragen zustand. Die unverheiratete Frau wurde im hessischen Entwurf ähnlich dem ABGB dem Mann vollkommen gleichgestellt. Erst nach der Verheiratung sollte eine Unterordnung unter die Herrschaft des Mannes erfolgen. Dennoch wurde der Ehefrau eine vom Mann zu kontrollierende selbständige Haushaltsführung zugebilligt, was sogar noch über die Freiheiten des ABGB hinausging. Die Herrschaft des Mannes war im hessischen Entwurf keineswegs mehr so streng ausgebildet wie beispielsweise im ALR oder im Code civil. Hier fand ebenfalls, wie auch im ABGB, eine Zweiteilung in den familiären und den rechtsgeschäftlichen beziehungsweise wirtschaftlichen Betätigungskreis der Frau statt, sodass zumindest für letzteren von einem egalitären Rollenbild der Geschlechter gesprochen werden konnte. Im Sachenrecht des hessischen und bayerischen Entwurfs konnten sich die egalitären Tendenzen dagegen nur bedingt behaupten. Es sollten sowohl der geteilte Eigentumsbegriff als auch der des Fideikommiss weiterhin Geltung behalten.

Der Zürcher Gesetzgeber folgte dagegen dem französischen Vorbild und proklamierte zunächst eine Verfassung, in der die Gleichheit aller Bürger festgeschrieben wurde. Erst im Anschluss an diese richtungsweisende Entscheidung trat das Zürcher PGB in Kraft. Die Umsetzung der verfassungsrechtlich gefestigten Ziele wurde auch hier sehr konsequent verfolgt, sodass die ständisch gegliederte Gesellschaft komplett aus dem PGB verbannt wurde. Auch sollte es zu einer allmählichen Einebnung der Ungleichbehandlung der Geschlechter kommen. So wurde beispielsweise das Recht der Vermögensverwaltung des Mannes am weiblichen Vermögen nicht mehr vorbehaltlos angenommen, sondern unter die Bedingung einer tatsächlichen Unterhaltsleistung gestellt. Auch sollten im Zürcher PGB die Eltern bei der Kindeserziehung vermehrt in gleichberechtigter Weise nebeneinander stehen. Die modernen Tendenzen des PGB zeigten sich auch im Sachenrecht. Das ungeteilte Eigentum fand Einzug in das Gesetzbuch, gleichzeitig wurde das Fideikommiss als unpassend daraus verbannt. Die ständische und patriarchale Struktur konnte nur noch ansatzweise wiedergefunden werden.

Als Letztes der hier untersuchten Gesetzbücher trat das bürgerliche Gesetzbuch für das Königreich Sachsen in Kraft. Eine verfassungsrechtlich gesicherte Gleichheit fehlte hier. Dem sächsischen Gesetzgeber kam zu Gute, dass er auf diverse Kodifikationsprojekte und auch Kodifikationsversuche zurückblicken konnte. So galten das ALR, der Code civil, das ABGB und auch der hessische Entwurf während der Beratungen als Stützen im positiven wie auch im negativen Sinne. Dem sächsischen Gesetzgeber gelang es in weiten Teilen, den Ständestaat aus dem Zivilrecht zu verbannen. Dies wurde hier, im Gegensatz zu Österreich, ohne die Ausgliederung in das öffentliche Recht vollzogen. Sofern es weiterhin ständische Elemente gab, so waren diese direkt im sächsischen BGB zu finden. Dagegen hat sich das Verständnis der Geschlechterrollen im sächsischen BGB nur bedingt gewandelt. Die Ehefrau war dem Mann nach wie vor unterlegen. Eine Unterteilung in einen familiären und einen externen Bereich gab es hier nicht. Der Mann wurde weiterhin als Vertreter seiner Frau angesehen. Ausnahmen galten hierbei jedoch in Bezug auf die Handelsfrau ebenso wie in Bezug auf die Schlüsselgewalt. Diese verschafften der verheirateten Frau im Vergleich zu den anderen Kodifikationen sogar die weitreichendsten Möglichkeiten. Das sächsische BGB basierte insgesamt noch auf einem patriarchalen Familienbild, es wurden jedoch einzelne Teilbereiche, wie die Geschäftsfähigkeit der Frau, der Sinn und Zweck der Ehe, dem Zeitgeist beziehungsweise den gesellschaftlichen Strömungen angepasst. Auch das Sachenrecht des sächsischen BGB zeigt durchaus moderne Züge auf. So wurde hier der einheitliche Eigentumsbegriff eingeführt. Allerdings sollte ungeachtet dessen das Fideikommiss weiterhin Geltung behalten. In Sachsen wurde die historische Gesellschaftsgliederung somit nur in Teilen angepasst. Zwar sollte die ständische Prägung größtenteils aus dem Gesetz verbannt werden, einige ständische Institute sollten jedoch in die neue Kodifikation übernommen werden. Aufgrund der im Rahmen der Kodifikationsarbeiten beobachteten und in die Beratungen einbezogenen verschiedenen Gesetzbücher, konnte der sächsische Gesetzgeber eine Kodifikation schaffen, die auf der einen Seite modern war, auf der anderen Seite aber keineswegs revolutionäre Proteste auslösen sollte. Im sächsischen BGB zeigt sich am deutlichsten eine Kompromissbereitschaft zwischen Beibehaltung des *status quo* und einer Anpassung an den erfolgten gesellschaftlichen Wandel.

In Bezug auf die Abschaffung der ständischen Gliederung im Rahmen der Zivilkodifikationen des 19. Jahrhunderts lässt sich ein sehr deutliches Urteil bilden: Mit Ausnahme des preußischen ALR in seiner Ursprungsfassung, wurde in den hier untersuchten Kodifikationen die ständische Gesellschaft aus dem Zivilrecht verbannt. Überwiegend wurde das Ende der Ständegesellschaft zeitgleich mit Einführung der jeweiligen Kodifikation eingeleitet. Diese Entwicklung zeigt sich in vergleichbarer Weise auch in den sachenrechtlichen Vorschriften. Die im Rahmen der Bodenmobilisierung erreichten gesellschaftlichen Veränderungen zeugen erstmals von einer rechtlichen Gleichstellung aller Bevölkerungsteile eines Landes. Dass eine Gesellschaft aber ungeachtet dieser gesetzlichen Neuerung weiterhin ständisch geprägt sein konnte, lässt sich eindrucksvoll am Beispiel Österreichs erkennen.

Anders zeigten sich dagegen die untersuchten Kodifikationen des 19. Jahrhunderts in Bezug auf die Abschaffung des Patriarchats. Teilweise wurde an den patriarchalen Strukturen unverändert festgehalten, sodass der Mann nach wie vor das Haupt der Familie darstellen sollte und weiterhin statusbegründendes Element der Ehe war. Insgesamt konnte jedoch auch hier ein Wandel festgestellt werden. Das weibliche Geschlecht sollte insgesamt Freiheiten gewinnen und auch die verheiratete Frau konnte die Fesseln der männlichen Herrschaft allmählich ablegen und wurde mehr und mehr als eigenständiges Rechtssubjekt wahrgenommen. Diese Freiheiten waren zunächst mittels der Schlüsselgewalt auf den familiären

Bereich beschränkt und erstreckten sich nur vereinzelt auf den außerhäuslichen Rechtsverkehr, wohin auch die Vorschriften über die Handelsfrau zu zählen sind. Einschränkend muss dazu allerdings gesagt werden, dass die vermögensrechtliche Stellung der Frau in der Regel nicht in diese umfangreiche Veränderung einbezogen wurde. In diesem Bereich war nach wie vor der Mann bevorzugt und sollte auch weiterhin umfangreiche Verwaltungs- und Nießbrauchsrechte innehaben. Von einer Gleichheit der Geschlechter beziehungsweise einer gänzlichen Abschaffung des Patriarchats waren die Kodifikationen des 19. Jahrhunderts allesamt noch weit entfernt.

Eine Antwort auf die Frage, welche der genannten Kodifikationen am fortschrittlichsten in Bezug auf die zivilrechtliche Gleichheit war, lässt sich nur schwer geben. Die modern anmutenden Vorschriften des im Rheinland geltenden Code civil und auch die des Badischen Landrechts sind zum Beispiel dem ALR in Bezug auf die Gesellschaftsstruktur weit voraus. Dagegen trägt das dortige Eherecht noch altertümlichere Strukturen in sich als das ALR. Auch das ABGB, das PGB und das sächsische BGB sind teilweise moderner als das ALR, teilweise stehen sie diesem jedoch in nichts nach. Man betrachte dazu nur den geteilten Eigentumsbegriff oder die patriarchalen Strukturen in der Ehe. Es zeigt sich hier stets eine Unterteilung der Gleichheit in einzelne Abschnitte, sodass in keiner der hier untersuchten Kodifikationen von einer allgemeinen, jegliche Abschnitte umfassenden Gleichheit gesprochen werden kann. Unabhängig von den unterschiedlichen materiell-rechtlichen Inhalten lässt sich doch festhalten, dass insbesondere mit dem PGB ein Gesetzbuch vorgelegt wurde, dass es in weiten Teilen schaffte, sowohl die Ständegesellschaft als auch die Gleichheit der Geschlechter im Zivilrecht zu verankern. Das Zürcher PGB kann im Rahmen der hier vorgenommenen Untersuchung als das am ehestem einer zivilrechtlichen Gleichheit entsprechende Gesetzbuch gewertet werden. Wie auch Guggenbühl bereits im Schlusswort seiner Dissertation bemerkte,[622] handelte es sich bei dem Zürcher PGB um ein Meisterwerk der damaligen Gesetzgebungskunst. In Teilbereichen stehen diesem allerdings das sächsische BGB und auch der hessische Entwurf sehr nahe.

Anhand dieser Gesamtbetrachtung wird sehr deutlich: Die zivilrechtliche Gleichheit entwickelte sich zunächst in einzelnen Teilbereichen und völlig unabhängig voneinander. Erst im Laufe der Zeit verknüpften sich diese Bereiche zu einem großen Ganzen und sollten das Bild einer insgesamt egalitär aufgebauten

622 *Guggenbühl*, Die Entstehung des zürcherischen privatrechtlichen Gesetzbuches, S. 130.

Gesellschaft formen. Darüber hinaus wird deutlich, dass das ALR das letzte Gesetzbuch war, welches sich noch deutlich zur ständisch geprägten Gesellschaftsstruktur bekennen sollte. Kein anderes der hier betrachteten Gesetzbücher ist diesem Weg in der nachfolgenden Geschichte mehr gefolgt, auch wenn das österreichische ABGB diesem zumindest in Teilbereichen noch nahe kam. Das ALR stellt damit, um den Worten Helmut Coings zu folgen, das Testament des ancien régime dar.[623]

Die französische Revolution und mit ihr das aufgeklärte Gedankengut, der Wunsch nach Freiheit und Gleichheit eines jeden Individuums, konnte Wurzeln in den jeweiligen Kodifikationen schlagen. Wie weit diese Entwicklung gedeihen konnte, wurde in den vorangehenden Kapiteln ausführlich beschrieben. Grundsätzlich kann festgehalten werden, dass die Ständegesellschaft zum größten Teil aus den Zivilgesetzbüchern verbannt wurde. Selbst in Preußen lässt sich dieser Schluss zumindest nach dem in Kraft treten des Oktoberedikts beziehungsweise im Rahmen der gescheiterten Revision ziehen. Die Gleichheit der Geschlechter dagegen konnte mit Hilfe der Zivilkodifikationen des 19. Jahrhunderts nicht eingeführt werden. Immerhin kam es jedoch zu einer spürbaren Abschwächung des patriarchalen Herrschaftsverhältnisses. Einige weitreichende Ansätze einer Gleichstellung und einer Abschaffung der männlichen Vorherrschaft sind in den hier betrachteten Kodifikationen, wie dem sächsischen BGB, dem PGB und auch dem ABGB zu erkennen. Eine verstärkte gesellschaftliche Auseinandersetzung mit dem Thema der Gleichstellung der Geschlechter folgte jedoch erst ab Mitte des 19. Jahrhunderts und der ab diesem Zeitpunkt wachsenden Emanzipationsbewegung. Das die tatsächliche Gleichstellung der Geschlechter selbst heute nicht vollständig abgeschlossen ist, zeigt sich aktuell im Zusammenhang mit der Besetzung von Aufsichtsräten mittels einer „Frauenquote" oder auch im Zusammenhang mit der Verringerung der sogenannten „Gender Pay Gap"[624].

---

623 Siehe dazu *Coing*, Europäisches Privatrecht, Bd. 2, S. 10.

624 Zur Entgeltungleichheit zwischen Männern und Frauen in Deutschland siehe aktuell auch http://www.bmfsfj.de/BMFSFJ/gleichstellung,did=88096.html (Stand Mai 2015). Siehe ebenfalls Pressemitteilung des Statistischen Bundesamtes vom 30. Juli 2014–268/14 zum Thema „Auf dem Weg zur Gleichstellung? Bildung, Arbeit und Soziales – Unterschiede zwischen Frauen und Männern", zu finden unter www.destatis.de (Stand Mai 2015).

D. Auswirkungen - ein Ausblick

Als letztes soll noch ein kurzer Blick auf die Auswirkungen der einzelnen Kodifikationen auf die soziale und wirtschaftliche Gesamtsituation gezeigt werden. Auch soll hier ansatzweise die Ausstrahlungswirkung auf das BGB von 1900 einfließen, da sowohl eine zeitliche als auch eine inhaltliche Nähe zu den bisher betrachteten Kodifikationen nicht von der Hand zu weisen ist.

I. Wandlung der sozialen und wirtschaftlichen Gesamtsituation

Die zu Beginn des 19. Jahrhunderts durch die hier betrachteten Zivilkodifikationen angeregten gesellschaftlichen und wirtschaftlichen Veränderungen wurden bereits ausführlich dargestellt und sollen an dieser Stelle lediglich um einige Aspekte ergänzt werden. Wie gezeigt führte die neu errungene Freizügigkeit der ländlichen Bevölkerung, sowie die eng mit der wirtschaftlichen Entwicklung verbundene Hoffnung auf einen Arbeitsplatz in der Industrie, zu einer verstärkten Landflucht. Hinzu kam ein allmählich einsetzendes Bevölkerungswachstum, welches zu einer vermehrten Wanderungsbewegung der Bevölkerung führte. Die Verstädterung sollte starke gesellschaftliche Veränderungen mit sich bringen.[625] Die Wohnsituation in den meisten Städten sollte trotz stark angestiegenem Wohnungsbau nach wie vor angespannt bleiben.[626] Die private Vermietung von Wohnungen an Tagelöhner und Landflüchtige konnte diesen Ansturm keineswegs auffangen, sodass insbesondere in den Städten von einer Wohnungsnot

---

625 Ein Vorgang, der sich bis in die zweite Hälfte des 19. Jahrhunderts fortsetzte, siehe dazu *Altena, et al.*, Gesellschaftsgeschichte der Neuzeit 1750–1989, S. 192 f.; ebenso *Huber*, Reform und Restauration. 1789 bis 1830, S. 188 f. u. 348; so auch *Koselleck*, Preußen zwischen Reform und Revolution, S. 563; *Henning*, Deutsche Wirtschafts- und Sozialgeschichte im 19. Jahrhundert, S. 1101–1114.

626 Siehe *Henning*, Deutsche Wirtschafts- und Sozialgeschichte im 19. Jahrhundert, S. 766. Näheres zur Preisentwicklung ist zu finden bei *Wilhelm Treue*, Hypothekenbanken, ländlicher und städtischer Grundstücksverkehr gegen Ende des 19. Jahrhunderts, in: Coing/Wilhelm (Hg.), Wissenschaft und Kodifikation des Privatrechts im 19. Jahrhundert, Bd. 3, Die rechtliche und wirtschaftliche Entwicklung des Grundeigentums und Grundkredits, 1976, S. 326 (331).

gesprochen werden konnte.[627] In Folge dessen stiegen die Grundstückspreise enorm an, was den Wohnungsmarkt noch stärker belasten sollte.

Das Einsetzen der Industrialisierung und die damit verbundene Liberalisierung des Immobilienmarktes, des Arbeitsmarktes und des Warenhandels bargen neben sozialen Aufstiegschancen auch große Risiken. Der drohende Arbeitsplatzverlust sollte nach Abschaffung der gutsherrlichen Schutzpflichten ein zentrales Element darstellen. Ein weiterer negativer Punkt, der mit der Liberalisierung der Märkte und der in den Anfängen steckenden Marktwirtschaft einherging, war die drohende Verschuldung breiter Bevölkerungsschichten, insbesondere der ländlichen Bevölkerung. Die Verschuldung der Bauern stieg im Laufe des 19. Jahrhunderts enorm an. Die neu eingeführte Möglichkeit, Grundstücke mit Krediten zu belasten, beziehungsweise Bankkredite in Anspruch nehmen zu können, verschärfte diese Gefahr.[628] Doch auch die Arbeitnehmer in den Städten sollten negative Auswirkungen des freien Marktes zu spüren bekommen. Arbeitsschutz, gesetzliche Einschränkungen oder gänzliche Verbote der steigenden Kinder- und Frauenarbeit mussten sich erst nach und nach in der Gesellschaft durchsetzen, sodass es zunächst noch zu einer verstärkten Ausbeutung der Arbeitnehmer kommen sollte. Dieser angespannten sozialen Lage versuchten die Arbeitnehmer mit Hilfe von Zusammenschlüssen wie dem Allgemeinen Deutschen Arbeiterverein zu begegnen. Mit deren Hilfe sollten die eigenen Rechte besser durchgesetzt werden können.[629]

Im Rahmen der wirtschaftlichen Entwicklung sollte nun erstmals die soziale Verantwortung des Gesetzgebers gegenüber der gesamten Bevölkerung diskutiert werden. Es stellte sich die Frage, ob die sozialen Probleme, die mit der teilweisen Einführung der zivilrechtlichen Gleichheit entstanden waren, durch gesetzgeberische Tätigkeiten hätten vermieden werden können oder ob ein Mehr an Sicherheit nicht einzig einen Rückschritt zum ancien régime dargestellt hätte.[630] An die Stelle der gesellschaftlichen Ungleichbehandlung aufgrund eines Geburtsstandes trat nun eine neue Ausprägung, nämlich die Unterscheidung aufgrund

627 Siehe zur Wohnungssituation im Laufe des 19. Jahrhunderts auch *Henning*, Deutsche Wirtschafts- und Sozialgeschichte im 19. Jahrhundert, S. 762.

628 *Friedrich Wilhelm Henning*, Die Verschuldung der Bodeneigentümer in Norddeutschland im ausgehenden 18. und in den ersten zwei Dritteln des 19. Jahrhunderts, in: Coing/Wilhelm (Hg.), Wissenschaft und Kodifikation des Privatrechts im 19. Jahrhundert, Bd. 3, Die rechtliche und wirtschaftliche Entwicklung des Grundeigentums und Grundkredits, 1976, S. 273 (301).

629 *Henning*, Deutsche Wirtschafts- und Sozialgeschichte im 19. Jahrhundert, S. 724–731.

630 HKK/*Rückert*, vor § 1 Rn. 40 f.

des gesellschaftlichen Wohlstandes, der Zugehörigkeit zu einer am wirtschaftlichen Wohlstand gemessenen Klasse.[631] Die Forderung nach der Verbesserung der eigenen sozialen Lage, die Verbesserung der Wohnungssituation in den Städten sowie eine bessere Absicherung des Arbeitsalltags waren zentrale Punkte der nun aufkommenden Bewegung.[632] Sollte sich die Einführung der zivilrechtlichen Gleichheit tatsächlich als unsozial herausstellen, oder waren die neu entstandenen sozialen Verwerfungen lediglich der Preis für den Zuwachs an persönlicher Freiheit und Gleichheit für Jedermann und somit auch von den Menschen aus niedrigen sozialen Milieus hinzunehmen? Es stellte sich die Frage nach der sozialen Aufgabe des Privatrechts.[633] Der Einfluss der sozialen Komponente des Rechts sollte in diesem Zuge an Relevanz gewinnen und sowohl in der Gesellschaft als auch im Gesetzgebungsprozess zu einem allmählichen Umdenken führen, was auch an der Ende des 19. Jahrhunderts eingeführten Sozialversicherung ersichtlich wird.[634]

Neben der bereits erwähnten Vereinheitlichung des Handels- und Wirtschaftsrechts, wurde nun auch über die Einführung einer gesamtdeutschen Kodifikation nachgedacht. Den Grundstein dafür stellte die Gründung des Deutschen Reiches 1871 dar.[635] Im nächsten Kapitel soll ein kurzer Ausblick darauf gegeben werden, inwiefern sich im gesamtdeutschen BGB von 1900 die hier betrachteten Kodifikationen des 19. Jahrhunderts widerspiegeln und somit als Ausgangspunkt für unser heutiges BGB angesehen werden können.

---

631 *Wehler,* Von der Reformära bis zur industriellen und politischen „Deutschen Doppelrevolution" 1815–1845/49 S. 140 f. u. 672 f.

632 Siehe auch *Henning,* Deutsche Wirtschafts- und Sozialgeschichte im 19. Jahrhundert, S. 756.

633 Ausführlich zur sozialen Frage des Privatrechts siehe auch *Tilman Repgen,* Die soziale Aufgabe des Privatrechts. Eine Grundfrage in Wissenschaft und Kodifikation am Ende des 19. Jahrhunderts, Jus privatum, 60 (2001), S. 24–32; ebenso *Otto Friedrich von Gierke,* Die soziale Aufgabe des Privatrechts, Deutsches Rechtsdenken, 1943, S. 4 f.

634 Dies zeigte sich beispielsweise schon in § 880 PGB, wo die Reichweite einer Pfändung nur bis zu einer bestimmte Untergrenze möglich war. Unentbehrliche Kleider für Frau und Kinder bzw. für den Schuldner selbst sollten davon ausgenommen bleiben. Hierin ist die Sicherung eines mindestens zu gewährenden Lebensstandard zu erkennen, wie er auch heute im BGB zu finden ist. Ein allgemeiner Überblick über die Sozialversicherungsgesetzgebung ist zu finden bei *Henning,* Deutsche Wirtschafts- und Sozialgeschichte im 19. Jahrhundert, S. 1152–1159; siehe auch im Überblick *Michael Stolleis,* Geschichte des Sozialrechts in Deutschland. Ein Grundriß, S. 36–87.

635 Siehe auch Nr. 16 in Reichsgesetzblatt 1871, S. 63–85.

II. Ausstrahlungswirkung auf das BGB von 1900

Die Gründe, aus denen bereits im 19. Jahrhundert diverse Kodifikationen errichtet wurden, waren die Schaffung von Gesetzeswerken, die dem aktuellen Zeitgeist und auch den eingetretenen territorialen Veränderungen entsprachen und somit auch die Schaffung von Rechtseinheit und der Erhöhung der Rechtssicherheit für den Einzelnen. Diese Ziele sollten zum Ende des 19. Jahrhunderts auch auf gesamtdeutscher Ebene an Bedeutung gewinnen. Neben einer einheitlichen Zivilkodifikation, sollten das Strafrecht sowie das Prozessrecht in den Fokus der Diskussion treten. Das Handelsrecht war zu diesem Zeitpunkt bereits vereinheitlicht und stellte somit einen ersten Schritt dieses Prozesses dar. Den Auftakt zu einer vertieften Auseinandersetzung mit einem gesamtdeutschen Gesetzbuch stellte bereits im Jahre 1814 der Kodifikationsstreit[636] zwischen Thibaut[637] und Savigny[638] dar. Neben der Frage, ob eine solche Kodifikation überhaupt Sinn machen würde und auf welcher Grundlage ein solches gesamtdeutsches Gesetz basieren sollte, stellte sich insbesondere die Frage, welche politische Instanz in der Lage sei, die Vielzahl der Territorialstaaten für ein solch umfangreiches gemeinsames Ziel zu gewinnen.[639] Erst unmittelbar nach der Neugründung des Deutschen Reichs im Jahre 1871 war eine einheitliche Instanz für eine solche Gesetzgebung vorhanden, sodass erst im Anschluss daran die Ausarbeitung einer einheitlichen Gesetzgebung in die entscheidende Phase eintreten konnte. Neben der Reichsgründung musste im Jahre 1873 zunächst die Gesetzgebungskompetenz durch eine Verfassungsänderung vom Obligationenrecht auf das gesamte bürgerliche Recht ausgedehnt werden.[640] Dieser Schritt beseitigte die letzten legislatorischen Hürden. Es folgte am 28. Februar 1874 die Einsetzung einer Vorkommission, die zunächst den vorhandenen Rechtsstoff sichten und darüber

---

636 Siehe dazu *Schöler*, Deutsche Rechtseinheit. Partikulare und nationale Gesetzgebung (1780–1866), S. 106–125.

637 *Jan Schröder*, Art. Anton Friedrich Justus Thibaut, in: Deutsche und Europäische Juristen aus neun Jahrhunderten, 2008, S. 436–439.

638 *Jan Schröder*, Art. Friedrich Carl von Savigny, in: Deutsche und Europäische Juristen aus neun Jahrhunderten, 2008, S. 366–375.

639 Zur Frage der Rechtseinheit in Deutschland siehe exemplarisch *Schöler*, Deutsche Rechtseinheit. Partikulare und nationale Gesetzgebung (1780–1866), S. 86–106. m. w. N.

640 Die beschränkte Gesetzgebungskompetenz ist zu finden in Art. 4 Nr. 13 der Verfassung des deutschen Reiches. Siehe dazu auch Reichsgesetzblatt, Band 1871, Nr. 16.

hinaus die Ziele der Kodifikation festlegen sollte.[641] Am 22. Juni 1874 wurde die sogenannte erste Kommission vom Bundesrat eingesetzt, die insbesondere die vorhandenen Rechtsmaterialien harmonisieren sollte. Es folgte die konzentrierte Ausarbeitung einer Zivilkodifikation, bei der Bernhard Windscheid[642], Gottlieb Karl Georg Planck[643] sowie Gottfried von Schmitt[644] wichtige Rollen einnahmen.

Im Zusammenhang mit einer neuen gesamtdeutschen Kodifikation sollten nun auch verstärkt die sozialen Risiken für die wirtschaftlich schwächeren Teile der Bevölkerung, sei es auf dem Arbeitsmarkt, dem Immobilienmarkt oder auch im Bereich des Warenhandels, begrenzt und im nächsten Schritt minimiert werden. Ebenso galt es religiöse Fragen in Bezug auf die Eheschließung und Ehescheidung im Rahmen einer Zivilehe neu zu regeln.

Der hier aufgezeigte verkürzte Abriss zur Entstehung des gesamtdeutschen BGB soll keineswegs über die äußerst umfangreiche Vorbereitung und wissenschaftliche Bearbeitung dieser Kodifikation hinwegtäuschen. Vielmehr soll dies bloß als Einführung dienen, um im weiteren Verlauf direkt zu der Frage übergehen zu können, inwiefern die zuvor betrachteten Kodifikationen eine Ausstrahlungswirkung auf das BGB von 1900 hatten. Die nachfolgende Betrachtung soll darüber hinaus nicht als abschließend verstanden werden, sondern dem Leser einen Einblick geben, inwiefern die historischen Vorgänger unseres Rechts im BGB wiederzufinden sind und somit den Grundstein unseres Bürgerlichen Gesetzbuchs bildeten.

Dabei ist auf den direkten Wortlaut der Vorschriften des BGB und auf die bisher eingetretene Entwicklung der in Rede stehenden Institute zu achten. Es sollen hier einige prägnante Vorschriften in den Fokus gerückt werden, die bereits

---

641 Zum Gang der Gesetzgebung siehe *Werner Schubert/Horst Heinrich Jakobs,* Materialien zur Entstehungsgeschichte des BGB. Einführung, Biographien, Materialien, Die Beratung des Bürgerlichen Gesetzbuchs / in systematischer Zusammenstellung der unveröffentlichten Quellen, Bd. 1, 1978, S. 27–68.

642 Bernhard Windscheid geb. 26.06.1817, gest. 26.10.1892; näheres zu seiner Person ist zu finden bei *Schubert/Jakobs,* Materialien zur Entstehungsgeschichte des BGB. Einführung, Biographien, Materialien, 1978, S. 80–81.

643 Gottlieb Karl Georg Planck geb. 24.06.1824, gest. 20.05.1910. Eine kurze Abhandlung zu seinem Leben ist zu finden bei *Werner Schubert*, „Planck, Gottlieb Karl Georg“, in: NDB 20 (2001), S. 496–497 [Onlinefassung]; URL: http://www.deutsche-biographie.de/pnd119059606.html. (Stand Mai 2015).

644 Gottfried von Schmitt, geb. 30.09.1827 und gest. 25.08.1908; seine Biographie ist zu finden bei *Werner Schubert*, „Schmitt, Gottfried von“, in: NDB 23 (2007), S. 234–235 [Onlinefassung]; URL: http://www.deutsche-biographie.de/pnd118609246.html. (Stand Mai 2015).

bei der vorliegenden Untersuchung eine zentrale Rolle gespielt haben. Hierbei soll insbesondere auf eine mögliche ständische oder auch patriarchale Prägung des BGB von 1900 geachtet werden.

Neben der zeitlichen Nähe zu den bisher betrachteten Kodifikationen kann auch eine gewisse inhaltliche Nähe nicht von der Hand gewiesen werden. Dies zeigt sich bereits daran, dass insbesondere die erste Kommission bei der Ausarbeitung ihres Gesetzentwurfs sehr ausführlich auf die Gesetzgebungen der Nachbarländer, wie Frankreich, Österreich, Sachsen und auch Preußen schaute und diese in ihre Betrachtung einbezogen hat.[645]

Hervorzuheben ist, dass in § 1 des BGB von 1900[646], der jeder Person die volle Rechtsfähigkeit mit Vollendung der Geburt zuspricht, sogleich das dem BGB zu Grunde liegende Prinzip herausgestellt wurde, nach dem jeder die gleichen rechtlichen Freiheiten in vollem Umfang erhalten sollte. Eine unterschiedliche „Lebensstellung", sprich eine aufgrund der Geburt vorhandene Differenzierung nach Ständen beziehungsweise Klassen, sollte mit Einführung des BGB nicht mehr gelten.[647] Hierin folgt das BGB also den bisher betrachteten Kodifikationen. Jegliche ständische Prägung wurde aus dem Wortlaut, der ähnlich dem österreichischen ABGB, dem Zürcher PGB oder auch dem sächsischen PGB sehr abstrakt und allgemein gehalten war, verbannt. Die Ständegesellschaft war, was das Zivilrecht anbelangt, mit Einführung der gesamtdeutschen Kodifikation endgültig Geschichte.

Eine ähnliche Ausstrahlungswirkung der Vorgängergesetze des BGBs sollte sich im Bereich des Patriarchats zeigen. Auch hier folgte das BGB der bisher überwiegenden Tendenz, die geschlechtliche Differenzierung im Gesetz weiterhin aufrecht zu erhalten und somit das Patriarchat zu festigen. Positiv zu bemerken ist jedoch, dass die Geschäftsfähigkeit im BGB für Mann und Frau zunächst einheitlich an die Volljährigkeit gekoppelt wurde, welche nunmehr mit 21 Jahren

---

645 Verweise auf die Vorgängerkodifikationen sind zu finden bei *Benno Mugdan*, Einführungsgesetz und Allgemeiner Teil, Die gesamten Materialien zum Bürgerlichen Gesetzbuch für das Deutsche Reich / 5 Bände und Sachregister sowie Ergänzungsband, exemplarisch anhand des in §§ 1, 2 BGB anzutreffenden Begriffs der Rechtsnorm, Bd. 1, 1979, S. 360.

646 Die hier zitierten §§ des BGB von 1900 richten sich nach dem Nachdruck einer Faksimile Textausgabe bei *Helmut Köhler*, Bürgerliches Gesetzbuch. Vom 18. August 1896, Textausgabe, 1996.

647 HKK/*Rückert*, vor § 1 Rn. 43 f.

erlangt werden konnte.[648] Das Recht der Geschäftsfähigkeit des BGB von 1900 basierte in weiten Teilen auf dem des preußischen ALR.[649] So wurde auch hier zwischen vollkommener und teilweiser Geschäftsunfähigkeit differenziert. Infolgedessen galten Geschäfte von Minderjährigen nicht per se als unwirksam, sondern standen unter dem Vorbehalt der elterlichen Zustimmung.[650] Darüber hinaus galten Frauen nicht mehr generell als geschäftsunfähig, was einen deutlichen Fortschritt zu einigen der bisher erwähnten Kodifikationen bedeutete.[651]

Andererseits wurde das Alter der Ehefähigkeit nur für den Mann an die Volljährigkeit geknüpft. Frauen konnten bereits mit 16 Jahren heiraten, wobei hiervon sogar noch abgewichen werden konnte.[652] Die bereits erörterte Vorstellung, nach welcher ein Mann erst in höherem Alter als eine Frau seiner Rolle als Familienernährer gerecht werden konnte, war demnach auch im BGB von 1900 wiederzufinden. Hieran zeigt sich, dass dem BGB ein historisches und somit traditionelles Familienbild zu Grunde lag, welches jedoch keineswegs mehr so patriarchal geprägt war wie einst im ALR oder auch im Code civil. Weitere Schnittmengen zwischen dem BGB und den vorangegangenen Kodifikationen finden sich sogleich im gesamten Familienrecht. Es finden sich Ähnlichkeiten, insbesondere zum sächsischen BGB und zum Zürcher PGB bei den Regelungen die Natur der Ehe betreffend. So heißt es in § 1353 BGB 1900, dass die Ehegatten einander zur ehelichen Lebensgemeinschaft verpflichtet sind. Eine darüber hinausgehende Definition der Ehe, die deren Sinn und Zweck näher umschreibt, fehlte im BGB. Eine solche war jedoch nicht zwingend nötig, da die vorliegende Vorschrift einen so umfangreichen Regelungsapparat, wie ihn beispielsweise das ALR beinhaltete, unnötig erscheinen ließ. Gleichzeitig stellte die beiderseitige moralische Verpflichtung zur ehelichen Gemeinschaft das Leitmotiv der Ehe in ausreichender Weise fest. Des Weiteren wurde diese Verpflichtung durch die gängigen Moralvorstellungen nach außen begrenzt. Bei dieser Vorstellung der Ehe, stand ausschließlich die Gemeinschaft der Ehegatten im Vordergrund. Auch sollte mit der Einführung der bürgerlichen und damit der Zivilehe eine Regelung Einzug in das BGB erhalten, die bereits im Code civil anzutreffen war und in diversen Kodifikationen zumindest

---

648 Siehe dazu §§ 2, 3 und 104 ff. BGB 1900; die Volljährigkeit konnte durch Erklärung des Vormundschaftsgerichts auf 18 Jahre vorverlegt werden. Siehe auch HKK/*Andreas Thier*, §§ 104–115 Rn. 28.

649 Siehe HKK/*Andreas Thier*, §§ 104–115 Rn. 28.

650 Siehe dazu auch §§ 106–112 BGB 1900.

651 Dies ergibt sich aus dem Umkehrschluss aus § 104 BGB 1900.

652 Siehe dazu § 1303 BGB 1900.

diskutiert wurde.[653] Neben dieser für die damalige Zeit modernen Vorstellung der Ehe, sollten auch die Wirkungen derselben angepasst werden.[654] So sollten in das BGB von 1900 vermehrt elterliche Rechte Einzug erhalten. Mann und Frau standen dem Wortlaut des BGB zufolge in vielen Belangen nebeneinander. Allerdings bleibt festzuhalten, dass die endgültige Entscheidung beziehungsweise die Ausführung eines gemeinschaftlich gefassten Beschlusses ausschließlich dem Ehemann oblag. Die Vorrangstellung des Ehemanns zeigte sich auch daran, dass die Frau weiterhin den Wohnsitz und Namen ihres Ehemanns teilen musste, wobei es keine unbedingte Folgepflicht mehr gab.[655] Unbeschadet des Entscheidungsrechts des Mannes in familiären Angelegenheiten, war die Frau befugt und sogar verpflichtet den Hausstand des Mannes selbstständig zu leiten.[656] Parallel dazu findet sich auch im BGB von 1900 die Schlüsselgewalt wieder, die auch hier auf mit dem Haushalt zusammenhängende Geschäfte begrenzt war. Eine sehr gravierende Neuerung stellte die erstmals in diesem Zusammenhang angenommene wirksame Vertretung des Ehemannes durch die Ehefrau dar. Der Ehemann konnte nun direkt durch die Handlung der Frau verpflichtet werden, was der Ehefrau zumindest im häuslichen Bereich eine gesellschaftliche Aufwertung brachte. Diese freie Verfügungsgewalt der Ehefrau konnte allerdings durch den Ehemann eingeschränkt werden.[657] Sofern eine Frau sich persönlich gegenüber einem Dritten verpflichten wollte, was beispielsweise bei der Annahme einer eigenständigen Arbeit der Fall war, war stets die Einwilligung des Ehemannes erforderlich.[658] Letzterer konnte die Verpflichtung der Frau bei Fehlen der Einwilligung jederzeit kündigen. Eine ähnliche Regelung findet sich auch heute noch in § 112 BGB, wobei es dort allerdings um die selbständige Tätigkeit eines Minderjährigen geht. In Anbetracht der Tatsache, dass die verheiratete Frau im 19. Jahrhundert eine den Minderjährigen

---

653 So handelte das dritte Buch von der bürgerlichen Ehe, für welche nach § 1317 BGB 1900 ausschließlich die Erklärung und Anwesenheit beider Ehegatten vor einem Standesbeamten ausreichte. Jegliche Mitwirkung der Kirche war nicht mehr erforderlich.

654 Siehe zur Entstehung des Eherechts im BGB von 1900 auch *Johann Peter Schäfer*, Die Entstehung der Vorschriften des BGB über das persönliche Eherecht, S. 5–33.

655 Siehe dazu §§ 10 und 1354, 1355 BGB 1900; siehe auch *Mestwerdt,* Das Sozialbild der Ehe im Spiegel von Gesetzgebung und Rechtsprechung der letzten 150 Jahre, S. 72–79.

656 Siehe dazu § 1356 BGB 1900.

657 Zur Schlüsselgewalt siehe auch § 1357 BGB 1900; ebenso auch *Weber,* Ehefrau und Mutter in der Rechtsentwicklung. Eine Einführung, S. 430.

658 Siehe § 1358 BGB 1900.

vergleichbare Stellung innehatte, ist diese inhaltliche Nähe durchaus hervorzuheben.[659] Die Schlüsselgewalt ist zwar im BGB von 1900 auf eine neue rechtliche Basis gestellt worden, ihr Umfang und ihre Reichweite war jedoch weiterhin auf den häuslichen Bereich beschränkt und ähnelte damit den Vorschriften der Vorgängerkodifikationen.[660]

Dem Güterrecht des BGB von 1900 lag wie auch bereits in Preußen, Sachsen und dem Kanton Zürich als gesetzlicher Güterstand die Verwaltungsgemeinschaft zu Grunde.[661] Im BGB hatte somit ebenfalls der Mann das Verwaltungs- und Nießbrauchsrecht am Vermögen der Frau inne. Die Frau war durch die Unterteilung in eingebrachtes und vorbehaltenes Gut stark in ihrer Verfügungsbefugnis eingeschränkt, da für Verfügungen über das eingebrachte Gut stets die Einwilligung ihres Ehemannes erforderlich war.[662] Zur Beendigung der Ehe durch Scheidung stellte das BGB einen kurzen Katalog an Scheidungsgründen zur Verfügung, welche gleichsam für Mann und Frau gelten sollten.[663] Auch sollte die Frau den Familiennamen ihres geschiedenen Gatten behalten können, wobei ihr erstmals ein Wahlrecht zustand.[664] Die Gleichstellung der Geschlechter wurde in dieser Hinsicht aus dem Zürcher PGB und dem sächsischen BGB sowie dem hessischen Entwurf übernommen. Diese Annäherung lässt sich auch im Rahmen der Kindererziehung erkennen. Im BGB wird, wie schon im Zürcher PGB, vermehrt von elterlichen Rechten gesprochen, so beispielsweise bei der für die Eheschließung eines Kindes erforderlichen Einwilligung.[665] Ebenfalls sind eheliche Kinder von beiden Elternteilen zu erziehen und zu unterhalten. Dem Mann stand jedoch primär die elterliche Gewalt zu, die ihn zur umfangreichen Vermögenssorge und Vertretung des Kindes befugte, ihn aber auch zum Schutz und zur Sorge über

---

659 Siehe dazu auch *Siebenhaar*, Commentar zu dem bürgerlichen Gesetzbuche für das Königreich Sachsen, Bd. 3, Das Familien-, Vormundschafts- und Erbschaftsrecht, S. 39.

660 Siehe dazu B. II. 2. a. aa.

661 So geregelt in §§ 1363 ff. BGB 1900; daneben fanden sich die Gütertrennung in §§ 1426 ff., die Gütergemeinschaft in §§ 1437 ff., die Errungenschaftsgemeinschaft in §§ 1519 ff. sowie die Fahrnisgemeinschaft in §§ 1549 ff. BGB 1900 wieder.

662 Siehe § 1395 BGB 1900. Ausnahmen davon galten nach § 1405 BGB 1900 lediglich, sofern die Ehefrau mit Einwilligung ihres Mannes selbständig ein Gewerbe trieb.

663 Die Regelungen zur Scheidung, bei der nach wie vor das Verschuldensprinzip galt, finden sich in §§ 1564 ff. BGB 1900.

664 Siehe auch § 1577 BGB 1900, wobei der Ehemann bei alleiniger Schuld der Ehefrau die Führung seines Namens untersagen konnte.

665 Das Erfordernis der elterlichen Einwilligung ist zu finden in § 1304 BGB 1900.

das Kind verpflichtete.[666] Die elterliche Gewalt der Mutter kam dagegen nur in Ausnahmefällen in Betracht und war ohne einen Beistand nicht auszuführen.[667] Die Rechte des Mannes waren im familiären Bereich demnach weiterhin prägend und bestimmend. Auch sollte der Mann weiterhin das statusbegründende Element darstellen, so trugen eheliche Kinder stets den Namen des Vaters, uneheliche dagegen den Namen der Mutter.[668] Ebenso sollte das uneheliche Kind nur ein Erbrecht am Vermögen der Mutter erhalten. Insgesamt lässt sich die rechtliche Stellung des Kindes durchaus mit den Vorschriften des sächsischen BGB oder auch des hessischen Entwurfs vergleichen.

Grundsätzlich galt im BGB die vom Geschlecht unabhängige Realerbteilung, sodass alle Erben einer Ordnung gleichrangig nebeneinander standen.[669] Ein weiterer Schritt in Richtung einer Gleichheit im Zivilrecht war darin zu sehen, dass darüber hinaus Frauen im BGB als Testamentszeugen auftreten konnten.[670] Hier zeigt sich eine klare Verbesserung der Lage des weiblichen Geschlechts im Vergleich zu mancher Vorgängerkodifikation.

Dennoch blieben einige Teile des Zivilrechts von diesen Veränderungen ausgespart, sodass die patriarchale Prägung nach wie vor im BGB zu erkennen war. Die Frau galt auch hier, sofern sie verheiratet war, als dem Ehemann unterworfen. Zwar wurden im familiären Bereich einige Freiheiten hinzugewonnen, doch sollte der Ehemann weiterhin das Haupt der Familie darstellen. Das BGB hat bei der Frage der Geschäftsfähigkeit die bereits im ABGB anzutreffende Trennung zwischen familiärem und wirtschaftlichem Tätigkeitsbereich übernommen. Im wirtschaftlichen Bereich waren sowohl unverheiratete als auch verheiratete Frauen als geschäftsfähig anzusehen. Sobald jedoch der familiäre Bereich von einer rechtserheblichen Handlung der Frau betroffen wurde, war diese Freiheit obsolet, da stets die Einwilligung des Ehemannes ausschlaggebend war.

Bei der Betrachtung des Eherechts des BGB fällt weiterhin auf, das jegliche religiöse Prägung aus dem BGB gestrichen wurde. Die allgemeinen Vorschriften des BGB sollten somit für alle Religionsgemeinschaften in gleicher Weise gelten. Allerdings sollten die kirchlichen Verpflichtungen in Ansehung der Ehe durch einen Verweis ins Kirchenrecht neben dem BGB bestehen bleiben.[671] Der Wortlaut

---

666 Siehe zur väterlichen Gewalt auch §§ 1628 ff. BGB 1900.

667 Zu den Fällen, in denen die Mutter die elterliche Gewalt innehaben kann, siehe § 1687 BGB 1900.

668 Zum Namensrecht des Kindes siehe §§ 1616, 1706 BGB 1900.

669 Siehe §§ 1924, 2303 BGB 1900.

670 Siehe auch § 2237 BGB 1900.

671 Siehe dazu § 1588 BGB 1900.

des BGB konnte durch diese Regelungstechnik frei von religiöser Prägung und daher sehr allgemein gefasst werden.

Eine ähnliche Verweisung findet sich auch bei der Behandlung der Fideikommisse, worin zugleich eine weitere Schnittstelle des BGB und der bisher untersuchten Kodifikationen zu sehen ist. Der Gesetzgeber des BGB fand, wie auch schon die vorherigen Gesetzgeber, keinen klaren Standpunkt für beziehungsweise gegen dieses Institut. Einig waren die Beteiligten sich ausschließlich darin, dass das Fideikommiss nicht innerhalb des BGB geregelt werden sollte. Dies führte jedoch keineswegs zu einer Abschaffung, sondern ausschließlich zu einer Verlagerung der Entscheidung über die Anwendbarkeit der Fideikommisse in die landesgesetzlichen Vorschriften.[672] Das Fideikommiss wurde auch durch das BGB von 1900 nicht gänzlich abgeschafft, obwohl nach wie vor umfangreiche Kritik daran geübt wurde. Da das BGB keinen Einfluss auf die Gültigkeit der bestehenden Fideikommisse nahm, blieb es vielmehr bei dem uneinheitlichen Bild, welches die landesgesetzlichen Vorschriften diesbezüglich vorgaben.[673]

Im BGB von 1900 findet sich die schon in den Kodifikationen des 19. Jahrhunderts zu erkennende Tendenz, ein allgemeines Gesetzbuch schaffen zu wollen, das frei von ständischen und in gewisser Weise auch frei von patriarchalen Vorschriften ist. Das BGB zeichnet sich dadurch aus, dass der Wortlaut des Gesetzes ohne jegliche ständische Prägung auskommt. Erreicht wurde dies allerdings nicht nur durch eine grundlegende Modernisierung der Gesellschaftsordnung, sondern, wie auch schon im ABGB, durch die Verlagerung ständischer und damit historischer Elemente in externe Gesetze. Durch unzählige Ausnahmeregelungen, die im Einführungsgesetz zum BGB zu finden waren, galten die Landesgesetze unter anderem im Bereich des Jagdrechts, des Anerbenrechts landwirtschaftlicher Güter, des Lehensrechts sowie des Rechts der Fideikommisse unbeschadet der egalitären Prägung des BGB weiter.

Neben diesen weiterhin geltenden historischen Instituten, sollte auch das Familienmodell des ancien règime, zumindest in Teilen, Einzug in das BGB erhalten. Die herausragende Rolle des Mannes in der Familie und die nach wie vor spürbare Schlechterstellung des weiblichen Geschlechts in finanzieller wie auch gesellschaftlicher Hinsicht wurden teilweise aus den früheren Kodifikationen übernommen. An dem konservativen Familien- und Rollenbild der Geschlechter hatte sich mit Einführung des BGB nichts geändert.

---

672 Siehe dazu Art. 59 EGBGB 1900.

673 Zur Frage des Familienfideikommiss im BGB von 1900 siehe auch *Eckert*, Der Kampf um die Familienfideikommisse in Deutschland. Studien zum Absterben eines Rechtsinstitutes, S. 565–593.

Abschließend lässt sich festhalten, dass im BGB, was die Einebnung der Stände angeht, der freiheitliche Geist, wie ihn bereits der Code civil beziehungsweise auch das Zürcher PGB oder das sächsische BGB verinnerlichten, zu spüren war. Die zumeist konservativen Vorstellungen des Familienrechts wurden dagegen keineswegs verdrängt. Dennoch lässt sich auch hier eine eindeutige Ausstrahlungswirkung der Vorgängerkodifikationen auf das BGB von 1900 erkennen. Ohne die vorangehenden Entwicklungen in diversen Rechtsgebieten, wäre ein allgemein gültiges und zumindest dem Wortlaut nach egalitäres Gesetzbuch, wie es mit dem BGB geschaffen wurde, nicht entstanden. Das BGB von 1900 kam in einzelnen Teilbereichen insbesondere den Kodifikationen von Österreich, Sachsen und Zürich sehr nahe. Durch den allgemeinen Wortlaut des Gesetzes und die mittels des Einführungsgesetzes vorhandenen Verweisungen konnten die gesellschaftlich kritischen Fragen und Institute im Laufe der Zeit durch Änderungen der Landesgesetzgebung beziehungsweise durch gänzliche Streichung der subsidiären Geltung ohne großen Aufwand aus dem BGB gestrichen werden, sodass auch die Vorschriften des BGBs zu großen Teilen bis heute Geltung behalten konnten. Ein ähnlich moderner Ansatz zeigte sich bereits im ABGB. Die grundlegenden Errungenschaften der Zivilkodifikationen des 19. Jahrhunderts, wie die Abschaffung des Ständestaates, die Schaffung einer Gleichheit der Bürger in einzelnen Teilbereichen sowie die allmähliche Verbesserung der Stellung der Frau in Familie und Gesellschaft konnten durch das gesamtdeutsche BGB weiter gefestigt werden und zu der Basis unseres heutigen Gesetzbuches und auch unseres modernen Gesellschaftsverständnisses werden.

E. Abschließende Bewertung

Die rechtlichen Entwicklungen des 19. Jahrhunderts waren weit über das Zivilrecht hinaus in der gesamten Gesellschaft zu spüren. In einer Gesamtschau zeigen sich mit der Abschaffung der Ständeordnung, in der Angleichung der Rechte zwischen Mann und Frau, in der teilweisen Einführung einer Gleichheit der Religionen, in der Vereinheitlichung der Rechte beim Bodenerwerb sowie auch mit der Angleichung der erbrechtlichen Institute erste Anzeichen einer zivilrechtlichen Gleichheit. Grundsätzlich kehrten die hier untersuchten Zivilkodifikationen den historischen Rechtsinstituten, die auf einer ständischen Gesellschaftsordnung basierten, den Rücken.

Bei der abschließenden Betrachtung der einzelnen Kodifikationen darf nicht unbeachtet bleiben, dass mit den Gesetzeswerken unterschiedliche Ziele verfolgt wurden. Mit dem Code civil sollten die gewaltsam erkämpften Rechte der französischen Revolution auch im Zivilrecht umgesetzt werden. Das ALR diente dazu, das staatliche Gefüge und die in Preußen herrschende feudale Gesellschaftsordnung vor einer Revolution, wie sie in Frankreich stattfand, zu schützen und sollte vielmehr als eine Revolution von oben angesehen werden. Das ABGB versuchte den Spagat zwischen der modernen Freiheitsbewegung und der Sicherung des Einflusses der herrschenden Schichten. Das PGB war insgesamt modern ausgerichtet und wollte ein neues Gesellschaftsbild verkörpern, was mittels eines egalitären Familien- als auch Sachenrechts erreicht werden sollte. Auch der sächsische Gesetzgeber versuchte mit seiner Kodifikation ein den damaligen Verhältnissen entsprechend modernes Gesetzbuch zu veröffentlichen. Mit diesem Ziel kam Sachsen nicht nur zeitlich, sondern auch inhaltlich dem ersten gesamtdeutschen Gesetzbuch, dem BGB von 1900, sehr nahe.

I. Problemkreise

Zusammenfassend lassen sich vier eng miteinander verbundene Problemkreise herausarbeiten, wobei die ersten beiden Punkte das öffentliche Recht und die letzten beiden das Privatrecht betreffen.

Unmittelbar im Zusammenhang mit der Abschaffung der Ständegesellschaft stand die sich auflösende Abhängigkeit der ländlichen Bevölkerung von der Gutsherrschaft. Die Abschaffung der Gutsuntertänigkeit hatte eine deutliche Erweiterung der persönlichen Freiheit zur Folge. Alle Bürger standen durch diese Maßnahme nun als eigenständige Rechtssubjekte in direktem Verhältnis zum Staat. Der Gutsherr, der teilweise auch öffentlich-rechtliche Verwaltungsaufgaben übernommen hatte, musste durch eine neu zu schaffende Verwaltungsstruktur ersetzt werden. Ebenso erforderte dieser Wandel eine Umgestaltung der Judikativen Gewalt, da in weiten Teilen die Patrimonialgerichtsbarkeit wegfiel. Der gesamte Bereich dieser Rechtsprechung musste auf eine neue Gerichtsbarkeit umgelegt werden.[674] Die nur am Rande zu erwähnende Verwaltungsorganisation stand somit ebenfalls vor großen Neuerungen. Die Schaffung der Freiheit des Einzelnen durch die Abschaffung des Ständestaates stellt die erste und vielleicht sogar wichtigste Errungenschaft der untersuchten Kodifikationen des 19. Jahrhunderts dar. Erst durch diesen Schritt konnte sich die Gesellschaft von ihren historischen Fesseln befreien und dadurch zu einer modernen Gesellschaft werden, die auf der Gleichheit aller Menschen basieren sollte.

Ein weiterer Punkt betrifft den Bereich des heutigen „Sozialrechts". Wider Erwarten führte die neu erlangte Freiheit der Bevölkerung zu keiner unmittelbaren Verbesserung der wirtschaftlichen Lage. Auch wirkte sich der Wegfall des Bauernschutzes, ohne den die Landbevölkerung den neuen wirtschaftlichen Entwicklungen schutzlos ausgeliefert war, negativ auf die Situation des Einzelnen aus. Ebenso führte die neue Freizügigkeit nun zu einer verstärkten Landflucht, sodass es zu einem starken Überangebot an Arbeitskräften in den Städten kam. Der Konkurrenzdruck auf dem größtenteils unreglementierten Arbeitsmarkt stieg dadurch sehr stark an. Aufgrund von sinkenden Löhnen, schlechten Arbeitsbedingungen und demgegenüber steigenden Kosten für die Lebenshaltung verschlechterte sich die Lage der Menschen zusehends. Infolge dessen sollte nun erstmals die Frage nach der Sozialverträglichkeit des Wirtschaftswachstums in die Köpfe der Bevölkerung Einzug finden. Als zentrales Element der sozialen Frage wurde eine Begrenzung der wirtschaftlichen Freiheit gefordert. Es sollte die Ausbeutung der Arbeitnehmer verringert werden und deren wirtschaftliche Situation auf ein annehmbares Niveau gehoben werden. Der soziale Gedanke sollte insbesondere auch das BGB von 1900 prägen.

Der dritte Punkt betrifft das Privatrecht. Es stellte sich die Frage nach der genauen Ausgestaltung der zivilrechtlichen Regelungen, die den erwähnten gesellschaftlichen Wandel und dessen Folgen im Zivilrecht abbilden konnten. So sollten die teilweise Einführung einer Zivilehe und die Verringerung der geschlechtsspezifischen Unterschiede im Familien- und Erbrecht, sowie die Einführung eines ungeteilten Eigentumsbegriffs und der damit verbundenen Mobilisierung von Grund und Boden, die Eckpunkte der neuen Kodifikationen darstellen. Trotz erheblicher Widerstände von verschiedensten Bevölkerungsgruppen gegen die

674 Zur Abschaffung der Patrimonialgerichtsbarkeit siehe auch unter B. I. b. bb. iii.

Modernisierung, brachten die hier betrachteten Kodifikationen des 19. Jahrhunderts der Bevölkerung eine gesellschaftliche Aufwertung.

Die besondere Schwierigkeit lag darin, einen Widerspruch mit dem bisher geltenden Recht zu vermeiden. Exemplarisch zeigt sich dies an den Revisionsarbeiten des ALR. Die rechtlichen Veränderungen, die sich im Rahmen des Oktoberediktes und der damit einhergehenden Bauernbefreiung bildeten, standen in starkem Kontrast zu den bisher geltenden Vorschriften des ALR. Eine umfangreiche Anpassung wurde somit zwingend erforderlich. Allerdings erwies sich eine Anpassung von lediglich einigen Teilbereichen eines so umfangreichen Gesetzbuches als unmöglich, was am Scheitern der Revision ersichtlich wurde. In Preußen kam es somit zu einem großen Stückwerk von angepassten und außer Kraft gesetzten Vorschriften des ALR, deren Rahmen bereits durch das Oktoberedikt im Jahre 1807 festgelegt wurde. Auch im ABGB blieb die alte Gesellschaftsordnung zunächst noch erhalten. Allerdings konnte dem reinen Gesetzeswortlaut durch die Verweisung strittiger Rechtsmaterien in die „politische" Gesetzgebung ein moderner Anstrich verliehen werden. In diesem Punkt standen sich die Kodifikationen von Preußen und Österreich somit näher, als der erste Blick vermuten lässt.

Auch im Erbrecht sollten die Gesetzgeber der einzelnen Länder vor große Herausforderungen gestellt werden. Die Möglichkeit der Vererbung von Grundstücken betraf infolge der Bodenmobilisierung nun erstmals die gesamte Bevölkerung. Hier mussten Vorschriften geschaffen werden, die für alle Teile der Bevölkerung gleichermaßen galten. Hinzu kam die Abschaffung beziehungsweise vermehrte Reglementierung der Fideikommisse. Die Nähe von ALR und ABGB zeigt sich auch in diesem Bereich. In beiden Kodifikationen kam dem Fideikommiss nach wie vor ein hoher Stellenwert zu. Zwar lassen sich auch in anderen Kodifikationen, insbesondere in Sachsen, Fideikommisse finden, doch dienen die dort anzutreffenden Regelungen eher einer verschärften Reglementierung des Fideikommisses als einer Sicherung des diesbezüglichen *status quo*. Die erbrechtliche Sonderstellung von fideikommissarisch gebundenen Vermögensmassen sollte in den Kodifikationen des 19. Jahrhunderts insgesamt vermindert werden. Auch hier zeigt sich ein wichtiger Schritt auf dem Weg zu einer zivilrechtlichen Gleichheit.

Der vierte Punkt betrifft den Bereich des Wirtschaftsrechts im weitesten Sinne. Ausgangspunkt hierfür stellte ebenfalls die Ablegung der historischen Fesseln dar, die beispielsweise in Form einer begrenzten Freizügigkeit der Bevölkerung, des Zunftzwanges und auch diverser Binnenzölle bestanden. Infolge der Ablegung dieser Beschränkungen erhielt die gesamte Wirtschaft einen starken Wachstumsschub. Für die gesellschaftliche Situation der einzelnen Länder, insbesondere auch für den sich allmählich bildenden Bankensektor, waren die direkten Folgen der Bodenmobilisierung allerdings sehr viel weitreichender. Für die neu geschaffene Möglichkeit, dass Jedermann in der Lage war Grund und Boden zu erwerben, kristallisierte sich der Bankkredit als das elementare Werkzeug heraus. Mit dessen Hilfe konnte eine Privatperson die eigene finanzielle Situation und damit auch die gesellschaftliche Stellung gegen Zahlung von Zinsen mit Hilfe einer Bank verbessern. Das Gegenstück für größere Firmen und damit die juristischen Personen stellte die Aktiengesellschaft dar. Mit deren Hilfe konnten große Mengen Geld von einer Vielzahl von Anlegern gebündelt werden, um beispielsweise größere Wirtschaftsinvestitionen zu tätigen.

Die Bodenmobilisierung, welche als konsequente Folge der Abschaffung der Ständeordnung zu betrachten war, brachte demzufolge für die gesamte Gesellschaft weitreichende Folgen mit sich. Die Bodenmobilisierung stellt eine sehr wichtige Grundlage für den wirtschaftlichen Aufschwung des 19. Jahrhunderts dar. Die weitreichenden gesetzlichen Errungenschaften im Banken- und Währungsrecht sowie im gesamten Wirtschaftsrecht stellen eine Folge der Bodenmobilisierung dar und basieren damit letztlich ebenfalls auf der Abschaffung der Ständeordnung.

Die vier Problemkreise zeigen sehr deutlich, dass die Abschaffung der Stände den Ausgangspunkt für jegliche weitere gesellschaftliche, wirtschaftliche und auch rechtliche Entwicklung darstellen sollte. Dieser erste Schritt auf dem Weg von der Hierarchie zur Egalität kann daher nicht deutlich genug herausgestellt werden. Jede Fortbildung in Richtung einer zivilrechtlichen Gleichheit benötigte zunächst die Abschaffung der Stände als Grundlage. Die nachfolgenden, sehr umfangreichen Veränderungen der gesamtgesellschaftlichen Situation sollten die gesetzgebende Gewalt in den hier betrachteten Ländern zwar vor große, aber, wie gezeigt werden konnte, nicht unlösbare Aufgaben stellen.

II. Neukodifikation oder Revision?

Fragt man nun im Anschluss danach, ob eine komplette Neukodifikation oder aber die Anpassung des geltenden Rechts an die veränderten Gegebenheiten vorteilhafter sein sollte, so zeigt sich, dass einzig die Neukodifikation der Fülle von Aufgaben gewachsen war.[675] Der außerhalb Preußens eingeschlagene Weg, eine

675 Eine ausführliche Auseinandersetzung mit den bewahrenden und reformierenden Elementen einer Gesetzgebung ist zu finden bei *Mertens*, Gesetzgebungskunst im Zeitalter der Kodifikationen, 2004, S. 17–33 und speziell zur Frage der Revision des ALR in Preußen siehe S. 23–25.

neue Kodifikation in Einklang mit den aktuellen gesellschaftlichen Strömungen und Zielsetzungen auszuarbeiten, stellte sich im Nachhinein betrachtet als der praktischere, weil einzig durchführbare Weg dar. Hierbei sollen die im Vorfeld der einzelnen Kodifikationen geführten Diskussionen über die Art und Weise beziehungsweise den wahren Sinn derselben, außen vor bleiben und lediglich eine ergebnisorientierte Bewertung vollzogen werden.

Die Rahmenbedingungen, sprich die gesellschaftlichen Veränderungen und Umbrüche, die sich im Laufe des 19. Jahrhunderts ergaben, waren in den einzelnen hier betrachteten Ländern durchaus vergleichbar. Hierin kann daher nicht der einzige Grund für das Scheitern einer Anpassung der Gesetze liegen. Die Bevölkerung in den betrachteten Ländern stand der ständischen und patriarchal geprägten Gesellschaftsordnung in immer stärkerem Maße kritisch gegenüber und forderte gar eine Modernisierung der gesamten Gesellschaftsordnung. Selbst die Kritik und der Widerstand gegen eine umfangreiche Erneuerung des Rechts waren in den einzelnen Ländern vergleichbar. Der konservative, zumeist wohlhabende Bevölkerungsteil hielt mehrheitlich an dem *status quo* fest, wohingegen die einfache Bevölkerung mit einer neuen Kodifikation eine Verbesserung der eigenen wirtschaftlichen und sozialen Lage verbinden sollte.

Die besondere Schwierigkeit, die in Preußen eine Revision des ALR scheitern ließ, war der Komplexität der Rechtsmaterie geschuldet. Bevor die tatsächliche Revision der einzelnen Vorschriften beginnen konnte, musste zunächst die Entflechtung zwischen Zivil-, Straf- und öffentlichem Recht vollzogen werden. Erst im Anschluss daran konnte die jeweilige Gesetzesmaterie auf eine mögliche Aktualisierung einzelner Teilbereiche untersucht werden. Wie aus den Materialien zur Gesetzesrevision des ALR hervorgeht, wurden diesbezügliche Schritte zwar begonnen, diese konnten allerdings zu keinem abschließenden Ergebnis geführt werden. Die umfangreiche Rechtszersplitterung in die drei uns heute bekannten Rechtsgebiete, sollte sich als elementarer Schlüssel für eine erfolgreiche Kodifikation herausstellen. Die hier betrachteten Länder hatten diesen Schritt bereits im Vorfeld der Kodifikationsarbeiten vollzogen und hatten sich darüber hinaus ausschließlich auf die Neugestaltung eines Zivilgesetzbuchs beschränkt. Jegliche Rechtsmaterie, die nicht dorthin gehörte, wurde ausnahmslos außen vor gelassen. Außerhalb Preußens entstanden in Folge dessen wesentlich kürzere und übersichtlichere Kodifikationen. Diese neuen Kodifikationen brachten auch der Bevölkerung nicht zu verachtende Vorteile. Diese lagen in einer deutlichen Erhöhung der Rechtssicherheit und in der Regel auch einer Vereinfachung der Rechtsanwendung. Die Gesetzbücher des 19. Jahrhunderts waren in der Regel für den einfachen Bürger bestimmt. Sowohl der Wortlaut als auch die Komplexität des Inhalts sollte möglichst klar und verständlich sein. Insbesondere sollte eine Neukodifikation auch weniger inhaltliche Widersprüche aufweisen als ein Stück für Stück aktualisiertes Gesetzbuch. Diese ausgewählten Gründe zeigen exemplarisch auf, warum die grundlegende Neugestaltung eines Zivilgesetzbuches in vielen Ländern funktionierte, wohingegen in Preußen die Revision eines bereits bestehenden Gesetzes scheiterte.

Völlig unabhängig davon, welcher Weg von den einzelnen Gesetzgebern eingeschlagen wurde und unabhängig davon, ob eine Kodifikation letztendlich in Kraft trat oder aber im Entwurfsstadium hängen geblieben ist, lässt sich in Bezug auf die zivilrechtliche Gleichheit bereits eine klare Tendenz erkennen. Diese verläuft von der Abschaffung der Stände, über die Abschaffung beziehungsweise Reduzierung des Patriarchats und mündete stets in der Bodenmobilisierung, mit den aufgezeigten Folgen. Hierbei stellt stets ein Element die zwingende Voraussetzung des nächsten dar. Ohne die Abschaffung der Stände wäre die Gleichheitsbewegung nicht in dem gezeigten Umfang in Gang gekommen. Ohne die Gleichheitsbewegung wäre es ebenso wenig zu einer Bodenmobilisierung gekommen, die für die gesamte Gesellschaft die aufgezeigten, umfangreichen Folgen entfalten konnte. Vielmehr setzte die Bodenmobilisierung die neu geschaffenen egalitären Verhältnisse aller Bürger voraus. Die Angleichung der Rechte und die Liberalisierung des Arbeitsmarktes kamen der Wirtschaft sehr entgegen und lösten auf dem gesamten europäischen Kontinent ein starkes Wirtschaftswachstum aus. Der an die rechtliche Wandlung anschließende wirtschaftliche Aufschwung, die Veränderungen im Banken- und auch Handelsrecht, aber auch die allgemeine Angleichung der Geschäftsfähigkeit zwischen Mann und Frau basierte auf eben diesen umfangreichen Veränderungen des Rechts. Die hier betrachteten Zivilkodifikationen des 19. Jahrhunderts stellten im Vergleich zur vorherigen Situation in weiten Teilen einen Meilenstein der modernen Gesetzgebung dar.

Auch wenn es zu keiner allgemeinen Gleichheit in allen Teilen des Zivilrechts kommen sollte, so war der Weg der weiteren Rechtsentwicklung bereits vorgezeichnet. Die Gleichheit sollte immer tiefer in das Zivilrecht verankert und nach und nach realisiert werden.

III. Thesen

Zusammenfassend lassen sich aus der vorliegenden Untersuchung zur Entwicklung einer zivilrechtlichen Gleichheit in den Zivilkodifikationen des 19. Jahrhunderts folgende Thesen herausarbeiten:

1. These: Die Kodifikation eines Zivilgesetzbuchs stellte unabhängig von einer zu Grunde liegenden Verfassung die Spitze der jeweiligen Rechtsentwicklung dar. Das uns heute bekannte Vorrangverhältnis einer Verfassung sollte in der

gerade erst einsetzenden Rechtszersplitterung in Strafrecht, öffentliches Recht und Zivilrecht noch keine Rolle spielen. Dem Verfassungsrecht kam im 19. Jahrhundert bloß eine richtungsweisende Funktion zu, wohin gegen sich das Zivilrecht zu dem primären Instrument der gesellschaftlichen Entwicklung emporschwingen konnte. Wie gezeigt werden konnte, basierte der tatsächliche Umfang einer Gleichheit im 19. Jahrhundert keineswegs auf dem Verfassungsrecht, sondern stets auf dem einfachen Zivilrecht. Das beste Beispiel lieferte Frankreich, wo in der Verfassung zunächst die Gleichheit aller Menschen proklamiert wurde, diese in dem nachfolgenden Code civil jedoch einzig auf die Abschaffung der ständischen Gesellschaftsprägung reduziert wurde. Eine allgemeine Gleichheit war letzten Endes im Zivilrecht nicht zu finden. Die Reichweite der verfassungsrechtlichen Vorschriften wurde demzufolge vom Zivilrecht bestimmt.

Ebenfalls konnte gezeigt werden, dass die Reihenfolge zwischen der Proklamation einer Verfassung und der einer Zivilkodifikation in dem hier betrachteten Zeitraum keinen Rückschluss darauf zulässt, inwiefern sich die Ideale und Vorstellungen einer egalitär aufgebauten Gesellschaft überhaupt im Zivilrecht wiederfinden lassen. Vielmehr machte es keinen Unterschied, ob eine egalitär geprägte Verfassung vor oder erst nach einer Zivilkodifikation eingeführt wurde. Eine vorauseilende Verfassung sollte die Umsetzung der Gleichheit in das Zivilrecht allerdings erheblich vereinfachen und beschleunigen.

Aufgrund der prägenden Funktion des Zivilrechts sollte auch dessen Bedeutung für die gesamte Gesellschaft wachsen. Das Zivilrecht stellte nicht mehr nur die Grundlage für das rechtliche Fortkommen des Einzelnen dar, sondern wurde insbesondere auch für die Wirtschaft zu einer elementaren Grundlage.

2. These: Die untersuchten Zivilkodifikationen des 19. Jahrhunderts verfolgten keineswegs das Ziel einer allgemeinen Gleichheit. Die Gleichheit wurde vielmehr in einzelne Teilbereiche gegliedert, die in Reichweite und Umfang unabhängig voneinander ausgestaltet wurden. Insgesamt lässt sich jedoch auf breiter Front erkennen, dass zumindest die Ständegesellschaft aus dem Wortlaut der Zivilkodifikationen gestrichen wurde. Einzig das ALR sollte im Kreis der hier betrachteten Kodifikationen bis zum in Kraft treten des BGB von 1900 einen Spiegel der historischen, ständischen Gesellschaftsordnung darstellen. Allerdings darf nicht darüber hinweg gesehen werden, dass auch in anderen Kodifikationen die gesellschaftliche Ordnung nicht vollkommen umgestoßen, sondern bloß an die neuen Anforderungen angepasst wurde. Auch wenn dort die Stände nicht mehr unmittelbar im Wortlaut wiedergefunden werden konnten, so gab es vermehrt ständische Institute, beziehungsweise Verweise in besondere Gesetze, die weiterhin einer ständischen Ordnung folgten.

Im Gegensatz zur Neugestaltung der Gesellschaftsordnung basierte das Familienbild im 19. Jahrhundert weiterhin auf dem konservativen und damit patriarchalen Rollenverständnis, nach dem der Mann als Haupt der Familie galt. In Folge dessen war die Unterordnung der verheirateten Frau in allen hier untersuchten Kodifikationen zu finden. Allerdings kann nicht von der Hand gewiesen werden, dass in einigen Kodifikationen durchaus Tendenzen vorlagen, die auf eine Angleichung der Rechte zwischen Mann und Frau abzielten. So kann festgehalten werden, dass die Rechtsfortbildung im 19. Jahrhundert zumindest den Grundstein und damit die Basis für eine grundlegende Veränderung der vorherrschenden Rollenmodelle und familiären Strukturen darstellte.

3. These: Die zeitliche Reihenfolge der Einführung der einzelnen Bereiche einer zivilrechtlichen Gleichheit war keineswegs zufällig. Vielmehr stellte die Abschaffung der Stände den Ausgangspunkt und die Basis für jede weitere Rechtsfortbildung dar und ist daher als zentrales Ziel der Kodifikationsbewegung im 19. Jahrhundert anzusehen. Ohne diese grundlegende Vereinheitlichung der Gesellschaftsordnung hätten sich die hier untersuchten Länder auf dem europäischen Kontinent nicht von ihren historischen Fesseln befreien können. Die Einebnung der Stände machte vielmehr die Untertänigkeit, die Patrimonialgerichtsbarkeit, die begrenzte Verkehrsfähigkeit des Bodens und die daran geknüpften gesellschaftlichen und wirtschaftlichen Einschränkungen überflüssig. Jeder der hier skizzierten Schritte auf dem Weg von der Hierarchie zur Egalität setzte die Abschaffung der Stände als zwingende Grundlage voraus. Demnach stellte das Ende der Ständegesellschaft den Anstoß für die umfangreiche Modernisierung der gesamten Gesellschaft dar.
4. These: Die Abschaffung des Patriarchats war demgegenüber kein zentraler Punkt der Kodifikationsbewegung, sondern vielmehr ein Nebenprodukt. Dies zeigt sich zum einen daran, das alle der hier untersuchten Kodifikationen weiterhin auf einem patriarchalen Familienmodell basierten, welches nur eine bedingte Angleichung der Rechte zwischen Mann und Frau zulassen sollte. Zum anderen wird dies auch daran ersichtlich, dass die Emanzipationsbewegung erst zum Ende des 19. Jahrhunderts an Zustimmung gewann, wo hingegen die Abschaffung der Ständegesellschaft schon längst vollzogen worden war. Festzuhalten bleibt jedoch, dass sich die ersten Anzeichen einer umfassenden Modernisierung des Rollenverständnisses der Geschlechter bereits in einigen der hier betrachteten Kodifikationen wiederfinden lassen. Auch darf die im 19. Jahrhundert zögerlich verlaufende Umsetzung keineswegs über die Wichtigkeit und die elementare Bedeutung einer Angleichung der Rechte zwischen Mann und Frau für die gesamte Gesellschaft hinwegtäuschen. Neben einem

verschärften Sinn für die Gleichheit insgesamt, sollte in diesem Zusammenhang auch die Forderung nach einem sozialen Ausgleich der wirtschaftlichen Risiken wachsen. So wurde die Gleichheit nicht mehr grenzenlos über alle anderen Ziele, sondern unter den Vorbehalt der Sozialverträglichkeit gestellt, was sich durch das einsetzende Wirtschaftswachstum und die verschärften sozialen Spannungen innerhalb der gesamten Gesellschaft noch verstärkte.

5. These: Die hier untersuchten Kodifikationen des 19. Jahrhunderts stellten allesamt eine Vorlage, wenn nicht sogar eine Generalprobe für das gesamtdeutsche bürgerliche Gesetzbuch von 1900 dar. Der im Zuge der Kodifikationsarbeiten zum BGB von 1900 durchgeführte Vergleich von verschiedenen Gesetzeswerken und die Anlehnung der neuen Kodifikation an eben diese Vorgängerkodifikationen hatte zur Folge, dass sich die grundlegenden Tendenzen der Kodifikationen des 19. Jahrhunderts auch im BGB wiederfinden lassen. Dies zeigte sich beispielsweise an der grundsätzlichen Abschaffung der Ständegesellschaft bei gleichzeitigem Beibehalten diverser historischer Institute, sowie auch an der weitgehenden Beibehaltung des Patriarchats. Das BGB von 1900 stellte somit zumindest inhaltlich keine grundlegende Neuheit unter den Gesetzgebungen dar, sondern eher eine territorial bisher noch nicht dagewesene Vereinheitlichung des Zivilrechts. Die eigentliche Rechtsfortbildung fand demnach nicht erst im Zuge des BGB von 1900 statt sondern bereits vorher im Rahmen der Zivilkodifikationen des 19. Jahrhunderts. So bleibt festzuhalten, dass unser BGB erst durch die umfangreichen Errungenschaften, die durch die Kodifikationen des 19. Jahrhunderts erreicht wurden, zu einer vollendeten Kodifikation werden konnte. Die Bedeutung der gesamtdeutschen Kodifikation für die weitere gesellschaftliche Entwicklung soll hierdurch keineswegs geschmälert werden.

F. Quellenverzeichnis

Gedruckte und ungedruckte Materialien

Acta der II. Kammer. Die Allerhöchsten Decrete den Entwurf eines bürgerlichen Gesetzbuchs für das Königreich Sachsen nebst Publications-Verordnung betreffend, No. 26, StA Dresden D03 Nr. 5108, 1860.

Acten der Commission zu Revision des Entwurfs eines bürgerlichen Gesetzbuchs für das Königreich Sachsen, Dresden 1856–1860, 9 Bände, Sächsische Landes- und Universitätsbibliothek Dresden, Sig.: Hist.Sax.K.35.c; Band 2 - No. XXXIV–LVII; Band 7 - No. CLXXXII–CCV; Band 8 - No. CCVI–CCXXIX.

Acten der Commission zu Revision des Entwurfs eines bürgerlichen Gesetzbuchs für das Königreich Sachsen, deren Organistation, Constituirung, Communication und Vortragserstattungen etc. betr, Sächs. HStA Dresden, Bestand 11021, Nr. 755, 1856; 759, 1856.

Acten der Commission zu Revision des Entwurfs eines bürgerlichen Gesetzbuchs für das Königreich Sachsen, 1. Lesung mit Änderungen der 2. Lesung, Bibliothek des Reichsgerichts, Sig.: KU 1516, 1860.

Allgemeines Deutsches Handelsgesetzbuch und Einführungs-Gesetz vom 24. Juni 1861. Nebst Sachreg, Berlin, 1861.

Gesetzsammlung für die Königlich-Preußischen Staaten. Enth. d. Verordnungen von 1806 bis zum 27. Oktober 1810; 10. Januar 1811 bis zum 13. December 1811; 13. Januar 1812 bis zum 19. December 1812; 03. Januar 1816 bis zum 12. December 1816; 03. Januar 1817 bis zum 02. December 1817.

Officielle Sammlung der seit Annahme der Verfassung vom Jahre 1831 erlassenen Gesetze, Beschlüsse und Verordnungen des Eidgenössischen Standes Zürich, Band 1, Schultheß, Zürich, 1831.

Reichsgesetzblatt, Deutsches Reich, Kaiserl. Post-Zeitungsamt, Berlin, 1871.

Literatur

Ahcin, Christian: Zur Entstehung des Bürgerlichen Gesetzbuchs für das Königreich Sachsen von 1863/65, Ius Commune, Bd. 85, Klostermann, Frankfurt a. M., 1996.

Altena, Bert/Lente, Dick van/Kroll, Thomas: Gesellschaftsgeschichte der Neuzeit 1750–1989, Vandenhoeck & Ruprecht, Göttingen, 2009.

Andreas, Willy: Die Einführung des Code Napoléon in Baden, in: Zeitschrift der Savigny-Stiftung für Rechtsgeschichte (ZRG) / Germanistische Abteilung, Böhlau, Wien [u.a.], 31 (1910), S. 182–234.

Arndts, Karl Ludwig: Die neuesten Versuche deutscher Civilgesetzgebung, in: Arndts, Karl Ludwig/Bluntschli, Johann Caspar (Hg.), Kritische Ueberschau der deutschen Gesetzgebung und Rechtswissenschaft, Bd. I, Verlag der literarisch-artistischen Anstalt, München, 1853, S. 128–149 u. S. 339–386.

Arbeitskreis Sozialwissenschaftliche Information (Hg.): Sozialwissenschaftliche Informationen für Unterricht und Studium. Sowi, 8 (1979), Klett, Stuttgart.

Autorengruppe Bildungsberichterstattung: Bildung in Deutschland 2012: Ein indikatorengestützter Bericht mit einer Analyse zur kulturellen Bildung im Lebenslauf, W. Bertelsmann, Bielefeld, 2012.

Bartel, Hans-Jürgen: Beiderseitige Schlüsselgewalt, Univ.-Diss., Tübingen, 1978.

Bauhofer, Arthur: Entstehung und Bedeutung des zürcherischen privatrechtlichen Gesetzbuches von 1853–55, in: Schweizerischer Juristenverein, Zeitschrift für schweizerisches Recht (ZSR), 46 (1927), Helbing & Lichtenhahn, Basel, S. 1–82.

Bergfeld, Christoph (Hg.): Aspekte europäischer Rechtsgeschichte. Festgabe für Helmut Coing zum 70. Geburtstag, Ius commune: Sonderhefte, Texte und Monographien, Bd. 17, Frankfurt a. M., 1982.

Bergfeld, Christoph: Handelsrecht Deutschland, in: Helmut Coing (Hg.), Handbuch der Quellen und Literatur der neueren europäischen Privatrechtsgeschichte, Bd. III/3, Gesetzgebung zu den privatrechtlichen Sondergebieten, Beck, München, 1986, S. 2853–2968.

Beschorner, Hans: Ein Votum aus dem Stande der Sächsischen Rechtanwälte über den neuen Entwurf des bürgerlichen Gesetzbuchs für das Königreich Sachsen, in: Archiv für die civilistische Praxis (AcP), Mohr Siebeck, Tübingen, 37 (1854), S. 180–198.

Beuys, Barbara: Familienleben in Deutschland. Neue Bilder aus der deutschen Vergangenheit, Piper, München [u.a.], 2006.

Birtsch, Günter/Willoweit, Dietmar: Reformabsolutismus und ständische Gesellschaft – Zweihundert Jahre Preußisches Allgemeines Landrecht, Forschungen zur brandenburgischen und preussischen Geschichte, Beiheft 3, Duncker & Humblot, Berlin, 1998.

Birtsch, Günter: Gesetzgebung und Repräsentation im späten Absolutismus, in: Historische Zeitschrift (HZ), 208 (1969), de Gruyter, München, S. 265–294.

Birtsch, Günter: Zur sozialen und politischen Rolle des deutschen, vornehmlich preußischen Adels am Ende des 18. Jahrhundert, in: Kurt Kluxen/Rudolf Vierhaus (Hg.), Der Adel vor der Revolution. Zur sozialen und politischen

Funktion des Adels im vorrevolutionären Europa, Vandenhoeck & Ruprecht, Göttingen, 1971, S. 77–95.

Bluntschli, Johann Caspar: Das zürcherische Erbrecht, Privatrechtliches Gesetzbuch für den Kanton Zürich mit Erläuterungen, Bd. 4, Schulthess, Zürich, 1856.

Bluntschli, Johann Caspar/Dahn, Felix: Deutsches Privatrecht, Verlag der literarisch-artistischen Anstalt., München, 3. Auflage, 1864.

Boehmer, Gustav: Der Einfluss des Code civil auf die Rechtsentwicklung in Deutschland, in: Archiv für die civilistische Praxis (AcP), 151 (1951), Mohr Siebeck, Tübingen, S. 289–310.

Bönig, Jürgen: Zur Geschichte der Kinderarbeit in Deutschland und Europa, in: Bundeszentrale für politische Bildung, Aus Politik und Zeitgeschichte. APuZ, 62. Jg. 43/2012, S. 3–9.

Borcke-Stargordt, Henning Graf von: Zur preußischen Agrargesetzgebung der Reformzeit, in: Der Göttinger Arbeitskreis, Mensch und Staat in Recht und Geschichte. Festschrift für Herbert Kraus zur Vollendung seines 70. Lebensjahres, dargebracht von Freunden, Schülern und Mitarbeitern, Holzner, Kitzingen/Main, 1954, S. 307–327.

Bornemann, Wilhelm: Systematische Darstellung des Preussischen Civilrechts: Mit Benutzung der Materialien des Allgemeinen Landrechts, Jonas, Berlin; Band 1, … enthaltend die geschichtliche Einleitung, die Fundamentallehren des Preußischen Rechts und die Lehre vom Besitz, 2. Auflage 1842; Band 2, … enthaltend die Lehre vom Eigenthum, und den allgemeinen Theil des Obligationenrechts, 2. Auflage 1842; Band 5, … enthaltend das Familienrecht, 2. Auflage 1845.

Botsch, Elisabeth: Eigentum in der Französischen Revolution. Gesellschaftliche Konflikte und Wandel des sozialen Bewußtseins, Oldenbourg, München, 1992.

Brauneder, Wilhelm: „Allgemeines" aber nicht gleiches Recht: das ständische Recht des ABGB, in: Hans Hattenhauer (Hg.), Das nachfriderizianische Preußen 1786–1806, 1988, Müller, Heidelberg, 1988, S. 23–33.

Brauneder, Wilhelm (Hg.): Abhandlung über die Principien des allgemeinen bürgerlichen Gesetzbuches für die gesammten deutschen Erbländer der österreichischen Monarchie – Franz A. Edler Ritter von Zeiller, Manz, Wien, 1986.

Brauneder, Wilhelm: Das Eigentum des ABGB, die alten Eigentumsordnungen und die Gewerbefreiheit, in: Ladislav Soukup (Hg.), Pocta prof. JUDr. Karlu Malému. K 65. narozeninám, (Festschrift für Karl Malém zum 65. Geburtstag), Praha: Karolinum, 1995, S. 227–237.

Brauneder, Wilhelm: Das österreichische ABGB: Eine neuständische Kodifikation, in: Georg Klingenberg (Hg.), Vestigia iuris Romani. Festschrift für Gunter Wesener zum 60. Geburtstag am 3. Juni 1992, 1992, S. 67–80.

Brauneder, Wilhelm: Gesetzgebungslehre und Kodifikationspraxis am Beispiel des ABGB, in: Dölemeyer/Mohnhaupt (Hg.), 200 Jahre ABGB (1811–2011). Die österreichische Kodifikation im internationalen Kontext, Bd. 267, Klostermann, Frankfurt a. M., 2012, S. 33–40 (m. w. N.).

Breitenborn, Anke: Randgruppen im Allgemeinen Landrecht für die Preußischen Staaten von 1794, Quellen und Forschungen zur brandenburgischen und preußischen Geschichte, Bd. 6, Duncker & Humblot, Berlin, 1994.

Brunner, Otto/Conze, Werner/Koselleck, Reinhart: Geschichtliche Grundbegriffe / historisches Lexikon zur politisch-sozialen Sprache in Deutschland, Bd. 2, E – G, Klett-Cotta, Stuttgart, 2004.

Buchholz, Stephan: Standesungleichheit als Ehehindernis, in: Christoph Bergfeld (Hg.), Aspekte europäischer Rechtsgeschichte. Festgabe für Helmut Coing zum 70. Geburtstag, Ius commune: Sonderhefte, Texte und Monographien, 17 (1982), Klostermann, Frankfurt a. M., S. 29–64.

Bulst, Neithard/Goy, Joseph/Hoock, Jochen (Hg.): Familie zwischen Tradition und Moderne. Studien zur Geschichte der Familie in Deutschland und Frankreich vom 16. bis zum 20. Jahrhundert, Vandenhoeck & Ruprecht, Göttingen, 1981.

Cancik, Hubert (Hg.): Der neue Pauly / Enzyklopädie der Antike, Metzler, Stuttgart [u.a.]; Bd. 3, Cl – Epi, 1997; Bd. 5, Gru – Iug, 1998; Bd. 7, Lef – Men, 1999; Bd. 9, Or – Poi, 2000; Bd. 14, Fr – Ky, 2000.

Caporal, Stéphanie/Dippel, Horst: Constitutions of the world from the late 18th century to the middle of the 19th century / sources on the rise of modern constitutionalism = Verfassungen der Welt vom späten 18. Jahrhundert bis Mitte des 19. Jahrhunderts / Quellen zur Herausbildung des modernen Konstitutionalismus, Vol. 11, de Gruyter, Berlin [u.a.], 2010.

Carmer, Johann Heinrich Casimir von: Entwurf eines allgemeinen Gesetzbuchs für die Preußischen Staaten, 2. Theil 1. Abteilung, bey George Jacob Decker, Berlin u. Leipzig, 1787.

Chartier, Jean-Luc A./Tulard, Jean: Portalis. Le père du Code Civil, Fayard, Paris, 2004.

Clough, Shepard B.: Retardierende Faktoren im französischen Wirtschaftswachstum am Ende des *Ancien Régime* und während der Revolutionszeit und der Napoleonischen Ara, in: Eberhard Schmitt, Die Französische Revolution, 1976, Köln, S. 181–200.

Coccejus, Samuel von (Hg.): Novum Corpus Constitutionum Prussico-Brandenburgensium Praecipue Marchicarum, Oder Neue Sammlung Königl. Preußl. und Churfürstl. Brandenburgischer, sonderlich in der Chur- und Marck-Brandenburg, Wie auch andern Provintzien, publicirten und ergangenen Ordnungen, Edicten, Mandaten, Rescripten … Vom Anfang des Jahrs 1751 und folgenden Zeiten (NCC), Bd. 11, Verl. Kunst, Berlin, 1805.

Coing, Helmut (Hg.): Handbuch der Quellen und Literatur der neueren europäischen Privatrechtsgeschichte, Beck, München; Bd. III: Das 19. Jahrhundert, Teilbd. 1: Gesetzgebung zum allgemeinen Privatrecht, Einführung, Süd- und Westeuropa, 1982; Teilbd. 2: Gesetzgebung zum allgemeinen Privatrecht und zum Verfahrensrecht, 1982; Teildb. 3: Gesetzgebung zu den privatrechtlichen Sondergebieten, 1986.

Coing, Helmut: Europäisches Privatrecht, Bd. 2, 19. Jahrhundert. Überblick über die Entwicklung des Privatrechts in den ehemals gemeinrechtlichen Ländern, Beck, München, 1989.

Coing, Helmut (Hg.): Ius Commune, Veröffentlichungen des Max-Planck-Instituts für Europäische Rechtsgeschichte, Vittorio Klostermann, Frankfurt a. M.; Bd. 5, 1975; Bd. 7, 1978.

Coing, Helmut: Epochen der Rechtsgeschichte in Deutschland, Beck, München, 1971.

Coing, Helmut: Rechtsvergleichung als Grundlage von Gesetzgebung im 19. Jahrhundert, in: ders., Ius Commune, Bd. 7, Veröffentlichungen des Max-Planck-Instituts für Europäische Rechtsgeschichte, Vittorio Klostermann, Frankfurt a. M., 1978, S. 160–178.

Coing, Helmut/Wilhelm, Walter (Hg.): Wissenschaft und Kodifikation des Privatrechts im 19. Jahrhundert (Studien zur Rechtswissenschaft des neunzehnten Jahrhunderts); Klostermann, Frankfurt a. M.; Bd. 2, Die rechtliche Verselbständigung der Austauschverhältnisse vor dem Hintergrund der wirtschaftlichen Entwicklung und Doktrin, 1977; Bd. 3, Die rechtliche und wirtschaftliche Entwicklung des Grundeigentums und Grundkredits, 1976; Bd. 4, Eigentum und industrielle Entwicklung. Wettbewerbsordnung und Wettbewerbsrecht, 1979.

Conrad, Hermann: Das allgemeine Landrecht von 1794 als Grundgesetz des friderizianischen Staates. Vortrag gehalten vor der Berliner Juristischen Gesellschaft am 25. Juni 1965, Schriftenreihe der juristischen Gesellschaft e.V., Heft 22, Juristische Gesellschaft zu Berlin, Berlin, 1965.

Conrad, Hermann: Die geistigen Grundlagen des Allgemeinen Landrechts für die preußischen Staaten von 1794, in: Arbeitsgemeinschaft für Forschung des Landes Nordrhein-Westfalen: Geisteswissenschaften, Bd. 77, Westdt. Verlag, Köln [u.a.], 1958, S. 7–49.

Cordes, Albrecht/Stammler, Wolfgang (Hg.): Handwörterbuch zur deutschen Rechtsgeschichte / HRG, Schmidt, Berlin; Bd. 1 Aachen – Geistliche Bank, 2008; Bd. 2, Geistliche Gerichtsbarkeit – Konfiskation, 2012.

Conrad, Hermann/Kleinheyer, Gerd (Hg.): Carl Gottlieb Svarez – Vorträge über Recht und Staat, Wissenschaftliche Abhandlungen der Arbeitsgemeinschaft für Forschung des Landes Nordrhein-Westfalen, Bd. 10, Westdt. Verlag, Köln, 1960.

Dann, Otto: Gleichheit und Gleichberechtigung. Das Gleichheitspostulat in der alteuropäischen Tradition und in Deutschland bis zum ausgehenden 19. Jahrhundert, Duncker & Humblot, Berlin, 1980.

Demel, Walter/Schubert, Werner: Der Entwurf eines Bürgerlichen Gesetzbuchs für das Königreich Bayern von 1811. Revidirter Codex Maximilianeus Bavaricus civilis, Münchener Universitätsschriften: Juristische Fakultät, Bd. 63, Gremer, Ebelsbach, 1986.

Demmer, Franz: Das Gesinderecht im Allgemeinen Landrecht für die Preußischen Staaten von 1794 und in der Gesindeordnung für sämtliche Provinzen der Preußischen Monarchie von 1810, Univ. Diss, Köln, 1968.

Der Göttinger Arbeitskreis (Hg.): Mensch und Staat in Recht und Geschichte. Festschrift für Herbert Kraus zur Vollendung seines 70. Lebensjahres, dargebracht von Freunden, Schülern und Mitarbeitern, Veröffentlichung / Der Göttinger Arbeitskreis, 90, Holzner, Kitzingen/Main, 1954.

Deutsch, Andreas/Bedenbender, Almuth: Deutsches Rechtswörterbuch / Wörterbuch der älteren deutschen Rechtssprache, Bd. 12, Schilling – Schuld, Böhlau, Weimar, 2012.

Dippel, Horst [u.a.]: Constitutions of the world from the late 18th century to the middle of the 19th century / sources on the rise of modern constitutionalism = Verfassungen der Welt vom späten 18. Jahrhundert bis Mitte des 19. Jahrhunderts; Vol. 2, Verfassungsdokumente Österreichs, Ungarns und Liechtensteins 1791–1849, Saur, München, 2005; Vol. 3, Teil 2, Bayern – Bremen, Saur München, 2007; Vol. 3 Teil 3, Frankfurt – Hessen-Darmstadt, Saur, München, 2007; Vol. 3 Teil 5, Nassau – Sachsen-Hildburghausen, Saur, München, 2008; Vol. 11, Documents constitutionnels de la France, de la Corse et de Monaco 1789–1848, de Gruyter, Berlin 2010.

Doeberl, Michael: Rheinbundverfassung und bayerische Konstitution, in: Karl Vossler (Hg.), Sprachgemeinschaft und Interessengemeinschaft, Sitzungsberichte der Bayerischen Akademie der Wissenschaften: Philosophisch-philologische und historische Klasse, 5. Abhandlung, Verlag der Bayerischen Akad. der Wiss., München, 1924, S. 3–92.

Dölemeyer, Barbara: Einflüsse von ALR, Code civil und ABGB auf Kodifikationsdiskussionen und -projekte in Deutschland, in: Helmut Coing (Hg.), Ius Commune, Bd. 7, Veröffentlichungen des Max-Planck-Instituts für Europäische Rechtsgeschichte, Vittorio Klostermann, Frankfurt a. M., 1978, S. 179–225.

Dölemeyer Barbara: Die Kodifikation im Blick der Öffentlichkeit, in: Barbara Dölemeyer/Heinz Mohnhaupt (Hg.), 200 Jahre ABGB (1811–2011). Die österreichische Kodifikation im internationalen Kontext, Studien zur europäischen Rechtsgeschichte, Bd. 267, Klostermann, Frankfurt a. M., 2012, S. 353–374.

Dölemeyer, Barbara: Kodifikation in den deutschsprachigen Kantonen, Zürich und die Gruppe des Zürcher Rechts, in: Helmut Coing (Hg.), Handbuch der Quellen und Literatur der neueren europäischen Privatrechtsgeschichte, Bd. III/2, Beck, München, 1982, S. 1939–1958.

Dölemeyer, Barbara: Kodifikation Deutschland, in: Helmut Coing (Hg.), Handbuch der Quellen und Literatur der neueren europäischen Privatrechtsgeschichte, Bd. III/2, Beck, München, 1982, S. 1403–1625.

Dölemeyer, Barbara/Mohnhaupt, Heinz (Hg.): 200 Jahre ABGB (1811–2011). Die österreichische Kodifikation im internationalen Kontext, Studien zur europäischen Rechtsgeschichte, Bd. 267, Klostermann, Frankfurt a. M., 2012.

Dölemeyer, Barbara/Mohnhaupt, Heinz (Hg.): 200 Jahre Allgemeines Landrecht für die preußischen Staaten. Wirkungsgeschichte und internationaler Kontext, Ius commune: Sonderhefte, Studien zur europäischen Rechtsgeschichte, Bd. 75, Klostermann, Frankfurt a. M., 1995.

Dörner, Heinrich: Industrialisierung und Familienrecht. Die Auswirkungen des sozialen Wandels dargestellt an den Familienmodellen des ALR, BGB, und des französischen Code civil, Duncker & Humblot, Berlin, 1974.

Dorn, Franz: Erbrecht des Code civil und seine Auswirkungen auf den bäuerlichen Grundbesitz in den Gebieten des „Rheinischen Rechts", in: Werner Schubert (Hg.), 200 Jahre Code civil, 2005, S. 17–45.

Duncker, Arne: Gleichheit und Ungleichheit in der Ehe. Persönliche Stellung von Frau und Mann im Recht der ehelichen Lebensgemeinschaft 1700–1914, Böhlau, Köln, 2004.

Duve, Thomas: §§ 1–14. Natürliche Personen, Verbraucher, Unternehmer, in: Schmöckel [u.a.] (Hg.), Historisch-kritischer Kommentar, Bd. 1 Allgemeiner Teil §§ 1–240, Mohr Siebeck, Tübingen, 2003, S. 166–231.

Ebel, Friedrich (Hg.): Gemeinwohl – Freiheit – Vernunft – Rechtsstaat. 200 Jahre Allgemeines Landrecht für die preußischen Staaten, Symposium der Juristischen Gesellschaft zu Berlin, 27.–29. Mai 1994, de Gruyter, Berlin [u.a.], 1995.

Eckert, Jörn: Der Kampf um die Familienfideikommisse in Deutschland. Studien zum Absterben eines Rechtsinstitutes, Lang, Frankfurt a. M., 1992.

Erler, Adalbert/Kaufmann, Ekkehard/Stammler, Wolfgang (Hg.): Handwörterbuch der Deutschen Rechtsgeschichte / HRG, Schmidt, Berlin: Bd. 2, Haustür – Lippe, 1978; Bd. 3, List bis Protonotar, 1984; Bd. 4, Protonotarius Apostolicus – Strafprozeßordnung, 1990; Bd. 5, Straftheorie – Zycha, 1998.

Esser, Claus: Rechtsstellung und Ansprüche der Ehefrau gegen ihren Mann während der Ehe nach dem Allgemeinen Landrecht für die Preußischen Staaten und dem Bürgerlichen Gesetzbuch, Univ. Diss., Köln, 1998.

Finkenauer, Thomas: Vom Allgemeinen Gesetzbuch zum Allgemeinen Landrecht – preußische Gesetzgebung in der Krise, in: Zeitschrift der Savigny-Stiftung für Rechtsgeschichte (ZRG) / Germanistische Abteilung, Böhlau, Wien [u.a.], 113 (1996), S. 40–216.

Floßmann, Ursula: Die Stellung der verheirateten Frau im ABGB 1811, in: Ladislav Soukup (Hg.), Pocta prof. JUDr. Karlu Malému. K 65. narozeninám, (Festschrift für Karl Malém zum 65. Geburtstag), Praha: Karolinum, 1995, S. 216–226.

Floßmann, Ursula: Österreichische Privatrechtsgeschichte, Springers Kurzlehrbücher der Rechtswissenschaft, Wien [u.a.], Springer, Wien, 6. Auflage 2008.

Franz, Günther: Staatsverfassungen. Eine Sammlung wichtiger Verfassungen der Vergangenheit und Gegenwart im Urtext u. Übersetzung, Darmstadt, Darmstadt, Wiss. Buchges., 3. Auflage 1975.

Frevert, Ute: Der Bürgerstand – Funktionsstand in der geburtsständischen Gesellschaft, in: Günter Birtsch/Dietmar Willoweit (Hg.), Reformabsolutismus und ständische Gesellschaft, Forschungen zur brandenburgischen und preussischen Geschichte, Duncker & Humblot, Berlin, 1998, S. 291–303.

Gall, Lothar: Von der ständischen zur bürgerlichen Gesellschaft, Enzyklopädie deutscher Geschichte, Bd. 25, Oldenbourg, München, 2. Auflage 2012.

Gerhard, Ute/Pommerencke, Petra/Wischermann, Ulla (Hg.): Klassikerinnen feministischer Theorie: Grundlagentexte, Bd. 1 (1789–1919), Helmer, Königstein/Taunus, 2008.

Gerhard, Ute: Olympe de Gouges (1748–1793), in: Ute Gerhard/Petra Pommerencke/Ulla Wischermann (Hg.), Klassikerinnen feministischer Theorie: Grundlagentexte, Bd. 1 (1789–1919), Helmer, Königstein/Taunus, 2008, S. 15–18.

Gerhard, Ute: Verhältnisse und Verhinderungen. Frauenarbeit, Familie und Rechte der Frauen im 19. Jahrhundert mit Dokumenten, Suhrkamp, Frankfurt a. M., 1978.

Gierke, Otto Friedrich von: Die soziale Aufgabe des Privatrechts, Springer, Berlin, 1889.

Göhring, Martin: Die Frage der Feudalität in Frankreich vor und in der großen Revolution, Historische Studien, Bd. 247, Ebering, Berlin, 1934.

Goßler, Christoph: Über die Verschiedenheit des Vermögens und des Standes, in: F. Gedike/J. E. Biester, Berlinische Monatschrift, 19 (1792), Bielefeld, S. 424–437.

Grimm, Dieter: Recht und Staat der bürgerlichen Gesellschaft, Suhrkamp, Frankfurt a. M., 1987.

Grimme, Mark-Alexander: Die Entwicklung der Emanzipation der Frau in der Familienrechtsgeschichte bis zum Gleichberechtigungsgesetz 1957. Unter besonderer Berücksichtigung der Entstehungsgeschichte des Bürgerlichen Gesetzbuches, Europäische Hochschulschriften: Reihe 2, Rechtswissenschaft, Lang, Frankfurt a. M., 2003.

Guggenbühl, Paul: Die Entstehung des zürcherischen privatrechtlichen Gesetzbuches, Ebner, Meilen, 1924.

Gumbrecht, Hans Ulrich (Hg.): Sozialgeschichte der Aufklärung in Frankreich, Teil 2, Medien. Wirkungen, 12 Originalbeiträge, Oldenbourg, München [u.a.], 1981.

Habermann, Norbert: Die preußische Gesetzgebung zur Herstellung eines frei verfügbaren Grundeigentums, in: Helmut Coing/Walter Wilhelm (Hg.), Wissenschaft und Kodifikation des Privatrechts im 19. Jahrhundert, Bd. 3, Die rechtliche und wirtschaftliche Entwicklung des Grundeigentums und Grundkredits, Klostermann, Frankfurt a. M., 1976, S. 3–43.

Hartmann, Peter Claus: Französische Verfassungsgeschichte der Neuzeit (1450–2002). Ein Überblick, Duncker & Humblot, Berlin, 2. Auflage 2003.

Hattenhauer, Hans: Zwischen Hierarchie und Demokratie. Eine Einführung in die geistesgeschichtlichen Grundlagen des geltenden deutschen Rechts, Lehrbücher und Grundrisse, Müller, Karlsruhe, 1971.

Hattenhauer, Hans/Bernert, Günther: Allgemeines Landrecht für die Preußischen Staaten von 1794 / mit einer Einführung von Hans Hattenhauer und einer Bibliographie von Günther Bernert, Luchterhand, Neuwied [u.a.], 3. Auflage 1996.

Hattenhauer, Hans/Landwehr, Götz (Hg.): Das nachfriderizianische Preußen 1786–1806. Rechtshistorisches Kolloquium 11.–13. Juni 1987, Christian-Albrechts-Universität zu Kiel, Hans Hattenhauer u., Müller, Heidelberg, 1988.

Hedemann, Justus Wilhelm: Die Fortschritte des Zivilrechts im 19. Jahrhundert. Ein Überblick über die Entfaltung des Privatrechts in Deutschland, Österreich, Frankreich und der Schweiz, Teil 2 – Die Entwicklung des Bodenrechts von der französischen Revolution bis zur Gegenwart, Teilband 2 – Das materielle Bodenrecht, Heymann, Berlin, 1930.

Henning, Friedrich Wilhelm: Die Verschuldung der Bodeneigentümer in Norddeutschland im ausgehenden 18. und in den ersten zwei Dritteln des 19. Jahrhunderts, in: Helmut Coing/Walter Wilhelm (Hg.), Wissenschaft und Kodifikation des Privatrechts im 19. Jahrhundert, Bd. 3, Die rechtliche und wirtschaftliche Entwicklung des Grundeigentums und Grundkredits, 1976, S. 273–325.

Henning, Friedrich-Wilhelm: Handbuch der Wirtschafts- und Sozialgeschichte Deutschlands, Bd. 2, Deutsche Wirtschafts- und Sozialgeschichte im 19. Jahrhundert, Schöningh, Paderborn [u.a.], 1996.

Heuer, Uwe-Jens: Allgemeines Landrecht und Klassenkampf. Die Auseinandersetzungen um die Prinzipien des Allgemeinen Landrechts Ende des 18. Jahrhunderts als Ausdruck der Krise des Feudalsystems in Preußen, Dt. Zentralverlag, Berlin, 1960.

Hoefer, Jean Chrétien Ferdinand: Nouvelle biographie universelle depuis les temps les plus reculés jusqu'à nos jours / avec les renseignements bibliographiques et l'indication des sources à consulter; T. 6, Bichat - Boulduc, Didot, Paris, 1862.

Hoefer, Jean Chrétien Ferdinand: Nouvelle biographie universelle depuis les temps les plus reculés jusqu'à nos jours / avec les renseignements bibliographiques et l'indication des sources à consulter; T. 45, Teste - Vermond, Didot, Paris, 1868.

Holthöfer, Ernst: Frankreich, in: Helmut Coing (Hg.), Handbuch der Quellen und Literatur der neueren europäischen Privatrechtsgeschichte, Bd. III/1, Beck, München, 1982, S. 864–1068.

Huber, Ernst Rudolf: Deutsche Verfassungsgeschichte: seit 1789, Kohlhammer, Stuttgart [u.a.]; Bd. 1, Reform und Restauration. 1789 bis 1830, 1995; Bd. 2, Der Kampf um Einheit und Freiheit 1830 bis 1850, 3. Auflage 1988.

Huber, Ernst Rudolf: Dokumente zur deutschen Verfassungsgeschichte, Bd. 1, Deutsche Verfassungsdokumente 1803–1850, Kohlhammer, Stuttgart [u.a.], 3. Auflage 1978.

Hübner, Rudolf: Grundzüge des deutschen Privatrechts, Scholl, Leipzig, 5. Auflage 1930.

Jung, Gisela: Die zivilrechtliche Stellung der Frau im Großherzogtum Hessen / Über die Geschlechtsvormundschaft im 19. Jahrhundert, Hessische Historische Komm. [u.a.], Damstadt, 1997.

Kaeble, Hartmut: Französisches und deutsches Bürgertum 1870–1914, in: Jürgen Kocka (Hg.), Bürgertum im 19. Jahrhundert / Deutschland im europäischen Vergleich, Bd. 1, 1995, S. 113–146.

Kaser, Max: Der Inhalt der patria potestas, in: Zeitschrift der Savigny-Stiftung für Rechtsgeschichte (ZRG) / Germanistische Abteilung, Böhlau, Wien [u.a.], 58 (1938), S. 62–87.

Kaiser, Rudolf: Die Entwicklung der Ordnung des Wettbewerbsrechts in der französischen und deutschen Rechtsprechung des 19. Jahrhunderts, in: Helmut Coing (Hg.), Wissenschaft und Kodifikation des Privatrechts im 19. Jahrhundert, Bd. 4, Eigentum und industrielle Entwicklung, Wettbewerbsordnung und Wettbewerbsrecht, Klostermann, Frankfurt a. M., 1979, S. 145–162.

Klein, Ernst: Von der Reform zur Restauration. Finanzpolitik und Reformgesetzgebung des preußischen Staatskanzlers Karl August von Hardenberg, Veröffentlichungen der Historischen Kommission zu Berlin beim Friedrich-Meinecke-Institut der Freien Universität Berlin, Bd. 16, de Gruyter, Berlin, 1965.

Kleinheyer, Gerd: Aspekte der Gleichheit in den Aufklärungskodifikationen und den Konstitutionen des Vormärz, in: Ernst-Wolfgang Böckenförde [u.a.] (Hg.),

Der Staat, Zeitschrift für Staatslehre, öffentliches Recht und Verfassungsgeschichte, Beiheft 4, Von der ständischen Gesellschaft zur bürgerlichen Gesellschaft: Tagung der Vereinigung für Verfassungsgeschichte, Duncker & Humblot, 1980, S. 7–31.

Kleinheyer, Gerd/Schröder, Jan (Hg.): Deutsche und Europäische Juristen aus neun Jahrhunderten, C.F. Müller, Heidelberg, 5. Auflage 2008.

Kleinheyer, Gerd: Staat und Bürger im Recht. Die Vorträge des Carl Gottlieb Svarez vor dem preußischen Kronprinzen (1791-92), Bonner rechtswissenschaftliche Abhandlungen, Bd. 47, Röhrscheid, Bonn, 1959.

Kleinheyer, Gerd: Das herkömmliche Verständnis der Stände und die kodifikatorische Regelung des Ständerechts im Preußischen Allgemeinen Landrecht von 1794, in: Günter Birtsch/Dietmar Willoweit (Hg.), Reformabsolutismus und ständische Gesellschaft, Forschungen zur brandenburgischen und preussischen Geschichte, Beiheft 3, Duncker & Humblot, Berlin, 1998, S. 273–289.

Klingenberg, Georg (Hg.): Vestigia iuris Romani. Festschrift für Gunter Wesener zum 60. Geburtstag am 3. Juni 1992, Grazer rechts- und staatswissenschaftliche Studien, Bd. 49, Leykam, Graz, 1992.

Kluxen, Kurt/Vierhaus, Rudolf: Der Adel vor der Revolution. Zur sozialen und politischen Funktion des Adels im vorrevolutionären Europa, Kleine Vandenhoeck-Reihe, 340–342, Vandenhoeck & Ruprecht, Göttingen, 1971.

Knapp, Georg Friedrich: Die Bauern-Befreiung und der Ursprung der Landarbeiter in den älteren Theilen Preußens, Theil 1 Überblick und Entwicklung, Duncker & Humblot, Leipzig, 1887.

Kocka, Jürgen (Hg.): Bürgertum im 19. Jahrhundert: Deutschland im europäischen Vergleich, Bd. 1, Einheit und Vielfalt Europas, Vandenhoeck & Ruprecht, Göttingen, 1995.

Köbler, Gerhard: Die Regelung des Eigentumserwerbs an Grundstücken in Preußen vom ALR zum BGB, in: Helmut Coing/Walter Wilhelm (Hg.), Wissenschaft und Kodifikation des Privatrechts im 19. Jahrhundert, Bd. 3, Die rechtliche und wirtschaftliche Entwicklung des Grundeigentums und Grundkredits, Klostermann, Frankfurt a. M., 1976, S. 201–218.

Köbler, Gerhard: Lexikon der europäischen Rechtsgeschichte, Beck, München, 1997.

Köhler, Helmut: Bürgerliches Gesetzbuch. Vom 18. August 1896 Textausgabe mit alphabetischem Sachregister, Faks-Ausg. anläßlich der Verkündung des BGB vor 100 Jahren, Beck, München, 1996.

Kölz, Alfred: Quellenbuch zur neueren schweizerischen Verfassungsgeschichte. Vom Ende der alten Eidgenossenschaft bis 1848, Stämpfli + Cie, Bern, 1992.

Konrad Adenauer Stiftung e.V., Christine Henry-Huthmacher (Hg.): Familienleitbilder in Deutschland. Ihre Wirkung auf Familiengründung und Familienentwicklung, 2014.

Kosch, Wilhelm: Das katholische Deutschland / biographisch-bibliographisches Lexikon, Bd. 3, Rehland – Schlüter, Haas, Augsburg, 1938.

Koselleck, Reinhart: Die Auflösung des Hauses als ständischer Herrschaftseinheit, in: Neithard Bulst [u.a.] (Hg.), Familie zwischen Tradition und Moderne. Studien zur Geschichte der Familie in Deutschland und Frankreich vom 16. bis zum 20. Jahrhundert, Kritische Studien zur Geschichtswissenschaft, Vandenhoeck & Ruprecht, 1981, S. 109–124.

Koselleck, Reinhart: Preußen zwischen Reform und Revolution. Allgemeines Landrecht, Verwaltung und soziale Bewegung von 1791 bis 1848, Klett-Cotta im Dt. Taschenbuch-Verlag, München, 3. Auflage 1989.

Krause, Peter (Hg.): Carl Gottlieb Svarez, Gesammelte Schriften – Entwurf eines allgemeinen Gesetzbuchs für die preußischen Staaten, Bd. 1, Frommann-Holzboog, Stuttgart-Bad Cannstatt, 1996.

Kurtz, Diana-Catharina: Das Institut der Adoption im preußischen Allgemeinen Landrecht und im französischen Code civil zwischen Rezeption römisch-katholischer Prinzipien und verändertem Familienverständnis, Rechtshistorische Reihe, Bd. 332, Lang, Frankfurt a. M., 2006.

Lehner, Oskar: Familie – Recht – Politik. Die Entwicklung des österreichischen Familienrechts im 19. und 20. Jahrhundert, Linzer Universitätsschriften: Monographien, Bd. 13, Springer, Wien [u.a.], 1987.

Loersch, Hugo: Der Code Civil französisch und deutsch (verbesserte Cramersche Uebersetzung) nebst den ihn abändernden und ergänzenden Reichs- und Preußischen Gesetzen und den noch geltenden Artikeln des code de procédure civil und des code de commerce, Baedeker, Leipzig, 3. Auflage 1893.

Luca, Ignaz de: Das gelehrte Oesterreich. Ein Versuch, Bd. 1.1, Trattner, Wien, 1776.

Luschin von Ebengreuth, Arnold: Grundriss der österreichischen Reichsgeschichte, Bamberg, Buchner, Bamberg, 2. Auflage 1918.

Luschin von Ebengreuth, Arnold: Österreichische Reichsgeschichte. (Geschichte der Staatenbildung, der Rechtquellen und des öffentlichen Rechts) ein Lehrbuch, Buchner, Bamberg, 1896.

Malsbenden, Petra: Die rechtliche Stellung der Frau im ehelichen Güterrecht vom ALR zum BGB, Lang, Frankfurt a. M., 1991.

Mayenburg, David von/Schmoeckel, Mathias: Der Einfluss des Code civil auf das Erbrecht des rheinischen Adels, in: Werner Schubert (Hg.), 200 Jahre Code civil. Die napoleonische Kodifikation in Deutschland und Europa, Böhlau Köln, 2005, S. 127–206.

Mayer-Maly, Theo: Zeiller, das ABGB und wir, in: Walter Selb, Forschungsband Franz von Zeiller (1751–1828). Beiträge zur Gesetzgebungs- und Wissenschaftsgeschichte, Böhlau, Wien [u.a.], 1980, S. 1–13.

Medicus, Fritz: Grundlage des Naturrechts nach Prinzipien der Wissenschaftslehre von Johann Gotlieb Fichte, Das System der Sittenlehre, Eckardt, Leipzig, 1908.

Merten, Detlef: Die Rechtsstaatsidee im Allgemeinen Landrecht, in: Friedrich Ebel (Hg.), Gemeinwohl – Freiheit – Vernunft – Rechtsstaat. 200 Jahre Allgemeines Landrecht für die preußischen Staaten, de Gruyter, Berlin, 1995, S. 109–138.

Merten, Detlef (Hg.): Kodifikation gestern und heute. Zum 200. Geburtstag des Allgemeinen Landrechts für die Preußischen Staaten – Vorträge und Diskussionsbeiträge der 62. Staatswissenschaftlichen Fortbildungstagung 1994 der Hochschule für Verwaltungswissenschaften Speyer, Duncker & Humblot, Berlin, 1995.

Merten, Detlef/Papier, Hans-Jürgen (Hg.): Handbuch der Grundrechte in Deutschland und Europa, Bd. 1, C.F. Müller, Heidelberg, 2004.

Mertens, Bernd: Gesetzgebungskunst im Zeitalter der Kodifikationen. Theorie und Praxis der Gesetzgebungstechnik aus historisch-vergleichender Sicht, Mohr Siebeck, Tübingen, 2004.

Mestwerdt, Reinhard: Das Sozialbild der Ehe im Spiegel von Gesetzgebung und Rechtsprechung der letzten 150 Jahre, Kleinert, Quakenbrück, 1961.

Mitteis, Heinrich/Lieberich, Heinz, Deutsche Rechtsgeschichte. Ein Studienbuch, Juristische Kurz-Lehrbücher, Beck, München, 19. Auflage 1992.

Möckl, Karl/Bosl, Karl (Hg.): Dokumente zur Geschichte von Staat und Gesellschaft in Bayern, Abt. 3 – Der moderne bayerische Staat, Bd. 1 – Bayern im 19. und 20. Jahrhundert, Eine Verfassungsgeschichte vom aufgeklärten Absolutismus bis zum Ende der Reformepoche, Beck, München, 1979.

Mohnhaupt, Heinz: Privilegien und „gemeines Wohl" im ALR sowie deren Behandlung durch Theorie und Praxis im 19. Jahrhundert, in: Barbara Dölemeyer/Heinz Mohnhaupt (Hg.), 200 Jahre Allgemeines Landrecht für die preußischen Staaten. Wirkungsgeschichte und internationaler Kontext, Ius commune, 75 (1995), S. 105–144.

Mohnhaupt, Heinz: Untersuchungen zum Verhältnis Privileg und Kodifikation im 18. und 19. Jahrhundert, in: Helmut Coing (Hg.), Ius Commune, Veröffentlichungen des Max-Planck-Instituts für Europäische Rechtsgeschichte, 5 (1975), Frankfurt a. M., S. 71–121.

Mugdan, Benno: Die gesamten Materialien zum Bürgerlichen Gesetzbuch für das Deutsche Reich / 5 Bände und Sachregister sowie Ergänzungsband, Bd. 1, Einführungsgesetz und Allgemeiner Teil, Scientia Verlag, Aalen, 1979.

Ofner, Julius: Der Ur-Entwurf und die Berathungs-Protokolle des Oesterreichischen Allgemeinen Buergerlichen Gesetzbuches, Auvermann, Glashütten, 1889.

Ogris, Werner/Olechowski, Thomas (Hg.): Elemente europäischer Rechtskultur. Rechtshistorische Aufsätze aus den Jahren 1961–2003, Böhlau, Wien [u.a.], 2003.

Pannwitz, Kurt von: Die Entstehung der Allgemeinen Deutschen Wechselordnung. Ein Beitrag zur Geschichte der Vereinheitlichung des deutschen Zivilrechts im 19. Jahrhundert, Lang, Frankfurt a. M., 1999.

Pohl, Hans: Die Entwicklung der deutschen Volkswirtschaft, in: Helmut Coing/Walter Wilhelm (Hg.), Wissenschaft und Kodifikation des Privatrechts im 19. Jahrhundert, Bd. 2, Die rechtliche Verselbständigung der Austauschverhältnisse vor dem Hintergrund der wirtschaftlichen Entwicklung und Doktrin, Klostermann, Frankfurt a. M., 1977, S. 1–25.

Quéniart, Jean: Alphabetisierung und Leseverhalten der Unterschichten in Frankreich im 18. Jahrhundert, in: Hans Ulrich Gumbrecht (Hg.), Sozialgeschichte der Aufklärung in Frankreich, Teil 2 Medien. Wirkungen, 12 Originalbeiträge, Oldenbourg, München [u.a.], 1981, S. 113–146.

Ramdohr, Basilius von: Ueber das Verhältniß des anerkannten Geburtstadels deutscher monarchischer Staaten zu den übrigen Klassen ihrer Bürger, in Rücksicht auf die ersten Staatsbedienungen, in: F. Gedike/J. E. Biester, Berlinische Monatschrift, 17 (1791), S. 124–174 u. S. 250–284.

Ramm, Thilo: Die friderizianische Gesamtkodifikation und der historische Rechtsvergleich, in: Jörg Wolff (Hg.), Das Preußische Allgemeine Landrecht. Politische, rechtliche und soziale Wechsel- und Fortwirkungen, Motive – Texte – Materialien, 1995, S. 1–30.

Ranieri, Filippo: Die Rolle des französischen Rechts in der Geschichte des europäischen Zivilrechts, in: Werner Schubert (Hg.), 200 Jahre Code civil [Beiträge zum 35. Rechtshistorikertag], Böhlau, Köln [u.a.], 2005, S. 85–125.

Reichardt, Rolf/Schmitt, Eberhard: Die französische Revolution – Umbruch oder Kontinuität?, in: Zeitschrift für historische Forschung (ZHF), 7 (1980), Duncker & Humblot, Berlin, S. 257–320.

Repgen, Tilman: Die soziale Aufgabe des Privatrechts. Eine Grundfrage in Wissenschaft und Kodifikation am Ende des 19. Jahrhunderts, Jus privatum, 60, Mohr Siebeck, Tübingen, 2001.

Rückert, Joachim: Das BGB und seine Prinzipien: Aufgabe, Lösung, Erfolg, in: Matthias Schmöckel [u.a.] (Hg.), Historisch-kritischer Kommentar zum BGB, Mohr Siebeck, Tübingen, Bd. 1, Allgemeiner Teil: §§ 1–240, S. 34–122.

Schäfer, Frank L.: Juristische Germanistik. Eine Geschichte der Wissenschaft vom einheimischen Privatrecht, Juristische Abhandlungen, Vittorio Klostermann, Frankfurt a. M., 2008.

Schäfer, Johann Peter: Die Entstehung der Vorschriften des BGB über das persönliche Eherecht, Europäische Hochschulschriften: Reihe 2, Rechtswissenschaft, Bd. 330, Lang, Frankfurt a. M., 1983.

Schärl, Walter: Die Zusammensetzung der bayerischen Beamtenschaft von 1806 bis 1918, Münchener historische Studien: Abt. Bayerische Geschichte, Bd. 1, Kallmünz Opf., Lassleben, 1955.

Schima, Stefan: Die religionsrechtliche Dimension des ABGB von 1811 bis heute, in: Dölemeyer/Mohnhaupt (Hg.), 200 Jahre ABGB (1811–2011). Die österreichische Kodifikation im internationalen Kontext, Klostermann, Frankfurt a.M., 2012, S. 299–352.

Schissler, Hanna: „Bauernbefreiung" oder Entwicklung zur agrarkapitalistischen Gesellschaft?, in: Arbeitskreis Sozialwissenschaftliche Information, Sozialwissenschaftliche Informationen für Unterricht und Studium, 8 (1979), Klett, Stuttgart, S. 136–142.

Schlosser, Hans: Kodifikationen im Umfeld des Preußischen Allgemeinen Landrechts. Der französische Code civil (1804) und das Österreichische Allgemeine Bürgerliche Gesetzbuch (1811), in: Detlef Merten (Hg.), Kodifikation gestern und heute. Zum 200. Geburtstag des Allgemeinen Landrechts für die Preußischen Staaten, 1995, S. 63–82.

Schmidt, Eberhard: Rechtsentwicklung in Preussen, Enzyklopädie der Rechts- und Staatswissenschaft: Abteilung Rechtswissenschaft, Bd. 6, Springer, Berlin, 1923.

Schmidt, Friedrich Georg August: Fortgesetzte Beiträge zur Geschichte des Adels und Kenntnis der gegenwärtigen Verfassung derselben in Teutschland, Christian Friedrich Solbrig, Leipzig, 1795.

Schmitt, Eberhard (Hg.): Die Französische Revolution, Kiepenheuer & Witsch, Köln, 1976.

Schmöckel, Matthias [u.a.] (Hg.): Historisch-kritischer Kommentar zum BGB, Bd. 1 Allgemeiner Teil: §§ 1–240, Mohr Siebeck, Tübingen, 2003.

Schöler, Claudia: Deutsche Rechtseinheit. Partikulare und nationale Gesetzgebung (1780–1866), Forschungen zur deutschen Rechtsgeschichte, Bd. 22, Böhlau, Köln, 2004.

Schubert, Werner: 200 Jahre Code civil. Die napoleonische Kodifikation in Deutschland und Europa; [Beiträge ... auf dem 35. Deutscher Rechtshistorikertag vom 12. bis 16. September 2004 in Bonn], Rechtsgeschichtliche Schriften, Bd. 21, Böhlau, Köln [u.a.], 2005.

Schubert, Werner, Bürgerliches Gesetzbuch für das Großherzogtum Hessen. Entwürfe und Motive; (1842–1853), Frankfurt, Main, 1986.

Schubert, Werner: Bürgerliches Gesetzbuch für das Großherzogthum Hessen/Entwürfe und Motive (1842–1853), Keip, Frankfurt/Main, 1986; Bd. 1. = Abt. 1, (Personenrecht). Entwürfe und Motive von 1842 und 1844; Bd. 2,1 = Abt. 1 (Personenrecht). Bericht der Kammerausschüsse von 1846; Bd. 2,2 = Abt. 1, (Personenrecht). Entwurf von 1846; Bd. 3 = Abt. 2, (Sachenrecht). Entwürfe und Motive von 1845 und 1851.

Schubert, Werner: Der Code civil und die Personenrechtsentwürfe des Großherzogtums Hessen Darmstadt von 1842 bis 1847, in: Zeitschrift der Savigny-Stiftung für Rechtsgeschichte (ZRG) / Germanistische Abteilung, Böhlau, Wien [u.a], Bd. 88 (1971), S. 110–171.

Schubert, Werner/Jakobs, Horst Heinrich: Die Beratung des Bürgerlichen Gesetzbuchs: in systematischer Zusammenstellung der unveröffentlichten Quellen Materialien zur Entstehungsgeschichte des BGB, Bd. 1, Einführung, Biographien, Materialien, de Gruyter, Berlin [u.a.], 1978.

Schubert, Werner: Französisches Recht in Deutschland zu Beginn des 19. Jahrhunderts. Zivilrecht, Gerichtsverfassungsrecht und Zivilprozeßrecht, Böhlau, Köln, 1977.

Schubert, Werner: Gesetzrevision: (1825–1848), Abt. 2: Öffentliches Recht, Zivilrecht und Zivilprozeßrecht, Bd. 5; Familienrecht I, 1. Halbband, Topos Verlag, Vaduz, 1985.

Schulze, Reiner: Französisches Recht und Europäische Rechtsgeschichte im 19. Jahrhundert, in: ders. (Hg.), Französisches Zivilrecht in Europa während des 19. Jahrhunderts, Duncker & Humblot, Berlin, 1994, S. 9–36.

Schulze, Reiner: Französisches Zivilrecht in Europa während des 19. Jahrhunderts, Schriften zur europäischen Rechts- und Verfassungsgeschichte, Bd. 12, Duncker & Humblot, Berlin, 1994.

Schwennicke, Andreas: Der Einfluß der Landstände auf die Regelungen des Preußischen Allgemeinen Landrechts von 1794, in: Günter Birtsch/Dietmar Willoweit (Hg.), Reformabsolutismus und ständische Gesellschaft, Forschungen zur brandenburgischen und preussischen Geschichte, Beiheft 3, Duncker & Humblot, Berlin, 1998, S. 113–125.

Schwennicke, Andreas: Die Entstehung der Einleitung des Preußischen Allgemeinen Landrechts von 1794, Klostermann, Frankfurt a. M., 1993.

Selb, Walter: Forschungsband Franz von Zeiller (1751–1828). Beiträge zur Gesetzgebungs- und Wissenschaftsgeschichte, Wiener rechtsgeschichtliche Arbeiten, Bd. 13, Böhlau, Wien [u.a.], 1980.

Seydel, Max von/Graßmann, Josef von/Piloty, Robert Ferdinand: Bayerisches Staatsrecht, Bd. 1, Die Staatsverfassung nebst geschichtlicher Einleitung, Mohr, Tübingen, 1913.

Siebenhaar, Eduard: Commentar zu dem bürgerlichen Gesetzbuche für das Königreich Sachsen und zu der damit in Verbindung stehenden Publicationsverordnung vom 2. Januar 1863, Bd. 3, Das Familien-, Vormundschafts- und Erbschaftsrecht, J.C. Hinrichs'sche Buchhandlung, Leipzig, 1865.

Soukup, Ladislav (Hg.): Pocta prof. JUDr. Karlu Malému. K 65. narozeninám (Festschrift für Karl Malém zum 65. Geburtstag), Praha: Karolinum, 1995.

Stern, Klaus: Die Idee der Menschen- und Grundrechte, in: Detlef Merten/Hans-Jürgen Papier (Hg.), Handbuch der Grundrechte in Deutschland und Europa, Band 1, C.F. Müller, Heidelberg 2004, S. 11–47.

Stobbe, Otto/Lehmann, Heinrich Otto: Handbuch des deutschen Privatrechts, Bd. 4 Familienrecht, Hertz, Berlin, 1900.

Stolleis, Michael: Geschichte des Sozialrechts in Deutschland. Ein Grundriß, UTB für Wissenschaft, Lucius & Lucius, Stuttgart, 2003.

Tilly, Heinrich: Vor 200 Jahren – die Landreform in Preußen, in: Ministerium des Innern des Landes Brandenburg, Vermessung Brandenburg – Die Zeitung, 2/2007, 2007, S. 109–114.

Treue, Wilhelm: Hypothekenbanken, ländlicher und städtischer Grundstücksverkehr gegen Ende des 19. Jahrhunderts, in: Helmut Coing/Walter Wilhelm (Hg.), Wissenschaft und Kodifikation des Privatrechts im 19. Jahrhundert, Bd. 3, Die rechtliche und wirtschaftliche Entwicklung des Grundeigentums und Grundkredits, Klostermann, Frankfurt a. M., 1976, S. 326–346.

Unbekannt: Zur Geschichte und Bedeutung des österreichischen Allgemeinen bürgerlichen Gesetzbuchs (ABGB), in: Werner Ogris/Thomas Olechowski (Hg.), Elemente europäischer Rechtskultur. Rechtshistorische Aufsätze aus den Jahren 1961–2003, 2003, S. 311–331 (318).

Unger, Joseph: Der revidirte Entwurf eines bürgerlichen Gesetzbuchs für das Königreich Sachsen, Breitkopf u. Härtel, Leipzig, 1861.

Voigt, Wilhelm: Wie ich Hauptmann von Köpenick wurde. Mein Lebensbild, Verlag Julius Püttmann, Leipzig/Berlin, 1. Auflage 1909.

Vossler, Karl (Hg.): Sprachgemeinschaft und Interessengemeinschaft, Sitzungsberichte der Bayerischen Akademie der Wissenschaften: Philosophisch-philologische und historische Klasse, Verlag der Bayerischen Akad. der Wiss., München, 1924.

W. (unbekannt): Allgemeines bürgerliches Gesetzbuch für die gesamten deutschen Erbländer der österreichischen Monarchie, in: Heidelbergische Jahrbücher der Litteratur, 7 (1814) – 9 (1814), S. 97–139.

Wadle, Elmar: Die Französische Revolution und die Modernisierung der Rechtsordnung, in: ders. (Hg.), Französisches Recht in Deutschland. Acht Beiträge zur Geschichte des 19. Jahrhunderts, 132 (2002), S. 1–17.

Wadle, Elmar (Hg.): Französisches Recht in Deutschland. Acht Beiträge zur Geschichte des 19. Jahrhunderts, Schriftenreihe Annales Universitatis Saraviensis: Rechts- und Wirtschaftswissenschaftliche Abteilung; 132, Heymanns, Köln [u.a.], 2002.

Walder, Ernst: Das Ende des Alten Reiches. Der Reichsdeputationshauptschluß von 1803 und die Rheinbundakte von 1806 nebst zugehörigen Aktenstücken, Quellen zur neueren Geschichte, Bd. 10, Lang, Bern [u.a.], 3. Auflage 1975.

Weber, Marianne: Ehefrau und Mutter in der Rechtsentwicklung. Eine Einführung, Tübingen, Mohr, Tübingen, 1907.

Weber-Will, Susanne: Die rechtliche Stellung der Frau im Privatrecht des Preußischen Allgemeinen Landrechts von 1794, Europäische Hochschulschriften: Reihe 2, Rechtswissenschaft, Bd. 350, Land, Frankfurt a. M. [u.a.], 1983.

Weech, Friedrich von (Hg.): Badische Biographien, Bd. 1, Bassermann [u.a.], Heidelberg, 1875.

Wehler, Hans-Ulrich: Deutsche Gesellschaftsgeschichte, Bd. 1, Vom Feudalismus des Alten Reiches bis zur defensiven Modernisierung der Reformära 1700–1815, Beck, München, 2. Auflage 1989.

Wehler, Hans-Ulrich: Deutsche Gesellschaftsgeschichte, Bd. 2, Von der Reformära bis zur industriellen und politischen „Deutschen Doppelrevolution" 1815–1845/49, Beck, München, 1987.

Weis, Eberhard: Montgelas, Bd. 2, Der Architekt des modernen bayerischen Staates. 1799–1838, Beck, München, 2005.

Weiske, Julius: Rechtslexicon für Juristen aller teutschen Staaten, Bd. 12, Väterliche Gewalt - Vertrag, Wigand, Leipzig, 1858.

Welcker, Carl/Rotteck, Carl von: Staats-Lexikon. Encyklopädie der sämmtlichen Staatswissenschaften für alle Stände, Bd. 6, Keip, Frankfurt a. M., 3. Auflage 1862.

Wesel, Uwe: Geschichte des Rechts. Von den Frühformen bis zur Gegenwart, Beck, München, 3. Auflage 2006.

Wieacker, Franz: Privatrechtsgeschichte der Neuzeit unter besonderer Berücksichtigung der deutschen Entwicklung, Vandenhoeck & Ruprecht, Göttingen, 2. Auflage, 1967.

Winkel, Harald: Zur theoretischen Begründung der Bodenmobilisierung in der Volkswirtschaftslehre, in: Helmut Coing/Walter Wilhelm (Hg.), Wissenschaft und Kodifikation des Privatrechts im 19. Jahrhundert, Bd. 3, Die rechtliche und wirtschaftliche Entwicklung des Grundeigentums und Grundkredits, Klostermann, Frankfurt a. M., 1974, S. 156–171.

Winter, Georg: Vom Beginn des Kampfes gegen die Kabinettsregierung bis zum Wiedereintritt des Ministers vom Stein, Die Reorganisation des Preussischen Staates unter Stein und Hardenberg; Teil 1, Allgemeine Verwaltungs- und Behördenreform, Hirzel, Leipzig, 1931.

Wolff, Jörg (Hg.): Das Preußische Allgemeine Landrecht. Politische, rechtliche und soziale Wechsel- und Fortwirkungen, Müller, Heidelberg, 1995.

Würtenberger, Thomas: Von der Aufklärung zum Vormärz, in: Detlef Merten/ Hans-Jürgen Papier (Hg.), Handbuch der Grundrechte in Deutschland und Europa, Bd. 1, 2004, S. 49–96.

Zorn, Wolfgang/Borchardt, Knut/Aubin, Hermann: Handbuch der deutschen Wirtschafts- und Sozialgeschichte; Bd. 2, Das 19. und 20. Jahrhundert, Klett, Stuttgart, 1976.

RECHTSHISTORISCHE REIHE

Die nachfolgende Liste führt die Titel der "Rechtshistorischen Reihe" ab Band 300 auf. Eine vollständige Übersicht aller bisher in der Reihe erschienenen Bücher finden Sie auf www.peterlang.com

Band 300 Jan Kohlmann: Der Marsch zu den Gräbern von Karl und Rosa. Geschichte eines Gedenktages. 2004.

Band 301 Christian Rainer Schlicht: Die kumulative Schuldübernahme in der Rechtsprechung des Reichsgerichts und in der zeitgenössischen Literatur. 2004.

Band 302 Hans Peter Glöckner: Positive Vertragsverletzung. Die Geburt eines Rechtsinstituts. 2006.

Band 303 João Manuel Azevedo Alexandrino Fernandes: Die Theorie der Interpretation des Gesetzes bei Francisco Suárez. 2005.

Band 304 René Funk: Die Wahlprüfung der volksgewählten Abgeordneten der Volksvertretungen im Frühkonstitutionalismus. Eine Untersuchung der Wahlprüfung in den Kammern der Abgeordneten des Großherzogtums Baden, des Königreichs Württemberg und des Großherzogtums Hessen. 2005.

Band 305 Carolin O'Sullivan. Die Ahndung von Rechtsbrüchen der Seeleute im mittelalterlichen hamburgischen und hansischen Seerecht (1301-1482). 2005.

Band 306 Martin Jürgens: Staat und Reich bei Ernst Rudolf Huber. Sein Leben und Werk bis 1945 aus rechtsgeschichtlicher Sicht. 2005.

Band 307 Florian G. Dürselen: Franz Beyerle (1885-1977). Leben, Ära und Werk eines Rechtshistorikers. 2005.

Band 308 Kai Bandilla: Urheberrecht im Kaiserreich. Der Weg zum Gesetz betreffend das Urheberrecht an Werken der Literatur und Tonkunst vom 19. Juni 1901. 2005.

Band 309 Stefan Mieth: Die Entwicklung des Denkmalrechts in Preußen 1701-1947. 2005.

Band 310 Catharina Lodemann: Die Geschichte des französischen *acte de gouvernement*. 2005.

Band 311 Christina Wicke: Kodifikationsbestrebungen und Wissenschaft in Hessen-Darmstadt im vorkonstitutionellen Zeitalter. Zu der Beteiligung der Gießener Rechtsprofessoren an den Gesetzgebungsarbeiten in Hessen-Darmstadt in der Zeit zwischen 1769 und 1820. 2005.

Band 312 Christiane Chlosta: Nur dem Gesetz unterworfen? Eine rechtsgeschichtliche Untersuchung zu Idee und Wirklichkeit richterlicher Gesetzestreue unter besonderer Berücksichtigung der Aufwertungsrechtsprechung und des richterlichen Prüfungsrechts. 2005.

Band 313 Kathrin Dirr: Hoheitsrechtliche Streitigkeiten zwischen den Kölner Erzbischöfen und der Stadt Köln auf Grundlage reichskammergerichtlicher Verfahren des 16. und 17. Jahrhunderts. 2005.

Band 314 Michael Racky: Die Diskussion über Gewaltenteilung und Gewaltentrennung im Vormärz. 2005.

Band 315 Petra Thiemrodt: Die Entstehung des Staatshaftungsgesetzes der DDR. Eine Untersuchung auf der Grundlage von Materialien der DDR-Gesetzgebungsorgane mit zeitgeschichtlichen Bezügen. 2005.

Band 316 Julius F. Reiter: Entstehung und staatsrechtliche Theorie der italienischen *Carta del Lavoro*. 2005.

Band 317 André Book: Die Justizreform in der Frühzeit der Bundesrepublik. Die Beratungen der Kommission zur Vorbereitung einer Reform der Zivilgerichtsbarkeit in den Jahren 1955 bis 1961. 2005.

Band 318 Frank Zentz: Das amerikanische Strafverfahren als Element der Besatzungspolitik in Deutschland. Erziehung zur Demokratie durch den *Court of Appeals* 1948-1955. 2005.

Band 319 Friederike Quaisser: Mietrecht im 19. Jahrhundert. Ein Vergleich der mietrechtlichen Konzeptionen im Allgemeinen Landrecht für die Preußischen Staaten von 1794 und dem gemeinen Recht. 2005.

Band 320 Stefan Burghard: Professor Dr. Wilhelm Kahl – Leben zwischen Wissenschaft und Politik. 2005.

Band 321 Günter Baranowski: Die *Russkaja Pravda* – ein mittelalterliches Rechtsdenkmal. 2005.

Band 322 Christina Schneider: Die SS und das „Recht". Eine Untersuchung anhand ausgewählter Beispiele. 2005.

Band 323 Werner Schubert (Hrsg.): Zivilprozessreform in der Weimarer Zeit. Quellen zur Emminger-Zivilprozessverordnung vom 13.2.1924 und zu den Arbeiten der Zivilprozesskommission des Reichsjustizministeriums (1922-1930). Eingeleitet und herausgegeben von Werner Schubert. 2005.

Band 324 Felix Gaul: Der Jurist Rudolf Isay (1886-1956). Ein verantwortungsbewusster Vermittler im Spannungsfeld zwischen dynamischer Rechtsschöpfung, ökonomischem Wandel und technischem Fortschritt. 2005.

Band 325 Konstanze Braun: Dr. Otto Georg Thierack (1889-1946). 2005.

Band 326 Eckart Klein / Stefan Chr. Saar / Carola Schulze (Hrsg.): Zwischen Rechtsstaat und Diktatur. Deutsche Juristen im 20. Jahrhundert. 2006.

Band 327 Stefan Botor: Das *Berliner Sühneverfahren* – Die letzte Phase der Entnazifizierung. 2006.

Band 328 Andreas Köhler: Die Sorgerechtsregelungen bei Ehescheidung seit 1945. Scheidungsstrafe und verordnete Gemeinsamkeit. 2006

Band 329 Lars Düwel: Die Nichtigkeit und Anfechtbarkeit der Ehe in der Rechtsprechung des Reichsgerichts zwischen 1900 und 1945. 2006.

Band 330 Katalin Polgar: Das Oberappellationsgericht der vier freien Städte Deutschlands (1820-1879) und seine Richterpersönlichkeiten. 2007.

Band 331 Julia Schweitzer: Schiffer und Schiffsmann in den Rôles d'Oléron und im Llibre del Consolat de Mar. Ein Vergleich zweier mittelalterlicher Seerechtsquellen. 2007.

Band 332 Diana-Catharina Kurtz: Das Institut der Adoption im preußischen Allgemeinen Landrecht und im französischen Code civil zwischen Rezeption römisch-rechtlicher Prinzipien und verändertem Familienverständnis. 2006.

Band 333 Dino Joakim Duderstadt: Spiel, Wette und Differenzgeschäft (§§ 762-764 BGB) in der Rechtsprechung des Reichsgerichts und in der zeitgenössischen Literatur. 2007.

Band 334 Ronald Hoffmann: Die Domänenfrage in Thüringen. Über die vermögensrechtlichen Auseinandersetzungen mit den ehemaligen Landesherren in Thüringen nach dem Ersten Weltkrieg. 2006.

Band 335 Joachim Windmüller: *Ohne Zwang kann der Humanismus nicht existieren...* – „Asoziale“ in der DDR. 2006.

Band 336 Sven Christian Gläser: Die Mediatisierung der Grafschaft Wertheim. Der juristische Kampf eines kleinen Reichsstandes gegen den Verlust der Landesherrschaft und seine Folgen. 2006.

Band 337 Benjamin Schleyer: Friedrich Wilhelm Bornemann (1798-1864). Eine Juristenkarriere im Preußen des 19. Jahrhunderts. 2006.

Band 338 Die Reform des Ehescheidungsrechts von 1976. Quellen zum Ersten Gesetz vom 14.6.1976 zur Reform des Ehe- und Familienrechts (Parlamentarische Ausschussprotokolle – Anglikanische Denkschrift von 1966 zur Scheidungsrechtsreform – Schlussabstimmung 1969 in der Eherechtskommission des Bundesministeriums der Justiz). Eingeleitet und herausgegeben von Werner Schubert. 2006.

Band 339 Andreas Feld: Das Bayerische Gesetz zum Schutz des Eigentums an Erzeugnissen der Literatur und Kunst gegen Nachdruck vom 15.04.1840. Vorgeschichte und Zustandekommen. 2007.

Band 340 Bernd Wörner: Adelbert Düringers Einfluß als Richter am Reichsgericht in Leipzig auf dem Gebiet des Personengesellschaftsrechts. 2007.

Band 341 Jan Jelle Kähler: Französisches Zivilrecht und französische Justizverfassung in den Hansestädten Hamburg, Lübeck und Bremen (1806-1815). 2007.

Band 342 Jörn Eckert / Pia Letto-Vanamo / Kjell Modéer (Hrsg.): Juristen im Ostseeraum. Dritter Rechtshistorikertag im Ostseeraum 20.-22. Mai 2004. 2007.

Band 343 Ferdinand von Weyhe: A.E. Wassermann. Eine rechtshistorische Fallstudie zur „Arisierung“ zweier Privatbanken. 2007.

Band 344 Martin Klaus Römermann: Kündigungen und Kündigungsschutz im Franquismus. 2007.

Band 345 Thomas Hoffmann: Der Landrechtsentwurf David Hilchens von 1599. Ein livländisches Rechtszeugnis polnischer Herrschaft. 2007.

Band 346 Ingo Ullmann: Die rechtliche Behandlung holsteinischer Leibeigener um die Mitte des 18. Jahrhunderts. Dargestellt unter besonderer Berücksichtigung der Schmoeler Leibeigenschaftsprozesse von 1738 bis 1743 sowie von 1767 bis 1777. 2007.

Band 347 Petra Fischer-Langosch: Die Entstehungsgeschichte des Familiengesetzbuches der DDR von 1965. 2007.

Band 348 Lasse O. Johannsen: Die rechtliche Behandlung ausreisewilliger Staatsbürger in der DDR. 2007.

Band 349 Ralf Schlottau: Deutsche Kolonialrechtspflege. Strafrecht und Strafmacht in den deutschen Schutzgebieten 1884 bis 1914. 2007.

Band 350 Hartwig Brandt / Ewald Grothe (Hrsg.): Rheinbündischer Konstitutionalismus. 2007.

Band 351 Nora Lutze: Der Verwandtenunterhalt nach den §§ 1601 bis 1603 und §§ 1610 bis 1612 BGB in der Rechtsprechung des Reichsgerichts. Unter Berücksichtigung der Entstehung des BGB. 2007.

Band 352 Frank Thiäner: Das Verhältnis von Aufsichtsrat und Abschlussprüfern in der rechtshistorischen Entwicklung bis 1937. 2007.

Band 353 Britta Heymann: Ernst Melsheimer (1897-1960). Eine juristische Karriere in verschiedenen staatlichen Systemen. Mitarbeiter im Preußischen Justizministerium in der Weimarer Republik, im Justizministerium Preußens und des Reiches sowie Richter am Kammergericht in der NS-Zeit und Erster Generalstaatsanwalt der Deutschen Demokratischen Republik. 2007.

Band 354 Susanne Adlberger: Wilhelm Kisch – Leben und Wirken (1874-1952). Von der Kaiser-Wilhelms-Universität Straßburg bis zur nationalsozialistischen Akademie für Deutsches Recht. 2007.

Band 355 Moritz Waibel: Josef Berchtold (1833-1894). Ein Leben gegen den Ultramontanismus. 2007.

Band 356 Aline Levin: Erinnerung? Verantwortung? Zukunft? Die Beweggründe für die gemeinsame Entschädigung durch den deutschen Staat und die deutsche Industrie für historisches Unrecht. 2007.

Band 357 Ferdinand Krause: Die hergebrachten Grundsätze des Berufsbeamtentums. Eine rechtshistorische Analyse. 2008.

Band 358 André Tiebel: Die Entstehung der Schutztruppengesetze für die deutschen Schutzgebiete Deutsch-Ostafrika, Deutsch-Südwestafrika und Kamerun (1884-1898). 2008.

Band 359 Holger Ruff: Sittenwidrige Rechtsgeschäfte in der späten Kaiserzeit. Die Entwicklung der reichsgerichtlichen Rechtsprechung zu § 138 BGB von 1900 bis 1914. 2007.

Band 360 Frank Rohrer: Strafjustiz im Dritten Reich und in der SBZ/DDR. Die personelle und organisatorische Neuordnung des Justizapparates in den totalitären Diktaturen (1933-1955) mit ihren Auswirkungen auf die Rechtsprechung zum politischen Strafrecht. 2007.

Band 361 Hans-Georg Knothe / Marc Liebmann (Hrsg.): Gerichtskultur im Ostseeraum. Vierter Rechtshistorikertag im Ostseeraum. 18.-20. Mai 2006 in Greifswald. 2007.

Band 362 Christina Meß: Das Vertragsrecht bei Adam Smith. 2008.

Band 363 Quellen zur dänischen Rechts- und Verfassungsgeschichte (12.-20. Jahrhundert). Herausgegeben von Ditlev Tamm, Werner Schubert und Jens Ulf Jørgensen. 2008.

Band 364 Günter Baranowski: Die Gerichtsurkunde von Pskov. 2008.

Band 365 Mark Spengler: Die Entstehung des Scheckgesetzes vom 11. März 1908. 2008.

Band 366 Ivan Biliarsky / Radu G. Păun (eds./éds.): The Biblical Models of Power and Law. Les modèles bibliques du pouvoir et du droit. Papers of the International Conference, Bucharest, New Europe College 2005. Actes du colloque international, Bucarest, New Europe College 2005. 2008.

Band 367 Thomas A. Roth: Ausgestaltungen der Rechtsfähigkeit im 19. und 20. Jahrhundert. Zur Rechtspersönlichkeit natürlicher Personen in den bedeutenden deutschen Zivilrechtsordnungen. 2008.

Band 368 Björn Alexander Rautenberg: Der Fiskal am Reichskammergericht. Überblick und exemplarische Untersuchungen vorwiegend zum 16. Jahrhundert. 2008.

Band 369 Thorsten Miederhoff: *Man erspare es mir, mein Juristenherz auszuschütten*. Dr. iur. Kurt Tucholsky (1890-1935). Sein juristischer Werdegang und seine Auseinandersetzung mit der Weimarer Strafrechtsreformdebatte am Beispiel der Rechtsprechung durch Laienrichter. 2008.

Band 370 Philipp Nordloh: Kölner Zunftprozesse vor dem Reichskammergericht. 2008.

Band 371 Judith Freund: Die Wechselverpflichtung im 19. Jahrhundert. 2008.

Band 372 Hans-Michael Empell: Gutenberg vor Gericht. Der Mainzer Prozess um die erste gedruckte Bibel. 2008.

Band 373 Rainer Schröder: Die DDR-Ziviljustiz im Gespräch – 26 Zeitzeugeninterviews. 2008.

Band 374 Christian Neschwara: Ein österreichischer Jurist im Vormärz. „Selbstbiographische Skizzen" des Freiherrn Karl Josef Pratobevera (1769-1853). 2009.

Band 375 Stefan Ullrich: Untersuchungen zum Einfluss des lübischen Rechts auf die Rechte von Bergen, Stockholm und Visby. 2008.

Band 376 Johanna Gertrude Schmitzberger: Das nationalsozialistische Nebenstrafrecht 1933 bis 1945. 2008.

Band 377 Christian Brom: Urteilsbegründungen im „Hoge Raad van Holland, Zeeland en West-Friesland" am Beispiel des Kaufrechts im Zeitraum 1704-1787. 2008.

Band 378 Christian Böse: Die Entstehung und Fortbildung des Reichserbhofgesetzes. 2008.

Band 379 Tobias Röhnelt: Timm Kröger. Leben und Werk. 2009.

Band 380 Andrea Elisabeth Sebald: Der Kriminalbiologe Franz Exner (1881-1947). Gratwanderung eines Wissenschaftlers durch die Zeit des Nationalsozialismus. 2008.

Band 381 Angela Kriebisch: Die Spruchkörper Juristenfakultät und Schöppenstuhl zu Jena. Strukturen, Tätigkeit, Bedeutung und eine Analyse ausgewählter Spruchakten. 2008.

Band 382 Nana Ozawa: Louis Adolphe Bridel – Ein Schweizer Professor an der juristischen Fakultät der Tokyo Imperial University. Die geschichtliche Bedeutung der Yatoi zur späten Meijizeit. 2010.

Band 383 Christian Weißhuhn: Alfred Hueck 1889-1975. Sein Leben, sein Wirken, seine Zeit. 2009.

Band 384 Andreas Hunkel: Eduard Dietz (1866-1940) – Richter, Rechtsanwalt und Verfassungsschöpfer. 2009.

Band 385 Meike Guskow: Entstehung und Geschichte der Europäischen Charta der Regional- oder Minderheitensprachen. 2009.

Band 386 Markus J. Jahnel: Das Bodenrecht in „Neudeutschland über See". Erwerb, Vergabe und Nutzung von Land in der Kolonie Deutsch-Südwestafrika 1884-1915. 2009.

Band 387 Matthias Günter Steiner: Die Klöster und ihr Wirken – eine der Wurzeln des Stiftungswesens? 2009.

Band 388 Cornelia Staats: Die Entstehung des Bundes-Immissionsschutzgesetzes vom 15. März 1974. 2009.

Band 389 Cai Niklaas E. Harders: Das Bundesjagdgesetz von 1952 sowie die Novellen von 1961 und 1976. Vorgeschichte, Entstehung des Gesetzes sowie Problemfelder. 2009.

Band 390 Matthias Pohlkamp: Die Entstehung des modernen Wucherrechts und die Wucherrechtsprechung des Reichsgerichts zwischen 1880 und 1933. 2009.

Band 391 Sebastian Baur: *Vor vier Höllenrichtern...* Die Lizentiats- und Doktorpromotionen an der Juristischen Fakultät der Universität Heidelberg. 2009.

Band 392 Christoph Salmen-Everinghoff: Zur *cautio damni infecti*: Die Rückkehr eines römischrechtlichen Rechtsinstituts in das moderne Zivilrecht. 2009.

Band 393 Till Meno Sellschopp: Der Weg zum Revokationsrecht der Ehegatten nach § 1368 BGB. Zugleich ein Beitrag zur Geschichte des ehelichen Güterrechts. 2009.

Band 394 Marc Biermann: Das Staatseigentum an öffentlichen Sachen im Gemeingebrauch in der ersten Hälfte des 19. Jahrhunderts. Die Theorie des reinen Hoheitsrechts an den öffentlichen Sachen von Rudolph von Jhering und Friedrich Ludwig Keller im Zusammenhang mit dem Baseler Schanzenstreit von 1859/62. 2009.

Band 395 Markus Tüxen: Kollegialprinzip oder Einzelrichter. Die Entwicklung des zivilrechtlichen Spruchkörpers bei den Landgerichten sowie den Oberlandesgerichten seit 1879 unter besonderer Berücksichtigung der Reformen von 1974 und 1976. 2009.

Band 396 Adam Polkowski: Die polnische Zivilprozessordnung von 1930/33. Unter Berücksichtigung des deutschen, österreichischen, russischen und französischen Rechts. 2009.

Band 397 Barbara Riedi: Die Porten der Unteren Strasse, ihr Ladungsrecht und der Strassenunterhalt. Rechtshistorische Betrachtungen zur Verkehrs- und Wirtschaftsgeschichte Graubündens. 2009.

Band 398 Stefanie Jessica Loroch: Zeitungsrubrik: Gerichtssaal. Strafprozessberichterstattung in Münster im 19. Jahrhundert (1848-1890). 2009.

Band 399 Dirk Henning Hofer: Karl Konrad Werner Wedemeyer (1870-1934). Ein Juristen- und Gelehrtenleben in drei Reichen. Eine Biographie. 2010.

Band 400 Thomas Simon (Hrsg.): Hundert Jahre allgemeines und gleiches Wahlrecht in Österreich. Modernes Wahlrecht unter den Bedingungen eines Vielvölkerstaates. 2010.

Band 401 Dörte Mentz: Die Beweislastumkehr in der Rechtsprechung des Reichsgerichts. 2010.

Band 402 Werner Schubert (Hrsg.): Oberster Gerichtshof für die Britische Zone (1948-1950). Nachschlagewerk Strafsachen – Nachschlagewerk Zivilsachen. Präjudizienbuch der Zivilsenate. Eingeleitet und herausgegeben von Werner Schubert. 2010.

Band 403 Yong Lei: Auf der Suche nach dem modernen Staat. Die Einflüsse der allgemeinen Staatslehre Johann Caspar Bluntschlis auf das Staatsdenken Liang Qichaos. 2010.

Band 404 Andreas Schwenk: Die Formbestimmung des § 313 BGB a. F. (§ 311 b Abs. 1 BGB n. F.) bei Verträgen über Grundstücke in der Rechtsprechung des Reichsgerichts. 2010

Band 405 René Schorsch: Eberhard Georg Otto Freiherr von Künßberg (1881-1941). Vom Wirken eines Rechtshistorikers. 2010.

Band 406 Ulrike Köbler: Werden, Wandel und Wesen des deutschen Privatrechtswortschatzes. 2010.

Band 407 Björn Florian Faulenbach: Rolle und Bedeutung der Lehre in der Rechtsprechung der Internationalen Gerichtshöfe im zwanzigsten Jahrhundert. 2010.

Band 408 Guangyu Fu: Das Causaproblem im deutschen Bereicherungsrecht. Eine rechtshistorische Untersuchung. 2010.

Band 409 Andreas Kimmelmann: Die Folter im Beweisverfahren der Leges Visigothorum. Chindasvinths Gesetzgebung im Spiegel der westgotischen Rechtsentwicklung. 2010.

Band 410 Jacqueline Schmaltz: Die Entwicklung der Industrie- und Handelskammern. Zwischen Pflicht und Kür. 2010.

Band 411 Hermann Nehlsen: Bayerische Rechtsgeschichte vom frühen Mittelalter bis zum 20. Jahrhundert. 2011.

Band 412 Kathrin Spoerr: Recht und Revolution. Deutsche Ökonomen und ihr Einfluss auf das Recht der Weimarer Republik – eine Zeitschriftenschau 1917-1920. 2011.

Band 413 Moritz von Köckritz: Die deutschen Oberlandesgerichtspräsidenten im Nationalsozialismus (1933-1945). 2011.

Band 414 Annika Lillemor Lara Rabaa: Die Ehe als Rechtsinstitut im Badischen Landrecht von 1810. Unter besonderer Berücksichtigung der gesellschaftlichen Entwicklungen im 19. Jahrhundert. 2011.

Band 415 Christian Hattenhauer / Klaus-Peter Schroeder (Hrsg.): 200 Jahre Badisches Landrecht von 1809/1810. Jubiläumssymposium des Instituts für geschichtliche Rechtswissenschaft der Ruprechts-Karls-Universität Heidelberg und der Heidelberger Rechtshistorischen Gesellschaft vom 23. bis 26. September 2009. 2011.

Band 416 Tobias Alexander Krammerbauer: Die Ministerverantwortlichkeit und die Vorformen sonstiger Verfassungsgerichtsbarkeit in Württemberg zwischen 1815 und 1918. 2011.

Band 417 Werner Schubert (Hrsg.): Quellen zur GmbH-Reform von 1958 bis zum GmbH-Änderungsgesetz von 1980. Eingeleitet und herausgegeben von Werner Schubert. 2011.

Band 418 Gisela Emling: Johannes Heckel. Leben und Wirken (1889-1963). 2011.

Band 419 Jochen Kirschbaum: Die Etablierung der Historischen Rechtsschule an der Ludoviciana (1814-1824). 2011.

Band 420 Sören Koch: Unaufgeforderte Hilfeleistung in Notsituationen. Eine rechtshistorische und rechtsvergleichende Studie zu den zivilrechtlichen Aspekten der Nothilfe mit besonderer Berücksichtigung des Rechts der Geschäftsführung ohne Auftrag. 2011.

Band 421 Friedrich Carl von Savigny: Die Prinzipienfragen in Beziehung auf eine neue Strafprozeß-Ordnung. Ausgearbeitet im Justizministerium für die Gesetzrevision. Eingeleitet und herausgeben von Werner Schubert. 2011.

Band 422 Stephan Faulwetter: Von der Zunft zur Handelskammer. Zur Entwicklung des Gewerberechts in thüringischen Staaten. 2011.

Band 423 Moritz Eisenhardt: Sanierung statt Liquidation. Die Geschichte des Vergleichs zur Abwendung des Konkurses unter besonderer Berücksichtigung der Vergleichsordnung von 1927 und 1935. 2011.

Band 424 Gerd Kleinheyer: Beiträge zur Strafrechtsgeschichte. Herausgeben von Franz Dorn, Mathias Schmoeckel und Jan Schröder. 2011.

Band 425 Ralf Maertens: Das Landgericht Altona (1879-1937) und die Anfänge des Landgerichts Itzehoe (1937-1945). Unter besonderer Berücksichtigung ihrer Tätigkeitsberichte und rechtspolitischen Stellungnahmen. 2011.

Band 426 Mark Friedrich: Ferdinand von Martitz (1839-1921). Rechtshistoriker, Staatsrechtler und Völkerrechtler zwischen dem Ende des Deutschen Bundes und dem Beginn der Weimarer Republik. 2012.

Band 427 Sebastian Krusche: Die Bundesrechtsanwaltsordnung vom 1. August 1959. Vorgeschichte und Entstehung. 2012.

Band 428 Marju Luts-Sootak / Sanita Osipova / Frank L. Schäfer (Hrsg./eds.): Einheit und Vielfalt in der Rechtsgeschichte im Ostseeraum. Unity and Plurality in the Legal History of the Baltic Sea Area. Sechster Rechtshistorikertag im Ostseeraum, 3.-5. Juni 2010 in Tartu (Estland) / Riga (Lettland). 6th Conference in Legal History in the Baltic Sea Area, 3rd-5rd June 2010 Tartu (Estonia) / Riga (Latvia). 2012.

Band 429 Margret R. I. Bootz: Die Hamburger Rechtsprechung zum Arbeitsrecht im Nationalsozialismus bis zum Beginn des 2. Weltkriegs. 2012.

Band 430 Heiko Zech: Die soziale Frage im Konkursrecht 1879-1900. 2012.

Band 431 Jan C. Lorenzen: Das Bundesnaturschutzgesetz vom 20. Dezember 1976. Die Entwicklung des Naturschutzrechtes in Deutschland von den Anfängen bis zur Neukodifikation des Bundesnaturschutzgesetzes von 1976. 2012.

Band 432 Ulrike Ingrid Bernhardt: Geschichte des Weinrechts im Deutschen Kaiserreich (1871-1918). Mit einem Überblick zur Vorgeschichte und Weiterentwicklung bis zur Gegenwart. 2012.

Band 433 Elisabeth Otto: Das Verwaltungsrecht in der SBZ / DDR bis zur Verwaltungsneugliederung im Jahr 1952. 2012.

Band 434 Werner Schubert: Zur Geschichte der Justizverfassung in Schleswig-Holstein im 19. und 20. Jahrhundert. Quellen und Studien. 2012.

Band 435 Stefan Ellenberg: Herrschaft und Reform. Zur Diskussion um die Aktienrechtsreform und den Konzern in der Weimarer Zeit. 2012.

Band 436 Jasmin Sonntag: Gesetzgebung und Verwaltung im Dalbergstaat 1802-1810. 2012.

Band 437 Martin Komusiewicz: Die Diskussion um das Verhältnis von Rechtsanwaltschaft und Notariat seit dem Ende des 18. Jahrhunderts bis zum Erlass der Bundesnotarordnung. 2012.

Band 438 Henriette von Breitenbuch: Karl Neumeyer – Leben und Werk (1869-1941). 2013.

Band 439 Günter Baranowski: Russische Rechtsgeschichte: Texte und Erläuterungen. Teil 1: Von den Anfängen bis 1612/13. 2013.

Band 440 Werner Schubert (Hrsg.): Staatsanwaltschaftsrecht (1934-1982). Quellen zu den Reformprojekten (Organisation – Innerer Dienstbetrieb – Ermittlungsverfahren – Verhältnis der Staatsanwaltschaft zur Polizei) und zur Anordnung über Organisation und Dienstbetrieb der Staatsanwaltschaft (OrgStA). Eingeleitet und herausgegeben von Werner Schubert. 2013.

Band 441 York Zieren: Das Schiedsverfahrensrecht der ZPO (1877-1933) unter Berücksichtigung der Genfer Übereinkommen von 1923 und 1927 sowie der Rechtsprechung des Reichsgerichts. 2013.

Band 442 Stefan Wolf: Das Jenaer Studium der Rechte im Dritten Reich. Zwischen Tradition und nationalsozialistischer Ideologie. 2013.

Band 443 Bernhard Klose: Das Verblassen eines Makels. Das Nichtehelichenrecht der DDR als Teil der gesamtdeutschen Entwicklung. 2013.

Band 444 Peter Opitz-von Bardeleben: Das Generalgouvernement Niederrhein. 2013.

Band 445 Nadine Göppner: Vorgeschichte und Entstehung des Atomgesetzes vom 23.12.1959. 2013.

Band 446 Frank L. Schäfer / Werner Schubert (Hrsg./eds.): Justiz und Justizverfassung / Judiciary and Judical System. Siebter Rechtshistorikertag im Ostseeraum, 3.-5. Mai 2012 Schleswig-Holstein / 7th Conference in Legal History in the Baltic Sea Area, 3rd-5th May 2012 Schleswig-Holstein. 2013.

Band 447 Sandy Schenker: Gegen Täuschungen und Gesundheitsgefährdungen durch schlechte Nahrung. Zur Entwicklung des Nahrungsmittelrechts durch Rechtsprechung und Gesetzgebung zwischen 1871 und 1927. 2013.

Band 448 Youn Seok Choi: Der Besitzerwerb des Erben. Historische Entwicklungen, die Lösung des § 857 BGB und ihre Anwendungsprobleme. 2013.

Band 449 Johannes Kalb: Die innerstädtische Auseinandersetzung in Regensburg am Ende der Reichsunmittelbarkeit. Eine historische und rechtliche Untersuchung. 2014.

Band 450 Thomas Habbe: Lastenausgleich. Die rechtliche Behandlung von Kriegsschäden in Deutschland seit dem 30jährigen Krieg. 2014.

Band 451 Günter Baranowski: Russische Rechtsgeschichte: Texte und Erläuterungen. Teil 2: Von 1613 bis 1682. 2015.

Band 452 Wilhelm Brauneder (Hrsg): Landrechtsentwurf für Österreich unter der Enns 1526. 2015.

Band 453 Maximilian Elsner von der Malsburg: „Arisierung" von Privatbanken am Beispiel des Bankhauses E. J. Meyer in Berlin. 2015.

Band 454 Tanja Claussen: Johann Julius Wilhelm Planck (1817-1900). Leben und Werk. 2015.

Band 455 Werner Schubert (Hrsg.): Das Reichsjustizministerium und die höheren Justizbehörden in der NS-Zeit (1935-1944). Protokolle und Mitschriften der Arbeitstagungen der Reichsjustizminister mit den Präsidenten der Oberlandesgerichte, des Volksgerichtshofs, des Reichsgerichts sowie mit den Generalstaatsanwälten. Eingeleitet und herausgeben von Werner Schubert. 2015.

Band 456 Christian Vahl: Die gesetzliche Regelung des Seefrachtvertrags im deutschen Recht. Eine rechtshistorische Betrachtung unter besonderer Berücksichtigung der Beratungen des Seerechtsausschusses der Akademie für Deutsches Recht (1934-1942). 2015.

Band 457 Ruomeng Yang: Die Rezeption der europäischen Privatrechte in China und die konfuzianische Tradition. Das Beispiel des Deliktsrechts im frühen 20. Jahrhundert. 2015.

Band 458 Piotr Wittmann: „Der da sein Practic auß Teutschen Tractaten will lernen". Rechtspraktiker in deutschsprachiger Praktikerliteratur des 16. Jahrhunderts. 2015.

Band 459 Georg Rasche: Richter, Sachverständige, Handelskammern. Preußische Justizverwaltung und kaufmännische Interessen zwischen 1879 und 1907. 2015.

Band 460 Daniel Hupe: Von der Hierarchie zur Egalität in den Zivilrechtskodifikationen des 19. Jahrhunderts vor dem BGB. 2015.